자기 주도 학습 제대로 활용법

- 제시된 순서에 따라 학습하여 영어 1등급을 달성하세요.
- 수업용...
사용하...

KB122636

●● 3독 3해 학습법 | p. 2

밥영이 제시하는 학습 방법입니다. 3단계에 걸쳐 학습하는 밥영 3독 3해 학습법으로 학습의 큰 방향을 잡습니다.

●● 구성과 특징 | p. 6

밥영 3독 3해 학습법을 숙지했으면, 먼저 밥영이 어떻게 구성되어 있는지 확인합니다.

●● 권장 학습 플랜 | p. 8

다음으로 밥영이 권장하는 일정표가 자신의 학습 역량에 맞을지, 어떤 순서로 공부해야 할지 확인합니다.

강추

●● 3독 3해 학습 플랜 | p. 11

권장 학습 플랜을 참고하여 자신의 학습 역량에 따라 3독 3해 학습 플랜을 수립합니다. (반드시 지킬 수 있도록!)

●● 1등급을 위한 밥영 공부 습관 | p. 12

학습 계획이 완성되었나요? 그렇다면 밥영이 정리한 1등급을 위한 10가지 영어독해 공부 습관을 천천히 읽어 보세요.

꼭꼭

●● 영어독해 생생 공부법 | p. 14

밥영 선생님과 선배들이 들려주는 영어독해 생생 공부법도 꼭 읽고 자신의 학습 습관과 비교해보는 것도 잊지 마세요.

●● 권장 풀이 시간 | 문제편

본격적으로 3독 3해 학습법에 따라 단계별로 학습을 진행합니다. 스톱워치 준비했나요?

●● 제대로 접근법 | 문제편

문제 해결력을 키우기 위해 '제대로 접근법'을 가림판으로 덮고 문제를 풉니다.

주의

●● 제대로 독해법 | 문제편

지문 독해 능력 향상을 위해 1단계 문제 풀이와 채점이 끝날 때까지 이 부분은 보지 않고 독해를 합니다.

꼭꼭

●● 틀린 문항 채점 표시 | 문제편

1단계 학습에서 틀린 문제는 '/'와 같이 표시합니다. 잠깐, 3독 3해 학습법에 따라 개인 노트에 정답과 오답인 이유를 정리하고 있죠?

●● 학습 점검표 | 문제편

학습이 끝날 때마다 공부한 내용을 정리하는 것을 잊지 말아요. 빠른 학습을 선호하는 학생은 생략해도 괜찮아요.

●● 제대로 접근법 / 독해법 채점 | 해설편

하루 학습 분량이 끝나면 지문의 내용을 복습하면서 '제대로 접근법'과 '제대로 독해법'을 점검해 보세요.

필수

●● 정답인 이유, 오답인 이유 | 해설편

다음 단계 학습을 위해 틀린 문제의 해설은 읽지 말고, 맞은 문제의 정답 및 오답 해설만 꼼꼼하게 공부하세요.

●● 문제별 정답률 체크 | 해설편

문제별 정답률과 오답률을 확인합니다. 정답률이 높은 문제는 틀리면 안 되겠지요?

●● 선과 도형을 활용한 지문 분석 | 해설편

지문을 어떻게 빠르고 정확하게 해석하는지 확인한 다음, 자신의 것으로 만들어 보세요.

●● 3독 3해 학습법 | p. 2

이 모든 과정을 3독 3해 학습법에 따라 진행해 보세요. 이렇게 하면 영어 1등급 어렵지 않아요. 자, 영어독해를 시작해 볼까요?

1st 밥영으로 수능 영어독해를 시작해야 하는 절대적 이유 네 가지

1 3단계 3독 3해 학습법으로 완성하는
▶ 자기 주도 문제 해결 능력과 자기 주도 공부 습관

1단계 전체 문제 1독 1해
3독(讀) 3해(解)의 첫 단계로, 교재의 전체 내용을 차례대로 학습한다. 제시된 시간을 고려하여 기출문제를 풀고, '제대로 접근법', '제대로 독해법'에 제시된 활동들을 통해 지문의 내용을 꼼꼼하게 정리한다. 아울러 〈해설편〉의 선과 도형을 활용한 지문 분석을 참고하여 지문을 빠르고 정확하게 해석하는 방법을 익힌다.

· · · ·
개인 노트에 채점하고 틀린 문제는 교재에 '/' 표시

 채점에 〈해설편〉을 활용해도 좋으나, 틀린 문제의 해설은 읽지 말 것

2단계 1단계에서 틀린 문제만 다시 1독 1해
3독(讀) 3해(解)의 두 번째 단계로, 1단계에서 맞힌 문제는 제외하고, '틀린' 문제만을 학습한다. 개개인에 따라 2단계에서 학습할 양이 교재 전체 분량의 반이 넘을 수도 있고, 1/3이 되지 않을 수도 있다. 틀린 문제를 다시 풀며 답을 찾고, 왜 틀렸는지 그 이유를 확인하는 것이 2단계의 목표이다.

 2단계 학습이 마무리된 후 밥영 교재의 상태는?
1단계 학습에서 표시했던 것들과 더불어 2단계 학습에서 틀린 문제에 'X' 표시가 추가 되어 있을 것. 단, 문제를 풀기 위해 메모하거나 필기한 내용은 있어도 됨

3단계 2단계에서 틀린 문제만 다시 1독 1해
3독(讀) 3해(解)의 마지막 단계로, 같은 문제집을 세 번째 학습한다! 만약 3단계에서도 학습할 양이 전체 분량의 1/3 남았다면, 일단 최선을 다해 3단계 학습을 마무리한 뒤 영어독해 학습에 대한 계획을 처음부터 다시 세워 보도록 한다.

· · · ·
3단계에서도 틀린 문제의 경우, ⚠ 표시를 하고 지문 · 문제 · 해설을 개인 노트에 옮겨 적어 정리함
· · · ·
개인 노트에 정리한 '3단계에서도 틀린 문제'는 시간이 날 때마다 반복하여 살펴봄

> 문제집에서 제공하는 해설을 보고 틀린 문제를 이해하는 학습 만으로는 수능 등급을 올릴 수 없습니다.
> **1st 밥영**의 '3단계 3독 3해 학습법'에 따라 틀린 문제를 스스로 해결할 때까지 문제 풀이를 하면 몰라보게 향상된 영어독해 실력을 확인하게 될 것입니다.

2 수능 영어 독해 유형에 따라
▶ 매일 2~4개 지문 학습으로 학평 기출 영어독해 4주 완성

유형	출처	정답률	문제편	해설편	학습플랜 중위	학습플랜 상위	학습플랜 스스로
목적 01	2023년 3월 고1 학력평가 18번	93%	p. 18	p. 1			
목적 02	2019년 3월 고1 학력평가 18번	82%	p. 20	p. 2			
목적 03	2021년 3월 고1 학력평가 18번	90%	p. 22	p. 3	1일	1일	
목적 04	2020년 3월 고1 학력평가 18번	84%	p. 24	p. 4			
심경 01	2022년 3월 고1 학력평가 19번	82%	p. 28	p. 5			
심경 02	2018년 6월 고1 학력평가 19번	92%	p. 30	p. 6	2일	2일	
심경 03	2019년 9월 고1 학력평가 19번	84%	p. 32	p. 7			
심경 04	2020년 9월 고1 학력평가 19번	89%	p. 34	p. 8			
밑줄 01	2022년 3월 고1 학력평가 21번	62%	p. 38	p. 9	3일		
밑줄 02	2020년 3월 고1 학력평가 21번	66%	p. 40	p. 10		3일	
밑줄 03	2019년 3월 고1 학력평가 30번	57%	p. 42	p. 11			
밑줄 04	2019년 11월 고1 학력평가 21번	62%	p. 44	p. 12	4일		
주장 01	2022년 3월 고1 학력평가 20번	71%	p. 48	p. 13			
주장 02	2019년 11월 고1 학력평가 20번	62%	p. 50	p. 14		4일	
주장 03	2020년 11월 고1 학력평가 20번	86%	p. 52	p. 15	5일		
주장 04	2018년 3월 고1 학력평가 20번	88%	p. 54	p. 16			
주제 01	2022년 9월 고1 학력평가 23번	62%	p. 58	p. 17			
주제 02	2021년 3월 고1 학력평가 23번	70%	p. 60	p. 18	6일	5일	
주제 03	2019년 9월 고1 학력평가 23번	79%	p. 62	p. 19			
주제 04	2018년 11월 고1 학력평가 22번	61%	p. 64	p. 20			

유형	출처	정답률	문제편	해설편		
요약 02	2021년 3월 고1 학력평가 40번	55%	p. 200	p. 74	27일	19일
요약 03	2018년 9월 고1 학력평가 40번	50%	p. 202	p. 75		
요약 04	2017년 11월 고1 학력평가 40번	44%	p. 204	p. 76	28일	
장문 01	2021년 3월 고1 학력평가 41~42번	41 67%	p. 208	p. 77		
		42 55%			29일	
장문 02	2019년 9월 고1 학력평가 41~42번	41 54%	p. 210	p. 78		
		42 42%				
장문 03	2022년 3월 고1 학력평가 43~45번	43 68%	p. 212	p. 79		20일
		44 66%				
		45 73%				
장문 04	2017년 11월 고1 학력평가 43~45번	43 65%	p. 214	p. 80	30일	
		44 64%				
		45 69%				

> 자신의 영어독해 실력에 따라 매일 학습할 지문 양을 다르게 계획하되 매일매일 꾸준한 학습으로 4주 만에 학평 기출 영어 독해 학습을 완성합니다.

3 영어독해 지문 분석 시간 단축과 정확한 해석이 가능한
▶ 선과 도형을 활용한 지문 분석

선과 도형을 활용한 지문 분석   2023년 3월 고1 학력평가 18번

1 To whom it may concern,
관계대명사

2 I am a resident of the Blue Sky Apartment. **3** Recently

I observed [that the kid zone is in need of repairs]. **4** I
명사절 접속사(목적어)   ~을 필요로 하다

want you to pay attention to the poor condition of the
O   O.C.(to부정사) pay attention to: ~에 관심을 기울이다

playground equipment in the zone. **5** The swings are

damaged, the paint is falling off, and some of the bolts

위험합니다. **8** 그것들을 수리해 주 해 즉각적인 관심을 주시면 감사하겠

10 Nina Davis 드림

제대로 접근법 모범답안

❶ 수리 ❷ 요청

제대로 독해법 모범답안

■직독 직해■

△ : 접속사
○ : 전치사
[ ], { }, ( ) : 절. 구
∨ : 수식
∨ : 생략
ㄷㅡㄷ : 주요 표현
접 : 접속사
전 : 전치사
형 : 형용사

> 주요 접속사, 주요 전치사, 형용사절, 명사절, 주어, 동사, 목적어, 목적격보어 등을 빠르게 체크하는 지문 분석 학습으로 지문을 빠르고 정확하게 해석할 수 있도록 합니다.

주제 추론 유형의 해결

다음 글의 주제로 가장 적절한 것은?

When two people are involved in an honest and open conversation, there is a back and forth flow of information. It is a smooth exchange. Since each one is drawing on their past personal experiences, the pace 3 of the exchange is as fast as memory. When one person lies, their

① delayed responses as a sign of lying
② ways listeners encourage the speaker
③ difficulties in finding useful information
④ necessity of white lies in social settings
⑤ shared experiences as conversation topics

> 토픽 = 지문 전반에 반복되는 핵심어

> ❶ _____, ❷ _____
> 이라는 단어와 lies, a new invention, making things up처럼 같은 의미의 어구가 반복되고 있다. 즉 이 글은 대화와 거짓말에 관한 글이라는 것을 알 수 있다. 한 지문에는 보통 2~3개 정도의 '토픽'이 있다.

> 지문의 처음 1~2문장과 마지막 문장만 봐도 주제를 알 수 있을 때가 많다.
> 주제, 제목, 요지처럼 논지 파악이 주요 목적인 유형에서는 지문의 처음과 마지막 부분을 먼저 확인하고, 주제문이 없는 경우에는 핵심어나 반복되는 어구에 주목하여 주제를 찾는다.

어휘 파악 유형의 해결

(A), (B), (C)의 각 네모 안에서 문맥에 맞는 낱말로 가장 적절한 것은?

School assignments have typically required that students work alone. This emphasis on (A) [collective / individual] productivity reflected an opinion that independence is a necessary factor for success. Having 3

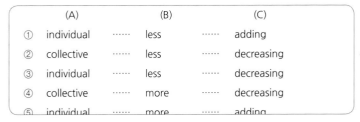

	(A)		(B)		(C)
①	individual	……	less	……	adding
②	collective	……	less	……	decreasing
③	individual	……	less	……	decreasing
④	collective	……	more	……	decreasing
⑤	individual	……	more	……	adding

> 〈토픽 찾기〉
> group work, teamwork skills, interdependence
> ↓
> 〈주요 맥락 파악하기〉
> 오늘날은 ❶ _____ 뿐만 아니라 팀워크 기술을 통한 ❷ _____ 을

> 〈맥락에 맞는 어휘 고르기〉
> (A) 학교 과제는 학생들이 혼자 하도록 요구하는 ❸ _____ 생산성을 강조했다.
> (B) 따라서 과거의 교사들은 모둠 활동이나 팀워크 기술을 ❹ _____ 권장했다

빈칸 추론 유형의 해결

다음 빈칸에 들어갈 말로 가장 적절한 것은?

_____ provides a change to the environment for journalists. Newspaper stories, television reports, and even early online reporting (prior to communication technology such as tablets and smartphones) 3 required one central place to which a reporter would submit his or her news story for printing, broadcast, or posting. Now, though, a reporter can shoot video, record audio, and type directly on their smartphones 6

① Mobility   ② Sensitivity   ③ Creativity
④ Accuracy   ⑤ Responsibility

> 1) 빈칸의 단서는 빈칸 가까이에!
> (1행) ❶ _____ provides a change to the environment for journalists.
> ↓
> (2~5행) Newspaper stories, television reports, and even early online reporting ~ required one central place to which a reporter would submit his
> ⋮
> 오늘날 기자들은 자신의 스마트 기기를 이용하여 즉각적으로 기사를 작성하고 게시할 수 있다.
> = ❸ _____ 은 기자들의 환경에 대한 변화를 제공한다.

글의 흐름으로 보아, 주어진 문장이 들어가기에 가장 적절한 곳은?

> Before a trip, research how the native inhabitants dress, work, and eat.

The continued survival of the human race can be explained by our ability to adapt to our environment. (①) While we may have lost some of our ancient ancestors' survival skills, we have learned new skills as they have become necessary. (②) Today, the gap between the skills we once had and the skills we now have grows ever wider as we rely more heavily on modern technology. (③) Therefore, when you head off into the wilderness, it is important to fully prepare for the environment. (④)

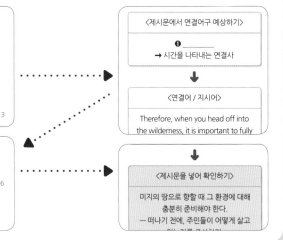

〈제시문에서 연결어구 예상하기〉

❶ _____
→ 시간을 나타내는 연결사

↓

〈연결어 / 지시어〉

Therefore, when you head off into the wilderness, it is important to fully

↓

〈제시문을 넣어 확인하기〉

미지의 땅으로 향할 때 그 환경에 대해 충분히 준비해야 한다.
— 떠나기 전에, 주민들이 어떻게 살고

다음 글에서 전체 흐름과 관계 <u>없는</u> 문장은?

Paying attention to some people and not others doesn't mean you're being dismissive or arrogant. ① It just reflects a hard fact: there are limits on the number of people we can possibly pay attention to or develop a relationship with. ② Some scientists even believe that relationships might be limited naturally by our brains. ③ The more people you know of different backgrounds, the more colorful your life becomes. ④ Professor Robin Dunbar has explained that our minds are only really capable of forming meaningful relationships with a maximum of about a hundred and fifty people. ⑤ Whether that's true

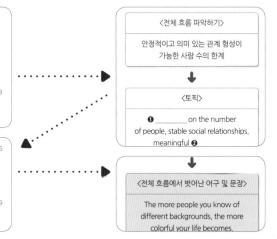

〈전체 흐름 파악하기〉

안정적이고 의미 있는 관계 형성이 가능한 사람 수의 한계

↓

〈토픽〉

❶ _____ on the number of people, stable social relationships, meaningful ❷ _____

↓

〈전체 흐름에서 벗어난 어구 및 문장〉

The more people you know of different backgrounds, the more colorful your life becomes.

다음 글의 내용을 한 문장으로 요약하고자 한다. 빈칸 (A), (B)에 들어갈 말로 가장 적절한 것은?

My colleagues and I ran an experiment testing two different messages meant to convince thousands of resistant alumni to make a donation. One message emphasized the opportunity to do good: donating would benefit students, faculty, and staff. The other emphasized the

↓

In the experiment mentioned above, when the two different reasons to donate were given ____(A)____, the audience was less likely to be ____(B)____ because they could recognize the intention to persuade

〈요약문 확인〉

서로 다른 두 가지의 기부 이유가 ❶ _____ 주어졌을 때, 청중은 자신을 설득하려는 의도를 알아차릴 수 있었기 때문에 ❷ _____ 가능성이 더 적었다.

↓

〈주제문 찾기〉

↓

〈선택지에서 정답 찾기〉

(A) (8~10행) When we put the two reasons together
→ when the two different reasons to donate were given ❸ _____

문제를 풀고 나서 자신의 문제 풀이법과 해결 과정이 적절했는지를 '제대로 접근법'의 내용을 통해 확인하고, 유형별 맞춤 전략을 통해 문제 풀이 능력을 향상시킵니다. '직독 직해', '제대로 어휘력 올리기', '제대로 구문 이해하기' 등으로 지문을 복습하면서 체계적인 지문 독해 훈련을 합니다.

밥영

1st
밥먹듯이 매일매일
영어독해

유형별 문제편

1st 밥 먹듯이 매일매일 영어독해 사용 설명서

1st 밥영 교재로 기출 영어독해 끝내기
'3독(讀) 3해(解)'

1단계 전체 문제 1독 1해

3독(讀) 3해(解)의 첫 단계로, 교재의 전체 내용을 차례대로 학습한다. 제시된 시간을 고려하여 기출문제를 풀고, '제대로 접근법', '제대로 독해법'에 제시된 활동들을 통해 지문의 내용을 꼼꼼하게 정리한다. 아울러 〈해설편〉의 '선과 도형을 활용한 지문 분석'을 참고하여 지문을 빠르고 정확하게 해석하는 방법을 익힌다.

★ 학습 전 준비물   밥영 교재, 스톱워치, 개인 노트, 필기구

[독해 전]

1. 권장 학습 플랜(p. 10)을 참고하여
   자신의 1단계 학습 플랜(p. 11)을
   작성

2. 자신의 1단계 학습 플랜에 따라
   매일매일 꾸준히 학습할 것을
   다짐!

맞아!
권장 학습 플랜이
있었지? ㅎㅎ

얍!

[매일 독해 시작]

3. 권장 풀이 시간을 확인한 후
   스톱워치를 켜고 문제 풀이 시작

START!

4. 문제 풀이를 마친 후에
   전체 소요 시간 기록 (실제 걸린 시간 : ____분 ____초)
   🚨 정답 및 정답 선택 이유는 개인 노트에 기록하고
      절대로 교재에 직접 쓰지 말 것
   🚨 독해 및 문제 풀이를 할 때는
      〈제대로 접근법〉을 가림판으로
      가리고 학습할 것

아하!!
개인 노트에
기록~

5. 개인 노트에 채점하고 틀린 문제는 교재에 '/' 표시
   🚨 채점만 하고 틀린 문제의 해설은 읽지 말 것

[매일 독해 마무리]

6. 채점까지 끝냈으면 복습으로 학습 마무리

6-1. 맞은 문제의 〈제대로 접근법〉이 자신의 접근법과 일치하면
   ○표, 일치하지 않으면 그 내용을 교재의 빈 공간에 간단히
   메모함
   〈해설편〉에서 정·오답 이유도 확인

6-2. 지문을 다시 한 번 정독하며 옆에 있는 〈제대로 독해법〉을
   풀어 볼 것

7. 〈제대로 독해법〉 채점 후, 〈학습 점검표〉에
   채점 결과와 독해력, 문제 해결력을
   체크하며 학습 마무리

〈제대로 접근법〉과
〈제대로 독해법〉은
문제를 풀고 나서 봐야
한다구!!

[1단계 학습 마무리]

8. 〈매일 독해 시작〉 ➡ 〈매일 독해 마무리〉의 과정으로 전체
   내용을 처음부터 끝까지 학습
   🚨 학습 분량이나 학습 기간 등은 개인의 학습 능력에 따
      라 다를 수 있으니, 자신의 계획에 맞추어 꾸준히 공부
      하는 데에만 신경 쓸 것
   🚨 1단계 학습이 마무리된 후 밥영 교재의 상태는?
      • 틀린 문제에 '/' 표시, 맞은 문제의 〈제대로 접근법〉
        에 메모 또는 ○표
      • 〈제대로 독해법〉 채점 완료, 〈학습 점검표〉 점검

3독(讀) 3해(解)는 '1st 밥영 교재'를 3단계에 걸쳐 공부하는 학습법이다. 1단계에서는 제시되어 있는 전체 문제를
빠짐없이 풀고, 2단계에서는 1단계에서 틀린 문제들을 풀며, 3단계에서는 2단계에서 틀린 문제들만 다시 푼다. 3단
계에서도 정답을 맞히지 못한 문제만, 지문·문제·해설을 오려서 1·2단계에서 사용한 개인 노트에 정리한다. 이렇게
나만의 영어독해 교재(정리 노트)를 스스로 만들어 시간이 날 때마다 복습한다.

2 단계   1단계에서 틀린 문제만 다시 1독 1해

3독(讀) 3해(解)의 두 번째 단계로, 1단계에서 맞힌 문제는 제외하고, '틀린' 문제만을 학습한다. 개개인에
따라 2단계에서 학습할 양이 교재 전체 분량의 반이 넘을 수도 있고, 1/3이 되지 않을 수도 있다. 틀린 문
제를 다시 풀며 답을 찾고, 왜 틀렸는지 그 이유를 확인하는 것이 2단계의 목표이다.

★ 학습 전 준비물   밥영 교재, 1단계에서 사용한 개인 노트, 필기구

[2단계 독해 전]

1. 1단계에서 틀린 문제의 양에 따라
   자신의 2단계 학습 플랜(p. 11)을
   작성

2. 자신의 2단계 학습 플랜에 따라 매일매일
   꾸준히 학습할 것을 다짐!

1단계에서
틀린 양에 따라
다시 시작
할 거야! 얍!

[매일 독해 시작]

3. 1단계에서 틀린 문제만 다시 풀기 때문에
   스톱워치는 더 이상 필요 없음

1단계에서
틀린 문제만 다시
푸는 거야!!

4. 문제 풀이 시간에 구애받지 말고 '/' 표시된
   문제를 다시 풂
   주의 대략 짧게는 1개월, 길게는 3개월 전에 풀었던 문제
   이므로 새로운 느낌으로 풀 수 있음

5. 문제를 풀고 난 후, 정답 및 정답 선택 이유는 1단계와 마찬
   가지로 개인 노트에 기록
   주의 2단계에서도 정답 및 정답 선택 이유를 교재에 직접 쓰
   지 말 것 → 3단계에서 한 번 더 학습

6. 개인 노트에 채점하고 틀린 문제는 교재에도 표시
   주의 채점만 하고 틀린 문제의 해설은 읽지 말 것

[매일 독해 마무리]

7. 채점까지 끝냈으면 복습으로 학습 마무리

7-1. 2단계에서도 틀린 문제는 '/' 표시 위에 '\' 표시를 추가함
   주의 'X' 표시된 문제는 3단계에서 다시 학습할 문제

7-2. 맞은 문제의 〈제대로 접근법〉을 정독하고 자신의 접근법과
   일치하면 ○표, 일치하지 않으면 그 내용을 교재의 빈 공간
   에 메모함
   〈해설편〉에서 정·오답 이유도 확인
   주의 틀린 문제는 3단계에서
   다시 풀어야 하므로
   〈제대로 접근법〉 및 〈해설편〉의
   내용을 절대 읽지 말 것

틀린 문제의
〈제대로 접근법〉
과 〈해설편〉은
3단계에서 확인!

[2단계 학습 마무리]

8. 〈매일 독해 시작〉 ➡ 〈매일 독해 마무리〉의 과정을 통해 틀렸
   던 문제 다시 학습
   주의 '틀린 문제'만 점검하므로 매일 학습하는 분량은 1단계
   보다 많은 양으로 계획하기를 권장함
   주의 **2단계 학습이 마무리된 후 밥영 교재의 상태는?**
   1단계 학습에서 표시했던 것들과 더불어 2단계 학습에
   서 틀린 문제에 'X' 표시가 추가되어 있을 것. 단, 문제
   를 풀기 위해 메모하거나 필기한 내용은 있어도 됨

3 단계 2단계에서 틀린 문제만 다시 1독 1해

3독(讀) 3해(解)의 마지막 단계로, 같은 문제집을 세 번째 학습한다! 만약 3단계에서도 학습할 양이 전체 분량의 1/3 이상 남았다면, 일단 최선을 다해 3단계 학습을 마무리한 뒤 영어독해 학습에 대한 계획을 처음부터 다시 세워 보도록 한다.

 ★ 학습 전 준비물   밥영 교재, 2단계에서 사용한 개인 노트, 필기구, 가위, 풀

[3단계 독해 전]

1. 2단계에서 틀린 문제의 양에 따라 자신의 3단계 학습 플랜 (p. 11)을 작성
   주의 두 번째 반복이므로 2주 이내로 계획할 것을 권장함

2. 자신의 3단계 학습 플랜에 따라 매일매일 꾸준히 학습할 것을 다짐!

3. 2단계에서 틀린 문제만을 마지막으로 다시 풀어 보는 단계라는 것을 기억할 것

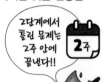
2단계에서 틀린 문제는 2주 안에 끝낸다!!

[매일 독해 시작]

4. 문제 풀이 시간에 구애받지 말고 교재에 'X' 표시된 문제를 다시 품
   주의 이 문제를 마지막으로 보겠다는 심정으로 풀 것

이젠 정말 마지막이야!!

5. 문제를 풀 때 1, 2단계 때와는 달리 정답 및 정답 선택 이유를 교재에 직접 기록
   주의 3단계에서도 틀린 문제는 발췌하여 개인 노트에 정리

3단계는 정답 선택 이유를 교재에 적는다구!!

6. 〈해설편〉을 이용하여 교재에 직접 채점함. 맞은 문제에는 ⊗ 표시

[매일 독해 마무리]

7. 맞은 문제는 〈제대로 접근법〉, 〈해설편〉의 정답인 이유와 오답인 이유를 정독함

8. 3단계에서도 틀린 문제의 경우, ⚠ 표시를 하고 지문·문제·해설을 개인 노트에 오려 붙이거나 옮겨 적어 정리함

3단계에서도 틀린 문제는 개인 노트에 정리!!

9. 개인 노트에 정리한 '3단계에서도 틀린 문제'는 시간이 날 때마다 반복하여 살펴봄

[3단계 학습 마무리]

10. 〈매일 독해 시작〉 ➡ 〈매일 독해 마무리〉에 따라 개인 노트가 완성되면 3단계 학습 마무리
    주의 각 단계의 학습을 중간에 멈추지 말고 계획에 따라 진행할 것
    주의 단계별로 작성하는 오답 노트는 학습 효과가 없음. 반드시 3단계 학습까지 완료한 후에 틀린 문제만으로 개인 노트를 만들어 활용할 것
    주의 1st 밥영 교재 한 권을 자신이 틀린 문제 중심으로 세 번 반복 학습하여 영어독해를 완성함

나만의 영어독해 교재(정리 노트)

1st 밥 먹듯이 매일매일 영어독해 차례

구성과 특징

유형별 문제편

▶ **학습 제안** | 유형별 난이도에 따라 하루 학습 분량이 달라질 수 있습니다. 수준별 권장 학습 플랜을 참조하여 자신의 학습 능력에 따라 학습 플랜을 수립해 보세요.

❶ 유형별 전략적 독해 훈련
- 독해 유형에 따른 전략적 훈련을 통해 독해력을 기를 수 있도록 구성

❷ 문제 해결력 향상 프로그램 배치
- 문제에 대한 접근 방법과 해결 전략을 익힐 수 있는 '제대로 접근법' 제시
- 먼저 '제대로 접근법'을 가림판으로 가리고 문제를 풀고 채점을 한 다음, '제대로 접근법'을 보면서 문제 해결 능력을 기를 것. 3독 3해 학습법에 제시된 학습 순서에 따름

❸ 최신 기출 문제 총망라
- 최근 7개년 교육청 전국연합 학력평가 고1 기출문제 선별 수록
- 독해 유형별 전략적 학습 방법을 제시하고, 제대로 된 독해법과 문제 풀이법을 익힐 수 있도록 구성

❶ 독해력 향상 프로그램 배치
- 먼저 문제를 풀고 채점을 한 다음, '제대로 독해법'에 제시된 활동들을 수행하며 독해력을 기를 것. 3독 3해 학습법에 제시된 학습 순서에 따름

❷ 직독 직해 훈련
- 지문을 문장별로 끊어 읽기하는 직독 직해 훈련을 통해 빠르고 정확한 독해를 할 수 있도록 구성

❸ 제대로 어휘력 올리기
- 지문 독해 시 뜻을 몰랐던 어휘는 '나만의 어휘 노트'를 만들어 사전적 의미와 예문을 적어 두고 복습

❹ 제대로 구문 이해하기
- 주요 구문을 연습할 수 있도록 구성

❺ 복습을 위한 학습 점검표
- '채점 결과 – 독해력 점검 – 문제 해결력 점검'의 3단계 점검표 제시
- 복습을 할 때 자신이 취약한 부분을 점검해 볼 수 있도록 구성

지문 근거 해설편

▶ **학습 제안** | 정답을 찾는 방법, 오답을 피하는 요령, 지문 분석까지 꼼꼼하게 풀이하였습니다.
1st 밥영과 함께 문제 해결 능력을 키워 1등급에 도전해 보세요.

❶ 선과 도형을 활용한 지문 분석

- 전 지문을 재수록하여 꼼꼼하게 문장 구조를 분석한 '선과 도형을 활용한 지문 분석' 제시

❷ 문법 돋보기 – 문법 심화

- 지문 이해에 도움이 되는 문법 개념 설명 제시
- 지문을 독해할 때 바탕이 되는 문장력을 기를 수 있도록 구성

❸ 이해하기 쉬운 우리말 해석

- 지문의 전체 내용을 이해하기 쉽도록 우리말 해석을 제시
- '제대로 독해법'에서 훈련한 직독 직해의 내용과 비교하며 복습

❹ '제대로 접근법', '제대로 독해법' 모범 답안

- 〈문제편〉에 수록된 '제대로 접근법', '제대로 독해법'의 모범 답안 제시
- 모범 답안에 의존하지 말고, 반드시 스스로 독해 연습을 수행한 다음 답안을 참고할 것

❶ 정답률, 매력적인 오답

- 문제의 난이도를 알려 주는 정답률 제시
- 헷갈리는 선택지를 알려 주는 매력적인 오답 제시

❷ 정답인 이유, 오답인 이유 – 문제 해결력 강화

- 정답의 이유와 근거를 쉽고 명쾌하게 풀어서 해설
- 오답률 높은 '매력적인 오답'의 이유와 근거를 쉽고 명쾌하게 해설
- 〈문제편〉의 '제대로 접근법'과 연계해서 보면 문제에 대한 해법을 보다 깊이 있게 익힐 수 있음

❸ 어휘 테스트 빠른 정답

- 유형별로 지문의 어휘를 종합적으로 테스트할 수 있도록 구성한 어휘 테스트의 정답 제시
- 틀린 어휘는 '나만의 어휘 노트'에 사전적 의미와 예문을 적어 두고 복습

문제 유형별·수준별 권장 학습 플랜

유형	출처	정답률	문제편	해설편	학습 플랜 중위	상위	스스로
목적 01	2023년 3월 고1 학력평가 18번	93%	p.18	p.1	1일	1일	
목적 02	2019년 3월 고1 학력평가 18번	82%	p.20	p.2			
목적 03	2021년 3월 고1 학력평가 18번	90%	p.22	p.3			
목적 04	2020년 3월 고1 학력평가 18번	84%	p.24	p.4			
심경 01	2022년 3월 고1 학력평가 19번	82%	p.28	p.5	2일		
심경 02	2018년 6월 고1 학력평가 19번	92%	p.30	p.6		2일	
심경 03	2019년 9월 고1 학력평가 19번	84%	p.32	p.7			
심경 04	2020년 9월 고1 학력평가 19번	89%	p.34	p.8			
밑줄 01	2022년 3월 고1 학력평가 21번	62%	p.38	p.9	3일	3일	
밑줄 02	2020년 3월 고1 학력평가 21번	66%	p.40	p.10			
밑줄 03	2019년 3월 고1 학력평가 30번	57%	p.42	p.11			
밑줄 04	2019년 11월 고1 학력평가 21번	62%	p.44	p.12	4일		
주장 01	2022년 9월 고1 학력평가 20번	71%	p.48	p.13		4일	
주장 02	2019년 11월 고1 학력평가 20번	62%	p.50	p.14			
주장 03	2020년 11월 고1 학력평가 20번	86%	p.52	p.15	5일		
주장 04	2018년 3월 고1 학력평가 21번	88%	p.54	p.16			
주제 01	2022년 9월 고1 학력평가 23번	62%	p.58	p.17	6일	5일	
주제 02	2021년 3월 고1 학력평가 23번	70%	p.60	p.18			
주제 03	2019년 9월 고1 학력평가 23번	79%	p.62	p.19			
주제 04	2018년 11월 고1 학력평가 22번	61%	p.64	p.20			
요지 01	2021년 9월 고1 학력평가 22번	65%	p.68	p.21	7일		
요지 02	2018년 3월 고1 학력평가 23번	66%	p.70	p.22		6일	
요지 03	2019년 9월 고1 학력평가 22번	89%	p.72	p.23			
요지 04	2020년 3월 고1 학력평가 22번	88%	p.74	p.24	8일		
제목 01	2020년 6월 고1 학력평가 24번	65%	p.78	p.25			
제목 02	2019년 6월 고1 학력평가 24번	55%	p.80	p.26		7일	
제목 03	2019년 11월 고1 학력평가 24번	82%	p.82	p.27			
제목 04	2018년 3월 고1 학력평가 24번	69%	p.84	p.28	9일		
도표 01	2021년 11월 고1 학력평가 25번	78%	p.88	p.29			
도표 02	2018년 6월 고1 학력평가 24번	76%	p.90	p.30		8일	
도표 03	2019년 11월 고1 학력평가 25번	77%	p.92	p.31			
도표 04	2020년 11월 고1 학력평가 25번	85%	p.94	p.32	10일		
안내문 01	2020년 9월 고1 학력평가 28번	89%	p.98	p.33			
안내문 02	2019년 6월 고1 학력평가 28번	94%	p.100	p.34		9일	
안내문 03	2018년 3월 고1 학력평가 27번	71%	p.102	p.35			
안내문 04	2019년 11월 고1 학력평가 27번	89%	p.104	p.36	11일		
일치 01	2023년 3월 고1 학력평가 26번	92%	p.108	p.37			
일치 02	2018년 6월 고1 학력평가 25번	85%	p.110	p.38		10일	
일치 03	2020년 3월 고1 학력평가 26번	87%	p.112	p.39			
일치 04	2019년 9월 고1 학력평가 26번	87%	p.114	p.40	12일		
어법 01	2022년 11월 고1 학력평가 29번	51%	p.118	p.41			
어법 02	2018년 6월 고1 학력평가 28번	30%	p.120	p.42		11일	
어법 03	2019년 11월 고1 학력평가 29번	54%	p.122	p.43	13일		
어법 04	2020년 6월 고1 학력평가 29번	54%	p.124	p.44			

PLAN

유형	출처	정답률		문제편	해설편	학습 플랜 중위	학습 플랜 상위	학습 플랜 스스로
어휘 01	2022년 11월 고1 학력평가 30번	53%		p.128	p.45			
어휘 02	2019년 6월 고1 학력평가 30번	44%		p.130	p.46	14일	12일	
어휘 03	2019년 9월 고1 학력평가 30번	39%		p.132	p.47			
어휘 04	2020년 11월 고1 학력평가 30번	54%		p.134	p.48			
빈칸 01	2021년 3월 고1 학력평가 31번	56%		p.138	p.49	15일		
빈칸 02	2019년 9월 고1 학력평가 31번	59%		p.140	p.50			
빈칸 03	2017년 9월 고1 학력평가 31번	38%		p.142	p.51	16일	13일	
빈칸 04	2019년 9월 고1 학력평가 33번	52%		p.144	p.52			
빈칸 05	2023년 3월 고1 학력평가 33번	52%		p.148	p.53	17일		
빈칸 06	2018년 6월 고1 학력평가 33번	38%		p.150	p.54		14일	
빈칸 07	2020년 3월 고1 학력평가 32번	68%		p.152	p.55	18일		
빈칸 08	2019년 3월 고1 학력평가 32번	42%		p.154	p.56			
빈칸 09	2022년 6월 고1 학력평가 34번	48%		p.158	p.57	19일		
빈칸 10	2018년 3월 고1 학력평가 33번	44%		p.160	p.58		15일	
빈칸 11	2020년 6월 고1 학력평가 34번	44%		p.162	p.59	20일		
빈칸 12	2019년 11월 고1 학력평가 34번	40%		p.164	p.60			
순서 01	2022년 9월 고1 학력평가 37번	46%		p.168	p.61	21일		
순서 02	2018년 6월 고1 학력평가 35번	36%		p.170	p.62		16일	
순서 03	2018년 3월 고1 학력평가 35번	50%		p.172	p.63	22일		
순서 04	2020년 3월 고1 학력평가 35번	63%		p.174	p.64			
위치 01	2022년 6월 고1 학력평가 39번	49%		p.178	p.65	23일		
위치 02	2019년 3월 고1 학력평가 38번	36%		p.180	p.66		17일	
위치 03	2021년 3월 고1 학력평가 39번	55%		p.182	p.67	24일		
위치 04	2019년 9월 고1 학력평가 39번	47%		p.184	p.68			
무관 01	2021년 6월 고1 학력평가 35번	63%		p.188	p.69	25일		
무관 02	2020년 3월 고1 학력평가 39번	66%		p.190	p.70		18일	
무관 03	2018년 3월 고1 학력평가 39번	46%		p.192	p.71	26일		
무관 04	2017년 11월 고1 학력평가 35번	56%		p.194	p.72			
요약 01	2022년 9월 고1 학력평가 40번	45%		p.198	p.73	27일		
요약 02	2021년 3월 고1 학력평가 40번	55%		p.200	p.74		19일	
요약 03	2018년 9월 고1 학력평가 40번	50%		p.202	p.75	28일		
요약 04	2017년 11월 고1 학력평가 40번	44%		p.204	p.76			
장문 01	2021년 3월 고1 학력평가 41~42번	41 / 42	67% / 55%	p.208	p.77	29일		
장문 02	2019년 9월 고1 학력평가 41~42번	41 / 42	54% / 42%	p.210	p.78			
장문 03	2022년 3월 고1 학력평가 43~45번	43 / 44 / 45	68% / 66% / 73%	p.212	p.79		20일	
장문 04	2017년 11월 고1 학력평가 43~45번	43 / 44 / 45	65% / 64% / 69%	p.214	p.80	30일		

1st 밥영 수준별 권장 학습 플랜

1st 밥영이 제시하는 표준 학습 계획입니다. 이를 참고하되, 반드시 자신만의 학습 플랜을 세워 보세요.

중위권을 위한 1단계 학습 플랜

공부할 날(월/일)	학습 지문 수 / 학습 내용
1일차 (월 일)	[4] 목적 01~04
2일차 (월 일)	[3] 심경 01~03
3일차 (월 일)	[3] 심경 04~밑줄 02
4일차 (월 일)	[3] 밑줄 03~주장 01
5일차 (월 일)	[3] 주장 02~04
6일차 (월 일)	[3] 주제 01~03
7일차 (월 일)	[3] 주제 04~요지 02
8일차 (월 일)	[4] 요지 03~제목 02
9일차 (월 일)	[4] 제목 03~도표 02
10일차 (월 일)	[4] 도표 03~안내문 02
11일차 (월 일)	[4] 안내문 03~일치 02
12일차 (월 일)	[3] 일치 03~어법 01
13일차 (월 일)	[3] 어법 02~04
14일차 (월 일)	[3] 어휘 01~03
15일차 (월 일)	[2] 어휘 04~빈칸 01
16일차 (월 일)	[2] 빈칸 02~03
17일차 (월 일)	[3] 빈칸 04~06
18일차 (월 일)	[2] 빈칸 07~08
19일차 (월 일)	[2] 빈칸 09~10
20일차 (월 일)	[2] 빈칸 11~12
21일차 (월 일)	[2] 순서 01~02
22일차 (월 일)	[2] 순서 03~04
23일차 (월 일)	[2] 위치 01~02
24일차 (월 일)	[2] 위치 03~04
25일차 (월 일)	[2] 무관 01~02
26일차 (월 일)	[2] 무관 03~04
27일차 (월 일)	[2] 요약 01~02
28일차 (월 일)	[2] 요약 03~04
29일차 (월 일)	[2] 장문 01~02
30일차 (월 일)	[2] 장문 03~04

상위권을 위한 1단계 학습 플랜

공부할 날(월/일)	학습 지문 수 / 학습 내용
1일차 (월 일)	[4] Day 1 목적 01~04
2일차 (월 일)	[4] Day 2 심경 01~04
3일차 (월 일)	[4] Day 3 밑줄 01~04
4일차 (월 일)	[4] Day 4 주장 01~04
5일차 (월 일)	[4] Day 5 주제 01~04
6일차 (월 일)	[4] Day 6 요지 01~04
7일차 (월 일)	[4] Day 7 제목 01~04
8일차 (월 일)	[4] Day 8 도표 01~04
9일차 (월 일)	[4] Day 9 안내문 01~04
10일차 (월 일)	[4] Day 10 일치 01~04
11일차 (월 일)	[4] Day 11 어법 01~04
12일차 (월 일)	[4] Day 12 어휘 01~04
13일차 (월 일)	[4] Day 13 빈칸 01~04
14일차 (월 일)	[4] Day 14 빈칸 05~08
15일차 (월 일)	[4] Day 15 빈칸 09~12
16일차 (월 일)	[4] Day 16 순서 01~04
17일차 (월 일)	[4] Day 17 위치 01~04
18일차 (월 일)	[4] Day 18 무관 01~04
19일차 (월 일)	[4] Day 19 요약 01~04
20일차 (월 일)	[4] Day 20 장문 01~04

＊ 2, 3단계 학습 플랜은 1단계 학습이 끝난 뒤, 자신이 틀린 문항의 개수를 고려하여 스스로 세워 보세요.

1st 밥영 3독 3해 학습 플랜

자신의 학습 능력과 상황에 따라 스스로 학습 플랜을 완성하고, 3독 3해 학습에 반드시 활용해 보세요.

1단계 학습 플랜

공부할 날(월/일)	학습 지문 수/학습 내용
(월 일)	
(월 일)	
(월 일)	
(월 일)	
(월 일)	
(월 일)	
(월 일)	
(월 일)	
(월 일)	
(월 일)	
(월 일)	
(월 일)	
(월 일)	
(월 일)	
(월 일)	
(월 일)	
(월 일)	
(월 일)	
(월 일)	
(월 일)	
(월 일)	
(월 일)	
(월 일)	
(월 일)	
(월 일)	
(월 일)	
(월 일)	
(월 일)	
(월 일)	
(월 일)	
(월 일)	

2단계 학습 플랜

공부할 날(월/일)	학습 지문 수/학습 내용
(월 일)	
(월 일)	
(월 일)	
(월 일)	
(월 일)	
(월 일)	
(월 일)	
(월 일)	
(월 일)	
(월 일)	
(월 일)	
(월 일)	
(월 일)	
(월 일)	
(월 일)	

3단계 학습 플랜

공부할 날(월/일)	학습 지문 수/학습 내용
(월 일)	
(월 일)	
(월 일)	
(월 일)	
(월 일)	
(월 일)	
(월 일)	
(월 일)	
(월 일)	
(월 일)	
(월 일)	
(월 일)	

1등급을 위한 10가지 영어독해 공부 습관

① 매일매일 일정한 분량을 꾸준하게 공부한다.

- 영어독해의 기본 실력을 기르는 가장 좋은 방법은 쉽고 우수한 기출문제를 꾸준하게 공부하는 것이다.
- 매일 자신의 학습 능력에 맞는 분량의 기출문제를 꾸준히 풀다 보면 독해력과 문제 해결력이 향상된다.
- 문제 유형별 난이도, 스스로의 학습 능력에 따라 적절한 학습 분량을 공부할 수 있도록 구성(p. 8~11 참조)하였으므로, 이에 맞추어 학습 플랜을 수립한다.

② 제한 시간 내에 문제를 푸는 훈련을 한다.

- 시간이 있다면 충분히 맞힐 수 있는 문제도 시간이 부족해 풀지 못하는 경우가 많다.
- 지문마다 '권장 풀이 시간'을 제시하였으므로, 주어진 제한 시간을 지키며 실전처럼 문제를 푸는 훈련을 한다.

③ 독해의 유형과 난이도 등을 파악한다.

- 수능에 출제되는 독해의 유형은 일정한 경향과 패턴을 보이는데, 이를 미리 알아 두면 문제 해결에 도움이 된다.
- 기출문제를 풀면서 독해의 유형과 난이도 등을 확인해 본다. 이렇게 꾸준히 공부하다 보면 어떤 유형의 문제가 출제되는지 감을 잡을 수 있다.
- 유형별로 난이도가 존재하므로 '목적, 심경' 같은 난이도 '하'의 유형에서 정답을 빨리 찾아 시간을 절약하고, '빈칸, 위치' 같은 난이도 '상'의 유형을 위한 문제풀이 시간을 확보할 수 있도록 한다.

④ 빠르고 정확하게 문제를 해결하는 방법을 익힌다.

- 문제 유형에 따라 문제 해결 방법이 달라질 수 있다.
- 토픽과 주제문을 찾아 문제를 해결하는 접근법, 연결어 중심의 접근법, 선택지 순서대로 답을 찾는 1:1 대응 접근법, 맥락을 파악하는 접근법 등 유형에 맞는 전략을 학습하면 빠른 문제 해결에 도움이 된다.
- 문제마다 접근 방법과 해결 전략을 해설한 '제대로 접근법'을 배치하였으므로, 이를 참고하여 문제를 빠르고 정확하게 해결할 수 있는 요령을 터득한다.

⑤ 문제를 틀렸다면 왜 틀렸는지 확인한다.

- 문제를 틀렸다는 것은 문제를 잘못 이해했거나 지문을 잘못 독해했다는 뜻이다.
- 왜 그 문제를 틀렸는지 이유를 알아야 다음에 같은 실수를 반복하지 않을 수 있다.
- 〈해설편〉에 정답인 이유와 오답인 이유를 꼼꼼하게 풀이하였으므로, 이를 참고하여 문제를 왜 틀렸는지 확실하게 이해해야 한다.

⑥ 독해력을 기르기 위한 연습을 한다.

- 처음부터 문제 풀이 요령만을 익히다 보면 영어독해 실력이 잘 늘지 않는다.
- 문장을 빠르고 정확하게 해석하는 훈련이 반드시 필요하다.
- 지문마다 스스로 독해 연습을 할 수 있는 '제대로 독해법'을 배치하였으므로, 주어진 활동 내용에 따라 독해력을 키우는 훈련을 한다.
- 〈해설편〉에 제시된 '선과 도형을 활용한 지문 분석'을 보면서 지문 분석 연습을 한다. '제대로 독해법'과 병행해서 공부하면 더욱 학습 효과를 높일 수 있다.

⑦ 토픽과 주제문을 찾아 주요 문맥을 파악하는 훈련을 한다.

- 주제문의 핵심을 파악하면 글의 제목을 쉽게 유추할 수 있다.
- 주요 맥락을 파악하고 이 맥락에 맞지 않는 어휘를 고르는 전략을 사용할 수 있다.
- 전체적인 내용 연결이나 어휘 연결이 끊어진 곳을 찾아 문제를 해결할 수 있다.
- 글의 주제를 찾아 전체 흐름에서 벗어나는 문장이나 정반대의 주장을 하는 문장을 찾는 문제를 풀 수 있다.

⑧ 빠르게 독해하는 요령을 터득한다.

- 복잡한 구조의 영어 문장도 주요 문장 성분에 따라 끊어 읽다 보면 쉽고 빠르게 독해할 수 있다.
- 긴 주어(부사·형용사로 수식하는 구, to부정사의 명사적 용법, 동명사, 명사절, 의문사절, what 관계대명사절) 뒤에 나오는 동사의 앞에서 끊어 읽는다.
- 수식어구(전치사, 분사, to부정사) 앞에서 끊어 읽는다.
- 접속사(명사절을 이끄는 접속사, 의문사, 접속사 that 생략, 관계사, 종속접속사, 등위접속사) 앞에서 끊어 읽는다.

⑨ 모르는 어휘가 나왔을 때는 꼭 그 의미를 익혀 둔다.

- 어휘의 의미를 모르면 기본적인 독해가 되지 않을뿐만 아니라 어휘 문제도 해결할 수 없다. 어휘력의 중요성은 아무리 강조해도 지나치지 않다.
- 지문마다 제대로 어휘력 올리기를 배치하였으므로, 빈칸을 스스로 채우면서 어휘의 뜻을 익히도록 한다.
- 만약 모르는 어휘가 있다면 사전에서 의미를 찾아 익혀 두고, 문장에서 어떻게 사용되는지 예문까지 확인하여 '나만의 어휘 노트'에 기록해 두고 틈날 때마다 학습한다.
- 각 Day가 끝날 때마다 '어휘 테스트'를 배치하였으므로, 이를 활용하여 자신의 실력을 점검하고 어휘력을 기른다.

⑩ 까다로운 구문을 익혀 둔다.

- 단어의 의미만으로는 해석이 되지 않는 문장들이 있다. 영어에는 구문을 알아야 해석이 가능한 문장들이 다수 존재하므로 주요 구문들을 익혀 문장력을 기르도록 한다.

선생님이 들려주는 영어독해 생생 공부법

♥ 보통 영어독해를 공부할 때 한 번 읽은 지문은 다시 복습하지 않는 경우가 많습니다. 하지만 다른 과목과 마찬가지로 영어독해도 복습이 중요합니다. 먼저 구문, 어법, 단어를 정리하면서 꼼꼼하게 해석한 다음, 며칠 후에 앞서 읽었던 지문을 빠르게 독해해 봅니다. 암기했던 단어도 복습하고, 글의 논리 구조도 다시 복습하는 것이 중요합니다. 수능 영어 시험은 가장 시간이 부족한 과목이므로 평상시에 빠르게 독해하고 내용과 논리를 파악하는 훈련이 꼭 필요합니다.

– 김민재(천안 탑플러스학원)

♥ 독해를 잘 하고도 무슨 내용인지 모르고, 문제를 풀어도 정답을 찾지 못하는 학생들이 많습니다. 영어독해는 단어를 많이 아는 것도 중요하지만 문장의 구조와 흐름을 파악하는 것이 매우 중요합니다. 끊어 읽고 바로 해석을 하는 직독 직해 방식으로 꾸준히 공부하면서 속도와 정확성을 연습해 나가는 것이 좋습니다. 자신이 관심 있는 분야의 인터넷 뉴스 기사를 골라 읽으면서 공부하는 것도 추천합니다. 매일 조금씩 시간을 투자해서 꾸준히 읽는다면 시간이 지나 큰 역량을 가지게 될 테니 꼭 기억해 두세요!

– 김정현(경기 비전스터디학원)

♥ 수능 영어독해에서 가장 중요한 것은 문제에서 요구하는 정확한 답안을 찾는 것이므로, 지엽적인 해석보다는 전체 맥락을 파악하는 것을 중점으로 연습하는 것이 가장 중요합니다. 먼저 충실한 기본 어휘 학습 후 구 단위로 끊어 읽는 연습을 시작으로, 좀 더 숙달되면 절 단위로 끊어서 읽고, 나아가 문단의 중심 소재와 중심 내용 파악하기 위주로 연습을 하다보면 어느덧 실력이 많이 향상된 것을 느낄 것입니다.

– 김지연(인천 송도탑영어학원)

♥ 초시계를 이용하여 빠르고 정확하게 해석하는 연습을 하는 것이 중요합니다. 문법을 공부할 때에는 형태뿐만 아니라 해당 문법이 어떻게 해석되는지를 꼼꼼히 공부해야 합니다. 긴 문장에서는 주어와 동사, 삽입 부분, 수식 부분을 구분해 가면서 해석하는 연습을 충분히 해 둡니다. 해석은 순차적으로 앞부분부터 직독직해하며 공부하고 자주 나오는 표현들은 의역으로 암기해 둡니다.

– 정진원(안동 명문서울학원)

♥ 효과적인 독해 학습을 위하여 우선시 되는 것은 단어 학습입니다. 또한, 적절한 어법 학습을 통하여 구문을 이해해야 효과적인 해석이 가능합니다. 독해란 글쓴이의 의도를 파악하는 것입니다. 따라서 한 번 읽기 보다는 두세 번 반복하여 읽음으로써 주제와 세부 사항을 파악하는 것이 올바른 독해 학습입니다.

– 박옥진(세종 박옥진영어)

♥ 독해를 할 때, 먼저 지문을 처음부터 끝까지 읽고 나서 모르는 어휘들에 체크를 하고, 문제를 푼 다음, 체크된 단어는 나만의 단어장을 만들어 항상 가지고 다니면서 외우도록 합니다. 문제 풀이가 끝난 후, 각 지문마다 스스로 제목과 주제를 찾아보고, 해석본을 읽으면서 머릿속에 스토리텔링이 가능하도록 내용을 정리하고 마무리하면 지문의 내용이 더 뚜렷하게 남을 수 있습니다.

– 김원동(일산 미래인)

♥ 처음 영어독해를 공부하는 학생들은 짧은 글 속에서 내용을 파악하는 것이 힘들 수 있습니다. 무엇보다 글 속에서 이야기하고자 하는 바 즉, 글의 주제를 찾는다면 쉽게 내용을 파악할 수 있으므로, 주제문을 찾는 연습을 충분히 한다면 영어독해를 훨씬 쉽게 할 수 있습니다.

– 홍석진(은평 AMS창해학원)

♥ 영어 문장을 해석할 때 가장 먼저 해야 할 일은 주어와 동사를 찾는 것입니다. 주어와 동사를 먼저 파악한 후 다른 수식어들을 잘 골라내다 보면 문장의 뼈대가 보이고 무엇을 말하고자 하는지 그 핵심을 파악할 수 있습니다.

– 유정인(대전 코너스톤엘상대학원)

졸업생이 들려주는 영어독해 생생 공부법

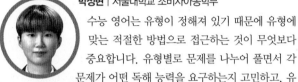

박정현 | 서울대학교 소비자아동학부

수능 영어는 유형이 정해져 있기 때문에 유형에 맞는 적절한 방법으로 접근하는 것이 무엇보다 중요합니다. 유형별로 문제를 나누어 풀면서 각 문제가 어떤 독해 능력을 요구하는지 고민하고, 유형에 맞게 풀이하는 방법을 익힌다면 영어 공부를 하는 데 있어 시간과 수고를 줄일 수 있을 것입니다. 지문의 형식에 따라 '제대로' 된 접근법과 독해법을 설명해 주는 이 책이 그 길을 걷는 데 크게 도움을 줄 것이라 생각합니다.

최시원 | 고려대학교 바이오시스템의과학부

수능 영어 독해의 경우에는 대부분 정해진 유형에서 나오기 때문에 저는 유형별로 다른 전략을 세워서 공부했습니다. 예를 들어 글의 목적을 묻는 경우 저자의 주장이나 요구를 나타내는 단어가 들어있는 문장을 중심으로 읽었고, 빈칸추론의 경우에는 같은 의미지만 다른 단어를 써서 반복하는 내용을 중심으로 읽었습니다. 이처럼 유형별로 자신만의 전략을 세워서 쉬운 유형에서 시간을 아끼고 어려운 유형에 좀 더 할애한다면 영어 1등급도 충분할 것입니다.

민세연 | 연세대학교 치의예과

수능 영어 독해에서 도달해야하는 궁극적인 목표는 자연스럽게 문장의 구조가 파악이 되며 해석이 되는 수준이라고 생각합니다. 이를 위해서 저는 한 지문을 분석할 때 모르는 단어와 어법을 정리하고, 정리한 내용을 적용하여 각 문장 구조를 분석하며, 문장이 자연스럽게 받아들여지도록 반복하여 읽었습니다. 이후 전체 지문을 보며 문장 간 유기적인 관계성을 파악했습니다. 영어는 매일 조금씩이라도 꾸준히 보는 것이 중요하기에 특정 시간대를 정해두고 이와 같은 방식으로 공부를 하는 것을 추천합니다.

백나경 | 서울대학교 국어국문학과

한국인들은 영어 문장에서 수식어를 발견했을 때, 그것이 정확히 문장의 어느 부분을 꾸미고 있는 것인지 한눈에 파악하기가 어렵습니다. 우리는 영어권 화자들이 문장을 읽을 때 사용하는 '호흡'을 모르기 때문입니다. 이것은 영어권 화자들이 사용하는 호흡에 맞추어 '끊어 읽는' 연습을 통해서 해결할 수 있습니다. 매일 영어 지문을 독해하며 끊어 읽는 연습을 한다면, 복잡한 문장들도 단숨에 읽어낼 수 있게 될 것입니다.

권현준 | 연세대학교 치의학과

수능 영어는 국어와 다르게 지문이 한두 문단으로만 이루어져 있어서, 잘 모르겠다고 문장을 제대로 된 해석 없이 그냥 지나쳐서는 안 됩니다. 따라서 모든 문장을 정확하게 해석하는 직독직해, 즉 끊어읽기가 중요합니다. 다만 단순히 지문 해석만 보는 것이 아니라 기출문제를 통해 문장 하나하나를 분석하는 것이 중요하고, 이 과정에서 어려운 구문을 해석하는 능력을 기르는 것 또한 병행되어야 합니다.

김지은 | 서울대학교 경제학부

수능 영어 독해는 정형화된 패턴의 문장이 자주 등장하므로 구문을 끊어서 구조를 분석하는 연습이 무엇보다 중요합니다. 문장 구조를 분석하면 세부적인 어법뿐만 아니라 전체적인 흐름을 파악할 수 있어서 전반적인 문제 풀이 시간을 줄이는 데 도움이 됩니다. 저는 최소한 3개의 지문은 구문을 끊어서 문장을 분석하는 연습을 매일 반복했습니다. 이러한 방법으로 꾸준히 연습한다면 어느샌가 빠르게 지문을 읽으면서 여유있게 문제를 풀고 있는 자신을 발견할 것입니다.

박다은 | 서울대학교 중어중문학과

수능 영어 독해는 문장의 길이가 길고 구조가 복잡하기 때문에 각 문장의 주어와 동사를 정확하고 빠르게 파악하는 것이 중요합니다. 불필요한 수식어들의 해석은 빠르게 넘어가되 내용의 핵심적인 정보를 담고 있는 주어와 동사에 표시를 하면서 지문 내용을 파악하는 연습을 하는 것을 추천합니다. 또한 독해의 기본은 단어입니다. 무작정 많은 단어를 외우는 것보다는 다양한 지문을 읽으면서 해석하지 못했던 단어들을 정리하고 다의어와 숙어 위주로 외우는 것이 좋습니다.

강지연 | 고려대학교 통계학과

어떤 과목이든지 자신이 모르는 것이 무엇인지 아는 것이 가장 중요하다고 생각합니다. 어쩌다가 찍어서 맞춘 정답보다는 애매하게 느껴졌던 오답을 꼼꼼히 살피는 것이 장기적으로 수능 영어에 대비할 수 있는 좋은 자세입니다. 영어에 대한 감을 잃지 않도록 매일 매일 꾸준히 문제를 풀고, 단어와 구문을 꼼꼼히 분석하고, 마지막으로 모의고사에서 구조적으로 시간을 단축할 자신만의 방법을 찾는다면 영어 실력은 꾸준히 향상될 것입니다.

① 수능 영어 절대평가 시행

• 영어 영역은 절대평가로 시행됩니다.
• 상대평가에서는 다른 학생의 성적과 비교되어 등급이 결정되지만, 절대평가에서는 본인의 성취 수준에 따라 등급이 결정됩니다.

수능 영어 절대평가의 성취 등급과 원점수

성취 등급	1	2	3	4	5	6	7	8	9
원점수	100~90	89~80	79~70	69~60	59~50	49~40	39~30	29~20	19~0

② 출제 범위

• 영어Ⅰ, 영어Ⅱ를 바탕으로 다양한 소재의 지문과 자료를 활용하여 출제

③ 평가 영역, 문항 수, 시험 시간

평가 영역		문항 수		시험 시간
듣기	듣기	12문항	17문항	25분 이내
	간접 말하기	5문항		
읽기	읽기	21문항	28문항	45분
	간접 쓰기	7문항		
계		45문항		70분

④ 출제 기본 방향

• 교육과정에 근거하여 문항의 소재를 선정하되 다양한 내용의 대화문/지문과 자료를 활용하여 문항을 출제한다. 각 문항의 대화문/지문은 수험생의 배경 지식에 부합하거나 배경 지식과 언어 능력의 상호작용을 기반으로 이해할 수 있는 것이어야 한다.
• 듣기는 원어민의 대화·담화를 듣고 이해하는 능력을 측정하고, 말하기는 불완전 대화·담화를 듣고 적절한 의사소통 기능을 적용하여 이를 완성하는 능력을 간접적으로 측정한다.
• 읽기는 배경지식 및 글의 단서를 활용하여 이해하는 상호 작용적 독해 능력을 측정하고, 쓰기는 글의 내용을 요약하거나 문단을 구성할 수 있는 능력을 간접적으로 측정한다.
• 유창성과 함께 정확성을 강조하기 위해 어휘 및 어법 문항도 출제에 포함한다.

⑤ 학습 방법

• 대화/담화문을 듣고 전체적인 내용을 이해·추론하고 동시에 세부 내용을 파악하는 능력을 배양한다.
• 대화/담화문을 듣고 화자가 할 말을 실제 의사소통 상황에서 추론, 표현하는 능력을 배양한다.
• 다양한 소재의 지문을 읽고 세부 사항을 정확히 파악하는 능력과 전체적인 대의를 파악하는 능력을 배양한다.
• 문장과 문장의 논리적 흐름을 파악하는 능력, 문단 내용을 요약하는 능력을 배양한다.
• 지문에서 생략된 내용을 글의 내용과 흐름을 참조하여 추론하는 능력을 배양한다.

목적 추론

유형	출처	정답률	문제편	해설편
목적 01	2023년 3월 고1 학력평가 18번	93%	p.18	p.1
목적 02	2019년 3월 고1 학력평가 18번	82%	p.20	p.2
목적 03	2021년 3월 고1 학력평가 18번	90%	p.22	p.3
목적 04	2020년 3월 고1 학력평가 18번	84%	p.24	p.4

오답률

평균 정답률
87.3%

난이도 - 하

1등급 Tip

매년 1문항이 출제되는 난이도 '하'의 유형으로
정답을 빨리 찾아 시간을 절약할 수 있는 문항이다.

목적

01

권장 풀이 시간 : **30**초 | 실제 걸린 시간 : _____분 _____초　●학습한 날짜 :　　.　　.

2023년 3월 고1 학력평가 18번 | 102 words

다음 글의 목적으로 가장 적절한 것은?

To whom it may concern,

　I am a resident of the Blue Sky Apartment. Recently I observed that the kid zone is in need of repairs. I want you to pay attention to the poor condition of the playground equipment in the zone. The swings are damaged, the paint is falling off, and some of the bolts on the slide are missing. The facilities have been in this terrible condition since we moved here. They are dangerous to the children playing there. Would you please have them repaired? I would appreciate your immediate attention to solve this matter.

Yours sincerely,
Nina Davis

① 아파트의 첨단 보안 설비를 홍보하려고
② 아파트 놀이터의 임시 폐쇄를 공지하려고
③ 아파트 놀이터 시설의 수리를 요청하려고
④ 아파트 놀이터 사고의 피해 보상을 촉구하려고
⑤ 아파트 공용 시설 사용 시 유의 사항을 안내하려고

제대로 접근법　◀ 문제 풀이까지 마친 후 복습할 때 보세요.

■**Check Point!**■

목적이 직접적으로 언급된 부분을 빠르게 찾아 시간 절약하기

〈첫 문장〉
(2~3행) Recently I observed that the kid zone is in need of repairs.

➡ 아이들을 위한 구역이 ❶_____ 가 필요하다는 것을 알림

〈주제문〉
(7~8행) Would you please have them repaired?

➡ 놀이터 시설에 대해 수리를 ❷_____ 함

〈마지막 문장〉
문제 해결을 위한 즉각적인 관심을 바란다고 함

목적 유형의 지문은 주로 편지 형식의 실용문이 출제된다. 글의 도입부에서는 글의 소재나 글을 쓰게 된 배경이 제시되고, 글의 중반부나 마지막 문장에서 글의 목적이 나타나는 경우가 많으므로 이에 유의하여 빠르게 답을 찾도록 한다.

제대로 독해법 ◀ 문제 채점까지 마친 후 복습할 때 보세요.

■ 직독 직해 ■

2행 I am a resident / of the Blue Sky Apartment.//
저는 거주자입니다 / Blue Sky 아파트의//

2~3행 Recently I observed / that the kid zone is in need of repairs.//
최근에 저는 알게 되었습니다 / ▭▭▭▭▭▭▭▭▭▭ //

3~4행 I want / you to pay attention to the poor condition / of the playground equipment / in the zone.//
저는 바랍니다 / 귀하께서 열악한 상태에 관심을 기울여 주시길 / 놀이터 설비의 / 그 구역에 있는//

4~6행 The swings are damaged, / the paint is falling off, / and some of the bolts on the slide / are missing.//
그네가 손상되었습니다 / 페인트가 떨어져 나가고 있습니다 / 그리고 미끄럼틀의 볼트 몇 개가 / 빠져 있습니다//

6~7행 The facilities have been in this terrible condition / since we moved here.//
그 시설은 이렇게 형편없는 상태였습니다 / ▭▭▭▭▭▭▭▭▭▭ //

7행 They are dangerous / to the children / playing there.//
그것들은 위험합니다 / 아이들에게 / 거기에서 노는//

7~8행 Would you please have them repaired?//
▭▭▭▭▭▭▭▭▭▭ //

8~9행 I would appreciate your immediate attention / to solve this matter.//
즉각적인 관심에 감사드립니다 / 이 문제를 해결하기 위한//

■ 제대로 어휘력 올리기 ■

우리말 뜻에 맞는 영어 단어나 표현을 지문에서 찾아 쓰세요.

1 _____ : 몡 거주자

2 _____ : 통 (보고) 알다, 목격하다

3 _____ : ~에 관심을 기울이다

4 _____ : 몡 설비, 장비

5 _____ : 떨어져 나가다

6 _____ : 몡 시설

7 _____ : 통 이사하다

8 _____ : 통 감사하다

9 _____ : 혱 즉각적인

■ 제대로 구문 이해하기 ■

2~3행 Recently I observed ❶ that the kid zone ❷ is in need of repairs.

❶ 접속사 that이 동사 observed의 목적어인 명사절을 이끌고 있으며, 이때 that은 생략 가능하다.

❷ be in need of는 '~이 필요하다'라는 의미이다.

7~8행 Would you please ❶ have them repaired?

❶ 사역동사 have의 목적격 보어는 목적어와 목적격 보어가 능동 관계이면 동사원형을 쓰고, 수동 관계이면 과거분사를 쓴다. them이 the facilities를 가리키므로 과거분사 repaired가 쓰였다.

✚ 괄호 안에서 알맞은 것을 고르시오.

The airline's vice president of marketing had the beds in each leader's hotel room (replaced / replacing) with airline seats.

항공사의 마케팅 부사장은 각 임원의 호텔 방에 있는 침대를 비행기 좌석으로 교체했다.

1단계 | 채점 결과

문항 유형	O / X
목적 추론	

→

2단계 | 독해력 점검

□ 지문의 내용을 충분히 이해함
□ 지문의 내용을 대체로 이해함
□ 지문의 내용을 이해하지 못함

해설편 복습

→

3단계 | 문제 해결력 점검

□ 정답과 오답의 근거를 모두 찾음
□ 정답과 오답의 근거를 대체로 찾음
□ 정답과 오답의 근거를 찾지 못함

해설편 복습

목적
02
2019년 3월 고1 학력평가 18번 | 94 words

권장 풀이 시간 : **30**초 | 실제 걸린 시간 : _____분 _____초 | ○학습한 날짜 : _____ . . .

다음 글의 목적으로 가장 적절한 것은?

Dear Ms. Sue Jones,

  As you know, it is our company's policy that all new employees must gain experience in all departments. As you have completed your three months in the Sales Department, it's time to move on to your next department. From next week, you will be working in the Marketing Department. We are looking forward to seeing excellent work from you in your new department. I hope that when your training is finished we will be able to settle you into the department of your choice.

3

6

Yours sincerely,

9

Angie Young

PERSONNEL MANAGER

① 근무 부서 이동을 통보하려고
② 희망 근무 부서를 조사하려고
③ 부서 간 업무 협조를 당부하려고
④ 새로운 마케팅 전략을 공모하려고
⑤ 직원 연수 일정 변경을 안내하려고

제대로 접근법 ◀ 문제 풀이까지 마친 후 복습할 때 보세요.

■**Check Point!**■

목적이 직접적으로 언급된 부분을 빠르게 찾아 시간 절약하기

〈첫 문장〉

(2~3행) As you know, it is our company's policy that all new employees must gain experience in all departments.

→ 모든 신입 사원이 모든 ❶ _____ 에서 경험을 쌓는 것이 회사의 방침이 라는 것을 설명

〈주제문〉

(3~5행) As you have completed your three months in the Sales Department, it's time to move on to your next department.

→ 다음 근무 부서로 ❷ _____ 통보

〈마지막 문장〉

수습 기간이 끝난 후 귀하가 선택한 부서 로 귀하를 배치할 수 있기를 바란다고 함

목적 유형의 지문은 주로 편지 형식의 실용 문이 출제된다. 글의 도입부에서는 글의 소 재나 글을 쓰게 된 배경이 제시되고, 글의 중반부나 마지막 문장에서 글의 목적이 나 타나는 경우가 많으므로 이에 유의하여 빠 르게 답을 찾도록 한다.

제대로 독해법   ◀ 문제 채점까지 마친 후 복습할 때 보세요.

■ 직독 직해 ■

2~3행 As you know, / it is our company's policy / that all new employees must gain experience / in all departments.//

귀하가 아시다시피 / 우리 회사의 방침입니다 / ▨▨▨▨▨▨▨▨▨▨ / 모든 부서에서//

3~5행 As you have completed your three months / in the Sales Department, / it's time to move on / to your next department.//

귀하는 3개월을 마쳤으므로 / 판매부에서 / 옮겨야 할 때입니다 / 다음 부서로//

5~6행 From next week, / you will be working / in the Marketing Department.//

다음 주부터 / 귀하는 일하게 될 것입니다 / 마케팅부에서//

6~7행 We are looking forward / to seeing excellent work from you / in your new department.//

저희는 기대합니다 / ▨▨▨▨▨▨▨▨▨▨ / 귀하의 새 부서에서//

7~8행 I hope / that when your training is finished / we will be able to settle you / into the department of your choice.//

저희는 바랍니다 / 귀하의 수습 (기간)이 끝나면 / ▨▨▨▨▨▨▨▨▨▨ / 귀하가 선택한 부서로//

■ 제대로 어휘력 올리기 ■

우리말 뜻에 맞는 영어 단어나 표현을 지문에서 찾아 쓰세요.

1 _____ : 명 방침, 정책
2 _____ : 동 (경험을) 쌓다, 늘리다
3 _____ : 명 부(서), 과
4 _____ : 동 마치다, 완료하다
5 _____ : ~을 기대하다
6 _____ : 형 훌륭한, 뛰어난
7 _____ : 명 연습, 훈련
8 _____ : 동 배치하다, 정착시키다
9 _____ : 명 (회사의) 인사과, 인사부

■ 제대로 구문 이해하기 ■

7~8행 I hope ❶ that ❷ when your training **is finished** we ❸ **will be able to settle** you into the department of your choice.

❶ 접속사 that 이하는 명사절이며 동사 hope의 목적어 역할을 한다.

❷ 시간 및 조건의 부사절에서는 미래의 의미라도 현재시제로 나타낸다.

❸ 가능의 조동사 can의 미래시제는 「will be able to부정사」로 표현할 수 있다.

✚ 괄호 안에서 알맞은 것을 고르시오.

By promoting the health benefits of swimming, she hopes (that / what) more students will get healthy through her instruction.

수영의 건강상의 이점들을 홍보함으로써, 그녀는 더 많은 학생들이 그녀의 지도를 통해 건강해지기를 바란다.

1단계 | 채점 결과

문항 유형	O/X
목적 추론	

→

2단계 | 독해력 점검

☐ 지문의 내용을 충분히 이해함
☐ 지문의 내용을 대체로 이해함
☐ 지문의 내용을 이해하지 못함

해설편 복습

→

3단계 | 문제 해결력 점검

☐ 정답과 오답의 근거를 모두 찾음
☐ 정답과 오답의 근거를 대체로 찾음
☐ 정답과 오답의 근거를 찾지 못함

해설편 복습

목적

03

권장 풀이 시간 : **30초** | 실제 걸린 시간 : _____분 _____초 ○학습한 날짜 : . .

2021년 3월 고1 학력평가 18번 | 84 words

다음 글의 목적으로 가장 적절한 것은?

Dear members of Eastwood Library,

Thanks to the Friends of Literature group, we've successfully raised enough money to remodel the library building. John Baker, our local builder, has volunteered to help us with the remodelling but he needs assistance. By grabbing a hammer or a paint brush and donating your time, you can help with the construction. Join Mr. Baker in his volunteering team and become a part of making Eastwood Library a better place! Please call 541-567-1234 for more information.

3

6

Sincerely,

9

Mark Anderson

① 도서관 임시 휴관의 이유를 설명하려고
② 도서관 자원봉사자 교육 일정을 안내하려고
③ 도서관 보수를 위한 모금 행사를 제안하려고
④ 도서관 공사에 참여할 자원봉사자를 모집하려고
⑤ 도서관에서 개최하는 글쓰기 대회를 홍보하려고

제대로 접근법 ◀ 문제 풀이까지 마친 후 복습할 때 보세요.

■ **Check Point!** ■

목적이 직접적으로 언급된 부분을 빠르게 찾아 시간 절약하기

〈첫 문장〉
(2~3행) Thanks to the Friends of Literature group, we've successfully raised enough money to remodel the library building.

→ 도서관 건물을 ❶ _____ 하기 위한 모금이 성공적이었음을 알림

〈주제문〉
(6~8행) Join Mr. Baker in his volunteering team and become a part of making Eastwood Library a better place!

→ ❷ _____ 팀에 동참하여 도서관 공사를 도와달라고 요청함

〈마지막 문장〉
더 많은 정보를 원하면 전화로 문의해달라고 함

목적 유형의 지문은 주로 편지 형식의 실용문이 출제된다. 글의 도입부에서는 글의 소재나 글을 쓰게 된 배경이 제시되고, 글의 중반부나 마지막 문장에서 글의 목적이 나타나는 경우가 많으므로 이에 유의하여 빠르게 답을 찾도록 한다.

제대로 독해법 ◀ 문제 채점까지 마친 후 복습할 때 보세요.

■직독 직해■

2~3행 Thanks to the Friends of Literature group, / we've successfully raised enough money / to remodel the library building.//
Friends of Literature 모임 덕분에 / 우리는 충분한 돈을 성공적으로 모았습니다 / ▨▨▨▨▨▨▨//

3~5행 John Baker, our local builder, / has volunteered / to help us with the remodelling / but he needs assistance.//
우리 지역의 건축업자인 John Baker 씨가 / 자원했(지만) / ▨▨▨▨▨▨ / 그러나 그는 도움이 필요합니다//

5~6행 By grabbing a hammer or a paint brush / and donating your time, / you can help with the construction.//
망치나 페인트 붓을 쥠으로써 / 그리고 여러분의 시간을 기부함(으로써) / ▨▨▨▨▨▨//

6~8행 Join Mr. Baker in his volunteering team / and become a part / of making Eastwood Library a better place!//
Baker 씨의 자원봉사 팀에 동참하여 / 그래서 (팀의) 일원이 되십시오 / Eastwood 도서관을 더 좋은 곳으로 만드는//

8행 Please call 541-567-1234 / for more information.//
541-567-1234로 전화해 주십시오 / 더 많은 정보를 원하시면//

■제대로 어휘력 올리기■

우리말 뜻에 맞는 영어 단어를 지문에서 찾아 쓰세요.

1 _____ : 명 문학
2 _____ : 부 성공적으로
3 _____ : 동 (돈을) 모으다
4 _____ : 형 지역의, 현지의
5 _____ : 명 건축업자
6 _____ : 동 자원하다
7 _____ : 명 도움
8 _____ : 동 기부하다
9 _____ : 명 공사

■제대로 구문 이해하기■

6~8행 ❶ Join Mr. Baker in his volunteering team and **become** a part ❷ **of making** Eastwood Library a better place!

❶ 권유를 나타내는 명령문 형식의 문장으로, 동사원형 Join과 become이 등위접속사 and로 연결되어 병렬구조를 이루고 있다.

❷ 전치사 of의 목적어로 making이 이끄는 동명사구가 오고, 「make + 목적어(Eastwood Library) + 목적격 보어(a better place)」의 5형식 문장이 이어지는 형태이다.

✚ 괄호 안에서 알맞은 것을 고르시오.

Discover how world famous English poet William Wordsworth lived, and (explore / explored) his inspiring home.

세계적으로 유명한 잉글랜드 시인 William Wordsworth가 어떻게 살았는지 알아보고, 영감을 주는 그의 집을 답사해보세요.

1단계 | 채점 결과

문항 유형	O/X
목적 추론	

→

2단계 | 독해력 점검
□ 지문의 내용을 충분히 이해함
□ 지문의 내용을 대체로 이해함
□ 지문의 내용을 이해하지 못함
해설편 복습

→

3단계 | 문제 해결력 점검
□ 정답과 오답의 근거를 모두 찾음
□ 정답과 오답의 근거를 대체로 찾음
□ 정답과 오답의 근거를 찾지 못함
해설편 복습

목적

04

권장 풀이 시간 : **30초** | 실제 걸린 시간 : _____분 _____초 ○학습한 날짜 : _____ . _____ .

2020년 3월 고1 학력평가 18번 | 115 words

다음 글의 목적으로 가장 적절한 것은?

Dear Ms. Spadler,

You've written to our company complaining that your toaster, which you bought only three weeks earlier, doesn't work. You were asking for a new toaster or a refund. Since the toaster has a year's warranty, our company is happy to replace your faulty toaster with a new toaster. To get your new toaster, simply take your receipt and the faulty toaster to the dealer from whom you bought it. The dealer will give you a new toaster on the spot. Nothing is more important to us than the satisfaction of our customers. If there is anything else we can do for you, please do not hesitate to ask.

Yours sincerely,
Betty Swan

* warranty 품질 보증(서)

① 새로 출시한 제품을 홍보하려고
② 흔히 생기는 고장 사례를 알려주려고
③ 품질 보증서 보관의 중요성을 강조하려고
④ 고장 난 제품을 교환하는 방법을 안내하려고
⑤ 제품 만족도 조사에 참여해줄 것을 요청하려고

제대로 접근법 ◀ 문제 풀이까지 마친 후 복습할 때 보세요.

■ **Check Point!** ■

목적이 직접적으로 언급된 부분을 빠르게 찾아 시간 절약하기

〈첫 문장〉
(2~3행) You've written to our company complaining that your toaster, which you bought only three weeks earlier, doesn't work.

→ 불과 3주 전에 산 토스터가 작동하지 않는다고 ❶ _____ 하는 편지를 받음

〈주제문〉
(4~5행) Since the toaster has a year's warranty, our company is happy to replace your faulty toaster with a new toaster.

→ 고장 난 제품을 새 제품으로 ❷ _____ 해주겠다고 안내함

〈마지막 문장〉
그 밖의 다른 도울 일이 있다면 주저하지 말고 요청해 달라고 함

목적 유형의 지문은 주로 편지 형식의 실용문이 출제된다. 글의 첫 문장이나 도입부에서는 글의 소재나 글을 쓰게 된 배경이 제시되고, 글의 중반부나 마지막 문장에서 글의 목적이 나타나는 경우가 많으므로 이에 유의하여 빠르게 답을 찾도록 한다.

제대로 독해법 ◀ 문제 채점까지 마친 후 복습할 때 보세요.

■ 직독 직해 ■

2~3행 You've written to our company / complaining / that your toaster, / which you bought only three weeks earlier, / doesn't work.//

귀하는 저희 회사에 편지를 쓰셨습니다 / 항의하는 / 귀하의 토스터가 / ▨▨▨▨▨▨▨▨ / 작동하지 않는다고//

3~4행 You were asking / for a new toaster or a refund.//

귀하는 요구하셨습니다 / 새 토스터 혹은 환불을//

4~5행 Since the toaster has a year's warranty, / our company is happy to replace / your faulty toaster with a new toaster.//

그 토스터는 1년의 품질 보증 기간이 있기 때문에 / ▨▨▨▨▨▨▨▨▨ / 귀하의 고장 난 토스터를 새 토스터로//

5~7행 To get your new toaster, / simply take your receipt and the faulty toaster / to the dealer / from whom you bought it.//

새 토스터를 받으시려면 / 귀하의 영수증과 고장 난 토스터를 가져가시기만 하면 됩니다 / 판매자에게 / 귀하가 구매했던//

7~8행 The dealer will give you a new toaster / on the spot.//

그 판매자가 새 토스터를 드릴 것입니다 / 즉석에서 바로//

8~9행 Nothing is more important to us / than the satisfaction of our customers.//

▨▨▨▨▨▨▨▨ / 고객의 만족보다//

9~10행 If there is anything else / we can do for you, / please do not hesitate to ask.//

만약 그 밖의 다른 일이 있다면 / 저희가 귀하를 위해 할 수 있는 / ▨▨▨▨▨▨▨▨▨//

■ 제대로 어휘력 올리기 ■

우리말 뜻에 맞는 영어 단어나 표현을 지문에서 찾아 쓰세요.

1 _____ : 통 항의하다, 불평하다
2 _____ : 명 환불
3 _____ : 통 교환하다, 바꾸다
4 _____ : 형 고장 난, 결함이 있는
5 _____ : 명 영수증
6 _____ : 명 판매자
7 _____ : 즉석에서 바로
8 _____ : 명 만족(감)
9 _____ : 통 주저하다, 망설이다

■ 제대로 구문 이해하기 ■

4~5행 ❶ **Since** the toaster has a year's warranty, our company is happy ❷ **to replace** your faulty toaster with a new toaster.

❶ 접속사 since는 인과관계를 나타내는 부사절을 이끌어 '~이므로, ~때문에'라고 해석하며, 이유를 나타내는 접속사 as와 바꿔 쓸 수 있다.

❷ to replace는 감정의 원인을 나타내는 to부정사의 부사적 용법으로, happy, glad, sad, sorry 등 감정을 나타내는 형용사 뒤의 to부정사는 '~해서, ~하게 되어서'라고 해석한다.

✚ 괄호 안에서 알맞은 것을 고르시오.

The boss was sorry (seeing / to see) his good worker go and asked if he could build just one more house as a personal favor.

사장은 그의 좋은 직원이 그만두는 것을 알게 되어서 아쉬워했고, 개인적인 부탁으로 그가 집을 딱 한 채만 더 지어줄 수 있는지 물어보았다.

1단계 | 채점 결과

문항 유형	O / X
목적 추론	

→

2단계 | 독해력 점검

☐ 지문의 내용을 충분히 이해함
☐ 지문의 내용을 대체로 이해함
☐ 지문의 내용을 이해하지 못함

해설편 복습

→

3단계 | 문제 해결력 점검

☐ 정답과 오답의 근거를 모두 찾음
☐ 정답과 오답의 근거를 대체로 찾음
☐ 정답과 오답의 근거를 찾지 못함

해설편 복습

DAY 1 | 목적 01~04 | 어휘 테스트

[1~9] 다음 빈칸에 알맞은 말을 <보기>에서 찾아 쓰시오.

보기
warranty policy employees resident faulty
department equipment local immediate

1 our company's _____
우리 회사의 방침

2 a year's _____
1년의 품질 보증 기간

3 our _____ builder
우리 지역의 건축업자

4 the _____ of your choice
귀하가 선택한 부서

5 a(n) _____ of the Blue Sky Apartment
Blue Sky 아파트의 거주자

6 your _____ toaster
귀하의 고장 난 토스터

7 the playground _____
놀이터 설비

8 your _____ attention
귀하의 즉각적인 관심

9 all new _____
모든 신입 사원들

[10~15] 다음 빈칸에 알맞은 말을 <보기>에서 찾아 쓰시오.

보기
satisfaction donating moved
hesitate completed raised

10 The facilities have been in this terrible condition since we _____ here.
그 시설은 우리가 이곳으로 이사 온 이후로 이렇게 형편없는 상태였습니다.

11 Thanks to the Friends of Literature group, we've successfully _____ enough money to remodel the library building.
Friends of Literature 모임 덕분에, 우리는 도서관 건물을 리모델링하기 위한 충분한 돈을 성공적으로 모았습니다.

12 As you have _____ your three months in the Sales Department, it's time to move on to your next department.
귀하는 판매부에서 3개월을 마쳤으므로, 다음 부서로 옮겨야 할 때입니다.

13 By grabbing a hammer or a paint brush and _____ your time, you can help with the construction.
망치나 페인트 붓을 쥐고 여러분의 시간을 기부함으로써, 여러분은 공사를 도울 수 있습니다.

14 If there is anything else we can do for you, please do not _____ to ask.
만약 저희가 귀하를 위해 할 수 있는 그 밖의 다른 일이 있다면, 주저하지 말고 요청해 주십시오.

15 Nothing is more important to us than the _____ of our customers.
저희에게 고객의 만족보다 더 중요한 것은 없습니다.

심경 파악

유형	출처	정답률	문제편	해설편
심경 01	2022년 3월 고1 학력평가 19번	82%	p.28	p.5
심경 02	2018년 6월 고1 학력평가 19번	92%	p.30	p.6
심경 03	2019년 9월 고1 학력평가 19번	84%	p.32	p.7
심경 04	2020년 9월 고1 학력평가 19번	89%	p.34	p.8

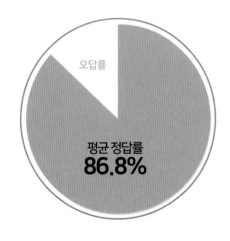

오답률

평균 정답률
86.8%

난이도 - 하

1등급 Tip

매년 1문항이 출제되는 난이도 '하'의 유형으로 정답을 빨리 찾아 시간을 절약할 수 있는 문항이다.

심경
01

권장 풀이 시간 : **30초** | 실제 걸린 시간 : _____분_____초 ●학습한 날짜 :   .   .

2022년 3월 고1 학력평가 19번 | 123 words

다음 글에 드러난 Zoe의 심경 변화로 가장 적절한 것은?

The principal stepped on stage. "Now, I present this year's top academic award to the student who has achieved the highest placing." He smiled at the row of seats where twelve finalists had gathered. Zoe wiped a sweaty hand on her handkerchief and glanced at the other finalists. They all looked as pale and uneasy as herself. Zoe and one of the other finalists had won first placing in four subjects so it came down to how teachers ranked their hard work and confidence. "The Trophy for General Excellence is awarded to Miss Zoe Perry," the principal declared. "Could Zoe step this way, please?" Zoe felt as if she were in heaven. She walked into the thunder of applause with a big smile.

① hopeful → disappointed   ② guilty → confident

③ nervous → delighted   ④ angry → calm

⑤ relaxed → proud

제대로 접근법 ◀ 문제 풀이까지 마친 후 복습할 때 보세요.

■ Check Point! ■

상황을 묘사하기 위해 사용된 표현들을 통해, 인물의 심경 변화를 파악한다.

심경이 가장 잘 드러나는 단어

〈앞부분〉
a sweaty hand,
pale and uneasy
→ 부정적

〈뒷부분〉
as if she were in heaven,
with a big smile
→ 긍정적

〈선택지 확인〉	
부정적 ↓ 긍정적	❶ _____
	❷ _____
	❸ _____
긍정적 ↓ 부정적	❹ _____
긍정적	❺ _____

가장 쉬운 유형이므로 최대한 빨리 풀도록 한다.

제대로 독해법 ◀ 문제 채점까지 마친 후 복습할 때 보세요.

■ 직독 직해 ■

1행 The principal stepped on stage.//
교장 선생님이 무대 위로 올라갔다//

1~2행 "Now, / I present this year's top academic award / to the student / who has achieved the highest placing."//
"이제 / 저는 올해의 학업 최우수상을 수여하겠습니다 / 학생에게 / 최고 등수를 달성한"//

3행 He smiled / at the row of seats / where twelve finalists had gathered.//
그는 미소를 지었다 / 좌석의 열을 향해 / ▨▨▨▨▨▨▨▨ //

3~5행 Zoe wiped a sweaty hand / on her handkerchief / and glanced / at the other finalists.//
Zoe는 땀에 젖은 손을 닦았다 / 그녀의 손수건에 / 그리고 힐끗 보았다 / 다른 최종 입상 후보자들을//

5행 They all looked as pale and uneasy / as herself.//
▨▨▨▨▨▨▨▨ / 그녀 자신만큼//

5~7행 Zoe and one of the other finalists / had won first placing / in four subjects / so it came down / to how teachers ranked their hard work and confidence.//
Zoe와 다른 최종 입상 후보자들 중 한 명이 / ▨▨▨▨▨▨▨▨ / 네 개 과목에서 / 그래서 그것은 좁혀졌다 / 선생님들이 그들의 노력과 자신감을 어떻게 평가하느냐로//

7~9행 "The Trophy for General Excellence / is awarded to Miss Zoe Perry," / the principal declared.//
"전체 최우수상을 위한 트로피는 / Zoe Perry 양에게 수여됩니다" / 교장 선생님이 공표했다//

9행 "Could Zoe step this way, please?"//
"Zoe는 이쪽으로 나와 주시겠습니까?"//

9~10행 Zoe felt / as if she were in heaven.//
Zoe는 느꼈다 / ▨▨▨▨▨▨▨▨ //

10행 She walked / into the thunder of applause / with a big smile.//
그녀는 걸어갔다 / 우레와 같은 박수갈채 속으로 / 활짝 웃으며//

■ 제대로 어휘력 올리기 ■

우리말 뜻에 맞는 영어 단어를 지문에서 찾아 쓰세요.

1 _____ : 몡 교장
2 _____ : 동 주다, 수여하다
3 _____ : 동 달성하다, 성취하다
4 _____ : 몡 열, 횡렬
5 _____ : 동 닦다, 문지르다
6 _____ : 동 힐끗 보다
7 _____ : 혱 창백한
8 _____ : 동 공표하다, 선언하다
9 _____ : 몡 박수(갈채)

■ 제대로 구문 이해하기 ■

5행 They all ❶ looked ❷ as pale and uneasy as herself.

❶ look은 형용사를 주격 보어로 취한다.

❷ 원급 비교 구문은 「as + 형용사/부사의 원급 + as」를 기본 형태로 가지며, '~만큼 …한/하게'의 의미를 나타낸다.

9~10행 Zoe felt ❶ as if she were in heaven.

❶ 「as if + 가정법 과거」는 「as if + 주어 + 동사의 과거형」의 형태로 쓰며, 주절과 같은 때의 사실과 반대되는 일을 가정한다.

✚ 괄호 안에서 알맞은 것을 고르시오.

Generalized praise like "great picture" isn't as (meaningful / meaningfully) to children as finding something specific about their performance or behavior.

"훌륭한 그림"과 같은 일반화된 칭찬은 아이들의 구체적인 성과나 행동을 발견하는 것만큼 의미 있지는 않다.

1단계 | 채점 결과

문항 유형	O/X
심경 파악	

→

2단계 | 독해력 점검
- ☐ 지문의 내용을 충분히 이해함
- ☐ 지문의 내용을 대체로 이해함
- ☐ 지문의 내용을 이해하지 못함

해설편 복습

→

3단계 | 문제 해결력 점검
- ☐ 정답과 오답의 근거를 모두 찾음
- ☐ 정답과 오답의 근거를 대체로 찾음
- ☐ 정답과 오답의 근거를 찾지 못함

해설편 복습

다음 글에 드러난 'I'의 심경으로 가장 적절한 것은?

One night, I opened the door that led to the second floor, noting that the hallway light was off. I thought nothing of it because I knew there was a light switch next to the stairs that I could turn on. What happened next was something that chilled my blood. When I put my foot down on the first step, I felt a movement under the stairs. My eyes were drawn to the darkness beneath them. Once I realized something strange was happening, my heart started beating fast. Suddenly, I saw a hand reach out from between the steps and grab my ankle. I let out a terrifying scream that could be heard all the way down the block, but nobody answered!

3

6

9

① scared   ② bored   ③ ashamed
④ satisfied   ⑤ delighted

제대로 접근법   ◀ 문제 풀이까지 마친 후 복습할 때 보세요.

■ **Check Point!** ■

심경이 가장 잘 드러나는 단어는
→ '형용사 > 부사 > 동사' 순!

심경이 가장 잘 드러나는 단어

chilled my blood,
something strange,
my heart started beating fast,
terrifying scream
→ 부정적

〈선택지 확인〉	
긍정적	❶ _____
	❷ _____
부정적	❸ _____
	❹ _____
	❺ _____

가장 쉬운 유형이므로 최대한 빨리 풀도록 한다.

제대로 독해법 ◀ 문제 채점까지 마친 후 복습할 때 보세요.

■ 직독 직해 ■

1~2행 One night, / I opened the door / that led to the second floor, / noting / that the hallway light was off.//

어느 날 밤 / 나는 문을 열었(고) / 2층으로 이르는 / 그리고 알아차렸다 / ▨▨▨▨▨▨▨▨▨//

2~3행 I thought / nothing of it / because I knew / there was a light switch / next to the stairs / that I could turn on.//

나는 생각했다 / 그것에 대해 아무렇지 않게 / 내가 알았기 때문에 / 전등 스위치가 있다(는 것을) / 계단 옆에 / 내가 켤 수 있는//

3~4행 What happened next / was something / that chilled my blood.//

다음에 일어난 일은 / 어떤 것이었다 / 내 간담을 서늘하게 한//

4~5행 When I put my foot down / on the first step, / I felt a movement / under the stairs.//

내가 발을 내디뎠을 때 / 첫 칸에 / ▨▨▨▨▨▨▨▨ / 계단 아래에서//

5~6행 My eyes were drawn / to the darkness / beneath them.//

내 눈은 이끌렸다 / 어둠에 / 그것들(계단) 아래의//

6~7행 Once I realized / something strange was happening, / my heart started beating fast.//

내가 깨닫자마자 / 이상한 어떤 일이 일어나고 있다는 것을 / ▨▨▨▨▨▨▨▨▨//

7~8행 Suddenly, / I saw a hand reach out / from between the steps / and grab my ankle.//

갑자기 / 나는 손 하나가 뻗어 나온 것을 보았다 / 계단 사이로부터 / 그리고 내 발목을 잡는 것을 (봤다)//

8~10행 I let out a terrifying scream / that could be heard all the way / down the block, / but nobody answered!//

▨▨▨▨▨▨▨▨ / 쭉 들릴 수 있는 / 그 구역을 따라 / 하지만 아무도 대답하지 않았다//

■ 제대로 어휘력 올리기 ■

우리말 뜻에 맞는 영어 단어를 지문에서 찾아 쓰세요.

1 _____ : 명 복도

2 _____ : 명 (pl.) 계단

3 _____ : 동 춥게 하다, 오싹하게 하다

4 _____ : 명 움직임

5 _____ : 동 (마음을) 끌다

6 _____ : 전 아래에, 밑에

7 _____ : 동 (손 등을) 뻗다, 내밀다

8 _____ : 동 붙잡다

9 _____ : 형 무서운

■ 제대로 구문 이해하기 ■

1~2행 One night, I opened the door ❶ that led to the second floor, ❷ noting that the hallway light was off.

❶ 주격 관계대명사 that이 선행사 the door를 수식하는 형용사절을 이끌고 있다.

❷ noting은 접속사와 주어를 생략한 분사구문으로, 원래 문장은 and I noted that the hallway light was off이다. 접속사 and를 생략한 후, 주절과 종속절의 주어가 I로 같으므로 종속절의 주어를 생략하고, 주절과 종속절의 시제가 같으므로 동사 noted를 noting으로 바꾸었다.

✚ 괄호 안에서 알맞은 것을 고르시오.

This helps you lower the level of your anxiety and stress, increasing your confidence and (made / making) the presentation much easier.

이것은 당신의 불안과 스트레스 수준을 낮추도록 도와주어 자신감을 높이고 프레젠테이션을 훨씬 더 용이하게 해 줄 것이다.

1단계 | 채점 결과

문항 유형	O/X
심경 파악	

→

2단계 | 독해력 점검

☐ 지문의 내용을 충분히 이해함
☐ 지문의 내용을 대체로 이해함
☐ 지문의 내용을 이해하지 못함

해설편 복습

→

3단계 | 문제 해결력 점검

☐ 정답과 오답의 근거를 모두 찾음
☐ 정답과 오답의 근거를 대체로 찾음
☐ 정답과 오답의 근거를 찾지 못함

해설편 복습

심경

03

2019년 9월 고1 학력평가 19번 | 121 words

권장 풀이 시간 : **30**초 | 실제 걸린 시간 : _____ 분 _____ 초 ◦학습한 날짜 : ____ . ____ .

다음 글에 드러난 'I'의 심경 변화로 가장 적절한 것은?

I board the plane, take off, and climb out into the night sky. Within minutes, the plane shakes hard, and I freeze, feeling like I'm not in control of anything. The left engine starts losing power and the right 3 engine is nearly dead now. Rain hits the windscreen and I'm getting into heavier weather. I'm having trouble keeping up the airspeed. When I reach for the microphone to call the center to declare an emergency, 6 my shaky hand accidentally bumps the carburetor heat levers, and the left engine suddenly regains power. I push the levers to full. Both engines backfire and come to full power. Feeling that the worst is over, 9 I find my whole body loosening up and at ease.

* carburetor heat lever 기화기 열 레버

① ashamed → delighted
② terrified → relieved
③ satisfied → regretful
④ indifferent → excited
⑤ hopeful → disappointed

제대로 접근법   ◀ 문제 풀이까지 마친 후 복습할 때 보세요.

■ **Check Point!** ■

상황을 묘사하기 위해 사용된 표현들을 통해, 인물의 심경 변화를 파악한다.

> 심경이 가장 잘 드러나는 단어

〈앞부분〉
the plane shakes hard, freeze,
heavier weather
→ 부정적

〈뒷부분〉
the worst is over,
loosening up, at ease
→ 긍정적

〈선택지 확인〉	
부정적 ↓ 긍정적	❶ _____
	❷ _____
	❸ _____
긍정적 ↓ 부정적	❹ _____
	❺ _____

가장 쉬운 유형이므로 최대한 빨리 풀도록 한다.

제대로 독해법 ◀ 문제 채점까지 마친 후 복습할 때 보세요.

■ 직독 직해 ■

1행 I board the plane, / take off, / and climb out into the night sky.//
나는 비행기를 타(고) / 이륙해(서) / [   ]//

1~3행 Within minutes, / the plane shakes hard, / and I freeze, / feeling like I'm not in control of anything.//
몇 분 되지 않아 / 비행기가 심하게 흔들린다 / 그리고 나는 몸이 굳어진다 / 아무것도 통제할 수 없는 것처럼 느끼면서//

3~4행 The left engine starts losing power / and the right engine is nearly dead now.//
왼쪽 엔진은 동력을 잃기 시작하(고) / 그리고 오른쪽 엔진은 이제 거의 작동을 멈춘다//

4~5행 Rain hits the windscreen / and I'm getting into heavier weather.//
비가 앞 유리창에 부딪치(고) / 그리고 나는 더 심한 악천후 속으로 들어가고 있다//

5행 I'm having trouble / keeping up the airspeed.//
나는 어렵다 / [   ]//

5~8행 When I reach for the microphone / to call the center / to declare an emergency, / my shaky hand / accidentally bumps the carburetor heat levers, / and the left engine suddenly regains power.//
내가 마이크에 손을 뻗을 때 / 센터에 전화하려고 / [   ] / 나의 떨리는 손이 / 우연히 기화기 열 레버에 부딪치(고) / 그리고 왼쪽 엔진이 갑자기 동력을 회복한다//

8행 I push the levers to full.//
나는 레버를 끝까지 누른다//

8~9행 Both engines backfire / and come to full power.//
두 엔진이 모두 점화되(고) / 그리고 최대 동력에 이르게 된다//

9~10행 Feeling that the worst is over, / I find my whole body loosening up and at ease.//
최악의 상황이 끝났다고 느끼며 / 나는 온몸의 긴장이 풀리고 편안해진다//

■ 제대로 어휘력 올리기 ■

우리말 뜻에 맞는 영어 단어나 표현을 지문에서 찾아 쓰세요.

1 _____ : 이륙하다

2 _____ : 동 (몸이) 굳어지다

3 _____ : 명 (항공) 대기 속도

4 _____ : 동 선언하다, 공표하다

5 _____ : 부 우연히

6 _____ : 동 부딪치다

7 _____ : 동 회복하다, 되찾다

8 _____ : (몸의) 긴장이 풀리다

9 _____ : (마음이) 편안한

■ 제대로 구문 이해하기 ■

9~10행 ❶ **Feeling** that the worst is over, I find my whole body ❷ **loosening up** and **at ease**.

❶ Feeling ~ over는 접속사와 주어가 생략된 분사구문으로, 원래 문장은 'As I feel that ~ over'이다. 접속사 As와 주절과 동일한 주어 I를 생략하고, 능동의 의미이므로 feel을 feeling으로 바꾸어 쓴다.

❷ 사역동사나 지각동사 이외에 find, catch 등의 동사도 5형식 문장으로 쓰일 수 있다. find의 목적어 my whole body에 대한 목적격 보어로 현재분사 loosening up, 전치사 at과 명사 ease가 합쳐져 '편안한'이라는 형용사적 의미를 갖는 at ease가 쓰였다.

✚ 괄호 안에서 알맞은 것을 고르시오.

The rabbit moves quickly back and forth, (forcing / forced) the coyote to change direction and make sharp turns, too.

그 토끼는 빠르게 이리저리 움직이면서 코요테도 방향을 바꾸고 급선회를 하도록 만든다.

1단계 | 채점 결과

문항 유형	O / X
심경 파악	

→

2단계 | 독해력 점검

□ 지문의 내용을 충분히 이해함
□ 지문의 내용을 대체로 이해함
□ 지문의 내용을 이해하지 못함

해설편 복습

→

3단계 | 문제 해결력 점검

□ 정답과 오답의 근거를 모두 찾음
□ 정답과 오답의 근거를 대체로 찾음
□ 정답과 오답의 근거를 찾지 못함

해설편 복습

심경

04

권장 풀이 시간 : **30초** | 실제 걸린 시간 : _____분 _____초 ◉학습한 날짜 : _____ . .

2020년 9월 고1 학력평가 19번 | 119 words

다음 글에 드러난 Salva의 심경 변화로 가장 적절한 것은?

Salva had to raise money for a project to help southern Sudan. It was the first time that Salva spoke in front of an audience. There were more than a hundred people. Salva's knees were shaking as he walked to the 3 microphone. "H – h – hello," he said. His hands trembling, he looked out at the audience. Everyone was looking at him. At that moment, he noticed that every face looked interested in what he had to say. People 6 were smiling and seemed friendly. That made him feel a little better, so he spoke into the microphone again. "Hello," he repeated. He smiled, feeling at ease, and went on. "I am here to talk to you about a project 9 for southern Sudan."

① nervous → relieved

② indifferent → excited

③ worried → disappointed

④ satisfied → frustrated

⑤ confident → embarrassed

제대로 접근법 ◀ 문제 풀이까지 마친 후 복습할 때 보세요.

■ **Check Point!** ■

상황을 묘사하기 위해 사용된 표현들을 통해, 인물의 심경 변화를 파악한다.

심경이 가장 잘 드러나는 단어

〈앞부분〉
the first time,
shaking, trembling
→ 부정적

〈뒷부분〉
smiling, friendly, a little better,
smiled, feeling at ease
→ 긍정적

〈선택지 확인〉	
부정적 ↓ 긍정적	❶ _____
	❷ _____
긍정적 ↓ 부정적	❸ _____
	❹ _____
부정적	❺ _____

가장 쉬운 유형이므로 최대한 빨리 풀도록 한다.

제대로 독해법 ◀ 문제 채점까지 마친 후 복습할 때 보세요.

■직독 직해■

1행 Salva had to raise money / for a project / to help southern Sudan.//
Salva는 모금을 해야 했다 / 프로젝트를 위해서 / 남부 수단을 돕기 위한//

1~2행 It was the first time / that Salva spoke in front of an audience.//
처음이었다 / ▨▨▨▨▨▨▨▨▨▨▨▨//

2~3행 There were more than a hundred people.//
백 명이 넘는 사람들이 있었다//

3~4행 Salva's knees were shaking / as he walked to the microphone.//
Salva의 무릎이 떨리고 있었다 / ▨▨▨▨▨▨▨▨▨▨//

4~5행 "H – h – hello," / he said.// His hands trembling, / he looked out at the audience.//
"아 – 아 – 안녕하세요," / 그가 말했다.// 그의 손을 떨면서 / 그는 관중을 바라보았다//

5행 Everyone was looking at him.//
모든 사람들이 그를 보고 있었다//

5~6행 At that moment, / he noticed / that every face looked interested / in what he had to say.//
그 순간 / 그는 알아차렸다 / ▨▨▨▨▨▨▨▨▨▨ / 그가 말하려는 것에//

6~7행 People were smiling / and seemed friendly.//
사람들은 미소 짓고 있었(고) / 그리고 우호적인 듯했다//

7~8행 That made him feel a little better, / so he spoke into the microphone again.//
▨▨▨▨▨▨▨▨▨▨ / 그래서 그는 다시 마이크에 대고 말했다//

8~9행 "Hello," / he repeated.// He smiled, / feeling at ease, / and went on.//
"안녕하세요," / 그는 반복했다// 그는 미소를 지었(고) / 안심하면서 / 그리고 말을 이어갔다//

9~10행 "I am here to talk to you / about a project / for southern Sudan."//
저는 여러분께 말씀드리려고 이 자리에 섰습니다 / 프로젝트에 대해 / 남부 수단을 위한//

■제대로 어휘력 올리기■

우리말 뜻에 맞는 영어 단어나 표현을 지문에서 찾아 쓰세요.

1 _____ : 图 모금하다
2 _____ : 图 남부의
3 _____ : 图 관중, 청중
4 _____ : 图 (몸을) 떨다
5 _____ : 图 알아차리다
6 _____ : 图 우호적인
7 _____ : 图 반복하다
8 _____ : 안심하는
9 _____ : (쉬었다가) 말을 계속하다

■제대로 구문 이해하기■

5~6행 At that moment, he noticed ❶ **that** every face looked interested in ❷ **what** he had to say.

❶ that 이하는 명사절이며 동사 noticed의 목적어 역할을 한다. 명사절을 이끄는 접속사 that 뒤에는 완전한 문장이 온다.

❷ 선행사를 포함한 관계대명사 what이 이끄는 명사절이 전치사 in의 목적어 역할을 한다. 관계대명사 what은 the thing(s) which[that]로 바꿔 쓸 수 있다.

✚ 괄호 안에서 알맞은 것을 고르시오.

Hamwi noticed (that / what) a nearby ice-cream vendor ran out of bowls to serve to his customers.

Hamwi는 근처의 아이스크림 상인이 손님들에게 내어줄 그릇을 다 써버렸다는 것을 알아챘다.

1단계 | 채점 결과

문항 유형	O/X
심경 파악	

2단계 | 독해력 점검

□ 지문의 내용을 충분히 이해함
□ 지문의 내용을 대체로 이해함
□ 지문의 내용을 이해하지 못함

3단계 | 문제 해결력 점검

□ 정답과 오답의 근거를 모두 찾음
□ 정답과 오답의 근거를 대체로 찾음
□ 정답과 오답의 근거를 찾지 못함

DAY 2 | 심경 01~04 | 어휘 테스트

[1~9] 다음 빈칸에 알맞은 말을 〈보기〉에서 찾아 쓰시오.

1 a(n) _____ under the stairs
계단 아래의 어떤 움직임

2 the _____ beneath them
그것들 아래의 어둠

3 _____ weather
더 심한 악천후

4 this year's top academic _____
올해의 학업 최우수상

5 the thunder of _____
우레와 같은 박수갈채

6 a project for _____ Sudan
남부 수단을 위한 프로젝트

7 my _____ hand
나의 떨리는 손

8 the _____ light
복도 전등

9 a(n) _____ scream
무시무시한 비명

[10~15] 다음 빈칸에 알맞은 말을 〈보기〉에서 찾아 쓰시오.

10 His hands _____, he looked out at the audience.
그의 손을 떨면서, 그는 관중을 바라보았다.

11 Once I realized something strange was _____, my heart started beating fast.
이상한 어떤 일이 일어나고 있다는 것을 깨닫자마자, 내 심장은 빠르게 뛰기 시작했다.

12 Zoe wiped a sweaty hand on her handkerchief and _____ at the other finalists.
Zoe는 땀에 젖은 손을 손수건에 닦고서 나머지 다른 최종 입상 후보자들을 힐끗 보았다.

13 It was the first time that Salva spoke in front of a(n) _____.
Salva가 관중 앞에서 말하는 것은 처음이었다.

14 What happened next was something that _____ my blood.
다음에 일어난 일은 내 간담을 서늘하게 한 어떤 것이었다.

15 Feeling that the worst is over, I find my whole body _____ up and at ease.
최악의 상황이 끝났다고 느끼며, 나는 온몸의 긴장이 풀리고 편안해진다.

밑줄 추론

유형	출처	정답률	문제편	해설편
밑줄 01	2022년 3월 고1 학력평가 21번	62%	p.38	p.9
밑줄 02	2020년 3월 고1 학력평가 21번	66%	p.40	p.10
밑줄 03	2019년 3월 고1 학력평가 30번	57%	p.42	p.11
밑줄 04	2019년 11월 고1 학력평가 21번	62%	p.44	p.12

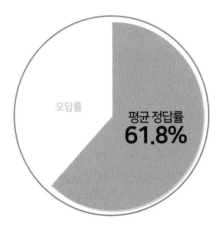

오답률

평균 정답률
61.8%

난이도 - 중

1등급 Tip

매년 1문항이 출제되는 난이도 '중'의 유형이다. 밑줄 친 부분은 주로 주제의 내용을 함축하고 있거나 비유적으로 표현한 내용이다.

밑줄
01
2022년 3월 고1 학력평가 21번 | 137 words

권장 풀이 시간 : 1분 30초 | 실제 걸린 시간 : _____ 분 _____ 초   ●학습한 날짜 :   .   .

밑줄 친 Leave those activities to the rest of the sheep이 다음 글에서 의미하는 바로 가장 적절한 것은?

A job search is not a passive task. When you are searching, you are not browsing, nor are you "just looking". Browsing is not an effective way to reach a goal you claim to want to reach. If you are acting with purpose, if you are serious about anything you chose to do, then you need to be direct, focused and whenever possible, clever. Everyone else searching for a job has the same goal, competing for the same jobs. You must do more than the rest of the herd. Regardless of how long it may take you to find and get the job you want, being proactive will logically get you results faster than if you rely only on browsing online job boards and emailing an occasional resume. <u>Leave those activities to the rest of the sheep</u>.

① Try to understand other job-seekers' feelings.
② Keep calm and stick to your present position.
③ Don't be scared of the job-seeking competition.
④ Send occasional emails to your future employers.
⑤ Be more active to stand out from other job-seekers.

제대로 접근법   ◀ 문제 풀이까지 마친 후
복습할 때 보세요.

■ Check Point! ■

밑줄 친 부분은 주로 주제의 내용을 함축하고 있거나 비유적으로 표현한 내용으로, 앞 문장 혹은 뒷 문장의 내용과 논리적으로 자연스럽게 연결된다.

1) 글의 주제문을 찾아라!

(3~5행) If you are acting with ❶ _____, if you are serious about anything you chose to do, then you need to be ❷ _____, focused and whenever possible, clever.

2) 밑줄 앞뒤의 인과관계를 파악해서 밑줄의 의미를 추론한다.

(7~10행) You must do more than the rest of the herd. ~, being proactive will logically get you results faster than if you rely only on browsing online job boards and emailing an occasional resume.

(10~11행) Leave those activities to the rest of the sheep.

구직 활동을 할 때, 진취적인 것이 더 빨리 결과를 얻도록 해 줄 것이다.

→ 온라인 취업 게시판을 검색하고 가끔 이력서를 이메일로 보내는 것과 같은 수동적인 활동들은 나머지 사람들이 하도록 남겨두라.

제대로 독해법 ◀ 문제 채점까지 마친 후 복습할 때 보세요.

■직독 직해■

1행 A job search is not a passive task.//
구직 활동은 수동적인 일이 아니다//

1~2행 When you are searching, / you are not browsing, / nor are you "just looking".//
여러분이 (직장을) 검색하고 있을 때 / 여러분은 (이것저것) 훑어보고 있지 않다 / '그냥 보고만 있지'도 않는다//

2~3행 Browsing is not an effective way / to reach a goal / you claim to want to reach.//
[   ] / 목표에 도달할 수 있는 / 여러분이 도달하기를 원한다고 주장하는//

3~5행 If you are acting / with purpose, / if you are serious / about anything you chose to do, / then you need to be direct, focused / and whenever possible, clever.//
만약 여러분이 행동하고 있다면 / 목적을 가지고 / 만약 여러분이 진지하다면 / 여러분이 하기로 선택한 어떤 것에 대해 / [   ] / 그리고 가능한 한 영리(해야 한다)//

5~6행 Everyone else searching for a job / has the same goal, / competing for the same jobs.//
일자리를 찾는 다른 모든 사람이 / 같은 목표를 가지고 있다 / 같은 일자리를 얻기 위해 경쟁하면서//

7행 You must do more / than the rest of the herd.//
여러분은 더 많은 것을 해야 한다 / 그 무리의 나머지보다//

7~10행 Regardless of how long it may take / you to find and get the job you want, / being proactive / will logically get you results / faster than if you rely / only on browsing online job boards / and emailing an occasional resume.//
얼마나 오랜 시간이 걸리는지에 상관없이 / 여러분이 원하는 일자리를 찾고 얻는 데 / [   ] / 논리적으로 여러분에게 결과를 얻게 해 줄 것이다 / 여러분이 의존하는 것보다 더 빨리 / 온라인 취업 게시판을 훑어보는 것에만 / 그리고 가끔 이력서를 이메일로 보내는 것(에만)//

10~11행 Leave those activities / to the rest of the sheep.//
그러한 활동들을 남겨두라 / 나머지 양들에게//

■제대로 어휘력 올리기■

우리말 뜻에 맞는 영어 단어를 지문에서 찾아 쓰세요.

1 _____ : 형 수동적인
2 _____ : 동 훑어보다
3 _____ : 동 도달하다
4 _____ : 동 주장하다, 공언하다
5 _____ : 형 진지한
6 _____ : 명 무리
7 _____ : 형 진취적인
8 _____ : 부 논리적으로
9 _____ : 형 가끔의

■제대로 구문 이해하기■

7~10행 Regardless of ❶ **how long** it may take you to find and get the job you want, being proactive will logically get you results faster than if you rely only ❷ **on browsing** online job boards and **emailing** an occasional resume.

❶「의문사 + 주어 + 동사」형태의 간접 의문문은 명사절로 문장에서 주어, 목적어, 보어 역할을 할 수 있다. 여기서는 how long이 이끄는 명사절이 전치사구 regardless of의 목적어 역할을 한다.

❷ 등위접속사 and에 의해 전치사 on의 목적어인 두 개의 동명사구가 병렬로 연결되어 있다.

✚괄호 안에서 알맞은 것을 고르시오.

The farmer chooses two fields and then (changes / changing) only one thing between them.

그 농부는 두 개의 밭을 선택해서 그 두 밭 중에서 한 가지만을 바꾼다.

1단계 | 채점 결과

문항 유형	O/X
밑줄 추론	

→

2단계 | 독해력 점검
□ 지문의 내용을 충분히 이해함
□ 지문의 내용을 대체로 이해함   해설편 복습
□ 지문의 내용을 이해하지 못함

→

3단계 | 문제 해결력 점검
□ 정답과 오답의 근거를 모두 찾음
□ 정답과 오답의 근거를 대체로 찾음 해설편 복습
□ 정답과 오답의 근거를 찾지 못함

밑줄 친 "rise to the bait"가 다음 글에서 의미하는 바로 가장 적절한 것은?

   We all know that tempers are one of the first things lost in many arguments. It's easy to say one should keep cool, but how do you do it? The point to remember is that sometimes in arguments the other 3 person is trying to get you to be angry. They may be saying things that are intentionally designed to annoy you. They know that if they get you to lose your cool you'll say something that sounds foolish; you'll simply 6 get angry and then it will be impossible for you to win the argument. So don't fall for it. A remark may be made to cause your anger, but responding with a cool answer that focuses on the issue raised is likely 9 to be most effective. Indeed, any attentive listener will admire the fact that you didn't "rise to the bait."

① stay calm
② blame yourself
③ lose your temper
④ listen to the audience
⑤ apologize for your behavior

제대로 접근법 ◀ 문제 풀이까지 마친 후 복습할 때 보세요.

■ **Check Point!** ■

밑줄 친 부분은 주로 주제의 내용을 함축하고 있거나 비유적으로 표현한 내용으로, 앞 문장 혹은 뒷 문장의 내용과 논리적으로 자연스럽게 연결된다.

1) 글의 주제문을 찾아라!

(3~4행) The point to remember is that sometimes in ❶ _____ the other person is trying to get you to be ❷ _____.

2) 밑줄 앞뒤의 인과관계를 파악해서 밑줄의 의미를 추론한다.

(8~10행) So don't fall for it. A remark may be made to cause your anger, but responding with a cool answer that focuses on the issue raised is likely to be most effective.

(10~11행) Indeed, any attentive listener will admire the fact that you didn't "rise to the bait."

논쟁에서 상대방이 여러분을 화나게 하기 위해 어떤 말을 하더라도 그것에 속아 넘어가지 말고 문제에 초점을 맞추어 침착하게 답변하는 것이 가장 효과적이다.

→ 논쟁에서 침착함을 잃게 되면 이기기 어려우므로, 상대방의 의도에 넘어가지 않고 침착하게 대응하는 모습을 보이면 청자들도 감탄할 것이다.

제대로 독해법 ◀ 문제 채점까지 마친 후 복습할 때 보세요.

■직독 직해■

1~2행 We all know / that tempers are one of the first things / lost in many arguments.//
우리 모두는 알고 있다 / 화내는 것이 첫 번째 일들 중에 하나라는 것을 / 많은 논쟁에서 저지르는//

2~3행 It's easy to say / one should keep cool, / but how do you do it?//
말하는 것은 쉽(지만) / ▨▨▨▨▨▨▨▨ / 하지만 어떻게 그렇게 하는 것인가//

3~4행 The point to remember is that / sometimes in arguments / the other person is trying to get you to be angry.//
기억해야 할 점은 ~라는 것이다 / 때때로 논쟁에서 / 상대방은 여러분을 화나게 하려고 한다//

4~5행 They may be saying things / that are intentionally designed to annoy you.//
그들은 말을 할지도 모른다 / ▨▨▨▨▨▨▨▨▨▨▨//

5~7행 They know / that if they get you to lose your cool / you'll say something / that sounds foolish; / you'll simply get angry / and then it will be impossible / for you to win the argument.//
그들은 안다 / 만약 자신들이 여러분의 침착함을 잃게 한다면 / 여러분은 말을 할 것이며 / 어리석게 들리는 / 여러분은 그저 화를 낼 것이(고) / 그래서 불가능할 것임을 / 여러분이 그 논쟁에서 이기는 것이//

8행 So / don't fall for it.//
그러니 / 속아 넘어가지 마라//

8~10행 A remark may be made / to cause your anger, / but responding with a cool answer / that focuses on the issue raised / is likely to be most effective./
어떤 말을 할 수도 있(지만) / 여러분의 화를 불러일으키기 위해 / ▨▨▨▨▨▨▨▨▨ / 제기된 문제에 초점을 맞춘 / 가장 효과적일 것이다//

10~11행 Indeed, / any attentive listener / will admire the fact / that you didn't "rise to the bait."//
정말로 / 주의 깊은 청자라면 누구든지 / 그 사실에 감탄할 것이다 / 여러분이 '미끼를 물지' 않았다는//

■제대로 어휘력 올리기■

우리말 뜻에 맞는 영어 단어나 표현을 지문에서 찾아 쓰세요.

1 _____ : 몡 화, 노여움

2 _____ : 몡 논쟁, 토론

3 _____ : 븐 의도적으로

4 _____ : 통 고안하다, 계획하다

5 _____ : ~에 속아 넘어가다

6 _____ : 몡 말, 발언

7 _____ : 통 대응하다

8 _____ : 혱 주의 깊은, 세심한

9 _____ : 통 감탄하다, 칭찬하다

■제대로 구문 이해하기■

3~4행 The point ❶ **to remember** is that sometimes in arguments the other person is trying to ❷ **get you to be** angry.

❶ to remember는 앞의 명사 The point를 수식하는 to부정사의 형용사적 용법으로 쓰였으며, '기억해야 할 점'이라고 해석한다.

❷ 「get + 목적어 + 목적격보어(to부정사)」는 '목적어가 ~하게 하다'라는 의미의 5형식 구문으로, 준사역동사 get은 목적어와 목적격보어의 관계가 능동일 때는 to부정사를, 수동일 때는 과거분사를 목적격보어로 사용한다.

✚ 괄호 안에서 알맞은 것을 고르시오.

My mother was always trying to get me (straighten / to straighten) up my room, telling me, "Go clean your room!"

어머니는 내게 "가서 네 방을 치워라!"라고 말씀하시며 내가 방을 정돈하게 하려고 항상 노력하고 계셨다.

1단계 | 채점 결과

문항 유형	O/X
밑줄 추론	

→

2단계 | 독해력 점검

□ 지문의 내용을 충분히 이해함
□ 지문의 내용을 대체로 이해함
□ 지문의 내용을 이해하지 못함

해설편 복습

→

3단계 | 문제 해결력 점검

□ 정답과 오답의 근거를 모두 찾음
□ 정답과 오답의 근거를 대체로 찾음
□ 정답과 오답의 근거를 찾지 못함

해설편 복습

밑줄

03

2019년 3월 고1 학력평가 30번 | 129 words

밑줄 친 information blinded가 다음 글에서 의미하는 바로 가장 적절한 것은?

Technology has doubtful advantages. We must balance too much information versus using only the right information and keeping the decision-making process simple. The Internet has made so much free ³ information available on any issue that we think we have to consider all of it in order to make a decision. So we keep searching for answers on the Internet. This makes us <u>information blinded</u>, like deer in headlights, ⁶ when trying to make personal, business, or other decisions. To be successful in anything today, we have to keep in mind that in the land of the blind, a one-eyed person can accomplish the seemingly ⁹ impossible. The one-eyed person understands the power of keeping any analysis simple and will be the decision maker when he uses his one eye of intuition. ¹²

* intuition 직관

① unwilling to accept others' ideas
② unable to access free information
③ unable to make decisions due to too much information
④ indifferent to the lack of available information
⑤ willing to take risks in decision-making

제대로 접근법 ◀ 문제 풀이까지 마친 후 복습할 때 보세요.

■ **Check Point!** ■

밑줄 친 부분은 주로 주제의 내용을 함축하고 있거나 비유적으로 표현한 내용으로, 앞 문장 혹은 뒷 문장의 내용과 논리적으로 자연스럽게 연결된다.

1) 글의 주제문을 찾아라!

(1~3행) We must ❶ _____ too much information versus using only the right information and keeping the decision-making process ❷ _____.

2) 밑줄 앞뒤의 인과관계를 파악해서 밑줄의 의미를 추론한다.

(3~6행) The Internet has made so much free information available on any issue ~. So we keep searching for answers on the Internet.

(6~7행) This makes us information blinded, like deer in headlights, when trying to make personal, business, or other decisions.

인터넷은 너무 많은 정보를 이용 가능하게 만들어서 우리는 어떤 결정을 하려고 할 때 계속해서 답을 검색한다.

➡ 의사 결정을 할 때 너무 많은 정보는 우리를 눈멀게 한다.

제대로 독해법 ◀ 문제 채점까지 마친 후 복습할 때 보세요.

■ 직독 직해 ■

1행 Technology has doubtful advantages.//
기술은 의문의 여지가 있는 이점을 지니고 있다//

1~3행 We must balance too much information / versus using only the right information / and keeping the decision-making process simple.//
우리는 너무 많은 정보는 조절해야 한다 / 올바른 정보만 사용하는 것에 맞추어 / 그리고 의사 결정 과정을 단순하게 하는 것(에 맞추어)//

3~5행 The Internet has made / so much free information available / on any issue / that we think / we have to consider all of it / in order to make a decision.//
인터넷은 만들었다 / 너무 많은 무료 정보를 이용 가능하게 / 어떤 문제에 대해서든 / 그래서 우리는 생각한다 / 그 모든 정보를 고려해야 한다고 / ▨▨▨▨▨▨▨▨▨▨//

5~6행 So we keep searching for answers / on the Internet.//
그래서 우리는 계속 답을 검색한다 / 인터넷에서//

6~7행 This makes us information blinded, / like deer in headlights, / when trying to make personal, business, or other decisions.//
▨▨▨▨▨▨▨▨▨ / 자동차의 전조등 불빛에 노출된 사슴처럼 / 개인적, 사업적, 또는 다른 결정을 하려고 할 때//

7~10행 To be successful in anything today, / we have to keep in mind / that in the land of the blind, / a one-eyed person can accomplish / the seemingly impossible.//
오늘날 어떤 일에 있어서 성공하기 위해서는 / 우리는 명심해야 한다 / 눈먼 사람들의 세계에서는 / 한 눈으로 보는 사람이 해낼 수 있다는 것을 / ▨▨▨▨▨▨▨▨▨//

10~12행 The one-eyed person understands / the power of keeping any analysis simple / and will be the decision maker / when he uses his one eye of intuition.//
한 눈으로 보는 사람은 이해한다 / 어떤 분석이든 단순하게 하는 것의 힘을 / 그리고 의사 결정자가 될 것이다 / 그가 직관이라는 한 눈을 사용할 때//

■ 제대로 어휘력 올리기 ■

우리말 뜻에 맞는 영어 단어나 표현을 지문에서 찾아 쓰세요.

1 _____ : 형 의문의 여지가 있는
2 _____ : 명 이점
3 _____ : 동 조절하다
4 _____ : 형 이용 가능한
5 _____ : 형 눈이 먼
6 _____ : 명심하다
7 _____ : 동 해내다, 성취하다
8 _____ : 부 겉보기에
9 _____ : 명 분석

■ 제대로 구문 이해하기 ■

3~5행 The Internet has made ❶ so much free information available on any issue **that** we think we have to consider all of it ❷ **in order to make** a decision.

❶ 원인과 결과를 나타내는 「so ~ that …」 구문은 '너무 ~해서 …하다'라고 해석한다.

❷ in order to + 동사원형: ~하기 위하여 (to부정사의 부사적 용법) = so as to + 동사원형

✚ 괄호 안에서 알맞은 것을 고르시오.

An Indian puts his ear to the ground in order (detect / to detect) distant footsteps.

인디언은 먼 거리의 발소리를 감지하기 위해 그의 귀를 땅에 댄다.

1단계 | 채점 결과

문항 유형	O/X
밑줄 추론	

→

2단계 | 독해력 점검
☐ 지문의 내용을 충분히 이해함
☐ 지문의 내용을 대체로 이해함
☐ 지문의 내용을 이해하지 못함

해설편 복습

→

3단계 | 문제 해결력 점검
☐ 정답과 오답의 근거를 모두 찾음
☐ 정답과 오답의 근거를 대체로 찾음
☐ 정답과 오답의 근거를 찾지 못함

해설편 복습

밑줄
04
2019년 11월 고1 학력평가 21번 | 155 words

밑줄 친 "learn and live"가 다음 글에서 의미하는 바로 가장 적절한 것은?

There is a critical factor that determines whether your choice will influence that of others: the visible consequences of the choice. Take the case of the Adélie penguins. They are often found strolling in ³ large groups toward the edge of the water in search of food. Yet danger awaits in the icy-cold water. There is the leopard seal, for one, which likes to have penguins for a meal. What is an Adélie to do? The ⁶ penguins' solution is to play the waiting game. They wait and wait and wait by the edge of the water until one of them gives up and jumps in. The moment that occurs, the rest of the penguins watch with ⁹ anticipation to see what happens next. If the pioneer survives, everyone else will follow suit. If it perishes, they'll turn away. One penguin's destiny alters the fate of all the others. Their strategy, you could say, is ¹² "learn and live."

* perish 죽다

① occupy a rival's territory for safety
② discover who the enemy is and attack first
③ share survival skills with the next generation
④ support the leader's decisions for the best results
⑤ follow another's action only when it is proven safe

제대로 접근법
◀ 문제 풀이까지 마친 후 복습할 때 보세요.

■ **Check Point!** ■

밑줄 친 부분은 주로 주제의 내용을 함축하고 있거나 비유적으로 표현한 내용으로, 앞 문장 혹은 뒷 문장의 내용과 논리적으로 자연스럽게 연결된다.

1) 글의 주제문을 찾아라!

(1~2행) There is a critical factor that determines whether your choice will
❶ _____ that of others: the visible
❷ _____ of the choice.

2) 밑줄 앞뒤의 인과관계를 파악해서 밑줄의 의미를 추론한다.

(10~11행) If the pioneer survives, everyone else will follow suit. If it perishes, they'll turn away.

(11~12행) One penguin's destiny alters the fate of all the others. Their strategy, you could say, is "learn and live."

한 펭귄이 어떤 행동을 해서 살아남는다면 나머지 펭귄들도 따라할 것이고, 그 펭귄이 죽는다면 나머지 펭귄들은 따라하지 않을 것이다.

→ 펭귄들의 생존 전략은, 한 펭귄의 행동 결과를 보고 그것이 안전하다는 게 확실할 때에만 그 행동을 따라 하는 것이다.

제대로 독해법　◀ 문제 채점까지 마친 후 복습할 때 보세요.

■직독 직해■

1~2행 There is a critical factor / that determines / whether your choice will influence / that of others: / the visible consequences of the choice.//
한 가지 중요한 요인이 있는데 / 결정하는 / 여러분의 선택이 영향을 미칠지를 / 다른 사람들의 선택에 / 바로 그 선택의 가시적 결과(이다)//

2~3행 Take the case / of the Adélie penguins.// 예로 들어보자 / Adélie 펭귄들을//

3~4행 They are often found / strolling in large groups / toward the edge of the water / in search of food.//
그들이 종종 발견된다 / ▨▨▨▨▨▨▨▨ / 물가를 향해 / 먹이를 찾아//

4~5행 Yet / danger awaits / in the icy-cold water.//
하지만 / 위험이 기다리고 있다 / 얼음같이 차가운 물 속에는//

5~6행 There is the leopard seal, / for one, / which likes to have penguins / for a meal.// 표범물개가 있다 / 한 예로 / 펭귄들을 먹는 것을 좋아하는 / 식사로//

6행 What is an Adélie to do?// Adélie 펭귄은 무엇을 할까//

6~7행 The penguins' solution / is to play the waiting game.//
펭귄의 해결책은 / ▨▨▨▨▨▨▨▨▨//

7~9행 They wait and wait and wait / by the edge of the water / until one of them gives up and jumps in.// 그들은 기다리고, 기다리고 또 기다린다 / 물가에서 / 자신들 중 한 마리가 포기하고 뛰어들 때까지//

9~10행 The moment that occurs, / the rest of the penguins / watch with anticipation / to see what happens next.// 그것이 일어나는 순간 / 나머지 펭귄들은 / ▨▨▨▨▨▨▨▨ / 다음에 무슨 일이 일어나는지 보기 위해//

10~11행 If the pioneer survives, / everyone else will follow suit.//
만약 그 선두 주자가 살아남으면 / 다른 모두가 그대로 따라할 것이다//

11행 If it perishes, / they'll turn away.// 만약 그것이 죽는다면 / 그들은 돌아설 것이다//

11~12행 One penguin's destiny alters / the fate of all the others.//
한 펭귄의 운명은 바꾼다 / ▨▨▨▨▨▨▨▨▨//

12~13행 Their strategy, / you could say, / is "learn and live."//
그들의 전략이 / 여러분은 말할 수 있다 / '배워서 산다'라고//

■제대로 어휘력 올리기■

우리말 뜻에 맞는 영어 단어나 표현을 지문에서 찾아 쓰세요.

1 _____ : 형 중요한, 중대한

2 _____ : 명 결과

3 _____ : 동 거닐다, 산책하다

4 _____ : 명 기대(감)

5 _____ : 명 선두 주자, 개척자

6 _____ : 남이 한 대로 따라하다

7 _____ : 동 바꾸다, 변경하다

8 _____ : 동 죽다, 사라지다

9 _____ : 명 전략

■제대로 구문 이해하기■

1~2행 There is a critical factor ❶ that determines ❷ whether your choice will influence ❸ that of others: the visible consequences of the choice.

❶ 주격 관계대명사 that은 선행사 a critical factor를 수식하며, 주격관계절의 동사는 선행사에 수일치하므로 단수 동사인 determines가 쓰였다.

❷ whether는 '~인지 (아닌지)'의 뜻으로, whether가 이끄는 명사절이 동사 determines의 목적어 역할을 하고 있다.

❸ 동일한 명사의 반복을 피하기 위해 앞에 제시된 명사 choice 대신 지시대명사 that을 사용하였다.

✚ 괄호 안에서 알맞은 것을 고르시오.

The biggest complaint of kids who don't read is that they can't find anything to read that (interest / interests) them.

책을 읽지 않는 아이들의 가장 큰 불만은, 그들의 흥미를 끄는 어떤 읽을거리도 찾을 수 없다는 것이다.

1단계 | 채점 결과

문항 유형	O/X
밑줄 추론	

→

2단계 | 독해력 점검
□ 지문의 내용을 충분히 이해함
□ 지문의 내용을 대체로 이해함
□ 지문의 내용을 이해하지 못함

해설편 복습

→

3단계 | 문제 해결력 점검
□ 정답과 오답의 근거를 모두 찾음
□ 정답과 오답의 근거를 대체로 찾음
□ 정답과 오답의 근거를 찾지 못함

해설편 복습

DAY 3 | 밑줄 01~04 | 어휘 테스트

[1~9] 다음 빈칸에 알맞은 말을 <보기>에서 찾아 쓰시오.

> **보기**
> intuition critical cool consequences doubtful
> process passive personal attentive

1 _____ advantages
의문의 여지가 있는 이점

2 a(n) _____ factor
중요한 요인

3 his one eye of _____
그의 직관이라는 한 눈

4 a(n) _____ task
수동적인 일

5 _____, business, or other decisions
개인적, 사업적, 또는 다른 결정

6 a(n) _____ answer
침착한 답변

7 the visible _____
가시적인 결과

8 the decision-making _____
의사 결정 과정

9 any _____ listener
어떤 주의 깊은 청자

[10~15] 다음 빈칸에 알맞은 말을 <보기>에서 찾아 쓰시오.

> **보기**
> balance alters herd
> browsing analysis intentionally

10 When you are searching, you are not
_____, nor are you "just looking".
구직 활동을 할 때, 여러분은 이것저것 훑어보고 다니지 않으며
'그냥 구경만 하지'도 않는다.

11 One penguin's destiny _____ the fate of
all the others.
한 펭귄의 운명은 모든 나머지 펭귄들의 운명을 바꾼다.

12 We must _____ too much information
versus using only the right information and
keeping the decision-making process simple.
우리는 올바른 정보만 사용해서 의사 결정 과정을 단순하게 하
는 것에 맞추어 너무 많은 정보는 조절해야 한다.

13 The one-eyed person understands the power of
keeping any _____ simple and will be
the decision maker when he uses his one eye of
intuition.
한 눈으로 보는 사람은 어떤 분석이든 단순하게 하는 것의 힘을
이해하고, 그가 직관이라는 한 눈을 사용할 때 의사 결정자가 될
것이다.

14 They may be saying things that are _____
designed to annoy you.
그들은 여러분을 화나게 하기 위해 의도적으로 고안한 말을 할
지도 모른다.

15 You must do more than the rest of the
_____.
여러분은 그 무리의 나머지 사람들보다 더 많은 것을 해야 한다.

DAY 4 주장 추론

유형	출처	정답률	문제편	해설편
주장 01	2022년 9월 고1 학력평가 20번	71%	p.48	p.13
주장 02	2019년 11월 고1 학력평가 20번	62%	p.50	p.14
주장 03	2020년 11월 고1 학력평가 20번	86%	p.52	p.15
주장 04	2018년 3월 고1 학력평가 21번	88%	p.54	p.16

오답률

평균 정답률
76.8%

난이도 - 하

1등급 Tip

매년 1문항이 출제되는 난이도 '하'의 유형으로
정답을 빨리 찾아 시간을 절약할 수 있는 문항이다.

주장 01

권장 풀이 시간 : **30**초 | 실제 걸린 시간 : _____ 분 _____ 초   ●학습한 날짜 : _____ . _____ .

2022년 9월 고1 학력평가 20번 | 126 words

다음 글에서 필자가 주장하는 바로 가장 적절한 것은?

Experts on writing say, "Get rid of as many words as possible." Each word must do something important. If it doesn't, get rid of it. Well, this doesn't work for speaking. It takes more words to introduce, express, 3 and adequately elaborate an idea in speech than it takes in writing. Why is this so? While the reader can reread, the listener cannot rehear. Speakers do not come equipped with a replay button. Because listeners 6 are easily distracted, they will miss many pieces of what a speaker says. If they miss the crucial sentence, they may never catch up. This makes it necessary for speakers to talk *longer* about their points, using more 9 words on them than would be used to express the same idea in writing.

① 연설 시 중요한 정보는 천천히 말해야 한다.
② 좋은 글을 쓰려면 간결한 문장을 사용해야 한다.
③ 말하기 전에 신중히 생각하는 습관을 길러야 한다.
④ 글을 쓸 때보다 말할 때 더 많은 단어를 사용해야 한다.
⑤ 청중의 이해를 돕기 위해 미리 연설문을 제공해야 한다.

제대로 접근법   ◀ 문제 풀이까지 마친 후 복습할 때 보세요.

■ **Check Point!** ■

2~3회 이상 반복된 단어나 어구에 형광펜으로 표시 ➡ 토픽(topic)

| 토픽 | = | 지문 전반에 반복되는 핵심어 |

❶ _____, ❷ _____, ❸ _____ 등의 단어가 반복되는 것을 통해 글쓰기와 말하기에서의 단어 사용을 비교하는 글임을 유추할 수 있다.

| 주제문 | = | 글 전체 내용을 포괄할 수 있는 대표 문장 |

지문의 처음 1~2문장만 봐도 주제를 알 수 있을 때가 많다.
그러나 문장이 전환될 때 쓰이는 연결어나 표현이 나오는 경우, 그 뒤에 주제문이 나오는 경우가 많으므로 뒷부분의 내용 파악에도 집중해야 한다.

(1행) Experts on writing say, "Get rid of as many words as possible."

(2~4행) **Well**, this **doesn't work** for speaking. It takes more words to introduce, express, and adequately elaborate an idea in speech than it takes in writing.

제대로 독해법 ◀ 문제 채점까지 마친 후 복습할 때 보세요.

■ 직독 직해 ■

1행 Experts on writing say, / "Get rid of / as many words as possible."//
글쓰기 전문가들은 말한다 / "삭제하라 / ⬚⬚⬚⬚⬚⬚⬚⬚" //

1~2행 Each word must do something important.//
각 단어는 중요한 무언가를 해야 한다//

2행 If it doesn't, / get rid of it.//
만일 그렇지 않다면 / 그것을 삭제하라//

2~3행 Well, / this doesn't work / for speaking.//
자 / 이것은 효과가 없다 / 말하기에서는//

3~4행 It takes more words / to introduce, express, and adequately elaborate an idea / in speech / than it takes in writing.//
그것은 더 많은 단어가 필요하다 / 아이디어를 소개하고 표현하며 적절하게 부연 설명하기 위해 / 말을 할 때 / 글을 쓸 때 필요한 것보다//

5행 Why is this so?// 이것은 왜 그러한가?//

5행 While the reader can reread, / the listener cannot rehear.//
독자는 글을 다시 읽을 수 있는 반면에 / 청자는 다시 들을 수 없다//

6행 Speakers do not come equipped with / a replay button.//
화자는 갖추고 있지 않다 / 재생 버튼을//

6~7행 Because listeners are easily distracted, / they will miss many pieces / of what a speaker says.//
⬚⬚⬚⬚⬚⬚⬚⬚ / 그들은 많은 부분들을 놓칠 것이다 / 화자가 말하는 것 중의//

8행 If they miss the crucial sentence, / they may never catch up.//
만일 그들이 중요한 문장을 놓친다면 / 그들은 절대로 따라잡을 수 없을 것이다//

8~10행 This makes it necessary / for speakers to talk *longer* / about their points, / using more words / on them / than would be used / to express the same idea / in writing.//
이것은 필요가 있게 만든다 / ⬚⬚⬚⬚⬚⬚⬚⬚ / 그들의 요점에 대하여 / 더 많은 단어를 사용하여 / 그것들(요점)에 대해 / 사용되는 것보다 / 같은 아이디어를 표현하기 위해 / 글을 쓸 때//

■ 제대로 어휘력 올리기 ■

우리말 뜻에 맞는 영어 단어나 표현을 지문에서 찾아 쓰세요.

1 _____ : 제거하다, 없애다

2 _____ : 통 표현하다

3 _____ : 부 적절히, 충분히

4 _____ : 통 상세히 말하다

5 _____ : ~을 갖추다

6 _____ : 형 (주의가) 산만해진

7 _____ : 통 놓치다

8 _____ : 형 중요한, 결정적인

9 _____ : 따라잡다

■ 제대로 구문 이해하기 ■

8~10행 This makes ❶ it necessary ❷ **for speakers to talk** *longer* about their points, using more words on them than would be used to express the same idea in writing.

❶ 5형식 문장에서 to부정사가 목적어로 쓰여 길어지는 경우, 보통 목적어를 목적격 보어 뒤로 보내고 목적어 자리에 가목적어 it을 쓴다.

❷ to부정사의 의미상 주어는 보통 to 앞에 「for + 목적격」을 쓰며, 문장의 주어 또는 목적어와 to부정사의 의미상 주어가 같을 경우에는 의미상 주어를 생략한다.

✚ 괄호 안에서 알맞은 것을 고르시오.

The program would be a great opportunity for our students (have / to have) fun and experience something new.

그 프로그램은 우리 학생들이 즐거운 시간을 보내며 새로운 것을 경험할 수 있는 좋은 기회가 될 것이다.

1단계 | 채점 결과

문항 유형	O/X
주장 추론	

→

2단계 | 독해력 점검
□ 지문의 내용을 충분히 이해함
□ 지문의 내용을 대체로 이해함
□ 지문의 내용을 이해하지 못함

해설편
복습

→

3단계 | 문제 해결력 점검
□ 정답과 오답의 근거를 모두 찾음
□ 정답과 오답의 근거를 대체로 찾음
□ 정답과 오답의 근거를 찾지 못함

해설편
복습

권장 풀이 시간 : **30초** | 실제 걸린 시간 : _____ 분 _____ 초　●학습한 날짜 : 　　　　.　　　.

02 　2019년 11월 고1 학력평가 20번 | 140 words

다음 글에서 필자가 주장하는 바로 가장 적절한 것은?

　We tend to go long periods of time without reaching out to the people we know. Then, we suddenly take notice of the distance that has formed and we scramble to make repairs. We call people we haven't spoken to in ages, hoping that one small effort will erase the months and years of distance we've created. However, this rarely works: relationships aren't kept up with big one-time fixes. They're kept up with regular maintenance, like a car. In our relationships, we have to make sure that not too much time goes by between oil changes, so to speak. This isn't to say that you shouldn't bother calling someone just because it's been a while since you've spoken; just that it's more ideal not to let yourself fall out of touch in the first place. Consistency always brings better results.

① 가까운 사이일수록 적당한 거리를 유지해야 한다.
② 사교성을 기르려면 개방적인 태도를 가져야 한다.
③ 대화를 할 때 상대방의 의견을 먼저 경청해야 한다.
④ 인간관계를 지속하려면 일관된 노력을 기울여야 한다.
⑤ 원활한 의사소통을 위해 솔직하게 감정을 표현해야 한다.

제대로 접근법　◀ 문제 풀이까지 마친 후 복습할 때 보세요.

■**Check Point!**■

2~3회 이상 반복된 단어나 어구에 형광펜으로 표시 → 토픽(topic)

| 토픽 | = | 지문 전반에 반복되는 핵심어 |

people, ❶ _____ , ❷ _____ 등의 단어와 어구가 반복되는 것을 통해 인간관계와 거리(감)에 관한 글임을 유추할 수 있다.

| 주제문 | = | 글 전체 내용을 포괄할 수 있는 대표 문장 |

지문의 처음 1~2문장만 봐도 주제를 알 수 있을 때가 많다.
그러나 역접의 연결어(however, but 등)가 나오는 경우, 연결어 뒤에 주제문이 나오는 경우가 많으므로 연결어 뒷부분의 내용 파악에도 집중해야 한다.

(1~2행) We tend to go long periods of time without reaching out to the people we know.

(5~7행) **However**, this rarely works: relationships aren't kept up with big one-time fixes. They're kept up with regular maintenance, like a car.

제대로 독해법 ◀ 문제 채점까지 마친 후 복습할 때 보세요.

■ 직독 직해 ■

1~2행 We tend to go long periods of time / without reaching out to the people / we know.//

우리는 오랜 기간의 시간을 보내는 경향이 있다 / ▨▨▨▨▨▨▨▨▨ / 우리가 알고 있는//

2~3행 Then, / we suddenly take notice of the distance / that has formed / and we scramble to make repairs.//

그러다 / 우리는 거리감을 갑자기 알아차리(고) / 생겨 버린 / 그리고 허둥지둥 수리를 한다//

3~5행 We call people / we haven't spoken to in ages, / hoping / that one small effort will erase / the months and years of distance / we've created.//

우리는 사람들에게 전화를 한다 / 우리가 오랫동안 이야기하지 못했던 / 그리고 바란다 / 작은 노력 하나가 없애길 / 몇 달과 몇 년의 거리를 / 우리가 만들어 낸//

5~6행 However, / this rarely works: / relationships aren't kept up / with big one-time fixes.//

그러나 / ▨▨▨▨▨▨▨▨▨ / 관계는 유지되지 않는다 / 커다란 일회성의 해결책들로//

6~7행 They're kept up / with regular maintenance, / like a car.//

그것들은 유지된다 / 정기적인 정비로 / 자동차처럼//

7~9행 In our relationships, / we have to make sure / that not too much time goes by / between oil changes, / so to speak.//

우리의 관계에서 / 우리는 확실히 해야 한다 / 너무 많은 시간이 지나가 버리지 않도록 / (엔진) 오일 교환 사이에 / 말하자면//

9~11행 This isn't to say / that you shouldn't bother calling someone / just because it's been a while / since you've spoken; / just that it's more ideal / not to let yourself fall out of touch / in the first place.//

이것은 말하는 것이 아니라 / 여러분이 누군가에게 애써 전화해서는 안 된다고 / 단지 오래되었다고 해서 / 당신이 이야기한 지 / 더 이상적이라고 (말하는 것이다) / 스스로 연락이 끊기지 않게 하는 것이 / 애초에//

11~12행 Consistency always brings better results.//

일관성이 항상 ▨▨▨▨▨▨//

■ 제대로 어휘력 올리기 ■

우리말 뜻에 맞는 영어 단어나 표현을 지문에서 찾아 쓰세요.

1 _____ : (~에게) 연락하다

2 _____ : 알아차리다

3 _____ : 圄 허둥지둥 해내다

4 _____ : 圕 거의 ~ 하지 않는

5 _____ : 유지하다

6 _____ : 圅 정비, 보수 관리

7 _____ : 圄 애써서 ~하다

8 _____ : 國 이상적인

9 _____ : 圅 일관성

■ 제대로 구문 이해하기 ■

9~11행 This isn't to say that you shouldn't bother calling someone just because it's been a while since you've spoken; just that it's more ideal ❶ **not to let** yourself ❷ **fall** out of touch in the first place.

❶ 문장의 주어로 쓰인 to부정사를 문장 뒤로 보내고, 원래 to부정사 자리에 가주어 it이 쓰였다. 부정어 not이 to부정사 앞에 쓰여 '~하지 않는 것'이라는 부정의 의미를 나타낸다.

❷ 사역동사 let의 목적격보어 자리에는 동사원형이 와야 하므로 동사 fall(fall-fell-fallen)이 쓰였다.

✚ 괄호 안에서 알맞은 것을 고르시오.

It is wise (not to open / to not open) email attachments from an unknown, doubtful, or untrustworthy source.

모르는, 의심스러운, 또는 신뢰할 수 없는 출처로부터 온 이메일의 첨부 문서를 열지 않는 것이 현명하다.

1단계 | 채점 결과

문항 유형	O / X
주장 추론	

→

2단계 | 독해력 점검

☐ 지문의 내용을 충분히 이해함
☐ 지문의 내용을 대체로 이해함
☐ 지문의 내용을 이해하지 못함

해설편 복습

→

3단계 | 문제 해결력 점검

☐ 정답과 오답의 근거를 모두 찾음
☐ 정답과 오답의 근거를 대체로 찾음
☐ 정답과 오답의 근거를 찾지 못함

해설편 복습

주장

03

권장 풀이 시간 : 30초 | 실제 걸린 시간 : _____ 분 _____ 초 ●학습한 날짜 :　　　　.　　　.

2020년 11월 고1 학력평가 20번 | 134 words

다음 글에서 필자가 주장하는 바로 가장 적절한 것은?

When I was in high school, we had students who could study in the coffee shop and not get distracted by the noise or everything happening around them. We also had students who could not study ³ if the library was not super quiet. The latter students suffered because even in the library, it was impossible to get the type of complete silence they sought. These students were victims of distractions who found ⁶ it very difficult to study anywhere except in their private bedrooms. In today's world, it is impossible to run away from distractions. Distractions are everywhere, but if you want to achieve your goals, you must learn ⁹ how to tackle distractions. You cannot eliminate distractions, but you can learn to live with them in a way that ensures they do not limit you.

① 자신에게 적합한 시간 관리법을 찾아야 한다.
② 집중을 방해하는 요인에 대처할 줄 알아야 한다.
③ 학습 공간과 휴식 공간을 명확하게 분리해야 한다.
④ 집중력 향상을 위해 정돈된 학습환경을 유지해야 한다.
⑤ 공공장소에서 타인에게 피해를 주는 행동을 삼가야 한다.

제대로 접근법 ◀ 문제 풀이까지 마친 후 복습할 때 보세요.

■ **Check Point!** ■

2~3회 이상 반복된 단어나 어구에 형광펜으로 표시 ➡ 토픽(topic)

　토픽　 = 　지문 전반에 반복되는 핵심어

❶ _____, ❷ _____ 등의 단어가 반복되는 것을 통해 공부와 집중을 방해하는 것들에 관한 글임을 유추할 수 있다.

　주제문　 = 　글 전체 내용을 포괄할 수 있는 대표 문장

지문의 처음 1~2문장만 봐도 주제를 알 수 있을 때가 많다.
주장, 주제, 제목, 요지처럼 논지 파악이 주요 목적인 유형에서는 글의 도입부의 내용만으로도 이후에 이어질 내용을 예측하여 필자가 주장하는 바를 알 수 있다. 특히 중요성이나 의무를 나타내는 조동사(must)가 쓰인 문장이 주제문일 가능성이 높으므로 주의해서 읽도록 한다.

(1~3행) When I was in high school, we had students who could study ~.
(3~4행) We also had students who could not study ~.

(8~10행) Distractions are everywhere, but if you want to achieve your goals, you **must** learn how to tackle distractions.

제대로 독해법 ◀ 문제 채점까지 마친 후 복습할 때 보세요.

■직독 직해■

1~3행 When I was in high school, / we had students / who could study in the coffee shop / and not get distracted / by the noise or everything happening around them.//

내가 고등학교에 다닐 때 / 학생들이 있었다 / 커피숍에서 공부할 수 있는 / 그리고 방해를 받지 않을 (수 있는) / 소음이나 그들 주변에서 일어나는 모든 것에//

3~4행 We also had students / who could not study / if the library was not super quiet.//

학생들도 있었다 / 공부할 수 없는 / ▨▨▨▨▨▨▨▨▨//

4~6행 The latter students suffered / because / even in the library, / it was impossible / to get the type of complete silence / they sought.//

후자의 학생들은 고통을 받았다 / ~ 때문에 / 도서관에서조차 / 불가능했다 / (그러한) 유형의 완전한 침묵을 얻는 것이 / 그들이 추구하는//

6~7행 These students were victims of distractions / who found it very difficult to study / anywhere except in their private bedrooms.//

이 학생들은 집중에 방해가 되는 것들의 희생자였다 / ▨▨▨▨▨▨▨▨ / 개인 침실을 제외한 어디에서든//

7~8행 In today's world, / it is impossible / to run away from distractions.//

오늘날의 세상에서 / 불가능하다 / ▨▨▨▨▨▨▨▨//

8~10행 Distractions are everywhere, / but if you want to achieve your goals, / you must learn / how to tackle distractions.//

집중에 방해가 되는 것들은 어디에나 있(지만) / 하지만 목표를 달성하고 싶다면 / 여러분은 배워야 한다 / 집중에 방해가 되는 것들에 대처하는 법을//

10~11행 You cannot eliminate distractions, / but you can learn to live with them / in a way / that ensures they do not limit you.//

여러분은 집중에 방해가 되는 것들을 제거할 수는 없(지만) / ▨▨▨▨▨▨▨▨ / 방식으로 / 그것들이 여러분을 제한하지 않도록 하는//

■제대로 어휘력 올리기■

우리말 뜻에 맞는 영어 단어를 지문에서 찾아 쓰세요.

1 _____ : 형 후자의

2 _____ : 동 고통 받다

3 _____ : 형 완전한

4 _____ : 명 희생자, 피해자

5 _____ : 명 집중을 방해하는 것

6 _____ : 형 개인의, 사적인

7 _____ : 동 달성하다, 이루다

8 _____ : 동 제거하다, 없애다

9 _____ : 동 반드시 ~하게 하다

■제대로 구문 이해하기■

6~7행 These students were victims of distractions who found ❶ **it** very difficult **to study** anywhere ❷ **except** in their private bedrooms.

❶ to부정사가 목적어로 쓰인 경우에는, 목적어 자리에 가목적어 it을 쓰고 진목적어인 to부정사 부분을 문장 뒤로 이동시킨다.

❷ 전치사 except는 '~을 제외하고'라는 뜻으로, 유의어로는 apart from, aside from, but for 등이 있다.

✚ 괄호 안에서 알맞은 것을 고르시오.

Some African countries find it difficult (feed / to feed) their own people or provide safe drinking water.

몇몇 아프리카 나라들은 자국민을 먹이거나 안전한 식수를 제공하는 것이 어렵다는 것을 알게 된다.

1단계 | 채점 결과

문항 유형	O/X
주장 추론	

→

2단계 | 독해력 점검

☐ 지문의 내용을 충분히 이해함
☐ 지문의 내용을 대체로 이해함
☐ 지문의 내용을 이해하지 못함

해설편 복습

→

3단계 | 문제 해결력 점검

☐ 정답과 오답의 근거를 모두 찾음
☐ 정답과 오답의 근거를 대체로 찾음
☐ 정답과 오답의 근거를 찾지 못함

해설편 복습

주장

04

2018년 3월 고1 학력평가 21번 | 100 words

권장 풀이 시간 : **30**초 | 실제 걸린 시간 : _____분 _____초   ● 학습한 날짜 : _____. .

다음 글에서 필자가 주장하는 바로 가장 적절한 것은?

Many people think of what might happen in the future based on past failures and get trapped by them. For example, if you have failed in a certain area before, when faced with the same situation, you anticipate 3 what might happen in the future, and thus fear traps you in yesterday. Do not base your decision on what yesterday was. Your future is not your past and you have a better future. You must decide to forget 6 and let go of your past. Your past experiences are the thief of today's dreams only when you allow them to control you.

* anticipate 예상하다

① 꿈을 이루기 위해 다양한 경험을 하라.
② 미래를 생각할 때 과거의 실패에 얽매이지 말라.
③ 장래의 성공을 위해 지금의 행복을 포기하지 말라.
④ 자신을 과신하지 말고 실현 가능한 목표부터 세우라.
⑤ 결정을 내릴 때 남의 의견에 지나치게 의존하지 말라.

제대로 접근법   ◀ 문제 풀이까지 마친 후 복습할 때 보세요.

■ **Check Point!** ■

2~3회 이상 반복된 단어나 어구에 형광펜으로 표시 ➡ 토픽(topic)

| 토픽 | = | 지문 전반에 반복되는 핵심어 |

❶ _____, ❷ _____,
❸ _____ 등의 단어가 반복되는 것을 통해, 미래, 과거, 실패에 관한 글임을 유추할 수 있다.

| 주제문 | = | 글 전체 내용을 포괄할 수 있는 대표 문장 |

지문의 처음 1~2문장만 봐도 주제를 알 수 있을 때가 많다.
주장, 주제, 제목, 요지처럼 논지 파악이 주요 목적인 유형에서는 지문의 처음 한 두 문장만으로도 이후에 이어질 내용을 예측할 수 있을 때가 많다. 또한 명령문이나 의무를 나타내는 조동사가 쓰인 문장은 주제문일 가능성이 높으므로 주의해서 읽도록 한다.

(1~2행) Many people think of what might happen in the future based on past failures and get trapped by them.

(5행) **Do not** base your decision on what yesterday was.
(6~7행) You **must** decide to forget and let go of your past.

제대로 독해법 ◀ 문제 채점까지 마친 후 복습할 때 보세요.

■ 직독 직해 ■

1~2행 Many people think of / what might happen / in the future / based on past failures / and get trapped by them.//
많은 사람들은 ~에 대해 생각(하고) / 일어날 수 있는 일들(에 대해) / 미래에 / [_____]
/ 그리고 그것들에 사로잡힌다//

2~4행 For example, / if you have failed / in a certain area before, / when faced with the same situation, / you anticipate / what might happen in the future, / and thus fear traps you in yesterday.//
예를 들어 / [_____] / 전에 특정 분야에서 / 같은 상황에 직면했을 때 / 여러분은 예상하게 된다 / 미래에 무슨 일이 일어날지 / 그래서 두려움이 여러분을 과거에 가두어 버린다//

5행 Do not base your decision on / what yesterday was.//
~에 근거하여 결정을 내리지 말라 / 과거가 어땠는지(에)//

5~6행 Your future is not your past / and you have a better future.//
여러분의 미래는 여러분의 과거가 아니(고) / 그리고 여러분에게는 더 나은 미래가 있다//

6~7행 You must decide / to forget and let go of your past.//
[_____] / 여러분의 과거를 잊고 놓아주기로//

7~8행 Your past experiences / are the thief of today's dreams / only when you allow them to control you.//
여러분의 과거의 경험은 / 현재의 꿈의 도둑이다(현재의 꿈을 앗아 간다) / [_____]//

■ 제대로 어휘력 올리기 ■
우리말 뜻에 맞는 영어 단어나 표현을 지문에서 찾아 쓰세요.

1 _____ : 통 일어나다, 발생하다
2 _____ : 형 지나간, 이전의
3 _____ : 명 실패
4 _____ : 통 가두다
5 _____ : 명 분야
6 _____ : 명 두려움
7 _____ : 명 결정
8 _____ : ~을 놓아주다
9 _____ : 명 경험

■ 제대로 구문 이해하기 ■

1~2행 Many people think of what might happen in the future ❶ **based on** past failures and ❷ **get trapped** by them.

❶ based on : ~에 근거하여

❷ 「get + 과거분사」 형태로 '사로잡히다'라는 수동의 의미를 나타낸다.

7~8행 Your past experiences are the thief of today's dreams only when you ❶ **allow them to control** you.

❶ 「allow + 목적어 + to부정사」 형태로 '(목적어)가 ~하게 하다(허락하다)'라는 의미이다.

✚ 주어진 단어를 활용하여 다음 문장을 완성하시오.
She allowed me _____ her dictionary. (use)
그녀는 내가 그녀의 사전을 사용하도록 허락했다.

1단계 | 채점 결과

문항 유형	O/X
주장 추론	

→

2단계 | 독해력 점검
□ 지문의 내용을 충분히 이해함
□ 지문의 내용을 대체로 이해함
□ 지문의 내용을 이해하지 못함
 해설편 복습

→

3단계 | 문제 해결력 점검
□ 정답과 오답의 근거를 모두 찾음
□ 정답과 오답의 근거를 대체로 찾음
□ 정답과 오답의 근거를 찾지 못함
 해설편 복습

DAY 4 | 주장 01~04 | 어휘 테스트

[1~9] 다음 빈칸에 알맞은 말을 <보기>에서 찾아 쓰시오.

보기

maintenance complete situation latter
experiences area tackle failures crucial

1 past _____
과거의 경험들

2 the _____ sentence
중요한 문장

3 the _____ students
후자의 학생들

4 the same _____
같은 상황

5 regular _____
정기적인 정비

6 how to _____ distractions
방해가 되는 것들에 대처하는 법

7 past _____
과거의 실패들

8 _____ silence
완전한 침묵

9 a certain _____
특정 분야

[10~15] 다음 빈칸에 알맞은 말을 <보기>에서 찾아 쓰시오. (대·소문자 변화 가능)

보기

consistency decision eliminate
reaching distracted let go of

10 _____ always brings better results.
일관성이 항상 더 나은 결과를 가져온다.

11 You must decide to forget and _____ your past.
여러분은 과거를 잊고 놓아주기로 결심해야 한다.

12 You cannot _____ distractions, but you can learn to live with them in a way that ensures they do not limit you.
집중에 방해가 되는 것들을 제거할 수는 없지만, 그것들이 여러분을 제한하지 않도록 하는 방식으로 그것들을 감수하는 것을 배울 수 있다.

13 We tend to go long periods of time without _____ out to the people we know.
우리는 우리가 알고 있는 사람들에게 연락하지 않고 오랜 기간의 시간을 보내는 경향이 있다.

14 Do not base your _____ on what yesterday was.
과거가 어땠는지에 근거하여 결정을 내리지 말라.

15 Because listeners are easily _____, they will miss many pieces of what a speaker says.
청자들은 쉽게 산만해지기 때문에 화자가 말하는 것 중 많은 부분을 놓칠 것이다.

DAY 5

주제 추론

유형	출처	정답률	문제편	해설편
주제 01	2022년 9월 고1 학력평가 23번	62%	p.58	p.17
주제 02	2021년 3월 고1 학력평가 23번	70%	p.60	p.18
주제 03	2019년 9월 고1 학력평가 23번	79%	p.62	p.19
주제 04	2018년 11월 고1 학력평가 22번	61%	p.64	p.20

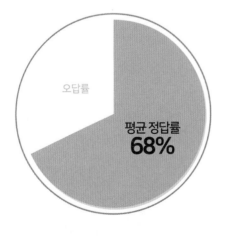

오답률

평균 정답률
68%

난이도 - 중

1등급 Tip

매년 1문항이 출제되는 난이도 '중'의 유형으로 논지 파악이 주요 목적이다. 2~3번 이상 반복된 단어나 어구(토픽)에 표시하는 전략을 사용할 수 있다.

다음 글의 주제로 가장 적절한 것은?

For creatures like us, evolution smiled upon those with a strong need to belong. Survival and reproduction are the criteria of success by natural selection, and forming relationships with other people can be useful for both survival and reproduction. Groups can share resources, care for sick members, scare off predators, fight together against enemies, divide tasks so as to improve efficiency, and contribute to survival in many other ways. In particular, if an individual and a group want the same resource, the group will generally prevail, so competition for resources would especially favor a need to belong. Belongingness will likewise promote reproduction, such as by bringing potential mates into contact with each other, and in particular by keeping parents together to care for their children, who are much more likely to survive if they have more than one caregiver.

① skills for the weak to survive modern life
② usefulness of belonging for human evolution
③ ways to avoid competition among social groups
④ roles of social relationships in children's education
⑤ differences between two major evolutionary theories

제대로 접근법   ◀ 문제 풀이까지 마친 후 복습할 때 보세요.

■ **Check Point!** ■

2~3회 이상 반복된 단어나 어구에 형광펜으로 표시 ➡ 토픽(Topic)

| 토픽 | = | 지문 전반에 반복되는 핵심어 |

❶ _____, ❷ _____, reproduction이라는 단어가 반복되고 있다. 이렇게 지문 전체에 반복되는 단어는 그 글의 핵심 소재라는 증거이다. 즉, 이 글은 소속이 생존과 번식에 미치는 영향에 관한 글이라는 것을 알 수 있다. 한 지문에는 보통 2~3개 정도의 '토픽'이 있다.

| 주제문 | = | 글 전체 내용을 포괄할 수 있는 대표 문장 |

지문의 처음 1~2문장과 마지막 문장만 봐도 주제를 알 수 있을 때가 많다.
주제, 제목, 요지처럼 논지 파악이 주요 목적인 유형에서는 지문의 처음과 마지막 부분을 먼저 확인하고, 주제문이 없는 경우에는 핵심어나 반복되는 어구에 주목하여 주제를 찾는다.

사람들과 관계를 형성하는 것(소속되어 있다는 것)은 생존과 번식(진화)에 유용할 수 있다.
(2~4행: ~ and forming relationships with other people can be useful for both survival and reproduction.)

부연 설명 1: 소속은 많은 다른 방식으로 생존에 기여한다.
(4~7행: Groups can share resources, ~ and contribute to survival in many other ways.)

부연 설명 2: 소속은 번식을 촉진시킨다.
(9~13행: Belongingness will likewise promote reproduction, ~.)

제대로 독해법 ◀ 문제 채점까지 마친 후 복습할 때 보세요.

■ 직독 직해 ■

1~2행 For creatures like us, / evolution smiled / upon those with a strong need to belong.//
우리와 같은 창조물에게 있어서 / 진화는 미소를 지었다 / 소속하려는 강한 욕구를 가진 것들에//

2~4행 Survival and reproduction are the criteria of success / by natural selection, / and forming relationships with other people / can be useful / for both survival and reproduction.//
생존과 번식은 성공의 기준이다 / 자연 선택에 의한 / [   ] / 유용할 수 있다 / 생존과 번식 둘 다에//

4~7행 Groups can share resources, / care for sick members, / scare off predators, / fight together against enemies, / divide tasks / so as to improve efficiency, / and contribute to survival / in many other ways.//
집단은 자원을 공유할 수 있다 / 아픈 구성원을 돌보고 / 포식자를 겁을 주어 쫓아버리고 / 적에 대항하여 함께 싸우고 / 일을 나누고 / [   ] / 그리고 생존에 기여한다 / 많은 다른 방식으로//

7~9행 In particular, / if an individual and a group want the same resource, / the group will generally prevail, / so competition for resources / would especially favor a need to belong.//
특히 / 만일 한 개인과 한 집단이 같은 자원을 원하면 / [   ] / 그래서 자원에 대한 경쟁은 / 소속하려는 욕구를 특별히 좋아할 것이다//

9~13행 Belongingness will likewise promote reproduction, / such as / by bringing potential mates into contact / with each other, / and in particular / by keeping parents together / to care for their children, / who are much more likely to survive / if they have more / than one caregiver.//
소속성은 마찬가지로 번식을 촉진시킬 것이다 / 이를테면 / [   ] / 서로 / 그리고 특히 / 부모들이 함께 있도록 함으로써 / 그들의 자녀들을 돌보기 위해 / 그리고 자녀들은 훨씬 더 생존하기 쉬울 것이다 / 만일 그들이(자녀들이) 더 많이 가진다면 / 한 명의 돌보는 사람보다//

■ 제대로 어휘력 올리기 ■

우리말 뜻에 맞는 영어 단어를 지문에서 찾아 쓰세요.

1 _____ : 명 창조물; 생명체

2 _____ : 명 진화

3 _____ : 명 번식

4 _____ : 명 기준, 표준

5 _____ : 명 자원

6 _____ : 명 포식자

7 _____ : 통 기여하다

8 _____ : 통 이기다, 승리하다

9 _____ : 통 촉진하다, 증진하다

■ 제대로 구문 이해하기 ■

2~4행 Survival and reproduction are the criteria of success by natural selection, and ❶ **forming** relationships with other people can be useful for ❷ **both** survival **and** reproduction.

❶ 동명사는 문장에서 주어, 목적어, 보어 역할을 할 수 있다. 여기에서는 주어 역할을 하고 있으며, 주어로 쓰인 동명사(구)는 단수 취급한다.

❷ 상관접속사 「both A and B」는 'A와 B 둘 다'의 의미로, A와 B는 문법적으로 대등한 형태를 취해야 한다.

✚ 괄호 안에서 알맞은 것을 고르시오.

Both (the West / in the West) and in emerging economies, there are more people every day who recognize that they are chasing a broken dream.

서구와 신흥 경제 국가 모두에서 그들이 부서진 꿈을 좇는 것임을 인식하는 사람들이 매일 늘어나고 있다.

1단계 | 채점 결과

문항 유형	O/X
주제 추론	

→

2단계 | 독해력 점검
□ 지문의 내용을 충분히 이해함
□ 지문의 내용을 대체로 이해함
□ 지문의 내용을 이해하지 못함

해설편 복습

→

3단계 | 문제 해결력 점검
□ 정답과 오답의 근거를 모두 찾음
□ 정답과 오답의 근거를 대체로 찾음
□ 정답과 오답의 근거를 찾지 못함

해설편 복습

주제
02
2021년 3월 고1 학력평가 23번 | 135 words

권장 풀이 시간 : 1분 | 실제 걸린 시간 : _____분_____초 | ◉ 학습한 날짜 : _____.__.__.

다음 글의 주제로 가장 적절한 것은?

When two people are involved in an honest and open conversation, there is a back and forth flow of information. It is a smooth exchange. Since each one is drawing on their past personal experiences, the pace of the exchange is as fast as memory. When one person lies, their responses will come more slowly because the brain needs more time to process the details of a new invention than to recall stored facts. As they say, "Timing is everything." You will notice the time lag when you are having a conversation with someone who is making things up as they go. Don't forget that the other person may be reading your body language as well, and if you seem to be disbelieving their story, they will have to pause to process that information, too.

* lag 지연

① delayed responses as a sign of lying
② ways listeners encourage the speaker
③ difficulties in finding useful information
④ necessity of white lies in social settings
⑤ shared experiences as conversation topics

제대로 접근법 ◀ 문제 풀이까지 마친 후 복습할 때 보세요.

■ **Check Point!** ■

2~3회 이상 반복된 단어나 어구에 형광펜으로 표시 ➡ 토픽(Topic)

| 토픽 | = | 지문 전반에 반복되는 핵심어 |

❶ _____, ❷ _____ 이라는 단어와 lies, a new invention, making things up처럼 같은 의미의 어구가 반복되고 있다. 즉 이 글은 대화와 거짓말에 관한 글이라는 것을 알 수 있다. 한 지문에는 보통 2~3개 정도의 '토픽'이 있다.

| 주제문 | = | 글 전체 내용을 포괄할 수 있는 대표 문장 |

지문의 처음 1~2문장과 마지막 문장만 봐도 주제를 알 수 있을 때가 많다.
주제, 제목, 요지처럼 논지 파악이 주요 목적인 유형에서는 지문의 처음과 마지막 부분을 먼저 확인하고, 주제문이 없는 경우에는 핵심어나 반복되는 어구에 주목하여 주제를 찾는다.

> 솔직하고 숨김없는 대화를 할 때는 대화를 주고받는 속도가 빠르다.
> (1~4행: When two people are involved in an honest and open conversation, ~ the pace of the exchange is as fast as memory.)

> 거짓말을 하면 뇌가 정보를 처리하는 데 더 많은 시간이 필요하기 때문에 대답이 더 느려진다.
> (4~6행: When one person lies, their responses will come more slowly because the brain needs more time to process ~.)

제대로 독해법　◀ 문제 채점까지 마친 후 복습할 때 보세요.

■ 직독 직해 ■

1~2행 When two people are involved / in an honest and open conversation, / there is a back and forth flow of information.//

두 사람이 참여할 때 /   / 왔다 갔다 하는 정보의 흐름이 있다//

2행 It is a smooth exchange.//

그것은 순조로운 주고받기이다//

3~4행 Since each one is drawing / on their past personal experiences, / the pace of the exchange / is as fast as memory.//

각자가 의존하고 있기 때문에 / 자신의 개인적인 과거 경험에 / 대화를 주고받는 속도는 / 기억만큼 빠르다//

4~6행 When one person lies, / their responses will come more slowly / because the brain needs more time / to process the details of a new invention / than to recall stored facts.//

한 명이 거짓말을 하면 / 그 사람의 대답이 더 느리게 나올 것이다 / 뇌는 더 많은 시간을 필요로 하기 때문에 /   / 저장된 사실을 기억해 내는 것보다//

6~7행 As they say, / "Timing is everything."//

사람들이 말하듯 / "타이밍이 가장 중요하다"//

7~9행 You will notice the time lag / when you are having a conversation / with someone / who is making things up / as they go.//

           / 이야기를 하고 있으면 / 누군가와 / 이야기를 꾸며 내고 있는 / 말을 하면서//

9~11행 Don't forget / that the other person may be reading / your body language as well, / and if you seem to be disbelieving their story, / they will have to pause / to process that information, / too.//

잊지 마라 / 상대방이 읽고 있을지도 모른다는 것을 / 또한 여러분의 몸짓 언어를 / 그리고 만약 여러분이 그 사람의 이야기를 믿지 않고 있는 것처럼 보이면 / 그 사람은 잠시 멈춰야 할 것이라는 점을 /   / 또한//

■ 제대로 어휘력 올리기 ■

우리말 뜻에 맞는 영어 단어나 표현을 지문에서 찾아 쓰세요.

1 _____ : 명 주고받기, 대화

2 _____ : ~에 의지하다

3 _____ : 명 속도

4 _____ : 명 대답, 응답

5 _____ : 명 꾸며낸 이야기

6 _____ : 통 기억해 내다

7 _____ : 명 지체, 지연

8 _____ : 통 믿지 않다

9 _____ : 통 잠시 멈추다

■ 제대로 구문 이해하기 ■

3~4행 Since ❶ **each** one is drawing on their past personal experiences, the pace of the exchange is ❷ **as fast as** memory.

❶ each는 '각각의'라는 뜻으로 단수명사와 함께 쓰이며 단수 취급한다. each가 전치사 of와 함께 쓰여 뒤에 복수명사가 오더라도 항상 단수 취급한다.

❷ 원급 비교구문인 「as + 형용사/부사 + as」는 '~만큼 한[하게]'라고 해석하며, 부정형은 「not + as[so] + 형용사/부사 + as」로 '~만큼 하지 않는[않게]'라는 의미이다.

✚ 괄호 안에서 알맞은 것을 고르시오.

Each of us (need / needs) people in our lives who encourage us.

우리 각자는 삶에서 우리를 격려해 주는 사람들을 필요로 한다.

1단계 | 채점 결과

문항 유형	O/X
주제 추론	

→

2단계 | 독해력 점검

☐ 지문의 내용을 충분히 이해함
☐ 지문의 내용을 대체로 이해함
☐ 지문의 내용을 이해하지 못함

 해설편 복습

→

3단계 | 문제 해결력 점검

☐ 정답과 오답의 근거를 모두 찾음
☐ 정답과 오답의 근거를 대체로 찾음
☐ 정답과 오답의 근거를 찾지 못함

해설편 복습

다음 글의 주제로 가장 적절한 것은?

Social relationships benefit from people giving each other compliments now and again because people like to be liked and like to receive compliments. In that respect, social lies such as making deceptive but flattering comments ("I like your new haircut.") may benefit mutual relations. Social lies are told for psychological reasons and serve both self-interest and the interest of others. They serve self-interest because liars may gain satisfaction when they notice that their lies please other people, or because they realize that by telling such lies they avoid an awkward situation or discussion. They serve the interest of others because hearing the truth all the time ("You look much older now than you did a few years ago.") could damage a person's confidence and self-esteem.

① ways to differentiate between truth and lies
② roles of self-esteem in building relationships
③ importance of praise in changing others' behaviors
④ balancing between self-interest and public interest
⑤ influence of social lies on interpersonal relationships

제대로 접근법   ◀ 문제 풀이까지 마친 후 복습할 때 보세요.

■ **Check Point!** ■

2~3회 이상 반복된 단어나 어구에 형광펜으로 표시 ➡ 토픽(Topic)

| 토픽 | = | 지문 전반에 반복되는 핵심어 |

❶ _____ , ❷ _____ 라는 단어가 반복되고 있다. 이렇게 지문 전체에 반복되는 단어는 그 글의 핵심 소재라는 증거이다. 즉, 이 글은 사회적 거짓말과 그것의 이로움에 관한 글이라는 것을 알 수 있다. 한 지문에는 보통 2~3개 정도의 '토픽'이 있다.

| 주제문 | = | 글 전체 내용을 포괄할 수 있는 대표 문장 |

지문의 처음 1~2문장과 마지막 문장만 봐도 주제를 알 수 있을 때가 많다.
주제, 제목, 요지처럼 논지 파악이 주요 목적인 유형에서는 지문의 처음 한두 문장과 마지막 문장의 내용만으로도 필자가 말하고자 하는 바를 예측할 수 있을 때가 있다.

사람들은 칭찬받는 것을 좋아하기 때문에, 사회적 거짓말은 상호 관계에 도움이 될 수 있다.
(1~5행: Social relationships benefit from people giving each other compliments ~. In that respect, social lies ~ may benefit mutual relations.)

사회적 거짓말은 자신과 타인의 이익에 모두 부합한다.
(5~6행: Social lies are told for psychological reasons and serve both self-interest and the interest of others.)

제대로 독해법 ◀ 문제 채점까지 마친 후 복습할 때 보세요.

■직독 직해■

1~3행 Social relationships benefit / from people giving each other compliments / now and again / because people like to be liked / and like to receive compliments.//

사회적 관계는 이로움을 얻는다 / 사람들이 서로에게 칭찬을 하는 것으로부터 / 때때로 / 왜냐하면 사람들이 사랑받기 좋아하기 때문이다 / 그리고 칭찬받기 좋아하기 (때문이다)//

3~5행 In that respect, / social lies / such as making deceptive but flattering comments / ("I like your new haircut.") / may benefit mutual relations.//

그런 점에서 / 사회적 거짓말은 / 속이는 것이지만 기분 좋게 만드는 말을 하는 것과 같은 / "너 새로 머리 자른 게 마음에 든다." / ▨▨▨▨▨▨//

5~6행 Social lies are told / for psychological reasons / and serve / both self-interest and the interest of others.//

사회적 거짓말은 행해지(며) / ▨▨▨▨▨▨▨ / 그리고 부합한다 / 자신의 이익과 타인의 이익 모두에//

6~9행 They serve self-interest / because liars may gain satisfaction / when they notice / that their lies please other people, / or because they realize / that by telling such lies / they avoid an awkward situation or discussion.//

사회적 거짓말은 자신의 이익에 부합한다 / 거짓말을 하는 사람들은 만족감을 얻기 때문에 / 그들이 인식했을 때 / 자신의 거짓말이 다른 사람들을 즐겁게 한다는 것을 / 또는 그들이 깨닫기 때문에 / 그런 거짓말을 함으로써 / 그들이 어색한 상황이나 토론을 피한다는 것을//

9~12행 They serve the interest of others / because hearing the truth all the time / ("You look much older now / than you did a few years ago.") / could damage / a person's confidence and self-esteem.//

사회적 거짓말은 타인의 이익에 부합한다 / 왜냐하면 항상 진실을 듣는 것은 / "너는 지금 훨씬 더 나이 들어 보인다 / 몇 년 전보다" / 해칠 수 있(기 때문에) / ▨▨▨▨▨▨▨//

■제대로 어휘력 올리기■

우리말 뜻에 맞는 영어 단어를 지문에서 찾아 쓰세요.

1 _____ : 통 이로움을 얻다

2 _____ : 명 칭찬

3 _____ : 형 속이는, 기만적인

4 _____ : 형 기분 좋게 하는

5 _____ : 형 상호간의, 서로의

6 _____ : 명 이익

7 _____ : 명 만족(감)

8 _____ : 형 어색한

9 _____ : 명 자존감

■제대로 구문 이해하기■

1~3행 Social relationships benefit from ❶ people ❷ giving each other compliments now and again because people like to be liked and like to receive compliments.

❶ 동명사의 의미상 주어는 동명사 앞에 주로 소유격이나 목적격 형태로 나타내며, 인칭대명사가 아닌 경우에는 명사의 목적격 형태로 쓴다.

❷ 전치사 from의 목적어로 동명사 giving이 쓰여, 간접목적어(each other)와 직접목적어(compliments)를 갖는 4형식 구문이다.

✚괄호 안에서 알맞은 것을 고르시오.

His stories were always aimed at (help / helping) us use our brains to get out of trouble.

그의 이야기는 항상 우리가 곤경에서 벗어나기 위해 우리의 머리를 쓰도록 돕는 데에 목표를 두었다.

1단계 | 채점 결과

문항 유형	O/X
주제 추론	

→

2단계 | 독해력 점검
- ☐ 지문의 내용을 충분히 이해함
- ☐ 지문의 내용을 대체로 이해함
- ☐ 지문의 내용을 이해하지 못함

 해설편 복습

→

3단계 | 문제 해결력 점검
- ☐ 정답과 오답의 근거를 모두 찾음
- ☐ 정답과 오답의 근거를 대체로 찾음
- ☐ 정답과 오답의 근거를 찾지 못함

해설편 복습

다음 글의 주제로 가장 적절한 것은?

When we read a number, we are more influenced by the leftmost digit than by the rightmost, since that is the order in which we read, and process, them. The number 799 feels significantly less than 800 because we see the former as 7-something and the latter as 8-something, whereas 798 feels pretty much like 799. Since the nineteenth century, shopkeepers have taken advantage of this trick by choosing prices ending in a 9, to give the impression that a product is cheaper than it is. Surveys show that around a third to two-thirds of all retail prices now end in a 9. Though we are all experienced shoppers, we are still fooled. In 2008, researchers at the University of Southern Brittany monitored a local pizza restaurant that was serving five types of pizza at € 8.00 each. When one of the pizzas was reduced in price to € 7.99, its share of sales rose from a third of the total to a half.

① pricing strategy using the way people read numbers
② consumption patterns reflecting local economic trends
③ adding numbers to strengthen the credibility of sellers
④ causal relationship between market sizes and product prices
⑤ sales tricks to fool customers by changing store environments

---

제대로 접근법 ◀ 문제 풀이까지 마친 후 복습할 때 보세요.

■ **Check Point!** ■

2~3회 이상 반복된 단어나 어구에 형광펜으로 표시 ➡ 토픽(Topic)

| 토픽 | = | 지문 전반에 반복되는 핵심어 |

❶ _____, ❷ _____ 라는 단어가 반복되고 있다. 이렇게 지문 전체에 반복되는 단어는 그 글의 핵심 소재라는 증거이다. 즉, 이 글은 수와 가격에 관한 글이라는 것을 알 수 있다. 한 지문에는 보통 2~3개 정도의 '토픽'이 있다.

| 주제문 | = | 글 전체 내용을 포괄할 수 있는 대표 문장 |

지문의 처음 1~2문장과 마지막 문장만 봐도 주제를 알 수 있을 때가 많다.
주제, 제목, 요지처럼 논지 파악이 주요 목적인 유형에서는 지문의 처음 한두 문장과 마지막 문장의 내용만으로도 필자가 말하고자 하는 바를 예측할 수 있을 때가 있다.

우리는 수를 읽을 때 가장 오른쪽보다 가장 왼쪽 숫자에 의해 더 영향을 받는데, 그러한 이유로 799를 800보다 훨씬 작다고 느낀다.
(1~5행: When we read a number, ~. The number 799 feels significantly less than 800 ~.)

피자 가격이 8.00유로로에서 7.99유로로로 인하되어 가장 왼쪽의 숫자가 바뀌었을 때, 그것의 판매 점유율이 증가했다.
(12~13행: When one of the pizzas was reduced in price to € 7.99, ~.)

제대로 독해법 ◀ 문제 채점까지 마친 후 복습할 때 보세요.

■직독 직해■

1~3행 When we read a number, / we are more influenced / by the leftmost digit / than by the rightmost, / since that is the order / in which we read, and process, them.//

우리가 수를 읽을 때 / 우리는 더 영향을 받는(데) / 가장 왼쪽 숫자에 의해 / 가장 오른쪽 (숫자)보다 / 그것이 순서이기 때문이다 / 우리가 그것들을 읽고 처리하는//

3~5행 The number 799 feels significantly less / than 800 / because we see the former as 7-something / and the latter as 8-something, / whereas 798 feels pretty much like 799.//

수 799가 상당히 작게 느껴지는 것은 / 800보다 / 우리가 전자(799)를 7로 시작하는 어떤 것으로 인식하기 때문이다 / 그리고 후자(800)를 8로 시작하는 어떤 것으로 (인식하기 때문이다) / ░░░░░░░░░░//

5~8행 Since the nineteenth century, / shopkeepers have taken advantage of this trick / by choosing prices ending in a 9, / to give the impression / that a product is cheaper than it is.//

19세기 이래로 / ░░░░░░░░░ / 9로 끝나는 가격을 선택함으로써 / 인상을 주기 위해 / 상품이 실제보다 싸다는//

8~9행 Surveys show / that around a third to two-thirds / of all retail prices / now end in a 9.//

연구는 보여준다 / 1/3에서 2/3 정도가 ~라는 것을 / 모든 소매 가격의 / 지금은 9로 끝난다(는 것을)//

9~10행 Though we are all experienced shoppers, / we are still fooled.//

비록 우리 모두가 경험 많은 소비자일지라도 / 우리는 여전히 속는다//

10~12행 In 2008, / researchers at the University of Southern Brittany / monitored a local pizza restaurant / that was serving five types of pizza / at €8.00 each.//

2008년에 / Southern Brittany 대학의 연구자들이 / 지역 피자 음식점을 관찰했다 / 다섯 종류의 피자를 제공하고 있는 / 각각 8.00유로에//

12~13행 When one of the pizzas / was reduced in price to €7.99, / its share of sales rose / from a third of the total to a half.//

피자 중 하나가 ~했을 때 / 7.99유로로 가격이 인하되(었을 때) / ░░░░░░░░░ / 전체의 1/3에서 1/2로//

■제대로 어휘력 올리기■

우리말 뜻에 맞는 영어 단어나 표현을 지문에서 찾아 쓰세요.

1 _____ : 형 가장 왼쪽의

2 _____ : 명 (0에서 9까지의) 숫자

3 _____ : 형 가장 오른쪽의

4 _____ : 부 상당히

5 _____ : 명 소매 상인

6 _____ : ~을 이용하다

7 _____ : 명 인상, 느낌

8 _____ : 형 소매의, 소매상의

9 _____ : 동 (음식을) 제공하다

■제대로 구문 이해하기■

5~8행 Since the nineteenth century, shopkeepers ❶ **have taken** advantage of this trick by choosing prices ending in a 9, ❷ **to give** the impression that a product is cheaper than it is.

❶「have p.p.」는 현재완료이며 'take advantage of'는 '~을 이용하다'라는 의미이다. 이 문장에서 현재완료는 '계속적 용법'으로 쓰였으며 과거 19세기부터 지금까지 상품이 실제보다 싸다는 인상을 주기 위해 이러한 착각을 이용해 왔다는 의미로 해석된다.

❷ to give는 '~하기 위하여'라는 목적을 나타내는 to부정사의 부사적 용법으로 in order to 또는 so as to로 바꾸어 쓸 수 있다. (= in order to give, so as to give)

➕ 괄호 안에서 알맞은 것을 고르시오.

Seedy Sunday is a seed exchange event that (takes / has taken) place every year since 2002.

Seedy Sunday는 2002년 이래로 매년 개최되어 온 씨앗 교환 행사입니다.

1단계 | 채점 결과

문항 유형	O/X
주제 추론	

→

2단계 | 독해력 점검

□ 지문의 내용을 충분히 이해함
□ 지문의 내용을 대체로 이해함
□ 지문의 내용을 이해하지 못함

 해설편 복습

→

3단계 | 문제 해결력 점검

□ 정답과 오답의 근거를 모두 찾음
□ 정답과 오답의 근거를 대체로 찾음
□ 정답과 오답의 근거를 찾지 못함

해설편 복습

DAY 5 | 주제 01~04 | 어휘 테스트

[1~9] 다음 빈칸에 알맞은 말을 〈보기〉에서 찾아 쓰시오.

awkward pace retail
criteria reproduction mutual
experienced flattering potential

1 a(n) _____ situation
어색한 상황

2 survival and _____
생존과 번식

3 the _____ of success
성공의 기준

4 the _____ of the exchange
대화를 주고받는 속도

5 _____ shoppers
경험 많은 소비자

6 all _____ prices
모든 소매 가격

7 _____ mates
잠재적인 짝

8 deceptive but _____ comments
속이는 것이지만 기분 좋게 만드는 말

9 _____ relations
상호 관계

[10~15] 다음 빈칸에 알맞은 말을 〈보기〉에서 찾아 쓰시오. (대·소문자 변화 가능)

serve surveys prevail
evolution involved benefit

10 When two people are _____ in an honest and open conversation, there is a back and forth flow of information.
두 사람이 솔직하고 숨김없는 대화에 참여할 때, 왔다 갔다 하는 정보의 흐름이 있다.

11 For creatures like us, _____ smiled upon those with a strong need to belong.
우리와 같은 창조물에게 있어서 진화는 소속하려는 강한 욕구를 가진 것들에 미소를 지었다.

12 Social lies are told for psychological reasons and _____ both self-interest and the interest of others.
사회적 거짓말은 심리적인 이유로 행해지며 자신의 이익과 타인의 이익 모두에 부합한다.

13 _____ show that around a third to two-thirds of all retail prices now end in a 9.
연구는 모든 소매 가격의 1/3에서 2/3 정도가 지금은 9로 끝난다는 것을 보여준다.

14 Social relationships _____ from people giving each other compliments now and again.
사회적 관계는 사람들이 때때로 서로에게 칭찬을 하는 것으로부터 이로움을 얻는다.

15 In particular, if an individual and a group want the same resource, the group will generally _____, so competition for resources would especially favor a need to belong.
특히, 한 개인과 한 집단이 같은 자원을 원하면, 집단이 일반적으로 이길 것이고, 그래서 자원에 대한 경쟁은 소속하려는 욕구를 특별히 좋아할 것이다.

DAY 6

요지 추론

유형	출처	정답률	문제편	해설편
요지 01	2021년 9월 고1 학력평가 22번	65%	p.68	p.21
요지 02	2018년 3월 고1 학력평가 23번	66%	p.70	p.22
요지 03	2019년 9월 고1 학력평가 22번	89%	p.72	p.23
요지 04	2020년 3월 고1 학력평가 22번	88%	p.74	p.24

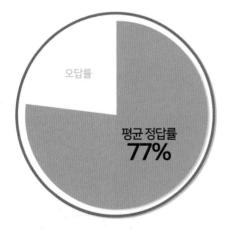

오답률

평균 정답률
77%

난이도 - 하

1등급 Tip

매년 1문항이 출제되는 난이도 '하'의 유형으로
논지 파악이 주요 목적이다. 주로 연결어 앞이나
뒤에 주제문이 등장하므로 연결어에 주목하자.

다음 글의 요지로 가장 적절한 것은?

It's important that you think independently and fight for what you believe in, but there comes a time when it's wiser to stop fighting for your view and move on to accepting what a trustworthy group of people think is best. This can be extremely difficult. But it's smarter, and ultimately better for you to be open-minded and have faith that the conclusions of a trustworthy group of people are better than whatever you think. If you can't understand their view, you're probably just blind to their way of thinking. If you continue doing what you think is best when all the evidence and trustworthy people are against you, you're being dangerously confident. The truth is that while most people can become incredibly open-minded, some can't, even after they have repeatedly encountered lots of pain from betting that they were right when they were not.

① 대부분의 사람들은 진리에 도달하지 못하고 고통을 받는다.
② 맹목적으로 다른 사람의 의견을 받아들이는 것은 위험하다.
③ 남을 설득하기 위해서는 타당한 증거로 주장을 뒷받침해야 한다.
④ 믿을만한 사람이 누구인지 판단하려면 열린 마음을 가져야 한다.
⑤ 자신의 의견이 최선이 아닐 수 있다는 것을 인정하는 것이 필요하다.

제대로 접근법 ◀ 문제 풀이까지 마친 후
복습할 때 보세요.

■Check Point!■

❶ _____ what a trustworthy group of people think is best, ❷ _____ 등의 어구를 통해 다른 사람들의 의견을 받아들이는 열린 마음에 관한 글임을 추론할 수 있다.

주제문 = 글 전체 내용을 포괄할 수 있는 대표 문장

연결어에 주목하자!
글의 흐름 전환을 나타내는 but, however, yet 등과 같은 역접의 연결어 이후에 주제문이 나올 가능성이 많으므로, 주목할 필요가 있다.

독자적으로 생각하고 자신이 믿는 것을 위해 싸우는 것이 중요하다.

⬇

but(흐름 전환): 자신의 견해를 위해 싸우는 것을 멈추고 신뢰할 수 있는 집단이 가장 좋다고 생각하는 것을 받아들이는 쪽으로 나아가는 것이 더 현명한 때가 온다.

제대로 독해법 ◀ 문제 채점까지 마친 후 복습할 때 보세요.

■ **직독 직해** ■

1~4행 It's important / that you think independently / and fight for what you believe in, / but there comes a time when it's wiser / to stop fighting for your view / and move on to accepting / what a trustworthy group of people think is best.//

중요하다 / 독자적으로 생각하는 것은 / 그리고 여러분이 믿는 것을 위해 싸우는 (것은) / 그러나 더 현명한 때가 온다 / ▨▨▨▨▨▨▨▨▨▨ / 그리고 받아들이는 쪽으로 나아가는 (것이) / 믿을 수 있는 집단의 사람들이 생각하기에 가장 좋은 것을//

4행 This can be extremely difficult.//
이것은 매우 어려울 수 있다//

4~7행 But it's smarter, and ultimately better / for you to be open-minded / and have faith / that the conclusions of a trustworthy group of people are better / than whatever you think.//

하지만 더 영리하고 궁극적으로 더 좋다 / 여러분이 마음을 여는 것이 / 그리고 믿음을 갖는 (것이) / ▨▨▨▨▨▨▨▨▨▨ / 여러분이 생각하는 어떤 것보다//

7~8행 If you can't understand their view, / you're probably just blind / to their way of thinking.//

만약 여러분이 그들의 견해를 이해할 수 없다면 / 여러분은 아마도 단지 보지 못하는 것이다 / 그들의 사고방식을//

8~10행 If you continue doing / what you think is best / when all the evidence and trustworthy people are against you, / you're being dangerously confident.//

여러분이 계속한다면 / 여러분이 생각하기에 가장 좋은 것을 / ▨▨▨▨▨▨▨▨▨▨ / 여러분은 위험할 정도로 자신감에 차 있는 것이다//

10~13행 The truth is that / while most people can become incredibly open-minded, / some can't, / even after they have repeatedly encountered lots of pain / from betting that they were right / when they were not.//

사실은 ~라는 것이다 / 대부분의 사람들은 믿을 수 없을 정도로 마음을 열게 되는 반면에 / 어떤 사람들은 그럴 수 없다 / 그들이 반복적으로 많은 고통을 직면한 후에도 / 그들이 옳았다고 확신하는 것으로부터 / 그들이 옳지 않았을 때//

■ **제대로 어휘력 올리기** ■

우리말 뜻에 맞는 영어 단어를 지문에서 찾아 쓰세요.

1 _____ : 便 독자적으로

2 _____ : 名 견해, 관점

3 _____ : 動 받아들이다

4 _____ : 形 믿을 수 있는

5 _____ : 便 궁극적으로

6 _____ : 名 믿음

7 _____ : 名 결론

8 _____ : 名 증거

9 _____ : 動 직면하다, 맞닥뜨리다

■ **제대로 구문 이해하기** ■

1~4행 ❶ It's important **that** you think independently and fight for ❷ **what** you believe in, but there comes a time ❸ **when** it's wiser to stop fighting for your view and move on to accepting what ❹ **a trustworthy group of people think** is best.

❶ It은 가주어이고 that이 이끄는 명사절이 진주어이다.

❷ 선행사를 포함한 관계대명사 what이 이끄는 명사절이 전치사 for의 목적어 역할을 한다.

❸ 시간을 나타내는 선행사 a time을 수식하는 관계부사로, 관계부사 다음에는 완전한 절이 나온다.

❹ a trustworthy group of people think 는 삽입절이다.

✚ 괄호 안에서 알맞은 것을 고르시오.

The day (where / when) the percentage of the population was the least, was Monday with 5.6 percent.

인구 비율이 가장 낮은 날은 5.6퍼센트의 월요일이었다.

1단계 | 채점 결과

문항 유형	O/X
요지 추론	

→

2단계 | 독해력 점검

□ 지문의 내용을 충분히 이해함
□ 지문의 내용을 대체로 이해함
□ 지문의 내용을 이해하지 못함

해설편 복습

→

3단계 | 문제 해결력 점검

□ 정답과 오답의 근거를 모두 찾음
□ 정답과 오답의 근거를 대체로 찾음
□ 정답과 오답의 근거를 찾지 못함

해설편 복습

다음 글의 요지로 가장 적절한 것은?

Experts advise people to "take the stairs instead of the elevator" or "walk or bike to work." These are good strategies: climbing stairs provides a good workout, and people who walk or ride a bicycle for ₃ transportation most often meet their needs for physical activity. Many people, however, face barriers in their environment that prevent such choices. Few people would choose to walk or bike on roadways that ₆ lack safe sidewalks or marked bicycle lanes, where vehicles speed by, or where the air is polluted. Few would choose to walk up stairs in inconvenient and unsafe stairwells in modern buildings. In contrast, ₉ people living in neighborhoods with safe biking and walking lanes, public parks, and freely available exercise facilities use them often — their surroundings encourage physical activity. ₁₂

* stairwell 계단을 포함한 건물의 수직 공간

① 자연환경을 훼손시키면서까지 운동 시설을 만들어서는 안 된다.
② 일상에서의 운동 가능 여부는 주변 여건의 영향을 받는다.
③ 운동을 위한 시간과 공간을 따로 정해 놓을 필요가 있다.
④ 자신의 건강 상태를 고려하여 운동량을 계획해야 한다.
⑤ 짧더라도 규칙적으로 운동하는 것이 건강에 좋다.

제대로 접근법   ◀ 문제 풀이까지 마친 후
복습할 때 보세요.

■**Check Point!**■

❶ _____ activity, ❷ _____ 등 의 어구를 통해, 운동과 환경에 관한 글임을 추론할 수 있다.

| 주제문 | = | 글 전체 내용을 포괄할 수 있는 대표 문장 |

연결어에 주목하자!
전반부에서 소재와 관련된 일반적인 내용을 언급한 후 however, In contrast 등의 연결어로 시작하는 문장에서 글의 요지를 드러내고 있다. 따라서 이러한 연결어에 주목해서 요지를 파악하는 것이 중요하다.

일상 생활에서의 운동은 주변 환경의 영향을 받는다.

1. however(흐름 전환): 안전하지 못한 환경은 운동 선택을 막는 장벽이다.
2. In contrast(역접): 안전한 운동 환경은 사람들의 신체 활동을 장려한다.

제대로 독해법 ◀ 문제 채점까지 마친 후 복습할 때 보세요.

■직독 직해■

1~2행 Experts advise people / to "take the stairs / instead of the elevator" / or "walk or bike / to work."//

전문가들은 사람들에게 조언한다 / "계단을 이용해라 / 승강기 대신" / 또는 "걷거나 자전거를 타라 / 직장까지"//

2~4행 These are good strategies: / climbing stairs / provides a good workout, / and people / who walk or ride a bicycle / for transportation / most often meet their needs / for physical activity.//

그것들은 좋은 전략이다 / ▨▨▨▨▨▨▨ / 좋은 운동이 되(고) / 그리고 사람들은 / 걷거나 자전거를 타는 / 이동 수단으로써 / 대개 필요를 충족시킨다 / 신체적 활동에 대한//

4~6행 Many people, / however, / face barriers / in their environment / that prevent such choices.//

많은 사람들은 / 하지만 / 장벽에 부딪힌다 / 자신의 환경에서 / 그러한 선택을 가로막는//

6~8행 Few people would choose / to walk or bike / on roadways / that lack safe sidewalks or marked bicycle lanes, / where vehicles speed by, / or where the air is polluted.//

선택하는 사람은 거의 없을 것이다 / 걷거나 자전거를 타는 것을 / 도로에서 / ▨▨▨▨▨▨ ▨▨▨▨▨▨ / 차량이 빠르게 지나가(거나) / 또는 공기가 오염된//

8~9행 Few would choose / to walk up stairs / in inconvenient and unsafe stairwells / in modern buildings.//

선택하는 사람은 거의 없을 것이다 / 계단을 오르는 것을 / 불편하고 안전하지 않은 계단통(계단을 포함한 건물의 수직 공간)에서 / 현대식 건물의//

9~12행 In contrast, / people living in neighborhoods / with safe biking and walking lanes, public parks, and freely available exercise facilities / use them often / — their surroundings encourage physical activity.//

이와는 대조적으로 / 동네에 사는 사람들은 / 안전한 자전거 도로와 산책로, 공원, 그리고 자유롭게 이용할 수 있는 운동 시설이 있는 / 자주 그것들을 사용하는데 / ▨▨▨▨▨▨▨▨▨▨//

■제대로 어휘력 올리기■

우리말 뜻에 맞는 영어 단어를 지문에서 찾아 쓰세요.

1 _____ : 몡 전문가

2 _____ : 몡 전략

3 _____ : 몡 이동 수단, 교통 수단

4 _____ : 몡 장벽

5 _____ : 통 ~이 없다, 부족하다

6 _____ : 몡 차량

7 _____ : 혱 불편한

8 _____ : 혱 이용할 수 있는

9 _____ : 몡 시설

■제대로 구문 이해하기■

6~8행 Few people would choose to walk or bike on roadways ❶ that lack safe sidewalks or marked bicycle lanes, ❷ where vehicles speed by, ❸ or where the air is polluted.

❶ that은 주격 관계대명사로 선행사 roadways를 수식하는 절을 이끌며, 주격 관계사절의 동사는 선행사에 수일치하므로 복수동사 lack을 썼다.

❷ where는 관계부사로 선행사 roadways를 수식하는 절을 이끌며 뒤에 완전한 형태의 문장이 온다.

❸ 등위접속사 or이 3개의 관계사절을 병렬 연결하여 선행사 roadways를 수식하고 있다. where도 roadways를 수식하는 관계부사절을 이끈다.

✚ 괄호 안에서 알맞은 것을 고르시오.

Vinci's attitude stands strongly against today's culture (which / where) we emphasize positivity too much.

Vinci의 태도는 긍정을 너무 강조하는 오늘날의 문화와 크게 대조된다.

1단계 | 채점 결과

문항 유형	O/X
요지 추론	

→

2단계 | 독해력 점검

☐ 지문의 내용을 충분히 이해함
☐ 지문의 내용을 대체로 이해함
☐ 지문의 내용을 이해하지 못함

해설편 복습

→

3단계 | 문제 해결력 점검

☐ 정답과 오답의 근거를 모두 찾음
☐ 정답과 오답의 근거를 대체로 찾음
☐ 정답과 오답의 근거를 찾지 못함

해설편 복습

다음 글의 요지로 가장 적절한 것은?

　Attaining the life a person wants is simple. However, most people settle for less than their best because they fail to start the day off right. If a person starts the day with a positive mindset, that person is more likely to have a positive day. Moreover, how a person approaches the day impacts everything else in that person's life. If a person begins their day in a good mood, they will likely continue to be happy at work and that will often lead to a more productive day in the office. This increased productivity unsurprisingly leads to better work rewards, such as promotions or raises. Consequently, if people want to live the life of their dreams, they need to realize that how they start their day not only impacts that day, but every aspect of their lives.

① 업무 생산성 향상을 위해 적절한 보상이 필요하다.
② 긍정적인 하루의 시작이 삶에 좋은 영향을 끼친다.
③ 매일 해야 할 일의 우선순위를 정하는 것이 좋다.
④ 규칙적인 생활 습관이 목표 달성에 도움이 된다.
⑤ 원만한 대인 관계를 위해 감정 조절이 중요하다.

제대로 접근법　◀ 문제 풀이까지 마친 후 복습할 때 보세요.

■ Check Point! ■

❶ _____, ❷ _____ 등의 어구를 통해 긍정적인 마음가짐으로 하루를 시작하는 것에 관한 글임을 추론할 수 있다.

| 주제문 | = | 글 전체 내용을 포괄할 수 있는 대표 문장 |

연결어에 주목하자!
전반부에서 소재와 관련된 일반적인 내용을 언급한 후 연결어 However, Consequently로 시작하는 문장에서 글의 요지를 드러내고 있다. 따라서 이러한 연결어에 주목해서 요지를 파악하는 것이 중요하다.

하루를 긍정적인 마음으로 시작하면 긍정적인 하루를 보낼 가능성이 높다.

1. However(흐름 전환): 사람들이 하루를 제대로 시작하지 못하기 때문에, 그들이 원하는 최고의 삶을 살지 못한다.
2. Consequently(결론 제시): 하루를 어떻게 시작하는지가 삶의 모든 부분에 영향을 끼친다.

제대로 독해법 ◀ 문제 채점까지 마친 후 복습할 때 보세요.

■ 직독 직해 ■

1행 Attaining the life / a person wants / is simple.//
삶을 얻는 것은 / 사람이 원하는 / 간단하다//

1~2행 However, / most people settle / for less than their best / because they fail / to start the day off right.//
하지만 / 대부분의 사람들은 안주한다 / 그들의 최선보다 덜한 것에 / 왜냐하면 그들이 못하기 때문이다 / ▨▨▨▨▨▨▨▨▨▨//

3~4행 If a person starts the day / with a positive mindset, / that person is more likely / to have a positive day.//
만약 어떤 사람이 하루를 시작한다면 / 긍정적인 마음가짐으로 / 그는 가능성이 더 높다 / 긍정적인 하루를 보낼//

4~5행 Moreover, / how a person approaches the day / impacts / everything else in that person's life.//
뿐만 아니라 / ▨▨▨▨▨▨▨▨▨▨ / 영향을 끼친다 / 그의 삶의 다른 모든 부분에//

5~7행 If a person begins their day / in a good mood, / they will likely continue to be happy / at work / and that will often lead / to a more productive day / in the office.//
만약 어떤 사람이 그의 하루를 시작한다면 / 좋은 기분으로 / 그는 계속 행복하게 지낼 가능성이 있다 / 직장에서 / 그리고 그것은 흔히 이어질 것이다 / 더 생산적인 하루로 / 직장에서의//

7~9행 This increased productivity / unsurprisingly leads to better work rewards, / such as promotions or raises.//
이러한 향상된 생산성은 / 당연하게도 더 좋은 업무 보상으로 이어진다 / 승진이나 임금 인상과 같은//

9~11행 Consequently, / if people want to live / the life of their dreams, / they need to realize / that how they start their day / not only impacts that day, / but every aspect of their lives.//
결과적으로 / 만약 사람들이 살기 원한다면 / 자신이 꿈꾸는 삶을 / 그들은 깨달을 필요가 있다 / 어떻게 하루를 시작하는지가 / ▨▨▨▨▨▨▨▨ / 삶의 모든 측면에도 영향을 끼친다는 것을//

■ 제대로 어휘력 올리기 ■

우리말 뜻에 맞는 영어 단어나 표현을 지문에서 찾아 쓰세요.

1 _____ : 통 얻다, 획득하다

2 _____ : ~에 안주하다

3 _____ : 명 마음가짐, 태도

4 _____ : 통 영향을 끼치다

5 _____ : 형 생산적인

6 _____ : 부 당연하게도

7 _____ : 명 보상, 보답

8 _____ : 명 승진, 진급

9 _____ : 명 (임금) 인상

■ 제대로 구문 이해하기 ■

4~5행 Moreover, ❶ **how** a person approaches the day **impacts** everything ❷ **else** in that person's life.

❶ 의문사가 이끄는 명사절인 간접의문문의 어순은 「의문사+주어+동사」이며, 간접의문문이 문장의 주어 자리에 올 때 단수로 취급하므로 단수 동사 impacts가 쓰였다.

❷ -thing, -body, -one으로 끝나는 대명사는 한정적 용법의 형용사의 후치 수식을 받는다. else는 '그 밖의, 다른'이라는 의미의 형용사로, 부정대명사나 의문대명사 뒤에 쓰여 대명사를 수식한다.

✚ 괄호 안에서 알맞은 것을 고르시오.

Of course, how we invest time (is / are) not our decision alone to make.

물론, 우리가 시간을 어떻게 투자하는가는 우리가 단독으로 내릴 결정이 아니다.

1단계 | 채점 결과

문항 유형	○/X
요지 추론	

→

2단계 | 독해력 점검

☐ 지문의 내용을 충분히 이해함
☐ 지문의 내용을 대체로 이해함
☐ 지문의 내용을 이해하지 못함

해설편 복습

→

3단계 | 문제 해결력 점검

☐ 정답과 오답의 근거를 모두 찾음
☐ 정답과 오답의 근거를 대체로 찾음
☐ 정답과 오답의 근거를 찾지 못함

해설편 복습

다음 글의 요지로 가장 적절한 것은?

Practically anything of value requires that we take a risk of failure or being rejected. This is the price we all must pay for achieving the greater rewards lying ahead of us. To take risks means you will succeed sometime but never to take a risk means that you will never succeed. Life is filled with a lot of risks and challenges and if you want to get away from all these, you will be left behind in the race of life. A person who can never take a risk can't learn anything. For example, if you never take the risk to drive a car, you can never learn to drive. If you never take the risk of being rejected, you can never have a friend or partner. Similarly, by not taking the risk of attending an interview, you will never get a job.

① 위험을 무릅쓰지 않으면 아무 것도 얻지 못한다.
② 자신이 잘하는 일에 집중하는 것이 효율적이다.
③ 잦은 실패 경험은 도전할 의지를 잃게 한다.
④ 위험 요소가 있으면 미리 피하는 것이 좋다.
⑤ 부탁을 자주 거절하면 신뢰를 잃는다.

제대로 접근법 ◀ 문제 풀이까지 마친 후 복습할 때 보세요.

■ **Check Point!** ■

❶ _____ , ❷ _____ 등의 어구를 통해 위험을 무릅쓰는 것과 성공하는 것에 관한 글임을 추론할 수 있다.

| 주제문 | = | 글 전체 내용을 포괄할 수 있는 대표 문장 |

연결어에 주목하자!
For example, Similarly와 같은 표현들을 통해 주제문의 내용에 해당하는 예를 제시하고 있으므로, 예시의 내용을 통해 글의 요지를 더욱 명확히 파악할 수 있다.

위험을 무릅쓰지 않는 사람은 원하는 것을 아무것도 배우거나 얻을 수 없다.

1. For example(예시): 차를 운전하는 위험을 무릅쓰지 않는다면, 결코 운전을 배울 수 없다.
2. Similarly(예시): 면접에 참석하는 위험을 무릅쓰지 않는다면, 결코 일자리를 얻을 수 없다.

제대로 독해법 ◀ 문제 채점까지 마친 후 복습할 때 보세요.

■직독 직해■

1~2행 Practically anything of value / requires / that we take a risk of failure or being rejected.//
사실상 가치 있는 것은 어떤 것이든 / 요구한다 / 우리가 실패나 거절당할 위험을 무릅쓸 것을//

2~3행 This is the price / we all must pay / for achieving the greater rewards / lying ahead of us.//
이것은 대가이다 / 우리 모두가 치러야 하는 / ▨▨▨▨▨▨▨▨▨ / 우리 앞에 놓인//

3~4행 To take risks means / you will succeed sometime / but never to take a risk means / that you will never succeed.//
위험을 무릅쓴다는 것은 의미한다 / 여러분이 언젠가 성공할 것이라는 것을 / 하지만 위험을 전혀 무릅쓰지 않는 것은 의미한다 / 여러분이 결코 성공하지 못할 것임을//

5~6행 Life is filled / with a lot of risks and challenges / and if you want to get away from all these, / you will be left behind / in the race of life.//
인생은 가득 차 있(으며) / 많은 위험과 도전으로 / 그리고 여러분이 이 모든 것으로부터 벗어나기를 원한다면 / ▨▨▨▨▨▨▨▨▨ / 인생이라는 경주에서//

6~7행 A person who can never take a risk / can't learn anything.//
결코 위험을 무릅쓰지 못하는 사람은 / 아무것도 배울 수 없다//

7~8행 For example, / if you never take the risk / to drive a car, / you can never learn to drive.//
예를 들어 / 여러분이 위험을 무릅쓰지 않는다면 / 차를 운전하는 / 여러분은 결코 운전하는 것을 배울 수 없다//

8~9행 If you never take the risk of being rejected, / you can never have a friend or partner.//
▨▨▨▨▨▨▨▨▨ / 여러분은 친구나 배우자를 절대 얻을 수 없다//

10~11행 Similarly, / by not taking the risk of attending an interview, / you will never get a job.//
마찬가지로 / 면접에 참석하는 위험을 무릅쓰지 않음으로써 / 여러분은 결코 일자리를 얻지 못할 것이다//

■제대로 어휘력 올리기■

우리말 뜻에 맞는 영어 단어나 표현을 지문에서 찾아 쓰세요.

1 _____ : 분 사실상, 거의
2 _____ : 위험을 무릅쓰다
3 _____ : 명 대가, 희생
4 _____ : 명 보상, 보답
5 _____ : 동 성공하다
6 _____ : 명 도전
7 _____ : 두고 가다, 뒤에 남기다
8 _____ : 명 배우자, 동반자
9 _____ : 동 참석하다

■제대로 구문 이해하기■

1~2행 Practically anything ❶ of value requires that we take a risk of failure ❷ or being rejected.

❶ 「of + 추상명사」는 앞에 나온 명사를 수식하는 형용사의 역할을 하며, of value는 형용사 valuable과 같은 의미를 가진다.
cf. of use = useful (유용한)
　　 of importance = important (중요한)
　　 of wisdom = wise (현명한)

❷ 등위접속사 or에 의해 전치사 of의 목적어인 명사 failure와 동명사구 being rejected가 병렬로 연결되어 있다.

✚ 괄호 안에서 알맞은 것을 고르시오.

Now you are in a position to give her something that she values and get something (to / of) value in return.

이제 당신은 그녀에게 그녀가 중요시하는 무언가를 제공하고 그 보답으로 가치 있는 무언가를 받을 위치에 있다.

1단계 | 채점 결과

문항 유형	O/X
요지 추론	

→

2단계 | 독해력 점검
□ 지문의 내용을 충분히 이해함
□ 지문의 내용을 대체로 이해함
□ 지문의 내용을 이해하지 못함

해설편
복습

→

3단계 | 문제 해결력 점검
□ 정답과 오답의 근거를 모두 찾음
□ 정답과 오답의 근거를 대체로 찾음
□ 정답과 오답의 근거를 찾지 못함

해설편
복습

DAY 6 | 요지 01~04 | 어휘 테스트

[1~9] 다음 빈칸에 알맞은 말을 〈보기〉에서 찾아 쓰시오.

보기

climbing available physical unsafe rewards
trustworthy mindset failure strategies

1 better work _____
더 좋은 업무 보상

2 a(n) _____ group of people
믿을 수 있는 사람들의 집단

3 _____ stairwells
안전하지 않은 계단 통로

4 good _____
좋은 전략들

5 _____ activity
신체적 활동

6 _____ stairs
계단을 오르는 것

7 a risk of _____
실패의 위험

8 a positive _____
긍정적인 마음가짐

9 freely _____ exercise facilities
자유롭게 이용할 수 있는 운동 시설

[10~15] 다음 빈칸에 알맞은 말을 〈보기〉에서 찾아 쓰시오.

보기

lying independently view
approaches settle attending

10 How a person _____ the day impacts everything else in that person's life.
어떤 사람이 하루를 어떻게 접근하는지가 그 사람의 삶의 다른 모든 부분에 영향을 끼친다.

11 Similarly, by not taking the risk of _____ an interview, you will never get a job.
마찬가지로 면접에 참석하는 위험을 무릅쓰지 않음으로써, 여러분은 결코 일자리를 얻지 못할 것이다.

12 It's important that you think _____ and fight for what you believe in.
독자적으로 생각하고 자신이 믿는 것을 위해 싸우는 것이 중요하다.

13 Most people _____ for less than their best because they fail to start the day off right.
대부분의 사람들은 그들의 최선보다 덜한 것에 안주하는데, 그들이 하루를 제대로 시작하지 못하기 때문이다.

14 If you can't understand their _____, you're probably just blind to their way of thinking.
만약 여러분이 그들의 견해를 이해할 수 없다면, 여러분은 아마도 단지 그들이 생각하는 방식을 보지 못하는 것이다.

15 This is the price we all must pay for achieving the greater rewards _____ ahead of us.
이것은 우리 앞에 놓인 더 큰 보상을 성취하기 위해 우리 모두가 치러야 하는 대가이다.

DAY 7

제목 추론

유형	출처	정답률	문제편	해설편
제목 01	2020년 6월 고1 학력평가 24번	65%	p.78	p.25
제목 02	2019년 6월 고1 학력평가 24번	55%	p.80	p.26
제목 03	2019년 11월 고1 학력평가 24번	82%	p.82	p.27
제목 04	2018년 3월 고1 학력평가 24번	69%	p.84	p.28

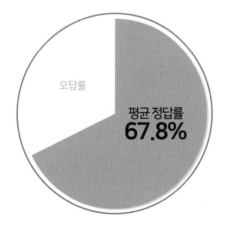

오답률

평균 정답률
67.8%

난이도 - 중

1등급 Tip

매년 1문항이 출제되는 난이도 '중'의 유형으로 논지 파악이 주요 목적이다. 주제문의 핵심을 파악하면 제목을 쉽게 유추할 수 있다.

다음 글의 제목으로 가장 적절한 것은?

Every event that causes you to smile makes you feel happy and produces feel-good chemicals in your brain. Force your face to smile even when you are stressed or feel unhappy. The facial muscular pattern produced by the smile is linked to all the "happy networks" in your brain and will in turn naturally calm you down and change your brain chemistry by releasing the same feel-good chemicals. Researchers studied the effects of a genuine and forced smile on individuals during a stressful event. The researchers had participants perform stressful tasks while not smiling, smiling, or holding chopsticks crossways in their mouths (to force the face to form a smile). The results of the study showed that smiling, forced or genuine, during stressful events reduced the intensity of the stress response in the body and lowered heart rate levels after recovering from the stress.

3

6

9

12

① Causes and Effects of Stressful Events
② Personal Signs and Patterns of Stress
③ How Body and Brain React to Stress
④ Stress: Necessary Evil for Happiness
⑤ Do Faked Smiles Also Help Reduce Stress?

제대로 접근법   ◀ 문제 풀이까지 마친 후 복습할 때 보세요.

■ Check Point! ■

❶ _____ , ❷ _____
등의 어구가 반복해서 등장하고 있다. 따라서 미소와 스트레스에 관한 글임을 유추할 수 있다.

주제문 = 글 전체 내용을 포괄할 수 있는 대표 문장

앞 두 문장에 글의 주제가 드러나 있는 글이다. 이후에 주제를 뒷받침하는 보충 설명과 연구 결과를 제시하며 글의 주제를 강조하고 있다.

미소를 짓는 것은 행복을 느끼게 하고 뇌에서 기분을 좋게 하는 화학물질을 생산해내게 한다.

연구자들은 스트레스가 많은 과업을 수행할 때 미소가 개개인에게 미치는 영향을 연구했다.
→ 미소가 억지이든 진짜이든, 스트레스에 대한 신체의 반응을 완화시킨다는 것을 보여주었다.

제대로 독해법 ◀ 문제 채점까지 마친 후 복습할 때 보세요.

■ 직독 직해 ■

1~2행 Every event / that causes you to smile / makes you feel happy / and produces feel-good chemicals / in your brain.//

모든 사건들은 / 여러분을 미소 짓게 하는 / 여러분이 행복하다고 느끼게 한다 / ▨▨▨▨▨▨ / 여러분의 뇌에서//

2~3행 Force your face to smile / even when you are stressed / or feel unhappy.//

억지로 미소를 지어보라 / 여러분이 스트레스를 받을 때라도 / 또는 불행하다고 느낄 때(라도)//

3~6행 The facial muscular pattern / produced by the smile / is linked to all the "happy networks" in your brain / and will in turn naturally calm you down / and change your brain chemistry / by releasing the same feel-good chemicals.//

안면 근육의 형태는 / 미소에 의해 만들어지는 / 뇌의 모든 '행복 연결망'과 연결되어 있다 / 그래서 결과적으로 자연스럽게 여러분을 안정시킬 것이다 / 그리고 뇌의 화학 작용을 변화시킬 것이다 / ▨▨▨▨▨▨▨//

6~8행 Researchers studied / the effects of a genuine and forced smile / on individuals / during a stressful event.//

연구자들은 연구했다 / 진짜 미소와 억지 미소가 미치는 영향을 / 개개인에게 / 스트레스가 많은 사건에서//

8~10행 The researchers had participants perform stressful tasks / while not smiling, smiling, / or holding chopsticks crossways in their mouths / (to force the face to form a smile).//

▨▨▨▨▨▨▨ / 미소를 짓지 않으면서, (또는) 미소를 지으면서 / 또는 입에 젓가락을 옆으로 물고서 / (억지로 미소를 짓게 하기 위해)//

10~13행 The results of the study showed / that smiling, forced or genuine, / during stressful events / reduced the intensity of the stress response in the body / and lowered heart rate levels / after recovering from the stress.//

연구 결과는 보여주었다 / 미소가 억지이든 진짜이든 ~라는 것을 / 스트레스가 많은 사건에서 / ▨▨▨▨▨▨▨ / 그리고 심장 박동 수준을 낮추었다(는 것을) / 스트레스로부터 회복한 후의//

■ 제대로 어휘력 올리기 ■

우리말 뜻에 맞는 영어 단어를 지문에서 찾아 쓰세요.

1 _____ : 형 기분 좋게 만드는

2 _____ : 명 화학물질

3 _____ : 형 근육의

4 _____ : 부 자연스럽게

5 _____ : 동 배출하다

6 _____ : 형 진짜의

7 _____ : 명 참가자

8 _____ : 부 옆으로, 가로로

9 _____ : 동 회복하다

■ 제대로 구문 이해하기 ■

3~6행 The facial muscular pattern ❶ **produced** by the smile ~ and ❷ **will** in turn naturally **calm** you down and **change** your brain chemistry by releasing the same feel-good chemicals.

❶ 과거분사구 produced by the smile 앞에 「주격 관계대명사 + be동사(which is)」가 생략되었으며, 과거분사구가 선행사 The facial muscular pattern을 수식한다.

❷ 등위접속사 and를 중심으로 조동사 will과 동사 calm, change가 병렬구조로 연결되어 있다. 문장의 간결성을 위해 두 번째 동사 앞에 중복되는 조동사 will을 생략하였다.

✚ 괄호 안에서 알맞은 것을 고르시오.

In a world (ruling / ruled) by powerful kings and bloodthirsty warriors, the Greeks even developed the idea of democracy.

강력한 왕과 피에 굶주린 전사에 의해 지배되는 세상에서, 그리스인들은 심지어 민주주의의 개념을 발전시켰다.

1단계 | 채점 결과

문항 유형	O/X
제목 추론	

→ **2단계 | 독해력 점검**
□ 지문의 내용을 충분히 이해함
□ 지문의 내용을 대체로 이해함
□ 지문의 내용을 이해하지 못함

해설편 복습

→ **3단계 | 문제 해결력 점검**
□ 정답과 오답의 근거를 모두 찾음
□ 정답과 오답의 근거를 대체로 찾음
□ 정답과 오답의 근거를 찾지 못함

해설편 복습

다음 글의 제목으로 가장 적절한 것은?

Near an honesty box, in which people placed coffee fund contributions, researchers at Newcastle University in the UK alternately displayed images of eyes and of flowers. Each image was displayed for a week at a time. During all the weeks in which eyes were displayed, bigger contributions were made than during the weeks when flowers were displayed. Over the ten weeks of the study, contributions during the 'eyes weeks' were almost three times higher than those made during the 'flowers weeks.' It was suggested that 'the evolved psychology of cooperation is highly sensitive to subtle cues of being watched,' and that the findings may have implications for how to provide effective nudges toward socially beneficial outcomes.

* nudge 넌지시 권하기

① Is Honesty the Best Policy?
② Flowers Work Better than Eyes
③ Contributions Can Increase Self-Respect
④ The More Watched, The Less Cooperative
⑤ Eyes: Secret Helper to Make Society Better

제대로 접근법   ◀ 문제 풀이까지 마친 후 복습할 때 보세요.

■ **Check Point!** ■

❶ _____, ❷ _____ 등의 어구를 통해 기부와 눈 이미지에 관한 글임을 알 수 있다.

| 주제문 | = | 글 전체 내용을 포괄할 수 있는 대표 문장 |

사람들이 기부를 할 때 보게 되는 이미지가 기부에 어떤 영향을 미치는지 연구한 내용을 설명한 후, 마지막 문장에서 연구 결과에서 도출된 결론을 제시하고 있다. 글의 흐름을 잘 따라가며 결론에 주목한다.

기부금을 넣는 상자 가까이에 사람의 눈 이미지와 꽃 이미지를 번갈아 가며 놓아 두었다.
→ 눈 이미지가 놓여 있던 주의 기부금이 훨씬 높았다.

발달된 협력 심리가 감시당하고 있다는 신호에 매우 민감하다는 연구 결과가 사회적으로 이익이 되는 행동을 이끌어 내는 데 영향을 미칠 수 있다.

제대로 독해법 ◀ 문제 채점까지 마친 후 복습할 때 보세요.

■ 직독 직해 ■

1~3행 Near an honesty box, / in which people placed coffee fund contributions, / researchers at Newcastle University in the UK / alternately displayed images of eyes and of flowers.//

정직 상자 가까이에 / 사람들이 커피 값을 기부하는 / 영국 Newcastle University의 연구자들은 / ▨▨▨▨▨▨▨▨▨▨▨//

3~4행 Each image was displayed / for a week / at a time.//

각각의 이미지는 놓여 있었다 / 일주일씩 / 한 번에//

4~6행 During all the weeks / in which eyes were displayed, / bigger contributions were made / than during the weeks / when flowers were displayed.//

모든 주 동안 / 눈 이미지가 놓여 있던 / ▨▨▨▨▨▨▨▨▨▨ / 주들보다 / 꽃 이미지가 놓여 있던//

6~8행 Over the ten weeks of the study, / contributions during the 'eyes weeks' / were almost three times higher / than those made during the 'flowers weeks.'//

연구가 이루어진 10주 동안 / '눈 주간'의 기부금이 / 거의 세 배나 높았다 / '꽃 주간'의 기부금보다//

8~11행 It was suggested / that 'the evolved psychology of cooperation / is highly sensitive / to subtle cues of being watched,' / and that the findings may have implications / for how to provide effective nudges / toward socially beneficial outcomes.//

그것은 시사했다 / 발달된 협력 심리가 / 매우 민감하다는 것(과) / 감시당하고 있다는 미묘한 신호에 / 그리고 그 연구 결과가 영향을 미칠 수도 있다는 것을 / 효과적으로 넌지시 권하는 방법에 대해 / ▨▨▨▨▨▨▨▨▨//

■ 제대로 어휘력 올리기 ■

우리말 뜻에 맞는 영어 단어를 지문에서 찾아 쓰세요.

1 _____ : 명 기부금

2 _____ : 부 번갈아, 교대로

3 _____ : 동 전시하다, 진열하다

4 _____ : 명 심리(학)

5 _____ : 명 협력, 협동

6 _____ : 형 미묘한

7 _____ : 명 영향, 결과

8 _____ : 형 이로운, 유익한

9 _____ : 명 성과, 결과

■ 제대로 구문 이해하기 ■

8~11행 ❶ It was suggested **that** 'the evolved psychology of cooperation is highly sensitive to subtle cues ❷ **of being watched**,' and **that** the findings may have implications for how to provide effective nudges toward socially beneficial outcomes.

❶ 가주어 It에 진주어인 that절 두 개가 등위접속사 and로 연결되어 있는 구조이다.

❷ 전치사 of의 목적어로 수동태 동명사구 being watched가 쓰였다. 전치사의 목적어로는 뒤에 명사, 대명사, 동명사, 명사구, 명사절 등 명사 상당어구가 와야 한다.

➕ 괄호 안에서 알맞은 것을 고르시오.

The actual chance of (being attacked / attacked) by a shark is very small.

상어에게 공격을 받을 실질적인 가능성은 매우 적다.

1단계 | 채점 결과

문항 유형	O/X
제목 추론	

→

2단계 | 독해력 점검

□ 지문의 내용을 충분히 이해함
□ 지문의 내용을 대체로 이해함
□ 지문의 내용을 이해하지 못함

해설편 복습

→

3단계 | 문제 해결력 점검

□ 정답과 오답의 근거를 모두 찾음
□ 정답과 오답의 근거를 대체로 찾음
□ 정답과 오답의 근거를 찾지 못함

해설편 복습

다음 글의 제목으로 가장 적절한 것은?

It is said that among the Bantu peoples of Central Africa, when an individual from one tribe meets someone from a different group, they ask, "What do you dance?" Throughout time, communities have 3 forged their identities through dance rituals that mark major events in the life of individuals, including birth, marriage, and death — as well as religious festivals and important points in the seasons. The social 6 structure of many communities, from African tribes to Spanish gypsies, and to Scottish clans, gains much cohesion from the group activity of dancing. Historically, dance has been a strong, binding influence on 9 community life, a means of expressing the social identity of the group, and participation allows individuals to demonstrate a belonging. As a consequence, in many regions of the world there are as many types of 12 dances as there are communities with distinct identities.

* forge 구축하다   **cohesion 결속

① What Makes Traditional Dance Hard to Learn?
② Dance: A Distinct Sign of Social Identity
③ The More Varieties, the Better Dances
④ Feeling Down? Enjoy Dancing!
⑤ The Origin of Tribal Dances

제대로 접근법   ◀ 문제 풀이까지 마친 후 복습할 때 보세요.

■ **Check Point!** ■

❶ _____ , ❷ _____ ,
❸ _____ 등의 어구가 반복해서 등장하고 있다. 따라서 춤과 공동체, 정체성에 대한 글임을 유추할 수 있다.

| 주제문 | = | 글 전체 내용을 포괄할 수 있는 대표 문장 |

앞 두 문장에 글의 주제가 드러나 있는 글이다. 이후에 주제를 뒷받침하는 보충 설명을 제시한 후, 마지막 문장에서 결론을 제시하고 있다.

아프리카의 서로 다른 부족민들은 만나면 어떤 춤을 추는지 묻는다.
→ 오랫동안 공동체들은 춤을 통해 정체성을 구축해 왔다.

세계에는 뚜렷한 정체성을 가진 공동체가 존재하는 만큼 많은 종류의 춤이 존재한다.

제대로 독해법 ◀ 문제 채점까지 마친 후 복습할 때 보세요.

■직독 직해■

1~3행 It is said / that among the Bantu peoples of Central Africa, / when an individual from one tribe meets / someone from a different group, / they ask, / "What do you dance?"//

~라고 한다 / 중앙 아프리카의 반투족들 사이에서는 / 한 부족의 사람이 만났을 때 / 다른 부족 사람을 / 그들이 묻는다 / "당신은 어떤 춤을 추나요?"//

3~6행 Throughout time, / communities have forged their identities / through dance rituals / that mark major events / in the life of individuals, / including birth, marriage, and death / — as well as religious festivals / and important points in the seasons.//

오랫동안 / 공동체들은 자신들의 정체성을 구축해 왔다 / 춤 의식을 통해 / _____ _____ / 개인들의 삶에서 / 출생, 결혼, 죽음을 포함한 / 종교적인 축제들뿐만 아니라 / 그리고 계절의 중요한 시점들(뿐만 아니라)//

6~9행 The social structure of many communities, / from African tribes to Spanish gypsies, and to Scottish clans, / gains much cohesion / from the group activity of dancing.//

많은 공동체들의 사회적 구조는 / 아프리카 부족들부터 스페인의 집시들과 스코틀랜드의 씨족들에 이르기까지 / _____ / 춤이라는 집단적 행동으로부터//

9~11행 Historically, / dance has been a strong, binding influence / on community life, / a means of expressing / the social identity of the group, / and participation allows individuals / to demonstrate a belonging.//

역사적으로 / 춤은 강하고 단결시키는 영향력을 미쳐 왔으(며) / 공동체의 삶에 / 표현하는 수단으로서 / 그 집단의 사회적 정체성을 / 그리고 참여는 개인들이 ~하게 한다 / 소속감을 나타내게//

11~13행 As a consequence, / in many regions of the world / there are as many types of dances / as there are communities / with distinct identities.//

그 결과 / 세계의 많은 지역에는 / 많은 종류의 춤들이 존재한다 / 공동체들이 존재하는 만큼이나 / _____//

■제대로 어휘력 올리기■

우리말 뜻에 맞는 영어 단어를 지문에서 찾아 쓰세요.

1 _____ : 명 부족
2 _____ : 명 정체성
3 _____ : 명 의식, 제사
4 _____ : 형 단결시키는
5 _____ : 명 수단, 방법
6 _____ : 명 참여
7 _____ : 동 나타내다
8 _____ : 명 소속(감)
9 _____ : 형 뚜렷한, 분명한

■제대로 구문 이해하기■

3~6행 Throughout time, communities ❶ **have forged** their identities through dance rituals that ❷ **mark** major events in the life of individuals ~.

❶ '~동안, ~내내'와 같이 시간의 경과를 나타내는 표현과 함께 쓰여, 과거부터 현재까지 지속적으로 이어지는 행위를 나타낼 때 현재완료시제를 사용한다.

❷ 주격 관계대명사 that이 관계대명사절 안에서 주어 역할을 하고, 선행사 dance rituals와 수를 일치시키기 위해 주격 관계대명사절에 복수동사 mark가 쓰였다.

✚ 괄호 안에서 알맞은 것을 고르시오.

Throughout human history, people (were / have been) moving from one place to another, spreading goods and ideas.

인류 역사에 걸쳐, 사람들은 재화와 사상을 전파하며 한 장소에서 다른 장소로 이동해 왔다.

1단계 | 채점 결과

문항 유형	O/X
제목 추론	

→

2단계 | 독해력 점검

□ 지문의 내용을 충분히 이해함
□ 지문의 내용을 대체로 이해함
□ 지문의 내용을 이해하지 못함

해설편 복습

→

3단계 | 문제 해결력 점검

□ 정답과 오답의 근거를 모두 찾음
□ 정답과 오답의 근거를 대체로 찾음
□ 정답과 오답의 근거를 찾지 못함

해설편 복습

제목

04

2018년 3월 고1 학력평가 24번 | 142 words

권장 풀이 시간 : 1분 | 실제 걸린 시간 : _____ 분 _____ 초   ●학습한 날짜 :   .   .

다음 글의 제목으로 가장 적절한 것은?

How can we teach our children to memorize a broad range of information? Let me prove to you that all people are potential geniuses, with brains designed to store, control, and remember large amounts of information through memorization by repetition. Imagine the grocery store where you shop the most. If I asked you to tell me where the eggs are, would you be able to do so? Of course you could. The average grocery store carries over 10,000 items, yet you can quickly tell me where to find most of them. Why? The store is organized by category, and you have shopped in the store repeatedly. In other words, you've seen those organized items over and over again, and the arrangement by category makes it easy for you to memorize the store's layout. You can categorize 10,000 items from just one store.

① Too Much Repetition Kills Creativity

② Believe in Your Memos, Not Your Memory

③ A Grocery Store: Where Your Health Begins

④ Your Memory Can Improve as You Get Older

⑤ Repetition and Categorization: The Key to Memory

제대로 접근법   ◀ 문제 풀이까지 마친 후 복습할 때 보세요.

■ Check Point! ■

memorize, ❶ _____, ❷ _____, repeatedly, over and over again 등의 어구가 등장하고 있다. 따라서 글의 소재가 기억과 반복에 관한 것임을 유추할 수 있다.

주제문 = 글 전체 내용을 포괄할 수 있는 대표 문장

앞 두 문장에 글의 주제가 드러나 있는 글이다. 이후에는 주제에 대한 보충 설명과 예시를 통해 주제를 뒷받침해 주고 있다.

우리 아이들에게 광범위한 정보를 기억하도록 가르칠 수 있을까?
→ 사람은 반복에 의한 암기를 통해 많은 양의 정보를 저장, 관리, 기억하도록 만들어진 두뇌를 가지고 있다.

만 개가 넘는 품목을 판매하는 식료품점에서도 물건들이 범주별로 정리되어 있어 배치를 기억하기 쉽다.

제대로 독해법 ◀ 문제 채점까지 마친 후 복습할 때 보세요.

■직독 직해■

1~2행 How can we teach our children / to memorize a broad range of information?//

우리는 어떻게 우리 아이들에게 가르칠 수 있을까 / ▨▨▨▨▨▨▨▨▨▨▨//

2~4행 Let me prove to you / that all people are potential geniuses, / with brains / designed to store, control, and remember large amounts of information / through memorization by repetition.//

내가 여러분에게 증명하겠다 / 모든 사람은 잠재적인 천재라는 것을 / 두뇌를 갖고 있는 / 많은 양의 정보를 저장하고, 관리하고, 기억하도록 만들어진 / 반복에 의한 암기를 통해//

4~5행 Imagine the grocery store / where you shop the most.//

식료품점을 상상해 보라 / ▨▨▨▨▨▨▨▨▨▨//

5~6행 If I asked you to tell me / where the eggs are, / would you be able to do so?// Of course you could.//

내가 여러분에게 말해 달라고 한다면 / 달걀이 어디에 있는지 / 그렇게 할 수 있겠는가// 당연히 여러분은 할 수 있을 것이다//

6~8행 The average grocery store / carries over 10,000 items, / yet you can quickly tell me / where to find most of them.//

보통의 식료품점은 / 만 개가 넘는 품목을 취급하(지만) / 하지만 여러분은 빠르게 말할 수 있다 / ▨▨▨▨▨▨▨▨▨▨▨▨//

8~9행 Why?// The store is organized / by category, / and you have shopped / in the store repeatedly.//

왜 그럴까// 그 가게는 정리되어 있(으며) / 범주별로 / 그리고 여러분은 쇼핑을 해 왔다 / 그 가게에서 반복적으로//

9~11행 In other words, / you've seen those organized items / over and over again, / and the arrangement / by category / makes it easy / for you / to memorize the store's layout.//

다시 말해서 / 여러분은 그 정리된 물건을 봐 왔다 / 계속 / 그리고 배열은 / 범주에 의한 / ▨▨▨▨▨▨▨▨▨▨ / 여러분이 / 그 가게의 배치를 기억하기//

11~12행 You can categorize 10,000 items / from just one store.//

여러분은 만 가지 품목을 범주화할 수 있다 / 한 매장에서만 해도//

■제대로 어휘력 올리기■

우리말 뜻에 맞는 영어 단어를 지문에서 찾아 쓰세요.

1 _____ : 형 광범위한, 폭넓은

2 _____ : 명 범위

3 _____ : 통 증명하다

4 _____ : 명 반복

5 _____ : 명 식료품점

6 _____ : 형 정리된

7 _____ : 명 배열

8 _____ : 명 배치, 설계

9 _____ : 통 분류하다, 범주화하다

■제대로 구문 이해하기■

5~6행 ❶ If I asked you to tell me ❷ where the eggs are, would you be able to do so?

❶ If절에 과거시제(asked)가 사용되었고 주절에 「조동사의 과거형(would)+동사원형(be)」이 사용되었으므로 가정법 과거이다. 가정법 과거는 현재 사실에 대한 반대를 가정하는 표현이다.

❷ 목적절로 사용된 간접의문문으로 tell의 직접목적어로 쓰였다. 「의문사(where) + 주어(the eggs) + 동사(are)」의 어순이며, '달걀들이 어디에 있는지'로 해석한다.

✚ 괄호 안에서 알맞은 것을 고르시오.

If they didn't wear gloves, their hands (will / would) get terribly hurt every time they tried to stop.

그들이 만약 장갑을 끼지 않는다면, 그들의 손은 그들이 멈추려 할 때마다 심하게 다치게 될 것이다.

1단계 | 채점 결과

문항 유형	O / X
제목 추론	

→

2단계 | 독해력 점검

□ 지문의 내용을 충분히 이해함
□ 지문의 내용을 대체로 이해함
□ 지문의 내용을 이해하지 못함

해설편 복습

→

3단계 | 문제 해결력 점검

□ 정답과 오답의 근거를 모두 찾음
□ 정답과 오답의 근거를 대체로 찾음
□ 정답과 오답의 근거를 찾지 못함

해설편 복습

DAY 7 | 제목 01~04 | 어휘 테스트

[1~9] 다음 빈칸에 알맞은 말을 <보기>에서 찾아 쓰시오.

<보기>

intensity evolved distinct socially rituals
organized chemicals repetition muscular

1 _____ beneficial outcomes
사회적으로 이로운 성과

2 _____ items
정리된 물건들

3 the facial _____ pattern
안면 근육의 형태

4 the same feel-good _____
기분을 좋게 만드는 동일한 화학물질

5 the _____ psychology of cooperation
발달된 협력 심리

6 the _____ of the stress response
스트레스 반응의 강도

7 memorization by _____
반복에 의한 암기

8 _____ identities
뚜렷한 정체성

9 dance _____
춤 의식

[10~15] 다음 빈칸에 알맞은 말을 <보기>에서 찾아 쓰시오.

<보기>

displayed genuine broad
binding contributions category

10 Over the ten weeks of the study, _____ during the 'eyes weeks' were almost three times higher than those made during the 'flowers weeks.'
연구가 이루어진 10주 동안, '눈 주간'의 기부금이 '꽃 주간'의 기부금보다 거의 세 배나 높았다.

11 The store is organized by _____.
그 가게는 범주별로 정리되어 있다.

12 How can we teach our children to memorize a _____ range of information?
우리는 어떻게 우리 아이들이 광범위한 정보를 기억하도록 가르칠 수 있을까?

13 Historically, dance has been a strong, _____ influence on community life, a means of expressing the social identity of the group.
역사적으로, 춤은 그 집단의 사회적 정체성을 표현하는 수단으로서, 공동체의 삶에 강하고 단결시키는 영향력을 미쳐 왔다.

14 Researchers studied the effects of a _____ and forced smile on individuals during a stressful event.
연구자들은 스트레스가 많은 사건에서 진짜 미소와 억지 미소가 개개인에게 미치는 영향을 연구했다.

15 Each image was _____ for a week at a time.
각각의 이미지는 한 번에 일주일씩 놓여 있었다.

도표 이해

유형	출처	정답률	문제편	해설편
도표 01	2021년 11월 고1 학력평가 25번	78%	p.88	p.29
도표 02	2018년 6월 고1 학력평가 24번	76%	p.90	p.30
도표 03	2019년 11월 고1 학력평가 25번	77%	p.92	p.31
도표 04	2020년 11월 고1 학력평가 25번	85%	p.94	p.32

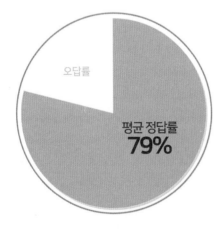

오답률

평균 정답률
79%

난이도 - 하

1등급 Tip

매년 1문항이 출제되는 난이도 '하'의 유형이다.
지문 속에 선택지가 있으므로, 선택지 순서대로
도표의 세부 내용과 일치하는지 확인해 나간다.

도표

01

2021년 11월 고1 학력평가 25번 | 119 words

권장 풀이 시간 : **30초** | 실제 걸린 시간 : _____ 분 _____ 초 ● 학습한 날짜 :   .   .

다음 도표의 내용과 일치하지 <u>않는</u> 것은?

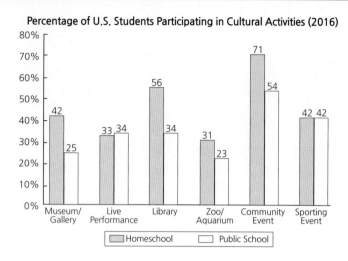

Percentage of U.S. Students Participating in Cultural Activities (2016)

The graph above shows the percentage of U.S. homeschooled and public school students participating in cultural activities in 2016. ① With the exception of live performances and sporting events, the percentage of homeschooled students participating in cultural activities was higher than that of public school students. ② For each group of students, community events accounted for the largest percentage among all cultural activities. ③ The percentage point difference between homeschooled students and their public school peers was largest in visiting libraries. ④ The percentage of homeschooled students visiting museums or galleries was more than twice that of public school students. ⑤ Going to zoos or aquariums ranked the lowest for both groups of students, with 31 and 23 percent respectively.

3

6

9

12

제대로 접근법 ◀ 문제 풀이까지 마친 후 복습할 때 보세요.

■ Check Point! ■

선택지 순서대로 도표에서 세부 정보를 찾는다. 선택지에 제시된 지문 내용을 수치화하고 도표와의 일치 여부를 확인한다.

① 라이브 공연과 스포츠 행사를 제외하면 문화 활동에 참여하는 홈스쿨링을 받는 학생의 비율이 공립학교 학생보다 높았다. (라이브 공연: 홈스쿨링(33%) 〈 공립학교(34%) / 스포츠 행사: 홈스쿨링(42%) = 공립학교(42%) / 그 밖에는 홈스쿨링이 모두 높음)	❶ O/X
② 각 집단의 학생에 있어 지역사회 행사는 모든 문화 활동 중에서 가장 큰 비율을 차지했다. (홈스쿨링 71%, 공립학교 54%로 가장 높음)	❷ O/X
③ 홈스쿨링을 받는 학생과 그들의 공립학교 또래 간의 퍼센트포인트 차이는 도서관 방문에서 가장 컸다. (박물관/미술관: 17, 라이브 공연: 1, 도서관: 22, 동물원/수족관: 8, 지역사회 행사: 17, 스포츠 행사: 차이 없음)	❸ O/X
④ 박물관이나 미술관에 방문하는 홈스쿨링을 받는 학생의 비율은 공립학교 학생의 두 배 이상이었다. (홈스쿨링: 42% 〈 공립학교: (25%X2))	❹ O/X
⑤ 동물원이나 수족관에 가는 것은 두 집단의 학생에 있어 가장 낮은 순위를 차지했는데 각각 31퍼센트와 23퍼센트였다. (홈스쿨링은 31%, 공립학교는 23%로 가장 낮음)	❺ O/X

제대로 독해법 ◀ 문제 채점까지 마친 후 복습할 때 보세요.

■ 직독 직해 ■

1~2행 The graph above shows / the percentage of U.S. homeschooled and public school students / participating in cultural activities / in 2016.//

위 도표는 보여 준다 / 미국의 홈스쿨링을 받는 학생과 공립학교 학생의 비율을 / 문화 활동에 참여하는 / 2016년에//

3~5행 With the exception of live performances and sporting events, / the percentage of homeschooled students / participating in cultural activities / was higher / than that of public school students.//

⬚⬚⬚⬚⬚⬚⬚⬚⬚ / 홈스쿨링을 받는 학생의 비율이 / 문화 활동에 참여하는 / 더 높았다 / 공립학교 학생의 그것(비율)보다//

5~7행 For each group of students, / community events accounted for the largest percentage / among all cultural activities.//

각 집단의 학생에 있어 / ⬚⬚⬚⬚⬚⬚⬚⬚⬚ / 모든 문화 활동 중에서//

7~9행 The percentage point difference / between homeschooled students and their public school peers / was largest / in visiting libraries.//

퍼센트포인트 차이는 / 홈스쿨링을 받는 학생과 그들의 공립학교 또래 간의 / 가장 컸다 / 도서관 방문에서//

9~11행 The percentage of homeschooled students / visiting museums or galleries / was more than twice / that of public school students.//

홈스쿨링을 받는 학생의 비율은 / 박물관이나 미술관에 방문하는 / ⬚⬚⬚⬚⬚⬚⬚ / 공립학교 학생의 그것(비율)의//

11~12행 Going to zoos or aquariums / ranked the lowest / for both groups of students, / with 31 and 23 percent respectively.//

동물원이나 수족관에 가는 것이 / 가장 낮은 순위를 차지했다 / 두 집단의 학생에게 있어 / 각각 31퍼센트와 23퍼센트였다//

■ 제대로 어휘력 올리기 ■

우리말 뜻에 맞는 영어 단어나 표현을 지문에서 찾아 쓰세요.

1 _____ : 명 백분율, 비율

2 _____ : 통 참여하다, 참가하다

3 _____ : 형 문화의

4 _____ : 명 예외, 제외

5 _____ : (비율을) 차지하다

6 _____ : 명 차이

7 _____ : 명 또래

8 _____ : 통 (순위를) 차지하다

9 _____ : 부 각각

■ 제대로 구문 이해하기 ■

9~11행 The percentage of homeschooled students ❶ visiting museums or galleries ❷ was more than twice that of public school students.

❶ 현재분사구 visiting ~ galleries가 앞의 명사 students를 수식하는 형태로, students와 visiting 사이에 who were가 생략된 것으로 볼 수도 있다. 주격 관계대명사와 be동사는 함께 생략이 가능하다.
cf. 목적격 관계대명사는 단독으로 생략 가능하다.

❷ 문장의 핵심 주어가 The percentage이므로, 단수 동사 was가 왔다.

✚ 괄호 안에서 알맞은 것을 고르시오.

The girl (who / who is) dancing on the stage is my younger sister.

무대에서 춤추고 있는 소녀는 내 여동생이다.

1단계 | 채점 결과

문항 유형	O/X
도표 이해	

→

2단계 | 독해력 점검

□ 지문의 내용을 충분히 이해함
□ 지문의 내용을 대체로 이해함
□ 지문의 내용을 이해하지 못함

해설편 복습

→

3단계 | 문제 해결력 점검

□ 정답과 오답의 근거를 모두 찾음
□ 정답과 오답의 근거를 대체로 찾음
□ 정답과 오답의 근거를 찾지 못함

해설편 복습

다음 도표의 내용과 일치하지 <u>않는</u> 것은?

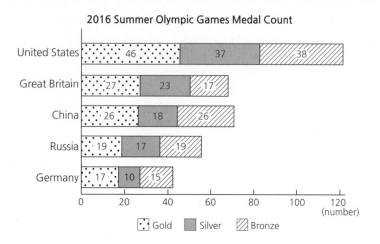

2016 Summer Olympic Games Medal Count

The above graph shows the number of medals won by the top 5 countries during the 2016 Summer Olympic Games, based on the medal count of the International Olympic Committee (IOC). ① Of the 5 countries, the United States won the most medals in total, about 120. ② When it comes to gold medals, Great Britain won more than China did. ③ China, Russia, and Germany won fewer than 20 silver medals each. ④ The number of bronze medals won by the United States was less than twice the number of bronze medals won by Germany. ⑤ Each of the top 5 countries won more than 40 medals in total.

제대로 접근법   ◀ 문제 풀이까지 마친 후 복습할 때 보세요.

■ Check Point! ■

선택지 순서대로 도표에서 세부 정보를 찾는다.
첫 번째 문장은 선택지 번호가 부여되지 않으며 주로 도표의 내용을 소개하는 내용이므로 굳이 해석하지 않고 넘어가도 무방하다.

① 5개 국가들 중, 미국이 약 120개로 가장 많은 메달을 획득하였다. (121개 획득: 1위)	❶ O/X
② 금메달의 경우, 영국이 중국보다 더 많이 획득하였다. (영국(27개) > 중국(26개))	❷ O/X
③ 중국, 러시아, 독일은 각각 20개 미만의 은메달을 획득하였다. (중국(18개), 러시아(17개), 독일(10개) → 각각 20개 미만)	❸ O/X
④ 미국이 획득한 동메달의 수는 독일이 획득한 동메달 수의 두 배보다 적었다. (미국(38개) > 독일(15개X2))	❹ O/X
⑤ 상위 5개 국가는 총 40개 이상의 메달을 각각 획득하였다. (미국(121개), 영국(67개), 중국(70개), 러시아(55개), 독일(42개) → 각각 40개 이상)	❺ O/X

제대로 독해법 ◀ 문제 채점까지 마친 후 복습할 때 보세요.

■ 직독 직해 ■

1~3행 The above graph shows the number of medals / won by the top 5 countries / during the 2016 Summer Olympic Games, / based on the medal count / of the International Olympic Committee (IOC).//

위 그래프는 메달의 수를 보여 준다 / ▨▨▨▨▨▨▨▨▨▨ / 2016년 하계 올림픽 동안 / 메달 집계를 바탕으로 / 국제올림픽위원회의//

3~4행 Of the 5 countries, / the United States won the most medals / in total, / about 120.//

5개 국가들 중 / 미국이 가장 많은 메달을 획득하였다 / 모두 합해서 / 약 120개로//

5~6행 When it comes to gold medals, / Great Britain won more than China did.//

▨▨▨▨▨▨▨▨▨▨▨ / 영국이 중국보다 더 많이 획득하였다//

6~7행 China, Russia, and Germany / won fewer than 20 silver medals each.//

중국, 러시아, 독일은 / ▨▨▨▨▨▨▨▨▨▨▨ //

7~8행 The number of bronze medals / won by the United States / was less than twice the number of bronze medals / won by Germany.//

동메달의 수는 / 미국이 획득한 / ▨▨▨▨▨▨▨▨▨ / 독일이 획득한//

8~9행 Each of the top 5 countries / won more than 40 medals / in total.//

상위 5개 국가는 각각 / 40개 이상의 메달을 획득하였다 / 총//

■ 제대로 어휘력 올리기 ■

우리말 뜻에 맞는 영어 단어나 표현을 지문에서 찾아 쓰세요.

1 _____ : 명 메달

2 _____ : 형 올림픽의

3 _____ : ~을 바탕으로

4 _____ : 명 집계 동 세다

5 _____ : 형 국제적인

6 _____ : 명 위원회

7 _____ : 모두 합해서, 통틀어

8 _____ : 명 청동

9 _____ : 부 두 배로

■ 제대로 구문 이해하기 ■

5~6행 ❶ When it comes to gold medals, Great Britain won more than China did.

❶ when it comes to+명사: ~에 관한 한, ~의 경우

8~9행 ❶ Each of the top 5 countries won more than 40 medals ❷ in total.

❶ each는 '각각(의)'의 의미를 가지고 항상 단수 취급한다. 「each of+복수명사」의 형태로 쓰일 때도 단수 취급한다.

❷ in total: 모두 합해서, 통틀어

➕ 괄호 안에서 알맞은 것을 고르시오.

Each of the students (has / have) his own computer.

학생들 각자 자신의 컴퓨터를 가지고 있다.

1단계 | 채점 결과

문항 유형	O/X
도표 이해	

→ 2단계 | 독해력 점검

□ 지문의 내용을 충분히 이해함
□ 지문의 내용을 대체로 이해함
□ 지문의 내용을 이해하지 못함

 해설편 복습

→ 3단계 | 문제 해결력 점검

□ 정답과 오답의 근거를 모두 찾음
□ 정답과 오답의 근거를 대체로 찾음
□ 정답과 오답의 근거를 찾지 못함

 해설편 복습

도표

03

2019년 11월 고1 학력평가 25번 | 131 words

권장 풀이 시간 : **30**초 | 실제 걸린 시간 : _____ 분 _____ 초 ●학습한 날짜 :   .   .

다음 도표의 내용과 일치하지 <u>않는</u> 것은?

Wellness Tourism Trips and Expenditures by Region in 2015 and 2017

Destination	Number of Trips (millions)		Expenditures ($ billions)	
	2015	2017	2015	2017
North America	186.5	204.1	$215.7	$241.7
Europe	249.9	291.8	$193.4	$210.8
Asia-Pacific	193.9	257.6	$111.2	$136.7
Latin America-The Caribbean	46.8	59.1	$30.4	$34.8
The Middle East-North Africa	8.5	11.0	$8.3	$10.7
Africa	5.4	6.5	$4.2	$4.8
Total	691.0	830.0	$563.2	$639.4

• Note: Figures may not sum to total due to rounding.

The table above shows the number of trips and expenditures for wellness tourism, travel for health and well-being, in 2015 and 2017. ① Both the total number of trips and the total expenditures were higher in 2017 compared to those in 2015. ② Of the six listed regions, Europe was the most visited place for wellness tourism in both 2015 and 2017, followed by Asia-Pacific. ③ In 2017, the number of trips to Latin America-The Caribbean was more than five times higher than that to The Middle East-North Africa. ④ While North America was the only region where more than 200 billion dollars was spent in 2015, it was joined by Europe in 2017. ⑤ Meanwhile, expenditures in The Middle East-North Africa and Africa were each less than 10 billion dollars in both 2015 and 2017.

3

6

9

12

제대로 접근법 ◀문제 풀이까지 마친 후 복습할 때 보세요.

■Check Point!■

선택지 순서대로 도표에서 세부 정보를 찾는다.
첫 번째 문장은 선택지 번호가 부여되지 않으며 주로 도표의 내용을 소개하는 내용이므로 굳이 해석하지 않고 넘어가도 무방하다.

① 총 여행 수와 총 경비 둘 다 2015년의 그것들에 비해서 2017년에 더 높았다.
(총 여행 수: 2015년(691.0) 〈 2017년(830.0) / 총 경비: 2015년($563.2) 〈 2017년($639.4))
❶ O/X

② 나열된 여섯 개 지역 중에서, 유럽이 2015년과 2017년 두 해 모두 건강 관광을 위해 가장 많이 방문된 장소였으며, 아시아-태평양이 그 뒤를 따랐다.
(유럽: 각각 249.9와 291.8로 1위 / 아시아-태평양: 각각 193.9와 257.6으로 2위)
❷ O/X

③ 2017년에 중남미로의 여행 수가 중동-북아프리카로의 그것보다 5배 이상 더 높았다.
(중남미(59.1) 〉 중동-북아프리카(11.0X5))
❸ O/X

④ 2015년에는 북아메리카가 $200 billion 이상이 소비된 유일한 지역이었던 반면 2017년에는 유럽이 합류했다.
(2015년: 북아메리카 $215.7 / 2017년: 북아메리카 $241.7, 유럽 $210.8)
❹ O/X

⑤ 한편 중동-북아프리카와 아프리카에서의 경비는 2015년과 2017년 두 해 모두 각각 $10 billion 미만이었다.
(2015년: 각각 $8.3, $4.2 / 2017년: 각각 $10.7, $4.8)
❺ O/X

제대로 독해법 ◀ 문제 채점까지 마친 후 복습할 때 보세요.

■ 직독 직해 ■

1~2행 The table above shows / the number of trips and expenditures / for wellness tourism, / travel for health and well-being, / in 2015 and 2017.//
위 표는 보여 준다 / 여행 수와 경비를 / 건강 관광의 / ▨▨▨▨▨▨▨▨▨▨ / 2015년과 2017년의//

3~4행 Both the total number of trips and the total expenditures / were higher in 2017 / compared to those in 2015.//
총 여행 수와 총 경비 둘 다 / 2017년에 더 높았다 / 2015년의 그것들에 비해서//

4~6행 Of the six listed regions, / Europe was the most visited place / for wellness tourism / in both 2015 and 2017, / followed by Asia-Pacific.//
나열된 여섯 개 지역 중에서 / ▨▨▨▨▨▨▨▨▨ / 건강 관광을 위해 / 2015년과 2017년 두 해 모두 / 아시아-태평양이 그 뒤를 따랐다//

6~8행 In 2017, / the number of trips to Latin America-The Caribbean / was more than five times higher / than that to The Middle East-North Africa.//
2017년에 / 중남미로의 여행 수가 / 5배 이상 더 높았다 / 중동-북아프리카로의 그것보다//

8~10행 While North America was the only region / where more than 200 billion dollars was spent / in 2015, / it was joined by Europe in 2017.//
북아메리카가 유일한 지역이었던 반면 / ▨▨▨▨▨▨▨▨▨▨ / 2015년에는 / 2017년에는 유럽이 합류했다//

10~12행 Meanwhile, / expenditures in The Middle East-North Africa and Africa / were each less than 10 billion dollars / in both 2015 and 2017.//
한편 / 중동-북아프리카와 아프리카에서의 경비는 / 각각 100억 달러 미만이었다 / 2015년과 2017년 두 해 모두//

■ 제대로 어휘력 올리기 ■

우리말 뜻에 맞는 영어 단어나 표현을 지문에서 찾아 쓰세요.

1 _____ : 명 표, 목록

2 _____ : 명 경비, 비용

3 _____ : 명 건강 관광

4 _____ : 형 총, 전체의

5 _____ : ~에 비해서

6 _____ : 명 지역, 지방

7 _____ : 명 10억

8 _____ : 부 한편

9 _____ : ~ 미만의

■ 제대로 구문 이해하기 ■

6~8행 In 2017, ❶ the number of trips to Latin America-The Caribbean was more than ❷ five times higher than that to The Middle East-North Africa.

❶ '~의 수'를 의미하는 the number of는 of 뒤에 나오는 명사의 수에 상관없이 단수 취급하기 때문에 단수 동사 was가 쓰였다. 복수 명사와 함께 쓰여 '많은'이라는 의미를 나타내는 a number of와 혼동하지 않도록 주의하자.

❷ 「배수사+비교급+than」은 '~배로 …한'의 의미로 「배수사+as+원급+as」와 같은 의미이다. 이때, twice와 half는 「as+원급+as」 구문에서만 사용할 수 있다는 것을 명심하자.

✚ 괄호 안에서 알맞은 것을 고르시오.

The number of cruise ship visitors in May of 2013 (was / were) lower than the same month the previous year.

2013년 5월에 유람선 방문객 수는 전년도 같은 달의 방문객 수보다 더 적었다.

1단계 | 채점 결과

문항 유형	O/X
도표 이해	

→

2단계 | 독해력 점검

☐ 지문의 내용을 충분히 이해함
☐ 지문의 내용을 대체로 이해함
☐ 지문의 내용을 이해하지 못함

해설편 복습

→

3단계 | 문제 해결력 점검

☐ 정답과 오답의 근거를 모두 찾음
☐ 정답과 오답의 근거를 대체로 찾음
☐ 정답과 오답의 근거를 찾지 못함

해설편 복습

도표

04

권장 풀이 시간 : **30**초 | 실제 걸린 시간 : _____분 _____초 ●학습한 날짜 :   .   .

2020년 11월 고1 학력평가 25번 | 155 words

다음 표의 내용과 일치하지 <u>않는</u> 것은?

Age Children Quit Regularly Playing a Sport

Sport	Average Age of Last Regular Participation	Average Length in Years of Participation
Soccer	9.1	3.0
Ice Hockey	10.9	3.1
Tennis	10.9	1.9
Basketball	11.2	3.2
Field Hockey	11.4	5.1
Golf	11.8	2.8
Skateboarding	12.0	2.8
Track and Field	13.0	2.0

The above table shows the average age of last regular participation of children in a sport and the average length of participation based on a 2019 survey. ① Among the eight sports above, soccer was the only sport that children quit at an average age of younger than 10. ② Children quit playing ice hockey and tennis at the same age on average, but the average length of participation in tennis was shorter than that in ice hockey. ③ Basketball, field hockey, and golf were sports which children quit playing on average before they turned 12, but golf had the shortest average participation length among the three sports. ④ Skateboarding was a sport children quit at the average age of 12, and the average length of participation was the same as golf. ⑤ Meanwhile, children quit participating in track and field at the average age of 13, but the average length of participation was the shortest among the eight sports.

3

6

9

12

제대로 접근법 ◀ 문제 풀이까지 마친 후 복습할 때 보세요.

■ **Check Point!** ■

선택지 순서대로 도표에서 세부 정보를 찾는다.
첫 번째 문장은 선택지 번호가 부여되지 않으며 주로 도표의 내용을 소개하는 내용이므로 굳이 해석하지 않고 넘어가도 무방하다.

① 여덟 개의 스포츠 중에서 축구는 어린이들이 평균 10세보다 어린 나이에 중단한 유일한 스포츠였다. (축구: 9.1세 < 10세)	❶ O/X
② 어린이들은 아이스하키와 테니스를 하는 것을 평균적으로 같은 연령에 중단했지만, 테니스에 참여한 평균 기간은 아이스하키보다 짧았다. (연령: 아이스하키(10.9세) = 테니스(10.9세) / 기간: 아이스하키(3.1년) > 테니스(1.9년))	❷ O/X
③ 농구, 필드하키 그리고 골프는 어린이들이 평균적으로 12세가 되기 전에 중단한 스포츠였지만, 골프는 이 세 가지 스포츠 중에서 평균 참여 기간이 가장 짧았다. (연령: 각각 11.2, 11.4, 11.8세 < 12세 / 기간: 골프(2.8년) < 농구(3.2년), 필드하키(5.1년))	❸ O/X
④ 스케이트보드는 어린이들이 평균 12세에 중단한 스포츠였고, 그 평균 참여 기간은 골프와 같았다. (연령: 12.0세 / 기간: 스케이트(2.8년) = 골프(2.8년))	❹ O/X
⑤ 한편, 어린이들은 육상경기에 참여하는 것을 평균 13세에 중단했으나, 평균 참여 기간은 여덟 개의 스포츠 중에서 가장 짧았다. (연령: 13.0세 / 기간: 2.0년 > 테니스(1.9년))	❺ O/X

제대로 독해법 ◀ 문제 채점까지 마친 후 복습할 때 보세요.

■직독 직해■

1~3행 The above table shows / the average age / of last regular participation of children / in a sport / and the average length of participation / based on a 2019 survey.//

위의 표는 보여 준다 / 평균 연령을 / ■■■■■■ / 스포츠에 / 그리고 평균 참여 기간을 / 2019년 조사를 바탕으로//

3~4행 Among the eight sports above, / soccer was the only sport / that children quit / at an average age of younger than 10.//

위 여덟 개의 스포츠 중에서 / ■■■■■■ / 어린이들이 중단한 / 평균 10세보다 어린 나이에//

5~7행 Children quit / playing ice hockey and tennis / at the same age on average, / but the average length of participation in tennis / was shorter than that in ice hockey.//

어린이들은 중단했다 / 아이스하키와 테니스를 하는 것을 / 평균적으로 같은 연령에 / 하지만 테니스에 참여한 평균 기간은 / 아이스하키보다 짧았다//

7~9행 Basketball, field hockey, and golf were sports / which children quit playing / on average before they turned 12, / but golf had the shortest average participation length / among the three sports.//

농구, 필드하키 그리고 골프는 스포츠였다 / 어린이들이 중단한 / 평균적으로 12세가 되기 전에 / ■■■■■■ / 이 세 가지 스포츠 중에서//

10~11행 Skateboarding was a sport / children quit at the average age of 12, / and the average length of participation / was the same as golf.//

스케이트보드는 스포츠였다 / 어린이들이 평균 12세에 중단한 / 그리고 그 평균 참여 기간은 / 골프와 같았다//

11~14행 Meanwhile, / children quit participating in track and field / at the average age of 13, / but the average length of participation / was the shortest / among the eight sports.//

한편 / ■■■■■■ / 평균 13세에 / 하지만 평균 참여 기간은 / 가장 짧았다 / 여덟 개의 스포츠 중에서//

■제대로 어휘력 올리기■

우리말 뜻에 맞는 영어 단어나 표현을 지문에서 찾아 쓰세요.

1 _____ : 명 표, 목록

2 _____ : 형 평균의

3 _____ : 형 정기적인

4 _____ : 명 참여, 참가

5 _____ : 명 기간

6 _____ : 명 조사

7 _____ : 동 중단하다, 그만두다

8 _____ : 부 한편

9 _____ : 육상경기

■제대로 구문 이해하기■

5~7행 Children ❶ **quit playing** ice hockey and tennis ~, but the average length of participation in tennis was shorter than ❷ **that** in ice hockey.

❶ quit은 동명사를 목적어로 취하는 대표적인 동사이다. 동명사가 목적어로 오는 동사에는 enjoy, suggest, mind, avoid 등이 있다.

❷ 동일한 명사의 반복을 피하기 위해 앞에 제시된 명사구 the average length of participation 대신 지시대명사 that을 사용하였다.

✚ 괄호 안에서 알맞은 것을 고르시오.

The number of native speakers of English is smaller than (that / those) of Spanish.

영어의 원어민 수는 스페인어의 원어민 수보다 더 적다.

1단계 | 채점 결과

문항 유형	O / X
도표 이해	

→

2단계 | 독해력 점검

☐ 지문의 내용을 충분히 이해함
☐ 지문의 내용을 대체로 이해함
☐ 지문의 내용을 이해하지 못함

해설편 복습

→

3단계 | 문제 해결력 점검

☐ 정답과 오답의 근거를 모두 찾음
☐ 정답과 오답의 근거를 대체로 찾음
☐ 정답과 오답의 근거를 찾지 못함

해설편 복습

DAY 8 | 도표 01~04 | 어휘 테스트

[1~9] 다음 빈칸에 알맞은 말을 <보기>에서 찾아 쓰시오.

보기
> fewer visited wellness regions participation
> expenditures younger peers bronze

1 the total _____
총 경비

2 _____ tourism
건강 관광

3 the number of _____ medals
동메달 수

4 an average age of _____ than 10
평균 10세보다 어린 나이

5 _____ than 20 silver medals
20개 미만의 은메달

6 their public school _____
그들의 공립학교 또래들

7 the six listed _____
여섯 개의 나열된 지역

8 the average length of _____
평균 참여 기간

9 the most _____ place
가장 많이 방문된 장소

[10~15] 다음 빈칸에 알맞은 말을 <보기>에서 찾아 쓰시오.

보기
> quit cultural respectively
> in total times medals

10 In 2017, the number of trips to Latin America-The Caribbean was more than five _____ higher than that to The Middle East-North Africa.
2017년에 중남미로의 여행 수가 중동-북아프리카로의 그것보다 5배 이상 더 높았다.

11 The above graph shows the number of _____ won by the top 5 countries during the 2016 Summer Olympic Games.
위 그래프는 2016년 하계 올림픽 동안 상위 5개 국가들이 획득한 메달의 수를 보여 준다.

12 Skateboarding was a sport children _____ at the average age of 12, and the average length of participation was the same as golf.
스케이트보드는 어린이들이 평균 12세에 중단한 스포츠였고, 그 평균 참여 기간은 골프와 같았다.

13 For each group of students, community events accounted for the largest percentage among all _____ activities.
각 집단의 학생에 있어 지역사회 행사는 모든 문화 활동 중에서 가장 큰 비율을 차지했다.

14 Each of the top 5 countries won more than 40 medals _____.
상위 5개 국가는 총 40개 이상의 메달을 각각 획득하였다.

15 Going to zoos or aquariums ranked the lowest for both groups of students, with 31 and 23 percent _____.
동물원이나 수족관에 가는 것은 두 집단의 학생에 있어 가장 낮은 순위를 차지했는데 각각 31퍼센트와 23퍼센트였다.

DAY 9

안내문 내용 일치

유형	출처	정답률	문제편	해설편
안내문 01	2020년 9월 고1 학력평가 28번	89%	p.98	p.33
안내문 02	2019년 6월 고1 학력평가 28번	94%	p.100	p.34
안내문 03	2018년 3월 고1 학력평가 27번	71%	p.102	p.35
안내문 04	2019년 11월 고1 학력평가 27번	89%	p.104	p.36

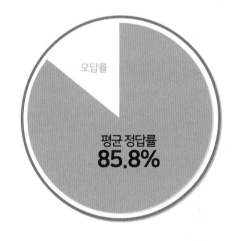

오답률

평균 정답률
85.8%

난이도 - 하

1등급 Tip

매년 2문항이 출제되는 난이도 '하'의 유형이다.
지문 내용과 선택지의 배열 순서가 순차적으로
1:1 대응하므로 선택지 순서대로 지문에서 세부
정보를 찾는다.

안내문

01

권장 풀이 시간 : **30**초 | 실제 걸린 시간 : _____분 _____초 ● 학습한 날짜 :   .   .

2020년 9월 고1 학력평가 28번 | 92 words

Springfield High School Book Fair에 관한 다음 안내문의 내용과 일치하는 것은?

Springfield High School Book Fair

For all book lovers! Come and enjoy the Springfield High School Book Fair.   3

Date & Time:
- November 9 – 13, 2020   • 9:00 a.m. – 3:00 p.m.

Place: School Library   6

Special Programs:
- Book Cover Design Contest
- November 10, 11:00 a.m.   9
- Winners will get a gift certificate that can be used at the book fair.
- Closing Ceremony
- November 13, 2:00 p.m.   12
- Don't miss the opportunity to meet Rosa Park, this year's best-selling author.

※ Anyone who wants to volunteer at the book fair must sign up online 15 in advance.

① 행사 기간 동안 매일 4시간씩 진행된다.
② 학교 강당에서 개최된다.
③ 책 표지 디자인 대회 참가자 전원에게 상품권이 증정될 것이다.
④ 폐막식에서 올해의 베스트셀러 작가를 만날 기회가 제공된다.
⑤ 현장에서 자원봉사 등록이 가능하다.

제대로 접근법   ◀ 문제 풀이까지 마친 후 복습할 때 보세요.

■ **Check Point!** ■

지문 내용과 선택지의 배열 순서가 순차적으로 1:1 대응하므로 선택지 순서대로 지문에서 세부 정보를 찾는다.

① 행사 기간 동안 매일 4시간씩 진행된다. (5행: November 9 – 13, 2020 / 9:00 a.m. – 3:00 p.m.)	❶ = / ≠
② 학교 강당에서 개최된다. (6행: Place: School Library)	❷ = / ≠
③ 책 표지 디자인 대회 참가자 전원에게 상품권이 증정될 것이다. (10행: Winners will get a gift certificate that can be used at the book fair.)	❸ = / ≠
④ 폐막식에서 올해의 베스트셀러 작가를 만날 기회가 제공된다. (13~14행: Don't miss the opportunity to meet Rosa Park, this year's best-selling author.)	❹ = / ≠
⑤ 현장에서 자원봉사 등록이 가능하다. (15~16행: Anyone who wants to volunteer at the book fair must sign up online in advance.)	❺ = / ≠

제대로 독해법 ◀ 문제 채점까지 마친 후 복습할 때 보세요.

■ 직독 직해 ■

1행 Springfield High School Book Fair Springfield 고등학교 도서 박람회

2~3행 For all book lovers!// Come and enjoy / the Springfield High School Book Fair.//
책을 사랑하는 모든 분들// ░░░░░░░░░░░░ / Springfield 고등학교 도서 박람회에//

4행 Date & Time: 날짜 & 시간:

5행 November 9 – 13, 2020 2020년 11월 9일 – 13일

5행 9:00 a.m. – 3:00 p.m. 오전 9시 – 오후 3시

6행 Place: School Library 장소: 학교 도서관

7행 Special Programs: 특별 프로그램:

8행 Book Cover Design Contest 책 표지 디자인 대회

9행 November 10, 11:00 a.m. 11월 10일, 오전 11시

10행 Winners will get a gift certificate / that can be used at the book fair.//
수상자들은 상품권을 받게 됩니다 / ░░░░░░░░░░░░ //

11행 Closing Ceremony 폐막식

12행 November 13, 2:00 p.m. 11월 13일, 오후 2시

13~14행 Don't miss the opportunity / to meet Rosa Park, / this year's best-selling author.// ░░░░░░░░░░░░ / Rosa Park를 만날 / 올해의 베스트셀러 작가인//

15~16행 Anyone who wants to volunteer / at the book fair / must sign up online / in advance.//
자원봉사하기를 원하는 사람은 누구든 / 도서 박람회에서 / ░░░░░░░░░░░░ / 사전에//

■ 제대로 어휘력 올리기 ■

우리말 뜻에 맞는 영어 단어나 표현을 지문에서 찾아 쓰세요.

1 _____ : 몡 박람회

2 _____ : 몡 (~을) 좋아하는 사람

3 _____ : 몡 (책의) 표지

4 _____ : 몡 상품권

5 _____ : 형 폐회의, 마감의

6 _____ : 몡 식, 의식

7 _____ : 몡 기회

8 _____ : 등록하다

9 _____ : 미리

■ 제대로 구문 이해하기 ■

13~14행 Don't miss the opportunity ❶ to meet Rosa Park, ❷ this year's best-selling author.

❶ to meet는 앞의 명사 the opportunity 를 수식하는 to부정사의 형용사적 용법으로 쓰였으며, '만날 기회'라고 해석한다.

❷ 콤마(,) 뒤에 쓰인 명사구 this year's best-selling author는 앞에 나온 Rosa Park를 가리키는 동격의 표현이다.

➕ 괄호 안에서 알맞은 것을 고르시오.
Don't miss this special opportunity (buy / to buy) a premium TV at a low price.

프리미엄 TV를 저렴한 가격에 살 수 있는 이 특별한 기회를 놓치지 마세요.

1단계 | 채점 결과

문항 유형	O/X
안내문 내용 일치	

→

2단계 | 독해력 점검
☐ 지문의 내용을 충분히 이해함
☐ 지문의 내용을 대체로 이해함
☐ 지문의 내용을 이해하지 못함

해설편 복습

→

3단계 | 문제 해결력 점검
☐ 정답과 오답의 근거를 모두 찾음
☐ 정답과 오답의 근거를 대체로 찾음
☐ 정답과 오답의 근거를 찾지 못함

해설편 복습

안내문

02

2019년 6월 고1 학력평가 28번 | 95 words

권장 풀이 시간 : **30**초 | 실제 걸린 시간 : _____분 _____초 ●학습한 날짜 :   .   .

Grand Park Zoo에 관한 다음 안내문의 내용과 일치하지 않는 것은?

Welcome to Grand Park Zoo

Grand Park Zoo offers you a chance to explore the amazing animal kingdom!

Hours
— Opens at 9 a.m., 365 days a year
— Closes at 6 p.m.

Location
— Madison Valley
— It takes 20 minutes by car from City Hall.

Admission
— Adults, $12 and ages 3-15, $4
— Ages 2 and under, free

At the Zoo
— No pets are allowed.
— You'll find wheelchair rentals and a first aid office.

◆ We are currently accepting bookings for guided tours.
◆ For more information or to make a booking, please visit our office or call (912) 132 – 0371.

① 오전 9시에 개장한다.
② 시청에서 차로 20분 걸린다.
③ 2세 이하는 입장이 무료이다.
④ 애완동물을 데려갈 수 있다.
⑤ 가이드 투어 예약을 받고 있다.

제대로 접근법 ◀ 문제 풀이까지 마친 후 복습할 때 보세요.

■**Check Point!**■

지문 내용과 선택지의 배열 순서가 순차적으로 1:1 대응하므로 선택지 순서대로 지문에서 세부 정보를 찾는다.

① 오전 9시에 개장한다. (5행: Opens at 9 a.m.)	❶ = / ≠
② 시청에서 차로 20분 걸린다. (9행: It takes 20 minutes by car from City Hall.)	❷ = / ≠
③ 2세 이하는 입장이 무료이다. (12행: Ages 2 and under, free)	❸ = / ≠
④ 애완동물을 데려갈 수 있다. (14행: No pets are allowed.)	❹ = / ≠
⑤ 가이드 투어 예약을 받고 있다. (16행: We are currently accepting bookings for guided tours.)	❺ = / ≠

제대로 독해법 ◀ 문제 채점까지 마친 후 복습할 때 보세요.

■직독 직해■

2~3행 Grand Park Zoo offers you a chance / to explore the amazing animal kingdom!//

대공원 동물원은 여러분에게 기회를 제공합니다 / ▨▨▨▨▨▨▨▨//

4행 Hours 시간

5행 Opens at 9 a.m., 365 days a year 오전 9시 개장, 1년 365일

6행 Closes at 6 p.m. 오후 6시 폐장

7행 Location 위치

8행 Madison Valley

Madison Valley

9행 It takes 20 minutes by car / from City Hall.//

차로 20분이 걸립니다 / 시청에서//

10행 Admission 입장료

11행 Adults, $12 and ages 3-15, $4 성인 12달러 그리고 3세-15세 4달러

12행 Ages 2 and under, free 2세 이하 무료

13행 At the Zoo 동물원에

14행 No pets are allowed.//

▨▨▨▨▨▨//

15행 You'll find wheelchair rentals and a first aid office.//

휠체어 대여소와 응급 처치소가 있습니다//

16행 We are currently accepting bookings / for guided tours.//

▨▨▨▨▨▨▨ / 가이드 투어에 대한//

17~18행 For more information / or to make a booking, / please visit our office / or call (912) 132 − 0371.//

더 많은 정보를 얻(거나) / 또는 예약을 하기 위해서는 / 사무실을 방문하시(거나) / (912) 132−0371로 전화 주십시오//

■제대로 어휘력 올리기■

우리말 뜻에 맞는 영어 단어를 지문에서 찾아 쓰세요.

1 _____ : 통 탐험하다

2 _____ : 형 놀라운

3 _____ : 명 왕국, 세계

4 _____ : 명 위치, 장소

5 _____ : 명 입장료

6 _____ : 명 응급 처치

7 _____ : 부 현재

8 _____ : 통 (신청을) 받다

9 _____ : 명 예약

■제대로 구문 이해하기■

2~3행 Grand Park Zoo ❶ offers you a chance ❷ to explore the amazing animal kingdom!

❶ offer A B: A에게 B를 제공하다

❷ to explore는 앞에 있는 명사 a chance를 수식하는 to부정사의 형용사적 용법으로 쓰였으며, '탐험할 기회'라는 의미로 해석한다.

✚ 괄호 안에서 알맞은 것을 고르시오.

Globalization gives us a chance (learn / to learn) about other societies and learn from them.

세계화는 우리에게 다른 사회들에 대해 배우고 그것들로부터 배울 기회를 준다.

1단계 | 채점 결과

문항 유형	O/X
안내문 내용 일치	

→

2단계 | 독해력 점검

□ 지문의 내용을 충분히 이해함
□ 지문의 내용을 대체로 이해함
□ 지문의 내용을 이해하지 못함

해설편 복습

→

3단계 | 문제 해결력 점검

□ 정답과 오답의 근거를 모두 찾음
□ 정답과 오답의 근거를 대체로 찾음
□ 정답과 오답의 근거를 찾지 못함

해설편 복습

T-shirt Design Contest에 관한 다음 안내문의 내용과 일치하는 것은?

T-shirt Design Contest

We are looking for T-shirt designs for the Radio Music Festival. The Radio Music Festival team will select the top five designs. The one grand prize winner will be chosen by online voting.

Details
- Deadline for submission: May 15, 2018
- Three entries are allowed per participant.
- Designs will be printed on white T-shirts.
- An entry can include up to three colors.
- You can use the Radio Music Festival logo, but you're not allowed to change its colors in any way.

The winners will receive two T-shirts with their design printed on them. For more information, please visit our website at www.rmfestival.org.

① 온라인 투표를 통해 상위 다섯 개의 디자인을 선택한다.
② 참가자 한 명당 한 개의 작품만 출품할 수 있다.
③ 출품작에 사용되는 색상의 수에는 제한이 없다.
④ Radio Music Festival 로고의 색상을 바꿔서 사용할 수 있다.
⑤ 수상자는 자신의 디자인이 인쇄된 티셔츠를 받는다.

제대로 접근법   ◀문제 풀이까지 마친 후 복습할 때 보세요.

■ **Check Point!** ■

지문 내용과 선택지의 배열 순서가 순차적으로 1:1 대응하므로 선택지 순서대로 지문에서 세부 정보를 찾는다.

① 온라인 투표를 통해 상위 다섯 개의 디자인을 선택한다. (2~3행: The Radio Music Festival team will select the top five designs.)	❶ = / ≠
② 참가자 한 명당 한 개의 작품만 출품할 수 있다. (7행: Three entries are allowed per participant.)	❷ = / ≠
③ 출품작에 사용되는 색상의 수에는 제한이 없다. (9행: An entry can include up to three colors.)	❸ = / ≠
④ Radio Music Festival 로고의 색상을 바꿔서 사용할 수 있다. (10~11행: You can use the Radio Music Festival logo, but you're not allowed to change its colors in any way.)	❹ = / ≠
⑤ 수상자는 자신의 디자인이 인쇄된 티셔츠를 받는다. (12행: The winners will receive two T-shirts with their design printed on them.)	❺ = / ≠

제대로 독해법   ◀ 문제 채점까지 마친 후 복습할 때 보세요.

■ 직독 직해 ■

2행 We are looking for T-shirt designs / for the Radio Music Festival.//
⬚⬚⬚⬚⬚⬚⬚⬚⬚⬚ / Radio Music Festival을 위한//

2~3행 The Radio Music Festival team / will select the top five designs.//
Radio Music Festival 팀이 / 상위 다섯 개의 디자인을 선택할 것입니다.//

3~4행 The one grand prize winner / will be chosen / by online voting.//
대상 수상자 한 명은 / 선택될 것입니다 / ⬚⬚⬚⬚⬚⬚⬚//

5행 Details 세부 사항

6행 Deadline for submission: May 15, 2018
제출 마감일: 2018년 5월 15일

7행 Three entries are allowed / per participant.//
세 개의 출품작이 허용됩니다 / 참가자 한 명당//

8행 Designs will be printed / on white T-shirts.//
디자인은 인쇄될 것입니다 / 흰색 티셔츠에//

9행 An entry can include / up to three colors.//
출품작은 포함할 수 있습니다 / 세 가지 색상까지//

10~11행 You can use the Radio Music Festival logo, / but you're not allowed to change its colors / in any way.//
Radio Music Festival 로고를 사용할 수 있(지만) / ⬚⬚⬚⬚⬚⬚⬚⬚⬚ / 어떤 식으로든//

12행 The winners will receive two T-shirts / with their design printed on them.//
⬚⬚⬚⬚⬚⬚⬚ / 자신의 디자인이 인쇄된//

13행 For more information, / please visit our website / at www.rmfestival.org.//
더 많은 정보를 얻으시려면 / 저희 웹사이트를 방문하세요 / www.rmfestival.org//

■ 제대로 어휘력 올리기 ■

우리말 뜻에 맞는 영어 단어나 표현을 지문에서 찾아 쓰세요.

1 _____ : ~을 찾다
2 _____ : 명 축제
3 _____ : 명 상, 상품
4 _____ : 명 세부 사항
5 _____ : 명 마감 시간, 기한
6 _____ : 명 제출
7 _____ : 명 출품작
8 _____ : 동 포함하다
9 _____ : 동 받다

■ 제대로 구문 이해하기 ■

3~4행 The one grand prize winner ❶ **will be chosen** by online voting.

❶ 미래시제 수동태는 「will be + p.p.」의 형태로 쓰며, 이처럼 조동사가 있는 경우의 수동태 형태를 익혀둔다.

✚ 괄호 안에서 알맞은 것을 고르시오.

You are invited to attend a special presentation that (will hold / will be held) at our school auditorium on April 16th.

4월 16일에 학교 강당에서 열리는 특별 발표회에 귀하를 초대합니다.

1단계 | 채점 결과

문항 유형	O/X
안내문 내용 일치	

→

2단계 | 독해력 점검
□ 지문의 내용을 충분히 이해함
□ 지문의 내용을 대체로 이해함
□ 지문의 내용을 이해하지 못함

해설편 복습

→

3단계 | 문제 해결력 점검
□ 정답과 오답의 근거를 모두 찾음
□ 정답과 오답의 근거를 대체로 찾음
□ 정답과 오답의 근거를 찾지 못함

해설편 복습

안내문

04

권장 풀이 시간 : **30초** | 실제 걸린 시간 : _____ 분 _____ 초 | ○학습한 날짜 : .   .

2019년 11월 고1 학력평가 27번 | 95 words

Sustainable Mobility Week 2019에 관한 다음 안내문의 내용과 일치하지 <u>않는</u> 것은?

제대로 접근법 ◀문제 풀이까지 마친 후 복습할 때 보세요.

Sustainable Mobility Week 2019

This annual event for clean and sustainable transport runs from Nov 25 to Dec 1. The slogan for the event changes every year, and this year it is *Walk with Us!* You can participate in the activities below.

Walking Challenge:
Try to walk over 20,000 steps during the weekend of the event to promote a clean environment.

Selecting Sustainable Mobility:
Use public transport or a bicycle instead of your own car.

• Participants who complete both activities are qualified to apply for the Sustainable Mobility Week Awards.
• Participants must register online.
　　　　www.sustainablemobilityweek.org

① 슬로건이 매년 바뀐다.
② 주말 동안 2만보 넘게 걷는 것에 도전할 수 있다.
③ 대중교통이나 자전거를 이용하는 활동이 있다.
④ 한 가지 활동을 완료한 참가자는 수상 자격이 있다.
⑤ 참가자는 온라인으로 등록해야 한다.

■ **Check Point!** ■

지문 내용과 선택지의 배열 순서가 순차적으로 1:1 대응하므로 선택지 순서대로 지문에서 세부 정보를 찾는다.

① 슬로건이 매년 바뀐다. (3~4행: The slogan for the event changes every year, ~!)	❶ = / ≠
② 주말 동안 2만보 넘게 걷는 것에 도전할 수 있다. (6~7행: Try to walk over 20,000 steps during the weekend of the event ~.)	❷ = / ≠
③ 대중교통이나 자전거를 이용하는 활동이 있다. (9행: Use public transport or a bicycle instead of your own car.)	❸ = / ≠
④ 한 가지 활동을 완료한 참가자는 수상 자격이 있다. (10~11행: Participants who complete both activities are qualified to apply for the Sustainable Mobility Week Awards.)	❹ = / ≠
⑤ 참가자는 온라인으로 등록해야 한다. (12행: Participants must register online.)	❺ = / ≠

제대로 독해법 ◀ 문제 채점까지 마친 후 복습할 때 보세요.

■ 직독 직해 ■

2~3행 This annual event / for clean and sustainable transport / runs from Nov 25 to Dec 1.//

이 연례 행사는 / ▨▨▨▨▨▨ / 11월 25일부터 12월 1일까지 진행합니다//

3~4행 The slogan for the event / changes every year, / and this year / it is *Walk with Us!*//

이 행사의 슬로건은 / 매년 바뀌(며) / 그리고 올해는 / '우리와 함께 걸어요!'입니다//

4행 You can participate / in the activities below.//

여러분은 참여할 수 있습니다 / 아래의 활동들에//

5행 Walking Challenge:

걷기 도전

6~7행 Try to walk over 20,000 steps / during the weekend of the event / to promote a clean environment.//

2만보 넘게 걷도록 노력하세요 / 이 행사의 주말 동안 / ▨▨▨▨▨▨▨//

8행 Selecting Sustainable Mobility:

지속 가능한 이동 선택하기

9행 Use public transport or a bicycle / instead of your own car.//

대중교통이나 자전거를 이용하세요 / 여러분 자신의 차 대신에//

10~11행 Participants / who complete both activities / are qualified to apply / for the Sustainable Mobility Week Awards.//

참가자들은 / 두 가지 활동 모두를 완료한 / ▨▨▨▨▨▨ / 지속 가능한 이동 주간 상에//

12~13행 Participants must register online.// www.sustainablemobilityweek.org//

참가자들은 온라인으로 등록해야 합니다// www.sustainablemobilityweek.org//

■ 제대로 어휘력 올리기 ■

우리말 뜻에 맞는 영어 단어를 지문에서 찾아 쓰세요.

1 _____ : 형 지속 가능한
2 _____ : 명 이동(성), 기동성
3 _____ : 형 매년의, 연례의
4 _____ : 명 교통수단
5 _____ : 명 슬로건, 표어
6 _____ : 동 증진하다, 장려하다
7 _____ : 명 참가자
8 _____ : 동 완료하다
9 _____ : 동 자격을 주다

■ 제대로 구문 이해하기 ■

10~11행 Participants who complete ❶ **both** activities are qualified ❷ **to apply** for the Sustainable Mobility Week Awards.

❶ '둘 다'라는 뜻의 both는 복수 명사와 함께 쓰지만 '각각'을 의미하는 each는 의미상 개별적인 대상들에 초점을 맞추기 때문에 단수 명사와 함께 쓴다.

❷ to부정사의 부사적 용법에는 목적, 원인, 형용사 수식, 결과가 있다. 제시된 문장의 to apply는 '자격이 있는'이라는 뜻의 형용사 qualified를 수식하는 부사적 용법으로 쓰였으며, '지원할'이라고 해석한다.

➕ 괄호 안에서 알맞은 것을 고르시오.

Studying history can make you more knowledgeable or interesting (to talk / to talking) to or can lead to all sorts of brilliant vocations, explorations, and careers.

역사를 공부하는 것은 여러분을 더 박식하거나 함께 말하기에 재밌는 사람으로 만들어 줄 수 있거나 모든 종류의 멋진 직업, 탐구, 그리고 경력으로 이어질 수 있다.

1단계 | 채점 결과

문항 유형	O/X
안내문 내용 일치	

→

2단계 | 독해력 점검

☐ 지문의 내용을 충분히 이해함
☐ 지문의 내용을 대체로 이해함
☐ 지문의 내용을 이해하지 못함

 해설편 복습

→

3단계 | 문제 해결력 점검

☐ 정답과 오답의 근거를 모두 찾음
☐ 정답과 오답의 근거를 대체로 찾음
☐ 정답과 오답의 근거를 찾지 못함

 해설편 복습

DAY 9 | 안내문 01~04 | 어휘 테스트

[1~9] 다음 빈칸에 알맞은 말을 <보기>에서 찾아 쓰시오.

보기
voting submission author mobility
rentals annual ceremony amazing prize

1 wheelchair _____ and a first aid office
휠체어 대여소와 응급 처치소

2 closing _____
폐막식

3 sustainable _____
지속 가능한 이동

4 online _____
온라인 투표

5 this _____ event
이 연례 행사

6 this year's best-selling _____
올해의 베스트셀러 작가

7 the _____ animal kingdom
놀라운 동물 왕국

8 grand _____ winner
대상 수상자

9 deadline for _____
제출 마감일

[10~15] 다음 빈칸에 알맞은 말을 <보기>에서 찾아 쓰시오.

보기
receive promote select
qualified sign up booking

10 The Radio Music Festival team will _____ the top five designs.
Radio Music Festival 팀이 상위 다섯 개의 디자인을 선택할 것입니다.

11 Anyone who wants to volunteer at the book fair must _____ online in advance.
책 박람회에서 자원봉사하기를 원하는 사람은 누구나 사전에 온라인으로 등록을 해야 합니다.

12 The winners will _____ two T-shirts with their design printed on them.
수상자는 자신의 디자인이 인쇄된 티셔츠 두 장을 받게 됩니다.

13 Try to walk over 20,000 steps during the weekend of the event to _____ a clean environment.
깨끗한 환경을 증진시키기 위해 이 행사의 주말 동안 2만보 넘게 걷도록 노력하세요.

14 For more information or to make a _____, please visit our office or call (912) 132-0371.
더 많은 정보를 얻거나 예약을 하기 위해서는, 사무실을 방문하시거나 (912) 132-0371로 전화 주십시오.

15 Participants who complete both activities are _____ to apply for the Sustainable Mobility Week Awards.
두 가지 활동 모두를 완료한 참가자들은 지속 가능한 이동 주간 상에 지원할 자격이 주어집니다.

DAY 10 내용 일치

유형	출처	정답률	문제편	해설편
일치 01	2023년 3월 고1 학력평가 26번	92%	p.108	p.37
일치 02	2018년 6월 고1 학력평가 25번	85%	p.110	p.38
일치 03	2020년 3월 고1 학력평가 26번	87%	p.112	p.39
일치 04	2019년 9월 고1 학력평가 26번	87%	p.114	p.40

오답률

평균 정답률
87.8%

난이도 - 하

1등급 Tip

매년 1문항이 출제되는 난이도 '하'의 유형이다.
지문 내용과 선택지의 배열 순서가 순차적으로
1:1 대응하므로 선택지 순서대로 지문에서 세부
정보를 찾는다.

일치

01

2023년 3월 고1 학력평가 26번 | 128 words

권장 풀이 시간 : **30초** | 실제 걸린 시간 : _____분 _____초 　●학습한 날짜 : ＿＿＿＿＿＿＿＿. . .

Lilian Bland에 관한 다음 글의 내용과 일치하지 <u>않는</u> 것은?

　Lilian Bland was born in Kent, England in 1878. Unlike most other girls at the time she wore trousers and spent her time enjoying adventurous activities like horse riding and hunting. Lilian began her 　3 career as a sports and wildlife photographer for British newspapers. In 1910 she became the first woman to design, build, and fly her own airplane. In order to persuade her to try a slightly safer activity, Lilian's 　6 dad bought her a car. Soon Lilian was a master driver and ended up working as a car dealer. She never went back to flying but lived a long and exciting life nonetheless. She married, moved to Canada, and had 　9 a kid. Eventually, she moved back to England, and lived there for the rest of her life.

① 승마와 사냥 같은 모험적인 활동을 즐겼다.
② 스포츠와 야생 동물 사진작가로 경력을 시작했다.
③ 자신의 비행기를 설계하고 제작했다.
④ 자동차 판매원으로 일하기도 했다.
⑤ 캐나다에서 생의 마지막 기간을 보냈다.

제대로 접근법 　◀ 문제 풀이까지 마친 후 복습할 때 보세요.

■ **Check Point!** ■

지문 내용과 선택지의 배열 순서가 순차적으로 1:1 대응하므로 선택지 순서대로 지문에서 세부 정보를 찾는다.

① 승마와 사냥 같은 모험적인 활동을 즐겼다. (1~3행: ~ and spent her time enjoying adventurous activities like horse riding and hunting.)	❶ = / ≠
② 스포츠와 야생 동물 사진작가로 경력을 시작했다. (3~4행: Lilian began her career as a sports and wildlife photographer for British newspapers.)	❷ = / ≠
③ 자신의 비행기를 설계하고 제작했다. (5~6행: In 1910 she became the first woman to design, build, and fly her own airplane.)	❸ = / ≠
④ 자동차 판매원으로 일하기도 했다. (7~8행: Soon Lilian was a master driver and ended up working as a car dealer.)	❹ = / ≠
⑤ 캐나다에서 생의 마지막 기간을 보냈다. (10~11행: Eventually, she moved back to England, and lived there for the rest of her life.)	❺ = / ≠

제대로 독해법 ◀ 문제 채점까지 마친 후 복습할 때 보세요.

■직독 직해■

1행 Lilian Bland was born / in Kent, England in 1878.//
Lilian Bland는 태어났다 / 1878년에 영국 Kent에서//

1~3행 Unlike most other girls at the time / she wore trousers / and spent her time enjoying adventurous activities / like horse riding and hunting.//
그 당시 대부분의 다른 여자아이들과는 달리 / 그녀는 바지를 입었다 / ▨▨▨▨▨▨▨ / 승마와 사냥 같은//

3~4행 Lilian began her career / as a sports and wildlife photographer / for British newspapers.//
Lilian은 자신의 경력을 시작했다 / 스포츠와 야생 동물 사진작가로 / 영국 신문사의//

5~6행 In 1910 / she became the first woman / to design, build, and fly her own airplane.//
1910년에 / 그녀는 최초의 여성이 되었다 / ▨▨▨▨▨▨▨▨ //

6~7행 In order to persuade her / to try a slightly safer activity, / Lilian's dad bought her a car.//
그녀를 설득하기 위해 / ▨▨▨▨▨▨ / Lilian의 아버지는 그녀에게 자동차를 사 주었다//

7~8행 Soon / Lilian was a master driver / and ended up working / as a car dealer.//
곧 / Lilian은 뛰어난 운전자가 되었다 / 그리고 결국 일하게 되었다 / 자동차 판매원으로//

8~9행 She never went back to flying / but lived a long and exciting life nonetheless.//
그녀는 결코 비행을 다시 하지 않았다 / 하지만 그럼에도 오랫동안 흥미진진한 삶을 살았다//

9~10행 She married, moved to Canada, / and had a kid.//
그녀는 결혼했고 캐나다로 이주했다 / 그리고 아이를 낳았다//

10~11행 Eventually, / she moved back to England, / and lived there / for the rest of her life.//
결국 / ▨▨▨▨▨▨▨ / 그리고 그곳에서 살았다 / 그녀의 남은 인생 동안//

■제대로 어휘력 올리기■

우리말 뜻에 맞는 영어 단어나 표현을 지문에서 찾아 쓰세요.

1 _____ : 혱 모험적인
2 _____ : 몡 경력
3 _____ : 몡 사진작가
4 _____ : 통 설계하다
5 _____ : 통 설득하다
6 _____ : 閂 약간, 조금
7 _____ : 혱 뛰어난, 명인의
8 _____ : 결국 ~하게 되다
9 _____ : 閂 그렇더라도, 그럼에도 불구하고

■제대로 구문 이해하기■

1~3행 Unlike most other girls at the time she wore trousers and ❶ spent her time enjoying adventurous activities ❷ like horse riding and hunting.

❶ 「spend + 시간[돈] + -ing」 구문으로 '~하는 데 시간[돈]을 보내다[쓰다]'의 의미이다.

❷ 여기에서 like는 전치사로 '~처럼, ~와 같이'라는 뜻으로 쓰였다.

➕괄호 안에서 알맞은 것을 고르시오.

We spend an excessive amount of time (to browse / browsing) the Web every day.

우리는 매일 웹을 검색하는 데 지나치게 많은 시간을 보낸다.

1단계 | 채점 결과		
문항 유형	O/X	
내용 일치		

→

2단계 \| 독해력 점검
☐ 지문의 내용을 충분히 이해함
☐ 지문의 내용을 대체로 이해함 해설편 복습
☐ 지문의 내용을 이해하지 못함

→

3단계 \| 문제 해결력 점검
☐ 정답과 오답의 근거를 모두 찾음
☐ 정답과 오답의 근거를 대체로 찾음 해설편 복습
☐ 정답과 오답의 근거를 찾지 못함

02 **일치**

권장 풀이 시간 : **30**초 | 실제 걸린 시간 : _____분_____초 ●학습한 날짜 :   .   .

2018년 6월 고1 학력평가 25번 | 113 words

Tomas Luis de Victoria에 관한 다음 글의 내용과 일치하지 <u>않는</u> 것은?

Tomas Luis de Victoria, the greatest Spanish composer of the sixteenth century, was born in Avila and as a boy sang in the church choir. When his voice broke, he went to Rome to study and he remained in that city for about 20 years, holding appointments at various churches and religious institutions. In Rome, he met Palestrina, a famous Italian composer, and may even have been his pupil. In the 1580s, after becoming a priest, he returned to Spain and spent the rest of his life peacefully in Madrid as a composer and organist to members of the royal household. He died in 1611, but his tomb has yet to be identified.

① 소년 시절 교회 합창단에서 노래했다.
② 로마에서 약 20년 동안 머물렀다.
③ 이탈리아 작곡가인 Palestrina를 만났다.
④ 스페인으로 돌아온 후 사제가 되었다.
⑤ 무덤은 아직 확인되지 않았다.

제대로 접근법 ◀ 문제 풀이까지 마친 후 복습할 때 보세요.

■ Check Point! ■

지문 내용과 선택지의 배열 순서가 순차적으로 1:1 대응하므로 선택지 순서대로 지문에서 세부 정보를 찾는다.

① 소년 시절 교회 합창단에서 노래했다. (2~3행: ~ as a boy sang in the church choir.)	❶ = / ≠
② 로마에서 약 20년 동안 머물렀다. (3~4행: ~, he went to Rome to study and he remained in that city for about 20 years, ~.)	❷ = / ≠
③ 이탈리아 작곡가인 Palestrina를 만났다. (5~6행: In Rome, he met Palestrina, a famous Italian composer, ~.)	❸ = / ≠
④ 스페인으로 돌아온 후 사제가 되었다. (6~7행: In the 1580s, after becoming a priest, he returned to Spain, ~.)	❹ = / ≠
⑤ 무덤은 아직 확인되지 않았다. (9~10행: ~, but his tomb has yet to be identified.)	❺ = / ≠

제대로 독해법 ◀ 문제 채점까지 마친 후 복습할 때 보세요.

■ 직독 직해 ■

1~3행 Tomas Luis de Victoria, / the greatest Spanish composer / of the sixteenth century, / was born in Avila / and as a boy / sang / in the church choir.//

Tomas Luis de Victoria는 / 스페인의 위대한 작곡가 / 16세기의 / 아빌라에서 태어나 / 그리고 소년 시절 / 노래했다 / 교회 합창단에서//

3~5행 When his voice broke, / he went to Rome to study / and he remained in that city / for about 20 years, / holding appointments / at various churches and religious institutions.//

변성기가 되었을 때 / ▨▨▨▨▨▨▨▨ / 그리고 그는 그 도시에 머물렀다 / 약 20년 동안 / 직책을 맡으며 / 다양한 교회와 종교 기관에서//

5~6행 In Rome, / he met Palestrina, / a famous Italian composer, / and may even have been his pupil.//

로마에서 / 그는 Palestrina를 만났(는데) / 유명한 이탈리아 작곡가인 / ▨▨▨▨▨▨▨▨//

6~9행 In the 1580s, / after becoming a priest, / he returned to Spain / and spent the rest of his life peacefully / in Madrid / as a composer and organist / to members of the royal household.//

1580년대에 / ▨▨▨▨▨▨▨▨ / 그는 스페인으로 돌아(와) / 그리고 평화롭게 여생을 보냈다 / 마드리드에서 / 작곡가이자 오르간 연주자로서 / 왕가의//

9~10행 He died in 1611, / but his tomb has yet to be identified.//

그는 1611년에 사망했(으나) / 그러나 그의 무덤은 아직 확인되지 않았다//

■ 제대로 어휘력 올리기 ■

우리말 뜻에 맞는 영어 단어를 지문에서 찾아 쓰세요.

1 _____ : 몡 작곡가

2 _____ : 몡 세기, 100년

3 _____ : 몡 합창단

4 _____ : 몡 직책, 약속

5 _____ : 혱 다양한

6 _____ : 몡 기관, 단체

7 _____ : 몡 학생, 제자

8 _____ : 몡 사제

9 _____ : 혱 왕실의, 왕의

■ 제대로 구문 이해하기 ■

5~6행 In Rome, he met ❶ Palestrina, a famous Italian composer, and ❷ may even **have been** his pupil.

❶ Palestrina와 a famous Italian composer는 동격이다.

❷「may have + p.p.(과거분사)」는 과거 사실에 대한 약한 추측을 나타내는 표현으로 '~이었을지도 모른다'로 해석한다.
cf.「should have + p.p.(과거분사)」: ~했어야 했는데 (과거 사실에 대한 후회)
「must have + p.p.(과거분사)」: ~이었음에 틀림없다 (과거 사실에 대한 강한 추측)

✚ 괄호 안에서 알맞은 것을 고르시오.

Our ancestors (may benefit / may have benefited) from them when chewing and grinding raw food.

우리의 조상은 날것을 잘게 씹을 때 그것들의 혜택을 누렸을지도 모른다.

1단계 | 채점 결과

문항 유형	O/X
내용 일치	

→

2단계 | 독해력 점검

☐ 지문의 내용을 충분히 이해함
☐ 지문의 내용을 대체로 이해함
☐ 지문의 내용을 이해하지 못함

해설편 복습

→

3단계 | 문제 해결력 점검

☐ 정답과 오답의 근거를 모두 찾음
☐ 정답과 오답의 근거를 대체로 찾음
☐ 정답과 오답의 근거를 찾지 못함

해설편 복습

일치

03

2020년 3월 고1 학력평가 26번 | 139 words

권장 풀이 시간 : **30**초 | 실제 걸린 시간 : _____분 _____초 ◉학습한 날짜 : .   .

Ellen Church에 관한 다음 글의 내용과 일치하지 않는 것은?

   Ellen Church was born in Iowa in 1904. After graduating from Cresco High School, she studied nursing and worked as a nurse in San Francisco. She suggested to Boeing Air Transport that nurses should take care of passengers during flights because most people were frightened of flying. In 1930, she became the first female flight attendant in the U.S. and worked on a Boeing 80A from Oakland, California to Chicago, Illinois. Unfortunately, a car accident injury forced her to end her career after only eighteen months. Church started nursing again at Milwaukee County Hospital after she graduated from the University of Minnesota with a degree in nursing education. During World War II, she served as a captain in the Army Nurse Corps and received an Air Medal. Ellen Church Field Airport in her hometown, Cresco, was named after her.

① San Francisco에서 간호사로 일했다.
② 간호사가 비행 중에 승객을 돌봐야 한다고 제안했다.
③ 미국 최초의 여성 비행기 승무원이 되었다.
④ 자동차 사고로 다쳤지만 비행기 승무원 생활을 계속했다.
⑤ 고향인 Cresco에 그녀의 이름을 따서 붙인 공항이 있다.

제대로 접근법   ◀ 문제 풀이까지 마친 후 복습할 때 보세요.

■ **Check Point!** ■

지문 내용과 선택지의 배열 순서가 순차적으로 1:1 대응하므로 선택지 순서대로 지문에서 세부 정보를 찾는다.

① San Francisco에서 간호사로 일했다. (1~3행: ~, she studied nursing and worked as a nurse in San Francisco.)	❶ = / ≠
② 간호사가 비행 중에 승객을 돌봐야 한다고 제안했다. (3~5행: She suggested to Boeing Air Transport that nurses should take care of passengers during flights ~.)	❷ = / ≠
③ 미국 최초의 여성 비행기 승무원이 되었다. (5~7행: In 1930, she became the first female flight attendant in the U.S. ~.)	❸ = / ≠
④ 자동차 사고로 다쳤지만 비행기 승무원 생활을 계속했다. (7~8행: Unfortunately, a car accident injury forced her to end her career after only eighteen months.)	❹ = / ≠
⑤ 고향인 Cresco에 그녀의 이름을 따서 붙인 공항이 있다. (12~13행: Ellen Church Field Airport in her hometown, Cresco, was named after her.)	❺ = / ≠

제대로 독해법 ◀ 문제 채점까지 마친 후 복습할 때 보세요.

■ 직독 직해 ■

1행 Ellen Church was born / in Iowa in 1904.//
Ellen Church는 태어났다 / 1904년에 아이오와 주에서//

1~3행 After graduating from Cresco High School, / she studied nursing / and worked as a nurse in San Francisco.//
Cresco 고등학교를 졸업한 후 / 그녀는 간호학을 공부했(고) / 그리고 샌프란시스코에서 간호사로 일했다//

3~5행 She suggested to Boeing Air Transport / that nurses should take care of passengers / during flights / because most people were frightened of flying.//
그녀는 Boeing Air Transport에 제안했다 / ▨▨▨▨▨▨▨▨▨▨ / 비행 중에 / 대부분의 사람들이 비행을 무서워하기 때문에//

5~7행 In 1930, / she became the first female flight attendant / in the U.S. / and worked on a Boeing 80A / from Oakland, California to Chicago, Illinois.//
1930년에 / ▨▨▨▨▨▨▨▨▨ / 미국에서 / 그리고 Boeing 80A를 타고 근무했다 / 캘리포니아 주 Oakland에서 일리노이 주 Chicago를 오가는//

7~8행 Unfortunately, / a car accident injury forced her to end her career / after only eighteen months.//
불행하게도 / 자동차 사고 부상으로 그녀는 일을 그만두어야 했다 / 겨우 18개월 후에//

8~10행 Church started nursing again / at Milwaukee County Hospital / after she graduated from the University of Minnesota / with a degree in nursing education.//
Church는 다시 간호사 일을 시작했다 / Milwaukee County 병원에서 / 미네소타 대학을 졸업한 후 / 간호 교육학 학위를 받으며//

10~12행 During World War II, / she served as a captain in the Army Nurse Corps / and received an Air Medal.//
제2차 세계대전 동안 / ▨▨▨▨▨▨▨▨▨ / 그리고 항공 훈장을 받았다//

12~13행 Ellen Church Field Airport / in her hometown, Cresco, / was named after her.//
Ellen Church Field 공항은 / 그녀의 고향인 Cresco에 있는 / 그녀의 이름을 따서 이름 붙여졌다//

■ 제대로 어휘력 올리기 ■

우리말 뜻에 맞는 영어 단어나 표현을 지문에서 찾아 쓰세요.

1 _____ : 명 간호학, 요양
2 _____ : 명 승객
3 _____ : 형 무서워하는
4 _____ : 명 비행기 승무원
5 _____ : 명 일, 직업
6 _____ : 명 학위; 정도, 단계
7 _____ : 동 복무하다, 근무하다
8 _____ : 명 (미국 육군의) 대위
9 _____ : ~의 이름을 따서 짓다

■ 제대로 구문 이해하기 ■

7~8행 Unfortunately, a car accident injury ❶ forced her to end her career ❷ after only eighteen months.

❶ 「force + 목적어 + 목적격보어(to부정사)」의 5형식 문장으로 '~가 …하게 하다'로 해석한다. allow, cause, encourage, force 등의 동사는 목적어와 목적격 보어가 능동 관계일 경우 목적격 보어 자리에 to부정사가 오는 것에 주의한다.

❷ '~후에'라는 의미를 가진 전치사들 가운데, 특정한 사건을 기준으로 나중을 이야기할 때는 전치사 after를 사용하고, 현재를 기준으로 미래의 구체적인 시간을 언급할 때는 전치사 in을 사용한다.

✚ 괄호 안에서 알맞은 것을 고르시오.

Studying families with rare genetic disorders has allowed doctors (trace / to trace) the genetic basis of disease through generations.

희귀한 유전 질환을 가진 가족들을 연구하는 것은 의사들이 여러 세대에 걸쳐 질병의 유전적 근거를 추적하는 것을 가능하게 했다.

1단계 | 채점 결과

문항 유형	O/X
내용 일치	

→

2단계 | 독해력 점검
□ 지문의 내용을 충분히 이해함
□ 지문의 내용을 대체로 이해함
□ 지문의 내용을 이해하지 못함
해설편 복습

→

3단계 | 문제 해결력 점검
□ 정답과 오답의 근거를 모두 찾음
□ 정답과 오답의 근거를 대체로 찾음
□ 정답과 오답의 근거를 찾지 못함
해설편 복습

일치

04

2019년 9월 고1 학력평가 26번 | 133 words

권장 풀이 시간 : **30초** | 실제 걸린 시간 : _____분 _____초   ○학습한 날짜 :   .   .

Mary Cassatt에 관한 다음 글의 내용과 일치하지 <u>않는</u> 것은?

Mary Cassatt was born in Pennsylvania, the fourth of five children born in her well-to-do family. Mary Cassatt and her family traveled throughout Europe in her childhood. Her family did not approve when she decided to become an artist, but her desire was so strong, she bravely took the steps to make art her career. She studied first in Philadelphia and then went to Paris to study painting. She admired the work of Edgar Degas and was able to meet him in Paris, which was a great inspiration. Though she never had children of her own, she loved children and painted portraits of the children of her friends and family. Cassatt lost her sight at the age of seventy, and, sadly, was not able to paint during the later years of her life.

① 유년 시절에 유럽 전역을 여행했다.
② 화가가 되는 것을 가족이 찬성하지 않았다.
③ Edgar Degas를 파리에서 만났다.
④ 자기 자녀의 초상화를 그렸다.
⑤ 70세에 시력을 잃었다.

제대로 접근법   ◀ 문제 풀이까지 마친 후 복습할 때 보세요.

■**Check Point!**■

지문 내용과 선택지의 배열 순서가 순차적으로 1:1 대응하므로 선택지 순서대로 지문에서 세부 정보를 찾는다.

① 유년 시절에 유럽 전역을 여행했다. (2~3행: Mary Cassatt and her family traveled throughout Europe in her childhood.)	❶ = / ≠
② 화가가 되는 것을 가족이 찬성하지 않았다. (3~5행: Her family did not approve when she decided to become an artist, ~.)	❷ = / ≠
③ Edgar Degas를 파리에서 만났다. (6~8행: She admired the work of Edgar Degas and was able to meet him in Paris, ~.)	❸ = / ≠
④ 자기 자녀의 초상화를 그렸다. (8~9행: Though she never had children of her own, ~ and painted portraits of the children of her friends and family.)	❹ = / ≠
⑤ 70세에 시력을 잃었다. (10~11행: Cassatt lost her sight at the age of seventy, ~.)	❺ = / ≠

제대로 독해법 ◀ 문제 채점까지 마친 후 복습할 때 보세요.

■ **직독 직해** ■

1~2행 Mary Cassatt was born in Pennsylvania, / the fourth of five children / born in her well-to-do family.//
Mary Cassatt은 펜실베이니아에서 태어났다 / 다섯 자녀들 중 넷째로 / 부유한 가정에 태어난//

2~3행 Mary Cassatt and her family / traveled throughout Europe / in her childhood.//
Mary Cassatt과 그녀의 가족은 / ▨▨▨▨▨▨▨▨▨ / 유년 시절에//

3~5행 Her family did not approve / when she decided to become an artist, / but her desire was so strong, / she bravely took the steps / to make art her career.//
그녀의 가족은 찬성하지 않았다 / 그녀가 화가가 되려고 결심했을 때 / 하지만 그녀의 열망은 매우 강해(서) / 그래서 과정을 용감하게 밟아나갔다 / ▨▨▨▨▨▨▨▨//

5~6행 She studied first in Philadelphia / and then went to Paris / to study painting.//
그녀는 먼저 필라델피아에서 공부했(고) / 그리고 그런 다음 파리로 갔다 / 그림을 공부하기 위해//

6~8행 She admired the work of Edgar Degas / and was able to meet him in Paris, / which was a great inspiration.//
▨▨▨▨▨▨▨▨▨ / 그리고 파리에서 그를 만날 수 있었는데 / 그것은 큰 영감이 되었다//

8~9행 Though she never had children of her own, / she loved children / and painted portraits of the children / of her friends and family.//
비록 그녀는 자기 자녀는 없었지만 / 그녀는 아이들을 사랑했(고) / 그리고 자녀의 초상화를 그렸다 / 그녀의 친구들과 가족의//

10~11행 Cassatt lost her sight / at the age of seventy, / and, sadly, / was not able to paint / during the later years of her life.//
Cassatt은 시력을 잃었다 / 70세에 / 그리고 슬프게도 / 그림을 그릴 수 없었다 / 노년에는//

■ **제대로 어휘력 올리기** ■

우리말 뜻에 맞는 영어 단어나 표현을 지문에서 찾아 쓰세요.

1 _____ : 형 부유한, 잘사는
2 _____ : 동 찬성하다, 승인하다
3 _____ : 명 열망
4 _____ : 부 용감하게
5 _____ : 명 직업
6 _____ : 동 존경하다, 감탄하다
7 _____ : 명 (예술적) 영감
8 _____ : 명 초상화
9 _____ : 시력을 잃다

■ **제대로 구문 이해하기** ■

1~2행 Mary Cassatt was born in Pennsylvania, ❶ the fourth of five children ❷ born in her well-to-do family.

❶ 콤마(,) 뒤에 쓰인 명사구 the fourth of five children은 문장의 주어 Mary Cassatt을 가리키는 동격의 표현이다.

❷ born으로 시작되는 과거분사구가 선행사 the fourth of five children을 수식하고 있다. 관계사절의 「주격 관계대명사+be동사」는 생략이 가능하므로, 과거분사 born 앞에 who was가 생략된 형태로 볼 수 있다.

➕ 괄호 안에서 알맞은 것을 고르시오.

Students (make / made) to feel happy before taking math achievement tests perform much better than their neutral peers.

수학 성취도 시험을 보기 전에 행복감을 느끼게 된 학생들은 중립적인 기분의 또래보다 훨씬 더 시험을 잘 본다.

1단계 | 채점 결과

문항 유형	O/X
내용 일치	

→

2단계 | 독해력 점검

☐ 지문의 내용을 충분히 이해함
☐ 지문의 내용을 대체로 이해함
☐ 지문의 내용을 이해하지 못함

해설편 복습

→

3단계 | 문제 해결력 점검

☐ 정답과 오답의 근거를 모두 찾음
☐ 정답과 오답의 근거를 대체로 찾음
☐ 정답과 오답의 근거를 찾지 못함

해설편 복습

DAY 10 | 일치 01~04 | 어휘 테스트

[1~9] 다음 빈칸에 알맞은 말을 〈보기〉에서 찾아 쓰시오.

보기
> inspiration injury composer master
> choir portraits well-to-do female slightly

1 her _____ family
그녀의 부유한 가정

2 the first _____ flight attendant
최초의 여성 비행기 승무원

3 a(n) _____ driver
뛰어난 운전자

4 a car accident _____
자동차 사고 부상

5 a(n) _____ and organist
작곡가이자 오르간 연주자

6 a(n) _____ safer activity
약간 더 안전한 활동

7 _____ of the children
아이들의 초상화

8 the church _____
교회 합창단

9 a great _____
엄청난 영감

[10~15] 다음 빈칸에 알맞은 말을 〈보기〉에서 찾아 쓰시오.

보기
> career appointments lost
> identified approve named

10 He died in 1611, but his tomb has yet to be
_____.
그는 1611년에 사망했으나, 그의 무덤은 아직 확인되지 않았다.

11 Her family did not _____ when she
decided to become an artist.
그녀가 화가가 되려고 결심했을 때 그녀의 가족은 찬성하지 않았다.

12 He remained in that city for about 20 years,
holding _____ at various churches and
religious institutions.
그는 약 20년 동안 다양한 교회와 종교 기관에서 직책을 맡으며
그 도시에 머물렀다.

13 Ellen Church Field Airport in her hometown,
Cresco, was _____ after her.
그녀의 고향인 Cresco에 있는 Ellen Church Field 공항은 그녀
의 이름을 따서 이름 붙여졌다.

14 Cassatt _____ her sight at the age of
seventy, and, sadly, was not able to paint during
the later years of her life.
Cassatt은 70세에 시력을 잃었고, 슬프게도, 노년에는 그림을
그릴 수 없었다.

15 Lilian began her _____ as a sports and
wildlife photographer for British newspapers.
Lilian은 영국 신문사의 스포츠와 야생 동물 사진작가로 자신의
경력을 시작했다.

DAY 11

어법성 판단

유형	출처	정답률	문제편	해설편
어법 01	2022년 11월 고1 학력평가 29번	51%	p.118	p.41
어법 02	2018년 6월 고1 학력평가 28번	30%	p.120	p.42
어법 03	2019년 11월 고1 학력평가 29번	54%	p.122	p.43
어법 04	2020년 6월 고1 학력평가 29번	54%	p.124	p.44

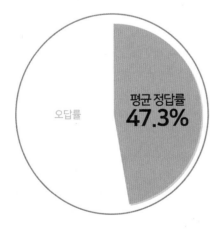

오답률

평균 정답률
47.3%

난이도 - 상

1등급 Tip

매년 1문항이 출제되는 난이도 '상'의 유형이다.
특정 어법(수일치, 관계사, 준동사, 능동/수동, 병
렬구조 등)이 반복적으로 출제되는 경향이 있다.

어법

01

권장 풀이 시간 : 1분 30초 | 실제 걸린 시간 : _____분 _____초   ○ 학습한 날짜 :   .   .

2022년 11월 고1 학력평가 29번 | 147 words

다음 글의 밑줄 친 부분 중, 어법상 틀린 것은?

You may have seen headlines in the news about some of the things machines powered by artificial intelligence can do. However, if you were to consider all the tasks ① that AI-powered machines could ₃ actually perform, it would be quite mind-blowing! One of the key features of artificial intelligence ② is that it enables machines to learn new things, rather than requiring programming specific to new tasks. ₆ Therefore, the core difference between computers of the future and ③ those of the past is that future computers will be able to learn and self-improve. In the near future, smart virtual assistants will know more ₉ about you than your closest friends and family members ④ are. Can you imagine how that might change our lives? These kinds of changes are exactly why it is so important ⑤ to recognize the implications that ₁₂ new technologies will have for our world.

제대로 접근법 ◀ 문제 풀이까지 마친 후 복습할 때 보세요.

■ **Check Point!** ■

① **관계대명사 that**
that 다음에 나온 절이 주어나 목적어가 생략된 불완전한 절이라면, that은 관계대명사로 쓰인 것이다. 접속사 that 다음에는 완전한 절의 형태가 온다.

② 「**one of + 복수명사」의 수 일치**
「one of + 복수명사」 형태의 주어가 쓰인 문장에서 동사의 수에 유의한다. 「one of + 복수명사」에서 핵심 주어는 one이므로 단수동사를 쓴다.

③ **지시대명사 that / those**
of와 같은 전치사구나 관계사절의 수식을 받는 명사가 반복되는 경우, 앞에 나온 명사와의 반복을 피하기 위해 지시대명사를 사용할 수 있다. 이때 앞에 나온 명사가 단수이면 that을, 복수이면 those를 쓴다.

➡ 반복되고 있는 명사가 ❶ _____ 이므로 those를 쓴다.

④ **대동사**
앞에 나온 동사(구)의 반복을 피하기 위해 대동사를 쓸 수 있다. 앞에 나온 동사가 be동사이면 be동사를 쓰고, 일반동사이면 do동사를 쓴다. 이때 수와 시제의 일치에 유의해야 한다.

➡ 앞에 나온 ❷ _____ 의 반복을 피하기 위한 것이므로 대동사 do를 쓴다.

⑤ **가주어 – 진주어 구문**
주어 자리에 to부정사가 와서 문장의 주어가 길어지는 경우, 가주어 it을 주어 자리에 쓰고 진주어인 to부정사는 문장의 뒤로 보낸다.

제대로 독해법 ◀ 문제 채점까지 마친 후 복습할 때 보세요.

■직독 직해■

1~2행 You may have seen headlines in the news / about some of the things / machines powered by artificial intelligence can do.//

여러분은 뉴스에서 헤드라인들을 보았을지도 모른다 / 몇 가지 일들에 대한 / ▨▨▨▨▨▨▨ //

2~4행 However, / if you were to consider all the tasks / that AI-powered machines could actually perform, / it would be quite mind-blowing!//

하지만 / 만일 여러분이 모든 작업을 고려한다면 / AI로 작동되는 기계가 실제로 수행할 수 있는 / 그것은 꽤 놀라울 것이다//

4~6행 One of the key features of artificial intelligence / is that it enables machines to learn new things, / rather than requiring programming / specific to new tasks.//

인공 지능의 핵심 특징들 중 하나는 / 그것이 기계들이 새로운 것들을 학습할 수 있게 한다는 것이다 / 프로그래밍을 필요로 하기보다는 / ▨▨▨▨▨▨▨▨▨▨ //

7~9행 Therefore, / the core difference / between computers of the future and those of the past / is that future computers will be able to learn and self-improve.//

그러므로 / 핵심적인 차이점은 / 미래의 컴퓨터들과 과거의 그것들(컴퓨터들) 사이의 / 미래의 컴퓨터가 학습하고 스스로 개선할 수 있을 것이라는 점이다//

9~10행 In the near future, / smart virtual assistants will know more / about you / than your closest friends and family members do.//

가까운 미래에 / 스마트 가상 비서는 더 많은 것을 알게 될 것이다 / 여러분에 대해 / 여러분의 가장 가까운 친구와 가족들이 아는 것보다//

10~11행 Can you imagine / how that might change our lives?//

여러분은 상상할 수 있는가 / 그것이 우리의 삶을 어떻게 변화시킬지를//

11~13행 These kinds of changes / are exactly why it is so important / to recognize the implications / that new technologies will have / for our world.//

이러한 종류의 변화는 / 바로 매우 중요한 이유이다 / ▨▨▨▨▨▨▨▨▨ / 새로운 기술들이 미칠 / 우리 세계에//

■제대로 어휘력 올리기■

우리말 뜻에 맞는 영어 단어를 지문에서 찾아 쓰세요.

1 _____ : 형 인공의

2 _____ : 동 고려하다

3 _____ : 형 놀라운, 감동적인

4 _____ : 명 특징

5 _____ : 형 핵심적인

6 _____ : 형 가상의

7 _____ : 명 비서, 조수

8 _____ : 동 인식하다

9 _____ : 명 영향; 의미

■제대로 구문 이해하기■

4~6행 One of the key features of artificial intelligence is ❶ that it ❷ enables machines to learn new things, rather than requiring programming ❸ (which was) specific to new tasks.

❶ 접속사 that이 이끄는 명사절이 is의 보어 역할을 하고 있다. 명사절을 이끄는 접속사 that 뒤에는 완전한 문장이 온다.

❷ 「동사(enables) + 목적어(machines) + 목적격 보어(to learn)」 형태의 5형식 문장으로, '(목적어)가 ~할 수 있게 하다'라는 의미이다. enable은 목적격 보어로 to부정사를 취하는 동사이다.

❸ 형용사 specific 앞에 「주격 관계대명사 + be동사」가 생략되어 있다.

✚ 괄호 안에서 알맞은 것을 고르시오.

What this tells us is (what / that) words matter.

이것이 우리에게 말해주는 것은 말이 중요하다는 것이다.

어법

02

권장 풀이 시간 : 1분 30초 | 실제 걸린 시간 : _____분 _____초 | ○학습한 날짜 : .   .

2018년 6월 고1 학력평가 28번 | 136 words

다음 글의 밑줄 친 부분 중, 어법상 틀린 것은?

Plastic is extremely slow to degrade and tends to float, ① which allows it to travel in ocean currents for thousands of miles. Most plastics break down into smaller and smaller pieces when exposed to ultraviolet (UV) light, ② forming microplastics. These microplastics are very difficult to measure once they are small enough to pass through the nets typically used to collect ③ themselves. Their impacts on the marine environment and food webs are still poorly understood. These tiny particles are known to be eaten by various animals and to get into the food chain. Because most of the plastic particles in the ocean ④ are so small, there is no practical way to clean up the ocean. One would have to filter enormous amounts of water to collect a ⑤ relatively small amount of plastic.

3

6

9

12

* degrade 분해되다

제대로 접근법 ◀ 문제 풀이까지 마친 후 복습할 때 보세요.

■ Check Point! ■

① 관계대명사의 계속적 용법
계속적 용법의 관계대명사절은 「콤마(,) + 관계대명사」의 형태로, 선행사를 보충 설명하는 역할을 하기 때문에 「접속사 + 대명사」로 풀어서 선행사부터 순차적으로 해석한다.

② 분사구문 — 능동 vs. 수동

분사구문의 주어와 분사가 능동일 때	현재분사(-ing)
분사구문의 주어와 분사가 수동일 때	과거분사(-ed)

③ 대명사 vs. 재귀대명사

주어와 목적어가 같을 때	재귀대명사 (-self, -selves)
주어와 목적어가 다를 때	대명사

④ 「most[all/some/part/half] of + 명사」의 수일치

뒤에 단수명사가 올 때	단수동사
뒤에 복수명사가 올 때	복수동사

→ 주어인 particles가 ❶ _____명사이므로 동사 ❷ _____ 를 쓴다.

⑤ 부사의 쓰임

동사 수식
형용사 수식
다른 부사 수식
문장 전체 수식

제대로 독해법 ◀ 문제 채점까지 마친 후 복습할 때 보세요.

■직독 직해■

1~2행 Plastic is extremely slow to degrade / and tends to float, / which allows it to travel / in ocean currents / for thousands of miles.//

플라스틱은 매우 느리게 분해되(고) / ▓▓▓▓▓▓▓▓▓▓ / 이는 그것(플라스틱)이 돌아다니게 한다 / 해류를 따라 / 수천 마일을//

2~4행 Most plastics break down / into smaller and smaller pieces / when exposed to ultraviolet (UV) light, / forming microplastics.//

대부분의 플라스틱은 분해되(어) / 점점 더 작은 조각으로 / 자외선에 노출될 때 / 그리고 미세 플라스틱을 형성한다//

4~6행 These microplastics are very difficult / to measure / once they are small enough to pass through the nets / typically used to collect them.//

이러한 미세 플라스틱은 매우 어렵다 / 측정하기가 / ▓▓▓▓▓▓▓▓▓ / 그것들을 수거하는 데 일반적으로 사용되는//

6~7행 Their impacts / on the marine environment and food webs / are still poorly understood.//

그것들의 영향은 / 해양 환경과 먹이 그물에 미치는 / 아직도 제대로 이해되지 않고 있다//

7~9행 These tiny particles are known / to be eaten by various animals / and to get into the food chain.//

이 작은 조각들은 알려져 있다 / 다양한 동물들에게 먹혀 / 그리고 먹이 사슬 속으로 들어간다고//

9~10행 Because most of the plastic particles / in the ocean / are so small, / there is no practical way / to clean up the ocean.//

대부분의 플라스틱 조각들은 ~하기 때문에 / 바다 속에 있는 / 매우 작(기 때문에) / 실질적인 방법은 없다 / 바다를 청소할//

10~12행 One would have to filter / enormous amounts of water / to collect a relatively small amount of plastic.//

우리는 여과해야 할 수도 있다 / 엄청난 양의 물을 / ▓▓▓▓▓▓▓▓▓▓▓//

■제대로 어휘력 올리기■

우리말 뜻에 맞는 영어 단어를 지문에서 찾아 쓰세요.

1 _____ : 통 (물에) 뜨다

2 _____ : 통 노출시키다

3 _____ : 형 자외선의

4 _____ : 통 측정하다

5 _____ : 부 일반적으로

6 _____ : 형 해양의

7 _____ : 명 (아주 작은) 조각

8 _____ : 형 실질적인

9 _____ : 형 엄청난, 거대한

■제대로 구문 이해하기■

2~4행 Most plastics break down into smaller and smaller pieces ❶ **when exposed** to ultraviolet (UV) light, ❷ **forming** microplastics.

❶ 원래 when (they are) exposed ~의 형태로 주어인 plastics를 받는 대명사(they)와 be동사(are)가 생략되었다.

❷ 분사구문의 주어가 주절의 주어(Most plastics)와 일치하므로 생략하고 Most plastics가 form하는 주체이므로 능동의 의미를 나타내는 현재분사 forming으로 쓴다.

✚ 괄호 안에서 알맞은 것을 고르시오.

Children also feel powerful when (asking / asked) to draw a dinosaur.

아이들은 또한 공룡을 그리도록 요구 받았을 때 힘이 있다고 느낀다.

1단계 | 채점 결과

문항 유형	O/X
어법성 판단	

→

2단계 | 독해력 점검

☐ 지문의 내용을 충분히 이해함
☐ 지문의 내용을 대체로 이해함
☐ 지문의 내용을 이해하지 못함

 해설편 복습

→

3단계 | 문제 해결력 점검

☐ 정답과 오답의 근거를 모두 찾음
☐ 정답과 오답의 근거를 대체로 찾음
☐ 정답과 오답의 근거를 찾지 못함

해설편 복습

어법

03

2019년 11월 고1 학력평가 29번 | 134 words

권장 풀이 시간 : 1분 30초 | 실제 걸린 시간 : _____ 분 _____ 초   ●학습한 날짜 : _____ . _____ .

다음 글의 밑줄 친 부분 중, 어법상 틀린 것은?

Non-verbal communication is not a substitute for verbal communication. Rather, it should function as a supplement, ① serving to enhance the richness of the content of the message that is being passed across. Non-verbal communication can be useful in situations ② where speaking may be impossible or inappropriate. Imagine you are in an uncomfortable position while talking to an individual. Non-verbal communication will help you ③ get the message across to him or her to give you some time off the conversation to be comfortable again. Another advantage of non-verbal communication is ④ what it offers you the opportunity to express emotions and attitudes properly. Without the aid of non-verbal communication, there are several aspects of your nature and personality that will not be adequately expressed. So, again, it does not substitute verbal communication but rather ⑤ complements it.

* supplement 보충

제대로 접근법 ◀ 문제 풀이까지 마친 후 복습할 때 보세요.

■ **Check Point!** ■

① **분사구문 ─ 능동 vs. 수동**

분사구문의 주어와 분사가 능동일 때	현재분사(-ing)
분사구문의 주어와 분사가 수동일 때	과거분사(-ed)

→ 주어 it은 앞 문장의 Non-verbal communication을 가리키고, 분사 serving과 ❶ _____ 관계이다.

② **관계부사 where**
관계부사는 절 안에서 부사의 역할을 하므로 뒤에 완전한 문장이 오며, 선행사가 point(시점), case(경우), situation(상황) 등 추상적인 공간일 경우에는 where를 쓴다.

③ **help+목적어+목적격보어**
help(준사역동사)는 목적격보어로 to부정사와 동사원형을 모두 사용하며, '~가 …하게 도와주다'라는 의미이다.

④ **명사절 접속사 that**
관계대명사 what은 뒤에 불완전한 문장이 오지만, 명사절을 이끄는 접속사 that 뒤에는 완전한 문장이 온다. 접속사 that은 명사절로써 문장에서 주어, 목적어, 보어 역할을 한다.

→ it offers you the opportunity~는 완전한 4형식 문장이므로 ❷ _____ 을 쓴다.

⑤ **병렬구조**
등위접속사 and, or, but 등으로 연결된 앞뒤의 두 요소는 문법적으로 대등한 관계를 이루는 단어나 구, 절이어야 한다.

제대로 독해법 ◀ 문제 채점까지 마친 후 복습할 때 보세요.

■ 직독 직해 ■

1~2행 Non-verbal communication is not a substitute / for verbal communication.//
비언어적 의사소통은 대체물이 아니다 / 언어적 의사소통의//

2~4행 Rather, / it should function as a supplement, / serving to enhance the richness / of the content of the message / that is being passed across.//
오히려 / ▨▨▨▨▨▨▨▨▨▨ / 풍부함을 강화시키는 데 도움을 주면서 / 메시지 내용의 / 전달되고 있는//

4~5행 Non-verbal communication can be useful / in situations / where speaking may be impossible or inappropriate.//
비언어적 의사소통은 유용할 수 있다 / 상황에서 / 말하기가 불가능하거나 부적절한//

5~6행 Imagine / you are in an uncomfortable position / while talking to an individual.//
상상해 보라 / ▨▨▨▨▨▨▨▨▨▨ / 어떤 사람과 이야기하는 동안//

6~9행 Non-verbal communication will help you / get the message across to him or her / to give you some time off the conversation / to be comfortable again.//
비언어적 의사소통은 여러분을 도와줄 것이다 / 메시지가 그 사람에게 전달되도록 / 여러분이 대화에서 잠깐 벗어날 시간을 달라는 / 다시 편안해지도록//

9~10행 Another advantage of non-verbal communication / is that it offers you the opportunity / to express emotions and attitudes properly.//
비언어적 의사소통의 또 다른 장점은 / 여러분에게 기회를 제공한다는 것이다 / 감정과 태도를 적절하게 표현할//

11~12행 Without the aid of non-verbal communication, / there are several aspects / of your nature and personality / that will not be adequately expressed.//
비언어적 의사소통의 도움이 없다면 / 여러 측면들이 있다 / 여러분의 본성과 성격의 / 적절하게 표현되지 못할//

13~14행 So, again, / it does not substitute verbal communication / but rather complements it.//
따라서 다시 말하면 / ▨▨▨▨▨▨▨▨▨▨ / 오히려 그것을 보완한다//

■ 제대로 어휘력 올리기 ■

우리말 뜻에 맞는 영어 단어를 지문에서 찾아 쓰세요.

1 _____ : 형 비언어적인

2 _____ : 명 대체물, 대용품

3 _____ : 동 기능하다

4 _____ : 동 강화하다, 높이다

5 _____ : 명 풍부함

6 _____ : 명 내용

7 _____ : 형 부적절한

8 _____ : 부 적절하게, 충분히

9 _____ : 동 보완하다, 보충하다

■ 제대로 구문 이해하기 ■

6~9행 Non-verbal communication will ❶ **help** you **get** the message across to him or her ❷ **to give** you some time off the conversation ❸ **to be** comfortable again.

❶ 준사역동사 help의 목적격보어가 능동의 의미를 나타낼 때는 동사원형 혹은 to부정사가 올 수 있으며, '목적어가 ~하도록 돕다'라고 해석한다.

❷ to give는 to부정사의 형용사적 용법으로 쓰여서 앞에 제시된 명사 the message를 수식한다.

❸ to be는 to부정사의 부사적 용법 가운데 '~하기 위해'라는 뜻의 목적을 나타내는 용법으로 사용되었다. 이때, to be는 in order to be나 so as to be로도 바꿔 쓸 수 있다.

✚ 괄호 안에서 알맞은 것을 고르시오.

A clear statement of the problem will help you (come / coming) up with clear options of how to fix it.

문제의 명확한 진술은 당신이 그것을 해결하는 방법의 명확한 선택사항들을 생각해 내는 데 도움을 줄 것이다.

1단계 | 채점 결과

문항 유형	O/X
어법성 판단	

→

2단계 | 독해력 점검

☐ 지문의 내용을 충분히 이해함
☐ 지문의 내용을 대체로 이해함
☐ 지문의 내용을 이해하지 못함

해설편 복습

→

3단계 | 문제 해결력 점검

☐ 정답과 오답의 근거를 모두 찾음
☐ 정답과 오답의 근거를 대체로 찾음
☐ 정답과 오답의 근거를 찾지 못함

해설편 복습

다음 글의 밑줄 친 부분 중, 어법상 **틀린** 것은?

Positively or negatively, our parents and families are powerful influences on us. But even ① stronger, especially when we're young, are our friends. We often choose friends as a way of ② expanding our sense of identity beyond our families. As a result, the pressure to conform to the standards and expectations of friends and other social groups ③ is likely to be intense. Judith Rich Harris, who is a developmental psychologist, ④ arguing that three main forces shape our development: personal temperament, our parents, and our peers. The influence of peers, she argues, is much stronger than that of parents. "The world ⑤ that children share with their peers," she says, "is what shapes their behavior and modifies the characteristics they were born with, and hence determines the sort of people they will be when they grow up."

* temperament 기질

3

6

9

12

제대로 접근법 ◀ 문제 풀이까지 마친 후 복습할 때 보세요.

■ **Check Point!** ■

① **비교급 강조**
비교급 앞에 even, much, far, still, a lot을 써서 그 의미를 강조할 수 있다. 이 경우 '훨씬 더 ~한'으로 해석한다.

② **동명사**
동명사는 동사 -ing 형태로 '~하는 것'이라고 해석하며, 문장에서 주어, 목적어, 보어 역할을 한다. 전치사의 목적어 자리에는 명사와 동명사 모두 올 수 있지만 목적어를 취할 수 있는 것은 동명사뿐이다.

③ **수의 일치**
주어 역할을 하는 명사(구)에는 관계사절, 분사구, 전치사구, to부정사구 등 여러 형태의 수식어구가 붙을 수 있다. 동사의 수를 주어에 일치시키려면 어느 부분이 문장의 주어인지 정확하게 파악해야 한다.

④ **문장의 구성요소**
문장을 구성하는 기본 요소에는 주어, 동사, 목적어, 보어가 있고 그 밖에 꾸며주는 말, 즉 수식어(구)가 있다. 이 중에서도 주어와 ❶ _____는 문장의 필수 요소이다.

➡ who is a developmental psychologist는 앞뒤에 콤마(,)가 있으므로 삽입구이며 문장의 주요 성분이 될 수 없다.

⑤ **목적격 관계대명사**
목적격 관계대명사 that은 선행사가 사람일 때나 사물일 때 모두 쓸 수 있으며 생략이 가능하다. 목적격 관계대명사 뒤에는 ❷ _____가 빠진 불완전한 문장이 온다.

제대로 독해법 ◀ 문제 채점까지 마친 후 복습할 때 보세요.

■직독 직해■

1~2행 Positively or negatively, / our parents and families / are powerful influences on us.//
긍정적으로든 부정적으로든 / 우리의 부모와 가족은 / 우리에게 강력한 영향을 미치는 사람이다//

2~3행 But even stronger, / especially when we're young, / are our friends.//
하지만 더 강한 (영향을 미치는) 것은 / 특히 우리가 어렸을 때 / 우리의 친구들이다//

3~4행 We often choose friends / as a way of expanding our sense of identity / beyond our families.//
우리는 흔히 친구들을 선택한다 / ▨▨▨▨▨▨▨▨▨ / 가족의 범위를 넘어서//

4~6행 As a result, / the pressure to conform / to the standards and expectations / of friends and other social groups / is likely to be intense.//
그 결과 / ▨▨▨▨▨▨▨▨▨ / 기준과 기대에 / 친구와 다른 사회 집단의 / 심해질 가능성이 있다//

6~8행 Judith Rich Harris, who is a developmental psychologist, / argues / that three main forces shape our development: / personal temperament, our parents, and our peers.//
발달 심리학자인 Judith Rich Harris는 / 주장한다 / 세 가지의 주요한 영향력이 우리의 발달을 형성한다고 / 개인적인 기질, 우리의 부모, 우리의 또래들//

9~10행 The influence of peers, / she argues, / is much stronger than that of parents.//
또래들의 영향은 / 그녀는 주장한다 / ▨▨▨▨▨▨▨▨▨//

10~13행 "The world / that children share with their peers," / she says, / "is what shapes their behavior / and modifies the characteristics / they were born with, / and hence determines / the sort of people they will be / when they grow up."//
세상은 / 아이들이 그들의 또래들과 공유하는 / 그녀는 말한다 / 그들의 행동을 형성하는 것이(고) / 그리고 특성을 변경하는 것이(며) / 그들이 가지고 태어난 / 따라서 결정하는 것이다 / ▨▨▨▨▨▨▨▨▨ / 그들이 자라서//

■제대로 어휘력 올리기■

우리말 뜻에 맞는 영어 단어를 지문에서 찾아 쓰세요.

1 _____ : 명 영향, 영향을 미치는 사람

2 _____ : 명 압박감

3 _____ : 통 따르다, 순응하다

4 _____ : 명 기준

5 _____ : 명 기대, 예상

6 _____ : 형 심한, 격렬한

7 _____ : 통 형성하다

8 _____ : 통 변경하다

9 _____ : 명 특성

■제대로 구문 이해하기■

9~10행 The influence of peers, she argues, is ❶ **much stronger** than ❷ **that** of parents.

❶ much는 비교급 stronger를 강조하여 '훨씬 더 강한'이라는 의미를 나타낸다. 비교급을 강조하는 표현에는 much, a lot, even, still, far 등이 있다.

❷ 동일한 명사의 반복을 피하기 위해 앞에 제시된 명사 the influence 대신에 지시대명사 that이 쓰였다. 지시대명사를 사용할 때는 그것이 가리키는 명사와의 수 일치에 주의하여 that과 those 중에서 적절한 것을 사용하여야 한다.

✚ 괄호 안에서 알맞은 것을 고르시오.

She had the good fortune to have enlightened parents who considered the education of a daughter as important as (that / those) of a son.

그녀는 딸의 교육이 아들의 교육만큼 중요하다고 여기는 깨어있는 부모를 두는 행운을 가졌다.

1단계 | 채점 결과

문항 유형	O / X
어법성 판단	

→

2단계 | 독해력 점검

☐ 지문의 내용을 충분히 이해함
☐ 지문의 내용을 대체로 이해함
☐ 지문의 내용을 이해하지 못함

 해설편 복습

→

3단계 | 문제 해결력 점검

☐ 정답과 오답의 근거를 모두 찾음
☐ 정답과 오답의 근거를 대체로 찾음
☐ 정답과 오답의 근거를 찾지 못함

 해설편 복습

DAY 11 | 어법 01~04 | 어휘 테스트

[1~9] 다음 빈칸에 알맞은 말을 <보기>에서 찾아 쓰시오.

보기
aid intelligence influence nature near
enormous practical content marine

1 _____ amounts of water
엄청난 양의 물

2 artificial _____
인공 지능

3 _____ way
실질적인 방법

4 your _____ and personality
여러분의 본성과 성격

5 the _____ of non-verbal communication
비언어적 의사소통의 도움

6 the _____ environment
해양 환경

7 in the _____ future
가까운 미래에

8 the richness of the _____
내용의 풍부함

9 the _____ of peers
또래들의 영향

[10~15] 다음 빈칸에 알맞은 말을 <보기>에서 찾아 쓰시오.

보기
float inappropriate recognize
features expanding particles

10 Plastic is extremely slow to degrade and tends to _____.
플라스틱은 매우 느리게 분해되고 물에 떠다니는 경향이 있다.

11 One of the key _____ of artificial intelligence is that it enables machines to learn new things.
인공 지능의 핵심 특징들 중 하나는 기계들이 새로운 것을 학습할 수 있게 한다는 것이다.

12 Non-verbal communication can be useful in situations where speaking may be impossible or _____.
비언어적 의사소통은 말하기가 불가능하거나 부적절한 상황에서 유용할 수 있다.

13 These tiny _____ are known to be eaten by various animals and to get into the food chain.
이 작은 조각들은 다양한 동물에게 먹혀 먹이 사슬 속으로 들어간다고 알려져 있다.

14 These kinds of changes are exactly why it is so important to _____ the implications that new technologies will have for our world.
이러한 종류의 변화가 바로 새로운 기술이 우리 세계에 미칠 영향을 인식하는 것이 아주 중요한 이유이다.

15 We often choose friends as a way of _____ our sense of identity beyond our families.
우리는 흔히 가족의 범위를 넘어서 우리의 정체성을 확장하는 방법으로 친구들을 선택한다.

DAY 12

어휘 파악

유형	출처	정답률	문제편	해설편
어휘 01	2022년 11월 고1 학력평가 30번	53%	p.128	p.45
어휘 02	2019년 6월 고1 학력평가 30번	44%	p.130	p.46
어휘 03	2019년 9월 고1 학력평가 30번	39%	p.132	p.47
어휘 04	2020년 11월 고1 학력평가 30번	54%	p.134	p.48

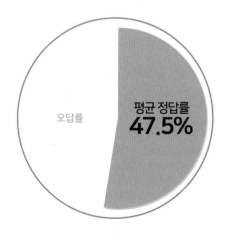

오답률

평균 정답률
47.5%

난이도 - 상

1등급 Tip

매년 1문항이 출제되는 난이도 '상'의 유형이다.
주요 맥락을 파악하고 이 맥락에 맞지 않는 어휘
를 고르는 전략을 사용할 수 있다.

어휘

01

권장 풀이 시간 : **1**분 **30**초 | 실제 걸린 시간 : _____분 _____초   ○학습한 날짜 : _____ . _____ .

2022년 11월 고1 학력평가 30번 | 160 words

다음 글의 밑줄 친 부분 중, 문맥상 낱말의 쓰임이 적절하지 않은 것은?

Plant growth is controlled by a group of hormones called auxins found at the tips of stems and roots of plants. Auxins produced at the tips of stems tend to accumulate on the side of the stem that is in the shade. Accordingly, the auxins ① stimulate growth on the shaded side of the plant. Therefore, the shaded side grows faster than the side facing the sunlight. This phenomenon causes the stem to bend and appear to be growing ② towards the light. Auxins have the ③ opposite effect on the roots of plants. Auxins in the tips of roots tend to limit growth. If a root is horizontal in the soil, the auxins will accumulate on the lower side and interfere with its development. Therefore, the lower side of the root will grow ④ faster than the upper side. This will, in turn, cause the root to bend ⑤ downwards, with the tip of the root growing in that direction.

제대로 독해법 ◀ 문제 채점까지 마친 후 복습할 때 보세요.

■직독 직해■

1~2행 Plant growth is controlled / by a group of hormones / called auxins / found at the tips of stems and roots of plants.//

식물 성장은 조절된다 / 호르몬 그룹에 의해 / 옥신이라고 불리는 / ▨▨▨▨▨▨▨▨▨▨//

2~4행 Auxins produced at the tips of stems / tend to accumulate / on the side of the stem / that is in the shade.//

줄기의 끝에서 생산되는 옥신은 / 축적되는 경향이 있다 / 줄기의 옆면에 / 그늘진 곳에 있는//

4~5행 Accordingly, / the auxins stimulate growth / on the shaded side of the plant.//

따라서 / 옥신은 성장을 자극한다 / 식물의 그늘진 면에서의//

5~6행 Therefore, / the shaded side grows faster / than the side facing the sunlight.//

그러므로 / 그늘진 면은 더 빨리 자란다 / ▨▨▨▨▨▨▨▨▨▨ //

6~7행 This phenomenon / causes the stem to bend / and appear to be growing / towards the light.//

이 현상은 / 줄기가 휘어지게 한다 / 그리고 성장하는 것처럼 보이게 (한다) / 빛을 향하여//

7~8행 Auxins have the opposite effect / on the roots of plants.//

옥신은 반대의 효과를 가진다 / 식물의 뿌리에서는//

8~9행 Auxins in the tips of roots / tend to limit growth.//

뿌리의 끝에 있는 옥신은 / ▨▨▨▨▨▨▨▨▨ //

9~10행 If a root is horizontal / in the soil, / the auxins will accumulate on the lower side / and interfere with its development.//

만약 하나의 뿌리가 수평이라면 / 토양 속에서 / 옥신은 아래쪽에 축적될 것이다 / 그리고 그것의 발달을 방해(할 것이다)//

10~11행 Therefore, / the lower side of the root / will grow slower / than the upper side.//

그러므로 / 뿌리의 아래쪽은 / 더 느리게 자랄 것이다 / 위쪽보다//

11~13행 This will, in turn, cause the root to bend downwards, / with the tip of the root growing / in that direction.//

이것은 결국 뿌리가 아래로 휘어지도록 할 것이다 / ▨▨▨▨▨▨▨▨ / 그 방향으로//

■제대로 어휘력 올리기■

우리말 뜻에 맞는 영어 단어나 표현을 지문에서 찾아 쓰세요.

1 _____ : 몡 (식물의) 줄기

2 _____ : 통 축적되다, 모이다

3 _____ : 뷔 따라서

4 _____ : 통 자극하다, 촉진시키다

5 _____ : 몡 현상

6 _____ : 통 구부러지다, 휘다

7 _____ : 혱 반대의

8 _____ : 혱 수평의

9 _____ : ~을 방해하다

■제대로 구문 이해하기■

11~13행 This will, in turn, ❶ cause the root to bend downwards, ❷ with the tip of the root growing in that direction.

❶ 「cause + 목적어 + 목적격 보어(to부정사)」는 '(목적어)가 ~하게 하다'라는 의미의 5형식 구문이다.

❷ 「with + (대)명사 + 현재분사(-ing)」의 형태로 '~가 …한 채, 하면서'라는 뜻의 부대상황을 나타내는 분사구문이다. (대)명사와 분사가 능동 관계이면 현재분사를, 수동 관계일 때는 과거분사를 쓴다.

✚ 괄호 안에서 알맞은 것을 고르시오.

American Coots migrate from August to December, with males (moved / moving) south before the females and their babies.

American Coots는 8월에서 12월까지 이동하는데, 수컷이 암컷과 새끼보다 먼저 남쪽으로 이동한다.

1단계 | 채점 결과

문항 유형	O／X
어휘 파악	

2단계 | 독해력 점검

□ 지문의 내용을 충분히 이해함
□ 지문의 내용을 대체로 이해함
□ 지문의 내용을 이해하지 못함

→ 해설편 복습 →

3단계 | 문제 해결력 점검

□ 정답과 오답의 근거를 모두 찾음
□ 정답과 오답의 근거를 대체로 찾음
□ 정답과 오답의 근거를 찾지 못함

해설편 복습

어휘

02

권장 풀이 시간 : 1분 30초 | 실제 걸린 시간 : _____ 분 _____ 초   ●학습한 날짜 :   .   .

2019년 6월 고1 학력평가 30번 | 126 words

(A), (B), (C)의 각 네모 안에서 문맥에 맞는 낱말로 가장 적절한 것은?

School assignments have typically required that students work alone. This emphasis on (A) [collective / individual] productivity reflected an opinion that independence is a necessary factor for success. Having ₃ the ability to take care of oneself without depending on others was considered a requirement for everyone. Consequently, teachers in the past (B) [more / less] often arranged group work or encouraged ₆ students to acquire teamwork skills. However, since the new millennium, businesses have experienced more global competition that requires improved productivity. This situation has led employers to insist ₉ that newcomers to the labor market provide evidence of traditional independence but also interdependence shown through teamwork skills. The challenge for educators is to ensure individual competence in ₁₂ basic skills while (C) [adding / decreasing] learning opportunities that can enable students to also perform well in teams.

* competence 능력

	(A)		(B)		(C)
①	individual	······	less	······	adding
②	collective	······	less	······	decreasing
③	individual	······	less	······	decreasing
④	collective	······	more	······	decreasing
⑤	individual	······	more	······	adding

제대로 접근법   ◀ 문제 풀이까지 마친 후
복습할 때 보세요.

■ **Check Point!** ■

주요 맥락을 파악하고 이 맥락에 맞는 어휘를 고른다.

〈토픽 찾기〉
group work, teamwork skills,
interdependence

〈주요 맥락 파악하기〉
오늘날은 ❶ _____ 뿐만 아니라 팀워크 기술을 통한 ❷ _____ 을 갖는 것도 중요하다.

〈맥락에 맞는 어휘 고르기〉
(A) 학교 과제는 학생들이 혼자 하도록 요구하는 ❸ _____ 생산성을 강조했다.

(B) 따라서 과거의 교사들은 모둠 활동이나 팀워크 기술을 ❹ _____ 권장했다.

(C) 오늘날의 교육 과제는 학생들이 팀에서 잘 수행할 수 있게 하는 학습 기회를 ❺ _____ 것이다.

제대로 독해법 ◀ 문제 채점까지 마친 후 복습할 때 보세요.

■ 직독 직해 ▨

1행 School assignments have typically required / that students work alone.//
학교 과제는 전형적으로 요구해 왔다 / 학생들이 혼자 하도록//

2~3행 This emphasis on individual productivity / reflected an opinion / that independence is a necessary factor / for success.//
이러한 개별 생산성의 강조는 / 의견을 반영했다 / 독립성이 필수 요인이라는 / 성공의//

3~5행 Having the ability / to take care of oneself / without depending on others / was considered a requirement for everyone.//
능력을 갖는 것이 / 스스로를 책임지는 / [   ] / 모든 사람에게 필요한 것이라고 여겨졌다//

5~7행 Consequently, / teachers in the past / less often arranged group work / or encouraged students / to acquire teamwork skills.//
따라서 / 과거의 교사들은 / 모둠 활동을 덜 마련하(거나) / 혹은 학생들을 (덜) 권장했다 / 팀워크 기술을 배우는 것을//

7~9행 However, / since the new millennium, / businesses have experienced more global competition / that requires improved productivity.//
그러나 / 뉴 밀레니엄 시대 이후로 / 기업들은 더 많은 국제적 경쟁을 경험했다 / 향상된 생산성을 요구하는//

9~12행 This situation has led employers to insist / that newcomers to the labor market provide / evidence of traditional independence / but also interdependence / shown through teamwork skills.//
이러한 상황은 고용주들로 하여금 주장하게 했다 / 노동 시장의 초입자들이 제공해야 한다고 / 전통적인 독립성의 증명(뿐만 아니라) / 상호 의존성에 대한 증명도 / [   ]//

12~14행 The challenge for educators / is to ensure individual competence / in basic skills / while adding learning opportunities / that can enable students to also perform well / in teams.//
교육자의 도전 과제는 / [   ] / 기본적인 기술에서의 / 동시에 학습 기회를 늘려주는 것이다 / 학생들이 또한 잘 수행할 수 있도록 하는 / 팀에서//

■ 제대로 어휘력 올리기 ■

우리말 뜻에 맞는 영어 단어를 지문에서 찾아 쓰세요.

1 _____ : 명 과제, 임무
2 _____ : 명 강조
3 _____ : 명 생산성
4 _____ : 명 독립성
5 _____ : 명 필요한 것
6 _____ : 부 따라서, 그 결과
7 _____ : 명 경쟁
8 _____ : 명 증명
9 _____ : 명 상호 의존성

■ 제대로 구문 이해하기 ■

2~3행 ❶ This **emphasis on** individual productivity reflected an opinion ❷ **that** independence is a necessary factor for success.

❶ emphasis on: ~에 대한 강조

❷ 동격의 접속사 that으로, that이 이끄는 절이 앞의 명사 opinion을 보충 설명한다. 주로 idea, fact, opinion, thought 등의 추상명사와 함께 쓰이며 that 뒤에는 완전한 문장이 온다.

✚ 괄호 안에서 알맞은 것을 고르시오.

Tolerance is the idea (that / what) all people should be equally accepted and equally treated, regardless of their differences from others.

관용은 모든 사람들이 다른 사람들과의 차이와 관계없이 동등하게 받아들여지고 동등하게 대우받아야 한다는 개념이다.

1단계 | 채점 결과

문항 유형	O/X
어휘 파악	

→

2단계 | 독해력 점검
□ 지문의 내용을 충분히 이해함
□ 지문의 내용을 대체로 이해함
□ 지문의 내용을 이해하지 못함

해설편 복습

→

3단계 | 문제 해결력 점검
□ 정답과 오답의 근거를 모두 찾음
□ 정답과 오답의 근거를 대체로 찾음
□ 정답과 오답의 근거를 찾지 못함

해설편 복습

어휘

03

권장 풀이 시간 : 1분 30초 | 실제 걸린 시간 : _____분 _____초   ●학습한 날짜 :   .   .

2019년 9월 고1 학력평가 30번 | 110 words

다음 글의 밑줄 친 부분 중, 문맥상 낱말의 쓰임이 적절하지 <u>않은</u> 것은?

Technological development often forces change, and change is uncomfortable. This is one of the main reasons why technology is often resisted and why some perceive it as a ① <u>threat</u>. It is important to understand our natural ② <u>hate</u> of being uncomfortable when we consider the impact of technology on our lives. As a matter of fact, most of us prefer the path of ③ <u>least</u> resistance. This tendency means that the true potential of new technologies may remain ④ <u>unrealized</u> because, for many, starting something new is just too much of a struggle. Even our ideas about how new technology can enhance our lives may be ⑤ <u>encouraged</u> by this natural desire for comfort.

제대로 접근법   ◀ 문제 풀이까지 마친 후 복습할 때 보세요.

■ **Check Point!** ■

주요 맥락을 파악하고 이 맥락에 맞지 않는 어휘를 고른다. 선택지에 제시된 단어와 반대되는 의미의 단어를 넣어 문맥을 비교해 보는 것이 tip!

〈토픽 찾기〉
technology, change, uncomfortable

⬇

〈주요 맥락 파악하기〉
사람들은 과학기술의 발전으로 인한 변화를 본능적으로 ❶_____한다.

⬇

〈맥락에 맞지 않는 어휘 고르기〉
새로운 과학기술이 어떻게 우리의 삶을 향상시킬 수 있는가에 관한 생각은 편안함을 추구하는 이 타고난 욕구에 의해 장려될 수 있다.(❷_____)
➡ 제한될 수 있다.(❸_____)

제대로 독해법 ◀ 문제 채점까지 마친 후 복습할 때 보세요.

■ 직독 직해 ■

1~2행 Technological development often forces change, / and change is uncomfortable.//

과학기술의 발전은 흔히 변화를 강요하는(데) / 그런데 변화는 불편하다//

2~3행 This is one of the main reasons / why technology is often resisted / and why some perceive it / as a threat.//

이것은 주된 이유 중 하나이다 / ▨▨▨▨▨▨▨▨ / 그리고 몇몇 사람들이 그것을 인식하는 / 위협으로//

3~5행 It is important / to understand our natural hate / of being uncomfortable / when we consider / the impact of technology on our lives.//

중요하다 / ▨▨▨▨▨▨▨▨ / 불편함에 대한 / 우리가 고려할 때 / 과학기술이 우리 삶에 끼치는 영향력을//

5~6행 As a matter of fact, / most of us prefer / the path of least resistance.//

사실 / 우리 대부분은 선호한다 / 가장 무난한 길을//

6~9행 This tendency means / that the true potential of new technologies / may remain unrealized / because, for many, / starting something new / is just too much of a struggle.//

이 경향은 의미한다 / 새로운 과학기술의 진정한 잠재력이 ~ 라는 것을 / 실현되지 않은 채로 남아 있을 수 있다 / 왜냐하면 많은 사람들에게 ~이기 때문이다 / 새로운 무언가를 시작하는 것이 / ▨▨▨▨▨▨▨▨//

9~10행 Even our ideas / about how new technology can enhance our lives / may be limited / by this natural desire for comfort.//

심지어 우리의 생각은 / 새로운 과학기술이 어떻게 우리의 삶을 향상시킬 수 있는가에 관한 / 제한될 수 있다 / 편안함을 추구하는 이 타고난 욕구에 의해//

■ 제대로 어휘력 올리기 ■

우리말 뜻에 맞는 영어 단어나 표현을 지문에서 찾아 쓰세요.

1 _____ : 형 과학기술의

2 _____ : 형 불편한

3 _____ : 동 인식하다, 인지하다

4 _____ : 명 저항, 반대

5 _____ : 명 경향

6 _____ : 명 잠재력

7 _____ : 형 실현되지 않은

8 _____ : 명 힘든 일

9 _____ : 동 향상시키다

■ 제대로 구문 이해하기 ■

2~3행 This is ❶ one of the main reasons ❷ why technology is often resisted and why some perceive it as a threat.

❶ 「one of + 복수명사」는 '~ 중의 하나'라는 뜻으로, 전치사 of 뒤에는 반드시 복수 명사가 와야 한다. 「one of + 복수명사」가 주어로 쓰인 경우, 단수 취급하여 단수형 동사를 쓴다는 것도 함께 기억해 두자.

❷ 관계부사 why가 이끄는 절이 접속사 and를 중심으로 병렬구조를 이루고 있다. '~하는 이유'라는 의미의 the reason why는 the reason과 why를 함께 쓰기도 하고 각각 단독으로 쓰기도 한다.

➕ 괄호 안에서 알맞은 것을 고르시오.

Here lies the reason (why / how) natural control is chosen more than pesticide use.

자연 통제가 살충제 사용보다 더 선택되는 이유가 여기에 있다.

1단계 | 채점 결과

문항 유형	O/X
어휘 파악	

→ **2단계 | 독해력 점검**
□ 지문의 내용을 충분히 이해함
□ 지문의 내용을 대체로 이해함
□ 지문의 내용을 이해하지 못함
　해설편 복습

→ **3단계 | 문제 해결력 점검**
□ 정답과 오답의 근거를 모두 찾음
□ 정답과 오답의 근거를 대체로 찾음
□ 정답과 오답의 근거를 찾지 못함
　해설편 복습

어휘

04

권장 풀이 시간 : 1분 30초 | 실제 걸린 시간 : _____분 _____초   ●학습한 날짜 :   .   .

2020년 11월 고1 학력평가 30번 | 145 words

(A), (B), (C)의 각 네모 안에서 문맥에 맞는 낱말로 가장 적절한 것은?

Recent research suggests that evolving humans' relationship with dogs changed the structure of both species' brains. One of the various (A) physical / psychological changes caused by domestication is a ₃ reduction in the size of the brain: 16 percent for horses, 34 percent for pigs, and 10 to 30 percent for dogs. This is because once humans started to take care of these animals, they no longer needed various ₆ brain functions in order to survive. Animals who were fed and protected by humans did not need many of the skills required by their wild ancestors and (B) developed / lost the parts of the brain related ₉ to those capacities. A similar process occurred for humans, who seem to have been domesticated by wolves. About 10,000 years ago, when the role of dogs was firmly established in most human societies, the ₁₂ human brain also (C) expanded / shrank by about 10 percent.

	(A)		(B)		(C)
①	physical	……	developed	……	expanded
②	physical	……	lost	……	expanded
③	physical	……	lost	……	shrank
④	psychological	……	developed	……	shrank
⑤	psychological	……	lost	……	shrank

제대로 접근법   ◀ 문제 풀이까지 마친 후 복습할 때 보세요.

■ **Check Point!** ■

주요 맥락을 파악하고 이 맥락에 맞는 어휘를 고른다.

〈토픽 찾기〉
humans' relationship with dogs, changed, brain, reduction

↓

〈주요 맥락 파악하기〉
인간과 개와의 관계가 진화하면서 두 종 모두의 뇌 크기가 ❶ _____.

↓

〈맥락에 맞는 어휘 고르기〉
(A) 개 사육으로 인한 다양한 신체적 변화 중의 하나는 뇌 크기의 ❷ _____이다.

(B) 인간에 의해 보살핌을 받는 개들은 야생에서의 생존 능력과 관련된 뇌의 부분들을 ❸ _____.

(C) 인간 사회에서 개의 역할이 확실해지면서, 인간의 뇌 크기도 ❹ _____.

제대로 독해법 ◀ 문제 채점까지 마친 후 복습할 때 보세요.

■직독 직해■

1~2행 Recent research suggests / that evolving humans' relationship with dogs / changed / the structure of both species' brains.//

최근의 연구는 시사한다 / ▨▨▨▨▨▨▨ / 바꿨다는 것을 / 두 종 모두의 뇌 구조를//

2~5행 One of the various physical changes / caused by domestication / is a reduction in the size of the brain: / 16 percent for horses, 34 percent for pigs, and 10 to 30 percent for dogs.//

다양한 신체적 변화들 중 하나는 / 사육으로 인해 야기된 / 뇌 크기의 감소인데 / 말은 16%, 돼지는 34%, 그리고 개는 10에서 30% (감소했다)//

5~7행 This is because / once humans started to take care of these animals, / they no longer needed various brain functions / in order to survive.//

이는 ~ 때문이다 / ▨▨▨▨▨▨▨▨ / 그것들이 다양한 뇌 기능을 더 이상 필요로 하지 않았(기 때문이다) / 생존하기 위해//

7~10행 Animals / who were fed and protected by humans / did not need many of the skills / required by their wild ancestors / and lost the parts of the brain / related to those capacities.//

동물들은 / 인간에 의해 먹여지고 보호받는 / 기술 중 많은 것들을 필요로 하지 않았다 / ▨▨▨▨▨▨▨ / 그래서 뇌의 부분들을 잃어버렸다 / 그러한 능력들과 관련된//

10~11행 A similar process occurred for humans, / who seem to have been domesticated by wolves.//

유사한 과정이 인간에게 나타났는데 / 그들은 늑대에 의해 길여진 것으로 보인다//

11~13행 About 10,000 years ago, / when the role of dogs was firmly established / in most human societies, / the human brain also shrank / by about 10 percent.//

약 만 년 전 / ▨▨▨▨▨▨▨ / 대부분의 인간 사회에서 / 인간의 뇌도 줄어들었다 / 약 10%//

■제대로 어휘력 올리기■

우리말 뜻에 맞는 영어 단어를 지문에서 찾아 쓰세요.

1 _____ : 통 진화하다

2 _____ : 명 구조

3 _____ : 명 사육, 길들이기

4 _____ : 명 감소

5 _____ : 명 기능

6 _____ : 명 조상, 선조

7 _____ : 명 능력

8 _____ : 통 나타나다, 발생하다

9 _____ : 부 확실하게

■제대로 구문 이해하기■

7~10행 Animals who ❶ **were fed** and **protected** by humans did not need many of the skills ❷ **required** by their wild ancestors and lost the parts of the brain **related** to those capacities.

❶ 등위접속사 and를 중심으로 수동태 were fed와 protected가 병렬구조로 연결되어 있다. 중복을 피하기 위해 protected 앞에 be동사의 과거형 were가 생략되었다.

❷ required와 related는 각각 which[that] were가 생략된 형태의 과거분사구로 선행사인 명사구를 수식하고 있다. 「주격 관계대명사 + be동사」는 함께 생략이 가능하다.

✚괄호 안에서 알맞은 것을 고르시오.

These chemicals have been considered alarm signals (designed / are designed) to alert other members of the species to the presence of a predator.

이러한 화학물질은 그 종의 다른 구성원들에게 포식자의 존재를 알리기 위해 고안된 비상경보로 간주되어 왔다.

1단계 | 채점 결과

문항 유형	O/X
어휘 파악	

→

2단계 | 독해력 점검

☐ 지문의 내용을 충분히 이해함
☐ 지문의 내용을 대체로 이해함
☐ 지문의 내용을 이해하지 못함

해설편 복습

→

3단계 | 문제 해결력 점검

☐ 정답과 오답의 근거를 모두 찾음
☐ 정답과 오답의 근거를 대체로 찾음
☐ 정답과 오답의 근거를 찾지 못함

해설편 복습

DAY 12 | 어휘 01~04 | 어휘 테스트

[1~9] 다음 빈칸에 알맞은 말을 <보기>에서 찾아 쓰시오.

보기

opposite natural requirement
technological functions phenomenon
tips potential competition

1 more global _____
더 많은 국제적 경쟁

2 this _____ desire for comfort
편안함을 추구하는 이 타고난 욕구

3 various brain _____
다양한 뇌 기능들

4 the true _____
진정한 잠재력

5 this _____
이러한 현상

6 _____ development
과학기술의 발전

7 the _____ effect
반대의 효과

8 a(n) _____ for everyone
모든 사람에게 필요한 것

9 the _____ of roots
뿌리의 끝

[10~15] 다음 빈칸에 알맞은 말을 <보기>에서 찾아 쓰시오.

보기

assignments stimulate interfere
factor perceive evolving

10 This emphasis on individual productivity reflected an opinion that independence is a necessary _____ for success.
이러한 개별 생산성의 강조는 독립성이 성공의 필수 요인이라는 의견을 반영했다.

11 Accordingly, the auxins _____ growth on the shaded side of the plant.
따라서, 옥신은 식물의 그늘진 면에서의 성장을 자극한다.

12 School _____ have typically required that students work alone.
학교 과제는 전형적으로 학생들이 혼자 하도록 요구해 왔다.

13 Recent research suggests that _____ humans' relationship with dogs changed the structure of both species' brains.
최근의 연구는 진화하는 인간과 개와의 관계가 두 종 모두의 뇌 구조를 바꿨다는 것을 시사한다.

14 If a root is horizontal in the soil, the auxins will accumulate on the lower side and _____ with its development.
만약 뿌리가 토양 속에서 수평이라면, 옥신은 아래쪽에 축적되어 그것의 발달을 방해할 것이다.

15 This is one of the main reasons why technology is often resisted and why some _____ it as a threat.
이것은 과학기술이 흔히 저항을 받고 몇몇 사람들이 그것을 위협으로 인식하는 주된 이유 중 하나이다.

DAY 13 빈칸 추론 Ⅰ

유형	출처	정답률	문제편	해설편
빈칸 01	2021년 3월 고1 학력평가 31번	56%	p.138	p.49
빈칸 02	2019년 9월 고1 학력평가 31번	59%	p.140	p.50
빈칸 03	2017년 9월 고1 학력평가 31번	38%	p.142	p.51
빈칸 04	2019년 9월 고1 학력평가 33번	52%	p.144	p.52

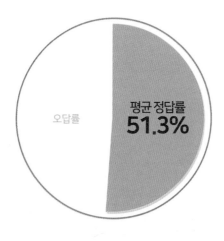

오답률

평균 정답률
51.3%

난이도 - 상

1등급 Tip

난이도 '상'의 빈칸 유형은 매년 4문항이 출제된다. 선택지는 단어나 구, 절의 형태이고, 지문의 앞, 중간, 뒤에 빈칸이 위치한다. 빈칸의 단서는 빈칸 가까이에 있고, 정답은 절대 지문에 나온 표현을 그대로 쓰지 않는다.

다음 빈칸에 들어갈 말로 가장 적절한 것은?

One of the most important aspects of providing good care is making sure that an animal's needs are being met consistently and predictably. Like humans, animals need a sense of control. So an animal who 3 may get enough food but doesn't know when the food will appear and can see no consistent schedule may experience distress. We can provide a sense of control by ensuring that our animal's environment 6 is _____ : there is always water available and always in the same place. There is always food when we get up in the morning and after our evening walk. There will always be a time and place to eliminate, 9 without having to hold things in to the point of discomfort. Human companions can display consistent emotional support, rather than providing love one moment and withholding love the next. When 12 animals know what to expect, they can feel more confident and calm.

* eliminate 배설하다

① silent   ② natural   ③ isolated
④ dynamic   ⑤ predictable

◀ 문제 풀이까지 마친 후
복습할 때 보세요.

제대로 접근법

■**Check Point!**■

빈칸의 단서는 빈칸 가까이에!
정답은 절대 지문에 나온 표현을 그대로 쓰지 않는다.

1) 빈칸의 단서는 빈칸 가까이에!

(1~2행) One of the most important aspects of providing good care is making sure that an animal's needs are being met consistently and ❶ _____.

↓

(5~8행) We can provide a sense of control by ensuring that our animal's environment is ❷ _____ : ~ .

↓

(10~12행) Human companions can display ❸ _____ emotional support, rather than providing love one moment and withholding love the next.

↓

동물에게 일관되고 ❹ _____ 환경을 제공함으로써 통제감을 줄 수 있다.

2) 정답은 절대 지문에 나온 표현을 그대로 쓰지 않는다. 빈칸의 의미를 유추해 낼 수 있는 단서가 되는 표현들을 찾아보자.

• consistently and predictably
• consistent emotional support
• know what to expect

제대로 독해법　◀ 문제 채점까지 마친 후 복습할 때 보세요.

■ 직독 직해 ■

1~2행 One of the most important aspects / of providing good care / is making sure / that an animal's needs are being met / consistently and predictably.//
가장 중요한 측면 중 한 가지는 / 좋은 보살핌을 제공하는 것의 / 반드시 ~ 하는 것이다 / ▓▓▓▓▓▓▓▓ / 일관되게 그리고 예측 가능하게//

3행 Like humans, / animals need a sense of control.//
사람과 마찬가지로 / 동물은 통제감을 필요로 한다//

3~5행 So an animal / who may get enough food / but doesn't know / when the food will appear / and can see no consistent schedule / may experience distress.//
그러므로 동물은 / 충분한 음식을 제공받고 있는 / 하지만 모르는 / 음식이 언제 나타날지 / ▓▓▓▓▓▓▓▓ / 괴로움을 겪을지도 모른다//

5~8행 We can provide a sense of control / by ensuring / that our animal's environment is predictable: / there is always water available / and always in the same place.//
우리는 통제감을 줄 수 있다 / 보장함으로써 / ▓▓▓▓▓▓▓▓ / 즉 마실 수 있는 물이 항상 있고 / (물이) 항상 같은 곳에 있는 것이다//

8~9행 There is always food / when we get up in the morning / and after our evening walk.//
늘 음식이 있다 / 아침에 일어날 때 / 그리고 저녁 산책을 한 후에//

9~10행 There will always be a time and place / to eliminate, / without having to hold things in / to the point of discomfort.//
시간과 장소가 늘 있을 것이다 / 배설할 수 있는 / 잠아야 할 필요 없이 / 불편한 정도까지//

10~12행 Human companions can display / consistent emotional support, / rather than providing love one moment / and withholding love the next.//
사람 친구는 보이는 것이 좋다 / 일관된 정서적 지지를 / 한순간에는 애정을 주다가 ~하기 보다는 / 그다음에는 애정을 주지 않기(보다는)//

12~13행 When animals know / what to expect, / they can feel more confident and calm.//
동물이 알고 있을 때 / 무엇을 기대해야 할지 / ▓▓▓▓▓▓▓▓//

■ 제대로 어휘력 올리기 ■

우리말 뜻에 맞는 영어 단어나 표현을 지문에서 찾아 쓰세요.

1 _____ : 🞮 일관되게

2 _____ : 🞮 예측가능하게

3 _____ : 🞮 (정신적) 괴로움

4 _____ : 🞮 참다, 억누르다

5 _____ : 🞮 불편, 불쾌

6 _____ : 🞮 친구, 동료

7 _____ : 🞮 보이다, 드러내다

8 _____ : 🞮 지지, 지원

9 _____ : 🞮 주지 않다

■ 제대로 구문 이해하기 ■

1~2행 One of the most important aspects of providing good care ❶ is making sure that an animal's needs ❷ are being met consistently and predictably.

❶ 「one of + 복수명사」는 '~중의 하나'라는 뜻으로, 「one of + 복수명사」가 주어인 경우 단수 취급하여 단수형 동사를 쓴다.

❷ 「be동사 + being + p.p.」 형태의 현재진행 수동태는 「be동사 + -ing」의 현재진행형과 「be동사 + p.p.」의 수동태가 합쳐져 '~ 되고 있다'라는 의미를 나타낸다.

➕ 괄호 안에서 알맞은 것을 고르시오.

One of the most interesting features of the leopard sharks (is /are) their three-pointed teeth.

leopard shark의 가장 흥미로운 특징들 중 하나는 세 개의 뾰족한 끝이 있는 이빨이다.

1단계 | 채점 결과

문항 유형	O/X
빈칸 추론	

→

2단계 | 독해력 점검
□ 지문의 내용을 충분히 이해함
□ 지문의 내용을 대체로 이해함
□ 지문의 내용을 이해하지 못함

 해설편 복습

→

3단계 | 문제 해결력 점검
□ 정답과 오답의 근거를 모두 찾음
□ 정답과 오답의 근거를 대체로 찾음
□ 정답과 오답의 근거를 찾지 못함

해설편 복습

빈칸 01　**139**

다음 빈칸에 들어갈 말로 가장 적절한 것은?

_____ provides a change to the environment for journalists. Newspaper stories, television reports, and even early online reporting (prior to communication technology such as tablets and smartphones) 3 required one central place to which a reporter would submit his or her news story for printing, broadcast, or posting. Now, though, a reporter can shoot video, record audio, and type directly on their smartphones 6 or tablets and post a news story instantly. Journalists do not need to report to a central location where they all contact sources, type, or edit video. A story can be instantaneously written, shot, and made available 9 to the entire world. The news cycle, and thus the job of the journalist, never takes a break. Thus the "24-hour" news cycle that emerged from the rise of cable TV is now a thing of the past. The news "cycle" is really 12 a constant.

① Mobility　　　　② Sensitivity　　　　③ Creativity
④ Accuracy　　　　⑤ Responsibility

제대로 접근법　◀ 문제 풀이까지 마친 후 복습할 때 보세요.

■ Check Point! ■

빈칸의 단서는 빈칸 가까이에!
정답은 절대 지문에 나온 표현을 그대로 쓰지 않는다.

1) 빈칸의 단서는 빈칸 가까이에!

(1행) ❶ _____ provides a change to the environment for journalists.

↓

(2~5행) Newspaper stories, television reports, and even early online reporting ~ required one central place to which a reporter would submit his or her news story ~.

↓

(5~7행) Now, though, a reporter can shoot video, record audio, and type directly on their smartphones or tablets and post a news story ❷ _____.

⋮↓

오늘날 기자들은 자신의 스마트 기기를 이용하여 즉각적으로 기사를 작성하고 게시할 수 있다.
= ❸ _____은 기자들의 환경에 대한 변화를 제공한다.

2) 정답은 절대 지문에 나온 표현을 그대로 쓰지 않는다. 빈칸의 의미를 유추해 낼 수 있는 단서가 되는 표현들을 찾아보자.

- post a news story instantly
- do not need to report to a central location
- can be instantaneously written, shot, and made available to the entire world

제대로 독해법
◀ 문제 채점까지 마친 후 복습할 때 보세요.

■ 직독 직해 ■

1행 Mobility provides a change / to the environment for journalists.//
기동성은 변화를 제공한다 / 기자들의 환경에 대한//

2~5행 Newspaper stories, television reports, and even early online reporting / (prior to communication technology / such as tablets and smartphones) / required one central place / to which a reporter would submit his or her news story / for printing, broadcast, or posting.//
신문 기사, 텔레비전 보도, 그리고 심지어 초기의 온라인 보도는 / 통신 기술 이전에는 / 태블릿과 스마트폰과 같은 / 하나의 중심적인 장소를 필요로 했다 / ░░░░░░░░ / 인쇄, 방송, 또는 게시를 위해//

5~7행 Now, though, / a reporter can shoot video, record audio, and type directly / on their smartphones or tablets / and post a news story instantly.//
그러나 이제 / 기자는 비디오를 촬영하고, 오디오를 녹음하며, 직접 타이핑할 수 있다 / 자신의 스마트폰 또는 태블릿으로 / 그리고 즉시 뉴스 기사를 게시할 수 있다//

7~9행 Journalists do not need to report / to a central location / where they all contact sources, type, or edit video.//
기자들은 보고할 필요가 없다 / 중심 장소에 / 그들 모두가 정보의 원천과 접촉하거나, 타이핑하거나, 또는 비디오를 편집하는//

9~10행 A story can be instantaneously written, shot, / and made available to the entire world.//
░░░░░░░░ / (그리고) 전 세계에서 이용 가능하다//

10~11행 The news cycle, / and thus the job of the journalist, / never takes a break.//
뉴스의 순환 / 따라서 기자의 일은 / ░░░░░░░░//

11~12행 Thus the "24-hour" news cycle / that emerged from the rise of cable TV / is now a thing of the past.//
그러므로 '24시간'의 뉴스 순환은 / 케이블 TV의 성장으로 나타난 / 이제 과거의 것이다//

12~13행 The news "cycle" / is really a constant.//
뉴스 '순환'은 / 정말로 끊임없이 계속되는 것이다//

■ 제대로 어휘력 올리기 ■

우리말 뜻에 맞는 영어 단어나 표현을 지문에서 찾아 쓰세요.

1 _____ : 몡 기동성, 이동성
2 _____ : 몡 기자, 언론인
3 _____ : ~ 이전에
4 _____ : 통 제출하다
5 _____ : 몡 방송 통 방송하다
6 _____ : 뷔 즉시
7 _____ : 뷔 즉각적으로
8 _____ : 통 나타나다, 생기다
9 _____ : 몡 끊임없이 계속되는 것 톙 끊임없는, 거듭되는

■ 제대로 구문 이해하기 ■

9~10행 A story ❶ can be instantaneously written, shot, and made ❷ available to the entire world.

❶ 등위접속사 and를 중심으로 조동사 can과 수동태 be written, be shot, be made가 병렬구조로 연결되어 있다. 문장의 간결성을 위해 첫 번째 동사 뒤에 중복되는 조동사와 be동사를 생략하였다.

❷ 5형식 동사 make가 수동태로 전환되면서 목적어에 해당하는 a story가 주어 자리로 이동하고, 목적격 보어인 형용사 available이 수동태 바로 뒤에 나오는 형태이다.

✚ 괄호 안에서 알맞은 것을 고르시오.

Though a coyote may still succeed in catching its prey, there is a chance that it may tire out, give up, and (go / goes) look for an easier meal.

코요테가 여전히 먹이를 잡는 데 성공한다 할지라도, 그것이 기진맥진하고, 포기하고, 더 쉬운 먹이를 찾으러 갈 가능성이 있다.

1단계 | 채점 결과

문항 유형	O/X
빈칸 추론	

→

2단계 | 독해력 점검
□ 지문의 내용을 충분히 이해함
□ 지문의 내용을 대체로 이해함
□ 지문의 내용을 이해하지 못함

 해설편 복습

→

3단계 | 문제 해결력 점검
□ 정답과 오답의 근거를 모두 찾음
□ 정답과 오답의 근거를 대체로 찾음
□ 정답과 오답의 근거를 찾지 못함

해설편 복습

다음 빈칸에 들어갈 말로 가장 적절한 것은?

Why doesn't the modern American accent sound similar to a British accent? After all, didn't the British colonize the U.S.? Experts believe that British residents and the colonists who settled America all sounded the same back in the 18th century, and they probably all sounded more like modern Americans than modern Brits. The accent that we identify as British today was developed around the time of the American Revolution by people of low birth rank who had become wealthy during the Industrial Revolution. To distinguish themselves from other commoners, these people developed new ways of speaking to set themselves apart and demonstrate their new, elevated _____. In the 19th century, this distinctive accent was standardized as Received Pronunciation and taught widely by pronunciation tutors to people who wanted to learn to speak fashionably.

3

6

9

12

* Received Pronunciation 영국 표준 발음

① social status
② fashion sense
③ political pressures
④ colonial involvement
⑤ intellectual achievements

제대로 접근법 ◀ 문제 풀이까지 마친 후 복습할 때 보세요.

■ **Check Point!** ■

빈칸의 단서는 빈칸 가까이에!
정답은 절대 지문에 나온 표현을 그대로 쓰지 않는다.

1) 빈칸의 단서는 빈칸 가까이에!

(5~8행) The accent that we identify as British today was developed ~ by people of low birth ❶ _____ who had become ❷ _____ during the Industrial Revolution.

⬇

(8~11행) To distinguish themselves from other commoners, these people developed new ways of speaking to set themselves apart and demonstrate their new, elevated ❸ _____.

⋮

부유해진 하층계급의 사람들은 자신들의 새로운 ❹ _____를 드러내기 위한 말하기 방식을 개발해냈다.

2) 정답은 절대 지문에 나온 표현을 그대로 쓰지 않는다. 빈칸의 의미를 유추해 낼 수 있는 단서가 되는 표현들을 찾아보자.

• people of low birth rank
• distinguish themselves from other commoners

제대로 독해법   ◀ 문제 채점까지 마친 후 복습할 때 보세요.

■ 직독 직해 ■

1~2행 Why doesn't the modern American accent sound similar / to a British accent?//

왜 현대 미국의 악센트는 비슷하게 들리지 않는가 / ▨▨▨▨▨▨▨▨▨//

2행 After all, / didn't the British colonize the U.S.?//

어쨌든 / 영국이 미국을 식민화하지 않았는가//

2~5행 Experts believe / that British residents and the colonists / who settled America / all sounded the same / back in the 18th century, / and they probably all sounded more like modern Americans / than modern Brits.//

전문가들은 믿는다 / 영국 거주자들과 식민지 개척자들은 ~라고 / 미국에 정착한 / 모두 발음이 똑같았(으며) / 18세기 무렵에는 / 그리고 아마도 그들은 모두 현대 미국 발음에 더 가까웠을 것이(라고) / 현대 영국 발음보다는//

5~8행 The accent / that we identify as British today / was developed / around the time of the American Revolution / by people of low birth rank / who had become wealthy / during the Industrial Revolution.//

악센트는 / 우리가 오늘날 영국 악센트라고 인식하는 / 발생하였다 / 미국 독립혁명 즈음에 / ▨▨▨▨▨▨▨▨▨ / 부유해진 / 산업혁명 기간에//

8~11행 To distinguish themselves from other commoners, / these people developed new ways of speaking / to set themselves apart / and demonstrate their new, elevated social status.//

▨▨▨▨▨▨▨▨▨ / 이들은 새로운 말하기 방식을 개발해냈다 / 스스로를 구별 짓고 / 그리고 그들의 새로이 높아진 사회적 지위를 드러내는//

11~14행 In the 19th century, / this distinctive accent / was standardized / as Received Pronunciation / and taught widely / by pronunciation tutors / to people who wanted to learn to speak fashionably.//

19세기에 / 이 독특한 악센트는 / ▨▨▨▨▨▨▨▨▨ / 영국 표준 발음으로 / 그리고 널리 가르쳐졌다 / 발음 지도 강사들에 의해 / 세련되게 말하는 법을 배우고 싶어 하는 사람들에게//

■ 제대로 어휘력 올리기 ■

우리말 뜻에 맞는 영어 단어를 지문에서 찾아 쓰세요.

1 _____ : 통 식민지로 만들다

2 _____ : 통 정착하다

3 _____ : 통 구별하다

4 _____ : 명 평민

5 _____ : 통 입증하다, 보여 주다

6 _____ : 형 (지위) 높은, 높아진

7 _____ : 명 지위, 신분

8 _____ : 형 독특한

9 _____ : 명 발음

■ 제대로 구문 이해하기 ■

2~5행 Experts believe ❶ that British residents and the colonists ❷ who settled America all sounded the same back in the 18th century, and they probably all sounded more like modern Americans than modern Brits.

❶ that은 접속사로 목적어 역할을 하는 명사절(that British residents ~ than modern Brits)을 이끌며, 생략 가능하다.

❷ who settled America는 주격 관계대명사절로 앞에 있는 선행사 the colonists를 수식한다.

✚ 괄호 안에서 알맞은 것을 고르시오.

Some scientists believe (that / what) certain animals use a type of language.

몇몇 과학자들은 특정 동물들이 일종의 언어를 사용한다고 믿는다.

1단계 | 채점 결과

문항 유형	O / X
빈칸 추론	

→

2단계 | 독해력 점검

□ 지문의 내용을 충분히 이해함
□ 지문의 내용을 대체로 이해함   해설편 복습
□ 지문의 내용을 이해하지 못함

→

3단계 | 문제 해결력 점검

□ 정답과 오답의 근거를 모두 찾음
□ 정답과 오답의 근거를 대체로 찾음   해설편 복습
□ 정답과 오답의 근거를 찾지 못함

다음 빈칸에 들어갈 말로 가장 적절한 것은?

All improvement in your life begins with an improvement in your
_____. If you talk to unhappy people and ask them what
they think about most of the time, you will find that almost without fail,　3
they think about their problems, their bills, their negative relationships,
and all the difficulties in their lives. But when you talk to successful,
happy people, you find that they think and talk most of the time about　6
the things that they want to be, do, and have. They think and talk
about the specific action steps they can take to get them. They dwell
continually on vivid, exciting pictures of what their goals will look like　9
when they are realized, and what their dreams will look like when they
come true.

① mental pictures
② physical competence
③ cooperative attitude
④ learning environment
⑤ academic achievements

제대로 접근법　◀ 문제 풀이까지 마친 후
복습할 때 보세요.

■ Check Point! ■

빈칸의 단서는 빈칸 가까이에!
정답은 절대 지문에 나온 표현을 그대로 쓰지 않는다.

1) 빈칸의 단서는 빈칸 가까이에!

(1~2행) All improvement in your life begins with an improvement in your mental pictures.

⬇

(2~5행) If you talk to ❶ _____ people and ask them what they think about most of the time, you will find that ~.

⬇

(5~7행) But when you talk to successful, ❷ _____ people, you find that ~ about the things that they want to be, do, and have.

⬇

성공하고 행복한 사람들은 대부분의 시간 동안 그들이 원하는 것과 그것을 이루기 위한 구체적인 방법에 대해 깊이 생각한다.
= 당신 삶에서의 모든 향상은 당신의 ❸ _____ 의 향상으로 시작된다.

2) 정답은 절대 지문에 나온 표현을 그대로 쓰지 않는다. 빈칸의 의미를 유추해 낼 수 있는 단서가 되는 표현들을 찾아보자.

• think and talk most of the time about the things that they want to be, do, and have
• think and talk about the specific action steps they can take to get them
• dwell continually on vivid, exciting pictures

제대로 독해법 ◀ 문제 채점까지 마친 후 복습할 때 보세요.

■ 직독 직해 ■

1~2행 All improvement in your life / begins with an improvement / in your mental pictures.//

당신 삶에서의 모든 향상은 / ▨▨▨▨▨▨▨▨ / 당신의 마음속 그림의//

2~5행 If you talk to unhappy people / and ask them / what they think about most of the time, / you will find / that almost without fail, / they think / about their problems, their bills, their negative relationships, / and all the difficulties in their lives.//

만약 당신이 불행한 사람들과 이야기한다면 / 그리고 그들에게 물어본(다면) / 그들이 대부분의 시간에 무슨 생각을 하는지 / 당신은 발견할 것이다 / 거의 틀림없이 / 그들이 생각한다는 것을 / 자신의 문제, 고지서, 부정적인 관계에 대해 / 그리고 그들의 삶에서의 모든 어려움(에 대해)//

5~7행 But / when you talk to successful, happy people, / you find / that they think and talk most of the time / about the things / that they want to be, do, and have.//

그러나 / 당신이 성공한 행복한 사람들과 이야기할 때 / 당신은 알게 된다 / 그들이 대부분의 시간 동안 생각하고 이야기한다는 것을 / ~것들에 대해 / 그들이 되고 싶고, 하고 싶고, 갖고 싶은//

7~8행 They think and talk / about the specific action steps / they can take to get them.//

그들은 생각하고 이야기한다 / ▨▨▨▨▨▨▨▨ / 그들이 그것들을 얻기 위해 취할 수 있는//

8~11행 They dwell continually / on vivid, exciting pictures / of what their goals will look like / when they are realized, / and what their dreams will look like / when they come true.//

그들은 끊임없이 깊이 생각한다 / 생생하고 흥미로운 그림들에 대해 / ▨▨▨▨▨▨▨▨ / 그것이 실현되었을 때 / 그리고 그들의 꿈이 어떻게 보일지(에 대한) / 그것이 이루어졌을 때//

■ 제대로 어휘력 올리기 ■

우리말 뜻에 맞는 영어 단어나 표현을 지문에서 찾아 쓰세요.

1 _____ : 명 향상

2 _____ : 명 고지서, 청구서

3 _____ : 형 성공한

4 _____ : 형 구체적인

5 _____ : 동 깊이 생각하다

6 _____ : 부 끊임없이

7 _____ : 형 생생한, 선명한

8 _____ : 동 실현하다, 달성하다

9 _____ : 이루어지다, 실현되다

■ 제대로 구문 이해하기 ■

5~7행 But when you talk to successful, happy people, you find ❶ **that** they think and talk most of the time about the things ❷ **that** they want to be, do, and have.

❶ 접속사 that이 동사 find의 목적어인 명사절을 이끌고 있으며, 접속사 that 뒤에는 완전한 문장이 쓰였다. think, believe, know, find, suppose등의 3형식 타동사는 that절을 목적어로 사용하며, 이때 that은 생략 가능하다.

❷ 목적격 관계대명사 that이 선행사 the things를 대신하여 명사적 용법으로 쓰인 to be, (to) do, (to) have의 목적어 역할을 한다.

✚ 괄호 안에서 알맞은 것을 고르시오.

You might think (what / that) those who earned a lot of money would have been more positive than those who earned very little.

여러분은 많은 돈을 번 사람들이 돈을 매우 적게 번 사람들보다 더 긍정적이었을 것이라고 생각할 수도 있다.

1단계 | 채점 결과

문항 유형	O/X
빈칸 추론	

→

2단계 | 독해력 점검

☐ 지문의 내용을 충분히 이해함
☐ 지문의 내용을 대체로 이해함　　**해설편 복습**
☐ 지문의 내용을 이해하지 못함

→

3단계 | 문제 해결력 점검

☐ 정답과 오답의 근거를 모두 찾음
☐ 정답과 오답의 근거를 대체로 찾음　　**해설편 복습**
☐ 정답과 오답의 근거를 찾지 못함

DAY 13 | 빈칸 01~04 | 어휘 테스트

[1~9] 다음 빈칸에 알맞은 말을 〈보기〉에서 찾아 쓰시오.

보기

negative consistent needs status
journalists aspects rank vivid reporting

1 the environment for _____
기자들의 환경

2 their _____ relationships
그들의 부정적인 관계

3 people of low birth _____
하층계급의 사람들

4 _____, exciting pictures
생생하고 흥미로운 그림들

5 early online _____
초기의 온라인 보도

6 an animal's _____
동물의 욕구

7 their new, elevated social _____
그들의 새로이 높아진 사회적 지위

8 _____ emotional support
일관된 정서적 지지

9 the most important _____
가장 중요한 측면들

[10~15] 다음 빈칸에 알맞은 말을 〈보기〉에서 찾아 쓰시오.

보기

instantaneously predictable emerged
colonize specific distinctive

10 In the 19th century, this _____ accent was standardized.
19세기에, 이 독특한 악센트는 표준화되었다..

11 Thus the "24-hour" news cycle that _____ from the rise of cable TV is now a thing of the past.
그러므로 케이블 TV의 성장으로 나타난 '24시간'의 뉴스 순환은 이제 과거의 것이다.

12 They think and talk about the _____ action steps they can take to get them.
그들은 그것들을 얻기 위해 취할 수 있는 구체적인 행동 단계에 대해 생각하고 이야기한다.

13 A story can be _____ written, shot, and made available to the entire world.
기사는 즉각적으로 작성되고 촬영되며 전 세계에서 이용 가능하다.

14 We can provide a sense of control by ensuring that our animal's environment is _____.
우리 동물의 환경이 예측 가능하도록 보장함으로써 우리는 통제감을 줄 수 있다.

15 After all, didn't the British _____ the U.S.?
어쨌든 영국이 미국을 식민화하지 않았는가?

DAY 14

빈칸 추론 II

유형	출처	정답률	문제편	해설편
빈칸 05	2023년 3월 고1 학력평가 33번	52%	p.148	p.53
빈칸 06	2018년 6월 고1 학력평가 33번	38%	p.150	p.54
빈칸 07	2020년 3월 고1 학력평가 32번	68%	p.152	p.55
빈칸 08	2019년 3월 고1 학력평가 32번	42%	p.154	p.56

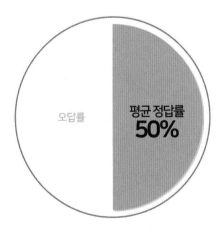

오답률   평균 정답률 50%

난이도 - 상

1등급 Tip

난이도 '상'의 빈칸 유형은 매년 4문항이 출제된다. 지문의 앞, 중간, 뒤에 빈칸이 위치한다. 선택지는 단어나 구, 절의 형태이다. 빈칸의 단서는 빈칸 가까이에 있고, 정답은 절대 지문에 나온 표현을 그대로 쓰지 않는다.

다음 빈칸에 들어갈 말로 가장 적절한 것은?

   In Lewis Carroll's *Through the Looking-Glass*, the Red Queen takes Alice on a race through the countryside. They run and they run, but then Alice discovers that they're still under the same tree that they started from. The Red Queen explains to Alice: "*here*, you see, it takes all the running you can do, to keep in the same place." Biologists sometimes use this Red Queen Effect to explain an evolutionary principle. If foxes evolve to run faster so they can catch more rabbits, then only the fastest rabbits will live long enough to make a new generation of bunnies that run even faster — in which case, of course, only the fastest foxes will catch enough rabbits to thrive and pass on their genes. Even though they might run, the two species _____ .

3

6

9

12

* thrive 번성하다

① just stay in place
② end up walking slowly
③ never run into each other
④ won't be able to adapt to changes
⑤ cannot run faster than their parents

제대로 접근법 ◀ 문제 풀이까지 마친 후 복습할 때 보세요.

■ **Check Point!** ■

빈칸의 단서는 빈칸 가까이에!
정답은 절대 지문에 나온 표현을 그대로 쓰지 않는다.

1) 빈칸의 단서는 빈칸 가까이에!

> (4~5행) The Red Queen explains to Alice: "*here*, you see, it takes all the running you can do, to ❶ _____ in the same place."

> (7~11행) If foxes evolve to run faster so they can catch more rabbits, then only the ❷ _____ rabbits will live long enough ~ in which case, of course, only the fastest foxes will catch enough rabbits to thrive and pass on their genes.

> (11~12행) Even though they might run, the two species just stay in place.

> 계속 달려야 같은 장소에 머물 수 있음
> (붉은 여왕 효과)
> = 더 빨리 달리게 진화한 여우와 더
> ❸ _____ 달리게 진화한 토끼는 예전과 상황이 같음

2) 정답은 절대 지문에 나온 표현을 그대로 쓰지 않는다. 빈칸의 의미를 유추해 낼 수 있는 단서가 되는 표현들을 찾아보자.

> • they're still under the same tree that they started from
> • to keep in the same place

제대로 독해법 ◀ 문제 채점까지 마친 후 복습할 때 보세요.

■ 직독 직해 ■

1~2행 In Lewis Carroll's *Through the Looking-Glass*, / the Red Queen takes Alice / on a race through the countryside.//

Lewis Carroll의 'Through the Looking-Glass'에서 / 붉은 여왕은 Alice를 데리고 간다 / 시골을 통과하는 한 경주에//

2~4행 They run and they run, / but then Alice discovers / that they're still under the same tree / that they started from.//

그들은 달리고 또 달린다 / 하지만 그러다가 Alice는 발견한다 / ▓▓▓▓▓▓▓▓▓▓ / 그들이 출발했던//

4~5행 The Red Queen explains to Alice: / "*here*, you see, / it takes all the running / you can do, / to keep in the same place."//

붉은 여왕은 Alice에게 설명한다 / '여기서는' 보다시피 / 모든 뜀박질이 필요하단다 / 네가 할 수 있는 / ▓▓▓▓▓▓▓▓▓▓//

5~7행 Biologists sometimes use this Red Queen Effect / to explain an evolutionary principle.//

생물학자들은 때때로 이 '붉은 여왕 효과'를 사용한다 / 진화 원리를 설명하기 위해//

7~11행 If foxes evolve to run faster / so they can catch more rabbits, / then only the fastest rabbits will live / long enough to make a new generation of bunnies / that run even faster / — in which case, / of course, / only the fastest foxes will catch enough rabbits / to thrive and pass on their genes.//

만약 여우가 더 빨리 달리도록 진화한다면 / 더 많은 토끼를 잡을 수 있도록 / 그러면 오직 가장 빠른 토끼만이 살 것이다 / ▓▓▓▓▓▓▓▓▓ / 훨씬 더 빨리 달리는 / 이러한 경우에 / 물론 / 가장 빠른 여우만이 충분한 토끼를 잡을 것이다 / 번성하여 자신들의 유전자를 물려줄 (만큼)//

11~12행 Even though they might run, / the two species just stay in place.//

그들이 달린다고 할지라도 / ▓▓▓▓▓▓▓▓▓ //

■ 제대로 어휘력 올리기 ■

우리말 뜻에 맞는 영어 단어나 표현을 지문에서 찾아 쓰세요.

1 _____ : 명 시골
2 _____ : 명 생물학자
3 _____ : 명 효과, 영향
4 _____ : 형 진화의
5 _____ : 명 원리
6 _____ : 명 세대
7 _____ : ~을 물려주다, ~을 전달하다
8 _____ : 명 유전자
9 _____ : 명 종

■ 제대로 구문 이해하기 ■

7~11행 If foxes evolve to run faster ❶ **so** they can catch more rabbits, then only the fastest rabbits will live ❷ **long enough to make** a new generation of bunnies that run even faster — in which case, of course, only the fastest foxes will catch enough rabbits to thrive and pass on their genes.

❶ 「so (that) + 주어 + 동사」는 '~하기 위하여, ~하도록'이라는 의미의 목적을 나타내는 구문이다.

❷ 「형용사/부사 + enough + to부정사」 구문은 '~할 정도로 충분히 …한/하게'의 의미를 나타낸다. enough는 형용사나 부사를 수식할 경우, 형용사나 부사의 뒤에 위치한다.

➕ 괄호 안에서 알맞은 것을 고르시오.

I thought to myself, 'Did I work (enough hard / hard enough) to outperform the other participants?'

'내가 다른 참가자들을 능가할 만큼 충분히 열심히 했는가?'라고 마음속으로 생각했다.

1단계 | 채점 결과

문항 유형	O/X
빈칸 추론	

→

2단계 | 독해력 점검
□ 지문의 내용을 충분히 이해함
□ 지문의 내용을 대체로 이해함
□ 지문의 내용을 이해하지 못함

해설편 복습

→

3단계 | 문제 해결력 점검
□ 정답과 오답의 근거를 모두 찾음
□ 정답과 오답의 근거를 대체로 찾음
□ 정답과 오답의 근거를 찾지 못함

해설편 복습

다음 빈칸에 들어갈 말로 가장 적절한 것은?

There is good evidence that in organic development, perception starts with _____. For example, when two-year-old children and chimpanzees had learned that, of two boxes presented to them, the one with a triangle of a particular size and shape always contained attractive food, they had no difficulty applying their training to triangles of very different appearance. The triangles were made smaller or larger or turned upside down. A black triangle on a white background was replaced by a white triangle on a black background, or an outlined triangle by a solid one. These changes seemed not to interfere with recognition. Similar results were obtained with rats. Karl Lashley, a psychologist, has asserted that simple transpositions of this type are universal in all animals including humans.

* transposition 치환

① interpreting different gestures
② establishing social frameworks
③ identifying the information of colors
④ separating the self from the environment
⑤ recognizing outstanding structural features

제대로 접근법   ◀ 문제 풀이까지 마친 후 복습할 때 보세요.

■ Check Point! ■

빈칸의 단서는 빈칸 가까이에!
정답은 절대 지문에 나온 표현을 그대로 쓰지 않는다.

1) 빈칸의 단서는 빈칸 가까이에!

(1~2행) There is good evidence that in organic development, perception starts with recognizing outstanding structural features.

↓

(2~6행) For example, when two-year-old children ~, the one with a triangle of a ❶ _____ size and shape always contained attractive food, they had no difficulty applying their training to triangles of very different appearance.

↓

(9~10행) These changes seemed not to interfere with ❷ _____ .

⋮

특정 크기와 모양의 삼각형이 있는 상자에 항상 맛있는 음식이 있다는 것을 알게 되면 크기나 색깔이 다른 삼각형이 와도 인식을 저해하지 않는다.
= 지각은 두드러진 ❸ _____ 을 인식하는 것에서 시작된다.

2) 정답은 절대 지문에 나온 표현을 그대로 쓰지 않는다. 빈칸의 의미를 유추해 낼 수 있는 단서가 되는 표현들을 찾아보자.

- the one with a triangle of a particular size and shape
- had no difficulty applying their training to triangle of very different appearance
- not to interfere with recognition

제대로 독해법 ◀ 문제 채점까지 마친 후 복습할 때 보세요.

■ 직독 직해 ■

1~2행 There is good evidence / that in organic development, / perception starts / with recognizing outstanding structural features.//
충분한 증거가 있다 / 유기적 발달에서 ~라는 / 지각은 시작된다(는) / ///

2~6행 For example, / when two-year-old children and chimpanzees had learned that, / of two boxes presented to them, / the one with a triangle of a particular size and shape / always contained attractive food, / they had no difficulty applying their training / to triangles of very different appearance.//
예를 들어 / 2살 어린이와 침팬지가 알았을 때 / 그들에게 주어지는 2개의 상자 중 / / 항상 맛있어 보이는 음식이 들어 있다(는 것을) / 그들은 그들의 훈련을 적용하는 것에 어려움이 없었다 / 아주 다른 모양의 삼각형에도//

6~7행 The triangles were made smaller or larger / or turned upside down.//
삼각형은 더 작아지거나 커지(거나) / 또는 뒤집혔다//

7~9행 A black triangle / on a white background / was replaced by a white triangle / on a black background, / or an outlined triangle / by a solid one.//
검은색 삼각형은 / 흰색 바탕의 / / 검은색 바탕의 / 또는 외곽선이 있는 삼각형은 / 단색의 것으로//

9~10행 These changes seemed / not to interfere with recognition.//
이런 변화는 ~으로 보였다 / 인식을 저해하지 않는 것(으로)//

10행 Similar results were obtained with rats.//
유사한 결과가 쥐에서도 얻어졌다//

10~12행 Karl Lashley, a psychologist, / has asserted / that simple transpositions of this type / are universal / in all animals including humans.//
심리학자인 Karl Lashley는 / 주장했다 / 이런 유형의 단순한 치환이 ~라고 / 보편적이(라고) / 인간을 포함한 모든 동물들에게//

■ 제대로 어휘력 올리기 ■
우리말 뜻에 맞는 영어 단어를 지문에서 찾아 쓰세요.
1 _____ : 형 구조적인
2 _____ : 형 매력적인, 마음을 끄는
3 _____ : 명 외모, 외관
4 _____ : 동 대체하다
5 _____ : 형 단색의; 단단한
6 _____ : 명 인식
7 _____ : 동 얻다
8 _____ : 동 주장하다
9 _____ : 형 보편적인, 일반적인

■ 제대로 구문 이해하기 ■
2~6행 ~ when two-year-old children and chimpanzees had learned ❶ that, of two boxes ❷ presented to them, the one with a triangle of a particular size and shape always contained attractive food, they had no difficulty ❸ applying their training **to** triangles of very different appearance.

❶ 접속사 that이 had learned의 목적절을 이끈다.
❷ two boxes 뒤에 「주격 관계대명사 + be동사(which were)」가 생략되어 과거분사구 presented to them이 two boxes를 수식한다.
❸ apply A to B : A를 B에 적용하다

✚ 괄호 안에서 알맞은 것을 고르시오.
Instead of making guesses, scientists follow a system (designed / to design) to prove if their ideas are true or false.
추측하는 대신에, 과학자들은 그들의 생각들이 사실인지 거짓인지 증명하도록 고안된 체계를 따른다.

권장 풀이 시간 : **2분** | 실제 걸린 시간 : _____분 _____초   ○학습한 날짜 :

2020년 3월 고1 학력평가 32번 | 123 words

다음 빈칸에 들어갈 말로 가장 적절한 것은?

Although many small businesses have excellent websites, they typically can't afford aggressive online campaigns. One way to get the word out is through an advertising exchange, in which advertisers place banners ₃ on each other's websites for free. For example, a company selling beauty products could place its banner on a site that sells women's shoes, and in turn, the shoe company could put a banner on the beauty ₆ product site. Neither company charges the other; they simply exchange ad space. Advertising exchanges are gaining in popularity, especially among marketers who do not have much money and who don't have ₉ a large sales team. By _____, advertisers find new outlets that reach their target audiences that they would not otherwise be able to afford.

₁₂

* aggressive 매우 적극적인   ** outlet 출구

① trading space
② getting funded
③ sharing reviews
④ renting factory facilities
⑤ increasing TV commercials

제대로 접근법 ◀ 문제 풀이까지 마친 후 복습할 때 보세요.

■**Check Point!**■

빈칸의 단서는 빈칸 가까이에!
정답은 지문에 나온 표현을 절대 그대로 쓰지 않는다.

1) 빈칸의 단서는 빈칸 가까이에!

(7~8행) Neither company charges the other; they simply exchange ad ❶ _____.

↓

(8~10행) Advertising ❷ _____ are gaining in popularity, especially among marketers who do not have much money and who don't have a large sales team.

↓

(10~12행) By trading space, advertisers find new outlets that reach their target audiences that they would not otherwise be able to afford.

⬇

두 회사가 서로의 웹사이트에 무료로 광고를 게시하는 광고 교환은 돈이 많지 않고 대규모 영업팀이 없는 마케팅 담당자들 사이에서 인기를 얻고 있다.
= ❸ _____ 함으로써 광고주들은 더 많은 목표 대상과 접촉할 수 있게 된다.

2) 정답은 지문에 나온 표현을 절대 그대로 쓰지 않는다. 빈칸의 의미를 유추해 낼 수 있는 단서가 되는 표현들을 찾아보자.

- an advertising exchange
- place banners on each other's websites
- exchange ad space

제대로 독해법 ◀ 문제 채점까지 마친 후 복습할 때 보세요.

■ 직독 직해 ■

1~2행 Although many small businesses have excellent websites, / they typically can't afford / aggressive online campaigns.//
비록 많은 소규모 사업체들이 훌륭한 웹사이트를 가지고 있지만 / 그들은 보통 ~할 형편이 안 된다 / 매우 적극적인 온라인 캠페인을//

2~4행 One way to get the word out / is through an advertising exchange, / in which advertisers place banners / on each other's websites for free.//
▒▒▒▒▒▒▒▒▒ / 광고 교환을 통해서이다 / 광고주들이 배너를 게시하는 / 서로의 웹사이트에 무료로//

4~7행 For example, / a company selling beauty products / could place its banner on a site / that sells women's shoes, / and in turn, / the shoe company could put a banner / on the beauty product site.//
예를 들어 / 미용 제품을 판매하는 회사는 / 사이트에 자신의 배너를 게시할 수 있(고) / 여성 신발을 판매하는 / 그 다음에는 / 그 신발 회사가 배너를 게시할 수 있다 / 미용 제품 사이트에//

7~8행 Neither company charges the other; / they simply exchange ad space.//
두 회사 모두 상대방에게 비용을 청구하지 않으며 / ▒▒▒▒▒▒▒▒▒//

8~10행 Advertising exchanges are gaining in popularity, / especially among marketers / who do not have much money / and who don't have a large sales team.//
광고 교환은 인기를 얻고 있는데 / 특히 마케팅 담당자들 사이에서 (그렇다) / 돈이 많지 않(고) / ▒▒▒▒▒▒▒▒▒//

10~12행 By trading space, / advertisers find new outlets / that reach their target audiences / that they would not otherwise be able to afford.//
공간을 교환함으로써 / 광고주들은 새로운 (광고) 출구를 찾는다 / 자신들의 목표 대상(광고 타깃)과 접촉할 수 있는 / 그렇지 않으면 접촉할 수 없었을//

■ 제대로 어휘력 올리기 ■

우리말 뜻에 맞는 영어 단어나 표현을 지문에서 찾아 쓰세요.

1 _____ : 휜 보통, 일반적으로
2 _____ : 통 ~할 형편이 되다
3 _____ : 입소문을 내다
4 _____ : 통 (비용을) 청구하다
5 _____ : 휜 그저, 단순히
6 _____ : 통 교환하다
7 _____ : 명 인기
8 _____ : 명 목표, 표적
9 _____ : 휜 그렇지 않으면

■ 제대로 구문 이해하기 ■

7~8행 ❶ Neither company charges the other; they simply exchange ad space.

❶ neither는 주로 대명사나 형용사로 쓰이며 '둘 중 어느 것도 ~ 아니다'라고 해석한다. 이 문장에서는 명사 company를 수식하는 형용사로 쓰였으며, neither는 주어로 쓰일 경우 단수 취급하므로 단수동사 charges를 썼다.

✚ 괄호 안에서 알맞은 것을 고르시오.

But neither of them (was / were) willing to cut it down and count the growth rings to prove it!

하지만 그들 중 누구도 이를 증명하기 위해 기꺼이 그것을 베어서 나이테를 세려고 하지 않았다!

1단계 | 채점 결과

문항 유형	O/X
빈칸 추론	

→

2단계 | 독해력 점검

□ 지문의 내용을 충분히 이해함
□ 지문의 내용을 대체로 이해함
□ 지문의 내용을 이해하지 못함

해설편 복습

→

3단계 | 문제 해결력 점검

□ 정답과 오답의 근거를 모두 찾음
□ 정답과 오답의 근거를 대체로 찾음
□ 정답과 오답의 근거를 찾지 못함

해설편 복습

빈칸
08

권장 풀이 시간 : 2분 | 실제 걸린 시간 : _____ 분 _____ 초 ●학습한 날짜 : ____ . ____ .

2019년 3월 고1 학력평가 32번 | 120 words

다음 빈칸에 들어갈 말로 가장 적절한 것은?

All mammals need to leave their parents and set up on their own at some point. But human adults generally provide a comfortable existence — enough food arrives on the table, money is given at regular 3 intervals, the bills get paid and the electricity for the TV doesn't usually run out. If teenagers didn't build up a fairly major disrespect for and conflict with their parents or carers, they'd never want to leave. In fact, 6 _____ is probably a necessary part of growing up. Later, when you live independently, away from them, you can start to love them again because you won't need to be fighting to 9 get away from them. And you can come back sometimes for a home-cooked meal.

① developing financial management skills

② learning from other people's experiences

③ figuring out your strengths and interests

④ managing relationship problems with your peers

⑤ falling out of love with the adults who look after you

제대로 접근법 ◀ 문제 풀이까지 마친 후 복습할 때 보세요.

■ **Check Point!** ■

빈칸의 단서는 빈칸 가까이에!
정답은 절대 지문에 나온 표현을 그대로 쓰지 않는다.

1) 빈칸의 단서는 빈칸 가까이에!

(1~2행) All mammals need to leave their parents and ❶ _____ on their own at some point.

(5~6행) If teenagers didn't build up a fairly major disrespect for and conflict with their parents or carers, they'd never want to ❷ _____.

(6~8행) In fact, falling out of love with the adults who look after you is probably a necessary part of growing up.

보살펴 주는 어른과의 정을
❸ _____ 것
= 성장의 필수적인 부분

2) 정답은 절대 지문에 나온 표현을 그대로 쓰지 않는다. 빈칸이 글 중반부에 나오는 경우는 빈칸 앞뒤의 내용을 통해 빈칸의 단서가 될 수 있는 표현들에 주목하자.

- (빈칸 앞) they'd never want to leave
- (빈칸 뒤) when you live independently, away from them, you can start to love them again

제대로 독해법 ◀ 문제 채점까지 마친 후 복습할 때 보세요.

■직독 직해■

1~2행 All mammals need to leave their parents / and set up on their own / at some point.//

모든 포유동물은 부모를 떠나야 한다 / 그리고 자립해(야 한다) / 어느 시점에서는//

2~5행 But human adults generally provide a comfortable existence / — enough food arrives on the table, / money is given at regular intervals, / the bills get paid / and the electricity for the TV / doesn't usually run out.//

하지만 성인 인간은 보통 안락한 생활을 제공하는데 / 충분한 음식이 식탁 위에 차려지고 / [⬛⬛⬛⬛⬛⬛⬛] / 청구서가 지불되고 / TV 전기가 / 대개 끊기지 않는다//

5~6행 If teenagers didn't build up / a fairly major disrespect for and conflict / with their parents or carers, / they'd never want to leave.//

십 대 아이가 키우지 않는다면 / [⬛⬛⬛⬛⬛⬛⬛] / 부모나 보호자들과 / 그들은 결코 떠나고 싶어 하지 않을 것이다//

6~8행 In fact, / falling out of love with the adults / who look after you / is probably a necessary part of growing up.//

사실 / 어른과의 정을 떼는 것은 / 여러분을 보살펴 주는 / 아마도 성장의 필수적인 부분일 것이다//

8~10행 Later, / when you live independently, / away from them, / you can start to love them again / because you won't need to be fighting / to get away from them.//

나중에 / 여러분이 독립적으로 생활하게 되면 / 그들과 떨어져서 / 그들을 다시 사랑하기 시작할 수 있다 / 여러분이 싸울 필요가 없을 것이기 때문에 / [⬛⬛⬛⬛⬛⬛]//

10~11행 And you can come back sometimes / for a home-cooked meal.//

그리고 여러분은 가끔 돌아올 수 있다 / 집 밥을 먹기 위해//

■제대로 어휘력 올리기■

우리말 뜻에 맞는 영어 단어나 표현을 지문에서 찾아 쓰세요.

1 _____ : 몡 포유동물

2 _____ : 혱 안락한, 편안한

3 _____ : 몡 생활, 생계

4 _____ : 몡 간격

5 _____ : 몡 전기, 전력

6 _____ : 뭐 매우, 꽤

7 _____ : 몡 무례, 실례

8 _____ : 뭐 독립적으로

9 _____ : ~에서 벗어나다

■제대로 구문 이해하기■

5~6행 ❶ If teenagers **didn't build up** a fairly major disrespect for and conflict with their parents or carers, they'**d never want** to leave.

❶ 「if + 주어 + 동사의 과거형, 주어 + 조동사의 과거형 + 동사원형」은 가정법 과거로, 현재 사실과 반대되는 것을 가정할 때 쓰이며 '만약 ~한다면, …할 텐데'라고 해석한다.

✛ 괄호 안에서 알맞은 것을 고르시오.

If you were trying to explain on the cell phone how to operate a complex machine, you (will / would) stop walking.

당신이 복잡한 기계를 작동하는 방법을 휴대전화로 설명하려고 노력하고 있다면, 당신은 걷는 것을 멈출 것이다.

1단계 | 채점 결과

문항 유형	O/X
빈칸 추론	

→

2단계 | 독해력 점검

☐ 지문의 내용을 충분히 이해함
☐ 지문의 내용을 대체로 이해함
☐ 지문의 내용을 이해하지 못함

 해설편 복습

→

3단계 | 문제 해결력 점검

☐ 정답과 오답의 근거를 모두 찾음
☐ 정답과 오답의 근거를 대체로 찾음
☐ 정답과 오답의 근거를 찾지 못함

해설편 복습

DAY 14 | 빈칸 05~08 | 어휘 테스트

[1~9] 다음 빈칸에 알맞은 말을 <보기>에서 찾아 쓰시오.

보기

sales   principle   generation
aggressive   particular   outlined
existence   development   disrespect

1 an evolutionary _____
진화의 원리

2 a fairly major _____
매우 심각한 무례함

3 a new _____ of bunnies
새로운 세대의 토끼

4 a(n) _____ triangle
외곽선이 있는 삼각형

5 a large _____ team
대규모 영업팀

6 a comfortable _____
안락한 생활

7 organic _____
유기적 발달

8 _____ online campaigns
매우 적극적인 온라인 캠페인

9 a(n) _____ size and shape
특정 크기와 모양

[10~15] 다음 빈칸에 알맞은 말을 <보기>에서 찾아 쓰시오.

보기

thrive   charges   obtained
species   recognition   mammals

10 These changes seemed not to interfere with
_____.
이런 변화는 인식을 저해하지 않는 것으로 보였다.

11 Only the fastest foxes will catch enough rabbits
to _____ and pass on their genes.
가장 빠른 여우만이 충분한 토끼를 잡아 번성하여 자신들의 유
전자를 물려줄 것이다.

12 Similar results were _____ with rats.
유사한 결과가 쥐에서도 얻어졌다.

13 All _____ need to leave their parents and
set up on their own at some point.
모든 포유동물은 어느 시점에서는 부모를 떠나서 자립해야 한다.

14 Even though they might run, the two
_____ just stay in place.
그 두 종이 달린다고 할지라도 그것들은 제자리에 머무를 뿐이다.

15 Neither company _____ the other; they
simply exchange ad space.
두 회사 모두 상대방에게 비용을 청구하지 않으며, 그들은 그저
광고 공간을 교환할 뿐이다.

DAY 15

빈칸 추론 III

유형	출처	정답률	문제편	해설편
빈칸 09	2022년 6월 고1 학력평가 34번	48%	p.158	p.57
빈칸 10	2018년 3월 고1 학력평가 33번	44%	p.160	p.58
빈칸 11	2020년 6월 고1 학력평가 34번	44%	p.162	p.59
빈칸 12	2019년 11월 고1 학력평가 34번	40%	p.164	p.60

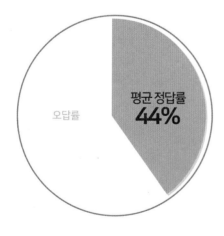

오답률

평균 정답률
44%

난이도 - 상

1등급 Tip

난이도 '상'의 빈칸 유형은 매년 4문항이 출제된다. 지문의 앞, 중간, 뒤에 빈칸이 위치한다. 선택지는 단어나 구, 절의 형태이다. 빈칸의 단서는 빈칸 가까이에 있고, 정답은 절대 지문에 나온 표현을 그대로 쓰지 않는다.

다음 빈칸에 들어갈 말로 가장 적절한 것은?

Researchers are working on a project that asks coastal towns how they are preparing for rising sea levels. Some towns have risk assessments; some towns even have a plan. But it's a rare town that is ³ actually carrying out a plan. One reason we've failed to act on climate change is the common belief that _____. For decades, climate change was a prediction about the future, so scientists ⁶ talked about it in the future tense. This became a habit — so that even today many scientists still use the future tense, even though we know that a climate crisis is ongoing. Scientists also often focus on regions ⁹ most affected by the crisis, such as Bangladesh or the West Antarctic Ice Sheet, which for most Americans are physically remote.

① it is not related to science
② it is far away in time and space
③ energy efficiency matters the most
④ careful planning can fix the problem
⑤ it is too late to prevent it from happening

■ 제대로 접근법 ◀ 문제 풀이까지 마친 후 복습할 때 보세요.

■ **Check Point!** ■

빈칸의 단서는 빈칸 가까이에!
정답은 절대 지문에 나온 표현을 그대로 쓰지 않는다.

1) 빈칸의 단서는 빈칸 가까이에!

(4~5행) One reason we've failed to act on climate change is the common belief that it is far away in time and space.

⬇

(5~9행) For decades, climate change was a prediction about the future, so scientists talked about it in the future tense. This became a habit — so that even today many scientists still use the ❶ _____ tense, ~.

⬇

(9~11행) Scientists also often focus on regions most affected by the crisis, such as Bangladesh or the West Antarctic Ice Sheet, which for most Americans are physically ❷ _____.

⬇

과학자들은 여전히 미래 시제로 기후 변화에 대해 이야기하고, 물리적으로 멀리 떨어져 있는 지역에 초점을 맞춘다.
= 기후 변화는 시간과 ❸ _____에서 멀리 떨어져 있다.

2) 정답은 절대 지문에 나온 표현을 그대로 쓰지 않는다. 빈칸의 의미를 유추해 낼 수 있는 단서가 되는 표현들을 찾아보자.

• a prediction about the future
• the future tense
• physically remote

제대로 독해법 ◀ 문제 채점까지 마친 후 복습할 때 보세요.

■ 직독 직해 ■

1~2행 Researchers are working on a project / that asks coastal towns / how they are preparing / for rising sea levels.//

연구원들은 프로젝트를 진행하고 있다 / 해안가 마을들에게 묻는 / 그들이 어떻게 대비하고 있는지를 / 해수면 상승에//

2~3행 Some towns have risk assessments; / some towns even have a plan.//

어떤 마을들은 위험 평가를 한다 / 어떤 마을들은 심지어 계획을 가지고 있다//

3~4행 But / it's a rare town that is actually carrying out a plan.//

하지만 / 드문 마을만이 실제로 계획을 실행하고 있다//

4~5행 One reason we've failed / to act on climate change / is the common belief / that it is far away / in time and space.//

우리가 실패한 한 가지 이유는 / 기후 변화에 따라 행동하는 데 / 일반적인 믿음 (때문이다) / ▨▨▨▨▨▨▨▨▨ / 시간과 공간에서//

5~7행 For decades, / climate change was a prediction / about the future, / so scientists talked about it / in the future tense.//

수십 년 동안 / 기후 변화는 예측이었다 / 미래에 대한 / 그래서 과학자들은 그것에 대해 이야기했다 / 미래 시제로//

7~9행 This became a habit / — so that even today many scientists / still use the future tense, / even though we know / that a climate crisis is ongoing.//

이것이 습관이 되었다 / 그래서 오늘날에도 많은 과학자들이 / 미래 시제를 여전히 사용한다 / 우리가 알고 있음에도 불구하고 / ▨▨▨▨▨▨▨▨▨ //

9~11행 Scientists also often focus on regions / most affected by the crisis, / such as Bangladesh or the West Antarctic Ice Sheet, / which for most Americans are physically remote.//

과학자들은 또한 종종 지역에 초점을 맞춘다 / ▨▨▨▨▨▨▨▨▨ / 방글라데시나 서남극 빙상 처럼 / 그 지역은 대부분의 미국인들에게는 물리적으로 멀리 떨어져 있다//

■ 제대로 어휘력 올리기 ■

우리말 뜻에 맞는 영어 단어나 표현을 지문에서 찾아 쓰세요.

1 _____ : 몡 평가

2 _____ : 혱 드문, 희귀한

3 _____ : 수행하다, 실행하다

4 _____ : 몡 예측

5 _____ : 몡 시제

6 _____ : 몡 위기

7 _____ : 혱 진행 중인

8 _____ : 몡 지역

9 _____ : 혱 외딴, 먼

■ 제대로 구문 이해하기 ■

9~11행 Scientists also often focus on regions ❶ **most affected** by the crisis, ❷ **such as** Bangladesh or the West Antarctic Ice Sheet, ❸ **which** for most Americans **are** physically remote.

❶ most affected로 시작되는 과거분사구가 앞의 명사 regions를 수식하고 있다. 과거분사 most affected 앞에 which are가 생략된 형태로 볼 수 있다.

❷ such as는 앞에서 언급한 명사의 구체적인 예를 들 때 사용한다. '예를 들어', '~와 같은'의 의미를 나타낸다.

❸ 계속적 용법으로 쓰인 관계대명사 앞에는 콤마(,)를 쓴다. 이때 관계사절은 선행사에 대한 부가적인 정보를 나타낸다. which는 선행사로 regions를 받고 있으므로, 관계사절의 동사는 선행사에 수를 일치시켜 복수동사 are를 썼다.

✚ 괄호 안에서 알맞은 것을 고르시오.

Clusters of white flowers are produced from this tree, which then (develop / develops) into long narrow seed pods.

이 나무에서 흰 꽃이 무리지어 피고난 후 길고 가느다란 모양의 씨앗이 든 꼬투리가 된다.

1단계 | 채점 결과

문항 유형	O/X
빈칸 추론	

→

2단계 | 독해력 점검

☐ 지문의 내용을 충분히 이해함
☐ 지문의 내용을 대체로 이해함
☐ 지문의 내용을 이해하지 못함

 해설편 복습

→

3단계 | 문제 해결력 점검

☐ 정답과 오답의 근거를 모두 찾음
☐ 정답과 오답의 근거를 대체로 찾음
☐ 정답과 오답의 근거를 찾지 못함

해설편 복습

빈칸

10

2018년 3월 고1 학력평가 33번 | 117 words

권장 풀이 시간 : **2분** | 실제 걸린 시간 : _____ 분 _____ 초   ●학습한 날짜 :   .   .

다음 빈칸에 들어갈 말로 가장 적절한 것은?

The good news is, where you end up ten years from now is up to you. You are free to choose what you want to make of your life. It's called *free will* and it's your basic right. What's more, you can turn it on instantly! At any moment, you can choose to start showing more respect for yourself or stop hanging out with friends who bring you down. After all, you choose to be happy or miserable. The reality is that although you are free to choose, you can't choose the consequences of your choices. It's a package deal. As the old saying goes, "_____." Choice and consequence go together like mashed potatoes and gravy.

* gravy (육즙을 이용해 만든) 소스

① From saying to doing is a long step
② A good beginning makes a good ending
③ One man's trash is another man's treasure
④ If you pick up one end of the stick, you pick up the other
⑤ The best means of destroying an enemy is to make him your friend

---

제대로 접근법 ◀ 문제 풀이까지 마친 후 복습할 때 보세요.

■**Check Point!**■

빈칸의 단서는 빈칸 가까이에!
정답은 절대 지문에 나온 표현을 그대로 쓰지 않는다.

1) 빈칸의 단서는 빈칸 가까이에!

(6~8행) The reality is that although you are free to choose, you can't choose the ❶ _____ of your choices.

(8~9행) As the old saying goes, "If you pick up one end of the stick, you pick up the other."

현실은 여러분이 선택할 자유가 있지만, 여러분이 그 선택의 ❷ _____까지 선택할 자유가 있는 것은 아니다.
= 막대기의 한쪽 끝을 집으면 다른 쪽 끝도 함께 집어 드는 것이다.

2) 정답은 절대 지문에 나온 표현을 그대로 쓰지 않는다. 빈칸의 의미와 같은 또 다른 표현이 빈칸 앞뒤에 다시 언급되고 있으니 참조하자.

• (빈칸 앞) The reality is that although you are free to choose, you can't choose the consequences of your choices.
• (빈칸 앞) It's a package deal.
• (빈칸 뒤) Choice and consequence go together like mashed potatoes and gravy.

제대로 독해법 ◀문제 채점까지 마친 후 복습할 때 보세요.

■직독 직해■

1~2행 The good news is, / where you end up ten years from now / is up to you.//
좋은 소식은 (~라는 것)이다 / 지금으로부터 10년 후에 여러분이 어디에 있게 될 것인지는 / 여러분에게 달려 있다(는 것이다)//

2행 You are free to choose / what you want to make / of your life.//
▨▨▨▨▨▨▨▨▨ / 어떻게 만들어 가고 싶은지 / 여러분의 삶을//

2~3행 It's called *free will* / and it's your basic right.//
그것은 '자유 의지'라고 불리(고) / 그리고 그것은 여러분의 기본적인 권리이다//

3~4행 What's more, / you can turn it on / instantly!//
게다가 / 여러분은 그것을 실행시킬 수도 있다 / 즉시//

4~6행 At any moment, / you can choose / to start showing more respect for yourself / or stop hanging out with friends / who bring you down.//
언제든지 / 여러분은 선택할 수 있다 / 자신을 더 존중하기 시작하(거나) / 혹은 친구들과 어울리는 것을 멈추기로 / ▨▨▨▨▨▨▨▨▨//

6행 After all, / you choose / to be happy or miserable.//
결국 / 여러분은 선택한다 / 행복해지거나 비참해지기로//

6~8행 The reality is / that although you are free to choose, / you can't choose the consequences / of your choices.// It's a package deal.//
현실은 ~이다 / 여러분이 선택할 자유가 있지만 / 여러분이 결과를 선택할 수는 없다는 (것이다) / 여러분의 선택의// 그것은 세트로 판매되는 상품이다//

8~9행 As the old saying goes, / "If you pick up one end / of the stick, / you pick up the other."//
속담이 말하듯이 / "여러분이 한쪽 끝을 집으면 / 막대기의 / ▨▨▨▨▨▨▨▨▨"//

9~10행 Choice and consequence go together / like mashed potatoes and gravy.//
선택과 결과는 함께 한다 / 으깬 감자와 소스처럼//

■제대로 어휘력 올리기■

우리말 뜻에 맞는 영어 단어나 표현을 지문에서 찾아 쓰세요.

1 _____ : (어떤 처지에) 처하게 되다

2 _____ : ~에 달려 있다

3 _____ : 몡 자유 의지

4 _____ : 튀 즉시

5 _____ : 몡 존중

6 _____ : 결국에는

7 _____ : 혱 비참한

8 _____ : 몡 현실

9 _____ : 동 으깨다

■제대로 구문 이해하기■

6~8행 The reality is ❶ that **although** you are free to choose, ❷ **you can't choose the consequences** of your choices.

❶ 접속사 that이 이끄는 보어절 안에서 접속사 although는 '비록 ~일지라도, ~이긴 하지만'이라는 양보의 의미를 나타내는 부사절을 다시 이끌고 있다. 참고로 뒤에 명사 또는 명사구가 올 경우 although 대신 전치사(구) in spite of, despite가 온다.

❷ you는 접속사 that이 이끄는 보어절 속에서 주어 역할을 한다. 주어, 동사, 목적어로 이루어진 3형식 문장이며, 목적어는 전치사구 of your choices의 수식을 받는다.

➕괄호 안에서 알맞은 것을 고르시오.

(Although / Despite) scientists make many errors, science can be self-correcting.

비록 과학자들이 많은 오류를 범하지만 과학은 스스로 수정할 수 있다.

1단계 | 채점 결과

문항 유형	O / X
빈칸 추론	

→

2단계 | 독해력 점검

☐ 지문의 내용을 충분히 이해함
☐ 지문의 내용을 대체로 이해함
☐ 지문의 내용을 이해하지 못함

해설편
복습

→

3단계 | 문제 해결력 점검

☐ 정답과 오답의 근거를 모두 찾음
☐ 정답과 오답의 근거를 대체로 찾음
☐ 정답과 오답의 근거를 찾지 못함

해설편
복습

다음 빈칸에 들어갈 말로 가장 적절한 것은?

One of the main reasons that students may think they know the material, even when they don't, is that they mistake familiarity for understanding. Here is how it works: You read the chapter once, ₃ perhaps highlighting as you go. Then later, you read the chapter again, perhaps focusing on the highlighted material. As you read it over, the material is familiar because you remember it from before, and this ₆ familiarity might lead you to think, "Okay, I know that." The problem is that this feeling of familiarity is not necessarily equivalent to knowing the material and may be of no help when you have to come up with ₉ an answer on the exam. In fact, familiarity can often lead to errors on multiple-choice exams because you might pick a choice that looks familiar, only to find later that it was something you had read, but ₁₂ _____ .

* equivalent 동등한

① you couldn't recall the parts you had highlighted
② it wasn't really the best answer to the question
③ that familiarity was based on your understanding
④ repetition enabled you to pick the correct answer
⑤ it indicated that familiarity was naturally built up

◀ 문제 풀이까지 마친 후
복습할 때 보세요.

제대로 접근법

■ **Check Point!** ■

빈칸의 단서는 빈칸 가까이에!
정답은 절대 지문에 나온 표현을 그대로 쓰지 않는다.

1) 빈칸의 단서는 빈칸 가까이에!

(1~3행) One of the main reasons that students may think they know the material, even when they don't, is that they mistake familiarity for _____ .

(7~10행) The problem is that this feeling of ❷ _____ is not necessarily equivalent to knowing the material and may be of no help when you have to come up with an answer on the exam.

(10~13행) In fact, familiarity can often lead to errors on multiple-choice exams ~ but it wasn't really the best answer to the question.

친숙함은 학생들이 내용을 이해하고 있다고 착각하게 만들고, 시험에서도 익숙해 보이지만 실제 정답이 아닌 선택지를 고르는 실수를 하게 한다.

2) 정답은 절대 지문에 나온 표현을 그대로 쓰지 않는다. 빈칸의 의미를 유추해 낼 수 있는 단서가 되는 표현들을 찾아보자.

• be of no help when you have to come up with an answer on the exam
• familiarity can often lead to errors on multiple-choice exams

제대로 독해법 ◀ 문제 채점까지 마친 후 복습할 때 보세요.

■ 직독 직해 ■

1~3행 One of the main reasons / that students may think they know the material, / even when they don't, / is that they mistake familiarity for understanding.//

주된 이유 중 하나는 / 학생들이 자료를 알고 있다고 생각하는 / (자료의 내용을) 모를 때조차도 / ▨▨▨▨▨▨▨▨▨▨▨//

3~4행 Here is / how it works: / You read the chapter once, / perhaps highlighting / as you go.//

여기 있다 / 그것이 작용하는 방식이 / 당신은 그 장을 한 번 읽을 것이다 / 아마 (중요한 내용에) 강조 표시를 하면서 / 읽을 때//

4~5행 Then later, / you read the chapter again, / perhaps focusing on the highlighted material.//

그리고 나서 나중에는 / 그 장을 다시 읽을 것이다 / ▨▨▨▨▨▨▨▨▨//

5~7행 As you read it over, / the material is familiar / because you remember it from before, / and this familiarity / might lead you to think, / "Okay, I know that."//

그것을 되풀이해서 읽을 때 / 소재가 친숙하다 / 당신은 이전에 읽은 것으로부터 그것을 기억하기 때문에 / 그리고 이러한 친숙함은 / 당신이 생각하게 할지도 모른다 / "좋아, 나는 그것을 알아."//

7~10행 The problem is / that this feeling of familiarity / is not necessarily equivalent / to knowing the material / and may be of no help / when you have to come up with an answer / on the exam.//

문제는 ~라는 점이다 / 이러한 친숙함이라는 느낌이 / ▨▨▨▨▨▨▨▨▨▨ / 자료를 아는 것과 / 그리고 전혀 도움이 되지 않을 수도 있다 / 답을 생각해내야 할 때 / 시험에서//

10~13행 In fact, / familiarity can often lead to errors / on multiple-choice exams / because you might pick a choice / that looks familiar, / only to find later / that it was something you had read, / but it wasn't really the best answer / to the question.//

사실 / ▨▨▨▨▨▨▨▨▨ / 선다형 시험에서 / 당신이 선택지를 고를 수도 있기 때문에 / 익숙해 보이는 / 결국 나중에 알게 될 뿐이다 / 그것은 당신이 읽었던 것이(지만) / 하지만 실제로 최선의 답은 아니었다는 것을 / 그 문제에 대한//

■ 제대로 어휘력 올리기 ■

우리말 뜻에 맞는 영어 단어나 표현을 지문에서 찾아 쓰세요.

1 _____ : 명 자료, 소재

2 _____ : 명 친숙함, 익숙함

3 _____ : 명 이해

4 _____ : 동 강조 표시를 하다

5 _____ : ~에 집중하다

6 _____ : 부 반드시

7 _____ : 생각해 내다

8 _____ : 형 선다형의

9 _____ : 명 선택(지)

■ 제대로 구문 이해하기 ■

7~10행 The problem is that ❶ this feeling of familiarity ❷ is not necessarily equivalent to knowing the material and may be ❸ of no help when you have to come up with an answer on the exam.

❶ 전치사 of를 기준으로 좌우의 내용이나 대상이 동일한 경우에 of는 동격을 나타내며, this feeling of familiarity는 '이러한 친숙함이라는 느낌'이라고 해석한다.

❷ be equivalent to + -ing: ~하는 것과 같다, 동등하다
not necessarily: 반드시[꼭] ~은 아닌

❸ 「of + 추상명사」는 형용사의 역할을 하며 of help는 형용사 helpful(도움이 되는)과 같은 의미를, 부정어가 함께 쓰인 of no help는 형용사 unhelpful(도움이 안 되는)과 같은 의미를 나타낸다.

➕ 괄호 안에서 알맞은 것을 고르시오.

Once, watercourses seemed boundless and the idea (of / by) protecting water was considered silly.

한때, 강들은 끝이 없어 보였고 물을 보호한다는 발상은 어리석다고 여겨졌다.

1단계 | 채점 결과

문항 유형	O/X
빈칸 추론	

→

2단계 | 독해력 점검

□ 지문의 내용을 충분히 이해함
□ 지문의 내용을 대체로 이해함
□ 지문의 내용을 이해하지 못함

 해설편 복습

→

3단계 | 문제 해결력 점검

□ 정답과 오답의 근거를 모두 찾음
□ 정답과 오답의 근거를 대체로 찾음
□ 정답과 오답의 근거를 찾지 못함

해설편 복습

다음 빈칸에 들어갈 말로 가장 적절한 것은?

There is a famous Spanish proverb that says, "The belly rules the mind." This is a clinically proven fact. Food is the original mind-controlling drug. Every time we eat, we bombard our brains with a feast of chemicals, triggering an explosive hormonal chain reaction that directly influences the way we think. Countless studies have shown that the positive emotional state induced by a good meal _____. It triggers an instinctive desire to repay the provider. This is why executives regularly combine business meetings with meals, why lobbyists invite politicians to attend receptions, lunches, and dinners, and why major state occasions almost always involve an impressive banquet. Churchill called this "dining diplomacy," and sociologists have confirmed that this principle is a strong motivator across all human cultures.

* banquet 연회

① leads us to make a fair judgement
② interferes with cooperation with others
③ does harm to serious diplomatic occasions
④ plays a critical role in improving our health
⑤ enhances our receptiveness to be persuaded

제대로 접근법 ◀ 문제 풀이까지 마친 후 복습할 때 보세요.

■ **Check Point!** ■

빈칸의 단서는 빈칸 가까이에!
정답은 절대 지문에 나온 표현을 그대로 쓰지 않는다.

1) 빈칸의 단서는 빈칸 가까이에!

(2~3행) ❶ _____ is the original mind-controlling drug.

(3~5행) Every time we eat, ~ triggering an explosive hormonal chain reaction that directly influences the way we ❷ _____.

(5~7행) Countless studies have shown that the positive emotional state induced by a good meal enhances our receptiveness to be persuaded.

음식을 먹을 때 분비되는 호르몬이 우리의 사고방식에 영향을 미치는데, 좋은 식사에 의해 유발된 긍정적인 감정 상태는 우리의 ❸ _____ 을 높인다.

2) 정답은 절대 지문에 나온 표현을 그대로 쓰지 않는다. 빈칸의 의미를 유추해 낼 수 있는 단서가 되는 표현들을 찾아보자.

• triggering an explosive hormonal chain reaction that directly influences the way we think
• triggers an instinctive desire to repay the provider

제대로 독해법 ◀ 문제 채점까지 마친 후 복습할 때 보세요.

■직독 직해■

1~2행 There is a famous Spanish proverb / that says, / "The belly rules the mind."//
유명한 스페인 속담이 있다 / ~라고 하는 / '배가 마음을 다스린다'//

2행 This is a clinically proven fact.//
이것은 임상적으로 증명된 사실이다//

2~3행 Food is the original mind-controlling drug.//
음식은 원래 마음을 지배하는 약이다//

3~5행 Every time we eat, / we bombard our brains with a feast of chemicals, / triggering an explosive hormonal chain reaction / that directly influences / the way we think.//
우리가 먹을 때마다 / 우리는 두뇌에 화학 물질의 향연을 퍼부어 / ▨▨▨▨▨▨▨▨▨ / 직접적으로 영향을 미치는 / 우리가 생각하는 방식에//

5~7행 Countless studies have shown / that the positive emotional state / induced by a good meal / enhances our receptiveness to be persuaded.//
수많은 연구는 보여주었다 / 긍정적인 감정 상태가 ~라는 것을 / ▨▨▨▨▨▨▨ / 우리의 설득되는 수용성을 높인다(는 것을)//

7~8행 It triggers an instinctive desire / to repay the provider.//
그것은 본능적인 욕구를 유발한다 / 그 제공자에게 보답하려는//

8~11행 This is why / executives regularly combine business meetings with meals, / why lobbyists invite politicians / to attend receptions, lunches, and dinners, / and why major state occasions / almost always involve an impressive banquet.//
이것이 ~한 이유이다 / 경영진이 정기적으로 업무 회의와 식사를 결합하는 / 로비스트들이 정치인들을 초대하는 / 축하 연회, 점심 식사, 저녁 식사에 참석하도록 / 그리고 주요 국가 행사가 / ▨▨▨▨▨▨▨▨▨//

11~13행 Churchill called this "dining diplomacy," / and sociologists have confirmed / that this principle is a strong motivator / across all human cultures.//
Churchill은 이것을 '식사 외교'라고 불렀(고) / 그리고 사회학자들은 확인해 주었다 / 이 원리가 강력한 동기 부여물이라는 것을 / 모든 인류 문화에 걸쳐//

■제대로 어휘력 올리기■

우리말 뜻에 맞는 영어 단어를 지문에서 찾아 쓰세요.

1 _____ : 閅 임상적으로
2 _____ : 倣 퍼붓다, 쏟아 붓다
3 _____ : 倣 유발하다
4 _____ : 倣 폭발적인
5 _____ : 倣 높이다, 향상시키다
6 _____ : 倣 결합하다
7 _____ : 倣 인상적인, 감명 깊은
8 _____ : 倣 외교, 외교 수완
9 _____ : 倣 (사실임을) 확인해 주다

■제대로 구문 이해하기■

3~5행 ❶ Every time we eat, we bombard our brains with a feast of chemicals, ❷ triggering an explosive hormonal chain reaction that directly influences ❸ the way we think.

❶ 접속사적 의미로 사용되는 every time 은 '~할 때마다'라는 뜻으로, 접속사 whenever와 같은 의미이다.

❷ triggering ~ think는 능동 분사구문으로, 원래 부사절은 and we trigger ~ think 이다.

❸ '방법, 방식'을 의미하는 선행사 the way 는 관계부사 how와 함께 쓸 수 없고 둘 중 하나만 쓰인다.

✚괄호 안에서 알맞은 것을 고르시오.

Silence causes division and separation, (creating / created) serious problems in relationships.

침묵은 분열과 분리를 유발하고, 관계에서 심각한 문제를 만들어 낸다.

1단계 | 채점 결과

문항 유형	O/X
빈칸 추론	

→

2단계 | 독해력 점검

☐ 지문의 내용을 충분히 이해함
☐ 지문의 내용을 대체로 이해함
☐ 지문의 내용을 이해하지 못함

해설편 복습

→

3단계 | 문제 해결력 점검

☐ 정답과 오답의 근거를 모두 찾음
☐ 정답과 오답의 근거를 대체로 찾음
☐ 정답과 오답의 근거를 찾지 못함

해설편 복습

DAY 15 | 빈칸 09~12 | 어휘 테스트

[1~9] 다음 빈칸에 알맞은 말을 〈보기〉에서 찾아 쓰시오.

보기

occasions   assessments   coastal
crisis   highlighted   proven
right   familiarity   motivator

1 _____ towns
해안가 마을들

2 your basic _____
여러분의 기본적인 권리

3 the _____ material
강조 표시된 자료들

4 a strong _____
강력한 동기 부여물

5 major state _____
주요 국가 행사

6 risk _____
위험 평가

7 this feeling of _____
이러한 친숙함이라는 느낌

8 a climate _____
기후 위기

9 a clinically _____ fact
임상적으로 증명된 사실

[10~15] 다음 빈칸에 알맞은 말을 〈보기〉에서 찾아 쓰시오.

보기

tense   rare   hanging
miserable   mistake   induced

10 But it's a(n) _____ town that is actually carrying out a plan.
하지만 실제로 계획을 실행하고 있는 마을은 드물다.

11 You can choose to start showing more respect for yourself or stop _____ out with friends who bring you down.
여러분은 자신을 더 존중하기 시작하거나 혹은 여러분을 힘들게 하는 친구들과 어울리는 것을 멈추기로 선택할 수 있다.

12 One of the main reasons that students may think they know the material, even when they don't, is that they _____ familiarity for understanding.
자료의 내용을 모를 때조차도, 학생들이 알고 있다고 생각하는 주된 이유 중 하나는 그들이 친숙함을 이해로 착각하기 때문이다.

13 The positive emotional state _____ by a good meal enhances our receptiveness to be persuaded.
좋은 식사에 의해 유발된 긍정적인 감정 상태가 우리의 설득되는 수용성을 높인다.

14 For decades, climate change was a prediction about the future, so scientists talked about it in the future _____.
수십 년 동안, 기후 변화는 미래에 대한 예측이었기 때문에 과학자들은 미래 시제로 그것에 대해 이야기했다.

15 After all, you choose to be happy or _____.
결국 여러분은 행복해지기로 선택하거나, 비참해지기로 선택한다.

DAY 16

순서 파악

유형	출처	정답률	문제편	해설편
순서 01	2022년 9월 고1 학력평가 37번	46%	p.168	p.61
순서 02	2018년 6월 고1 학력평가 35번	36%	p.170	p.62
순서 03	2018년 3월 고1 학력평가 35번	50%	p.172	p.63
순서 04	2020년 3월 고1 학력평가 35번	63%	p.174	p.64

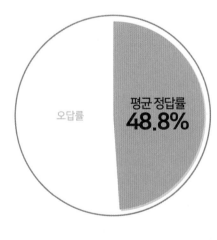

오답률   평균 정답률
48.8%

난이도 - 상

1등급 Tip

난이도 '상'의 '순서' 유형은 매년 2문항이 출제된다. 주어진 글과 (A), (B), (C)에서 서로 이어지는 연결 어구나 연결사를 찾아 순서를 정한다.

주어진 글 다음에 이어질 글의 순서로 가장 적절한 것은?

> Most people have a perfect time of day when they feel they are at their best, whether in the morning, evening, or afternoon.

(A) When your mind and body are less alert than at your "peak" hours, the muse of creativity awakens and is allowed to roam more freely. In other words, when your mental machinery is loose rather than standing at attention, the creativity flows.

(B) However, if the task you face demands creativity and novel ideas, it's best to tackle it at your "worst" time of day! So if you are an early bird, make sure to attack your creative task in the evening, and vice versa for night owls.

(C) Some of us are night owls, some early birds, and others in between may feel most active during the afternoon hours. If you are able to organize your day and divide your work, make it a point to deal with tasks that demand attention at your best time of the day.

3

6

9

12

15

* roam (어슬렁어슬렁) 거닐다

① (A) — (C) — (B)
② (B) — (A) — (C)
③ (B) — (C) — (A)
④ (C) — (A) — (B)
⑤ (C) — (B) — (A)

제대로 접근법 ◀ 문제 풀이까지 마친 후 복습할 때 보세요.

■ Check Point! ■

먼저 제시문을 통해 무엇에 관한 내용인지 소재를 파악한다.
서로 이어진 연결 어구(관사, 지시사, 대명사 등)와 연결사를 찾아 순서를 정한다.

(제시문)
a perfect time of day

사람들에게는 하루 중 최고의 상태에 있다고 느끼는 완벽한 시간이 있음

(C) Some of us are night owls, some early birds, and others in between may feel most active ~.
→ 하루 중 최적의 시간에 대한 부연 설명

하루 중 최적의 시간에 ❶ _____ 을 요구하는 과업을 처리하라.

(B) However
→ 최악의 시간 언급

하지만 창의력을 요구하는 과업은 "최악의" 시간에 처리하라.

(A) When your mind and body are less alert ~ the muse of creativity ❷ _____ and is allowed to roam more freely.

(B)에서 언급한 내용에 대한 이유 제시

제대로 독해법 ◀ 문제 채점까지 마친 후 복습할 때 보세요.

■직독 직해■

1~2행 Most people have a perfect time of day / when they feel / they are at their best, / whether in the morning, evening, or afternoon.//

대부분의 사람들은 하루 중 완벽한 시간을 가진다 / 그들이 느끼는 때인 / 그들이 자신의 최고의 상태에 있다고 / 아침이든 저녁이든 혹은 오후든 간에//

11~12행 Some of us are night owls, / some early birds, / and others in between / may feel most active / during the afternoon hours.//

우리 중 몇몇은 올빼미족이고 / 몇몇은 일찍 일어나는 사람이다 / 그리고 그 사이에 있는 다른 사람들은 / ▨▨▨▨▨▨▨ / 오후의 시간 동안//

12~15행 If you are able to organize your day / and divide your work, / make it a point / to deal with tasks that demand attention / at your best time of the day.//

만일 여러분이 하루를 계획할 수 있다면 / 그리고 여러분의 일을 분배(할 수 있다면) / 중점을 두어라 / 집중을 요구하는 과업을 처리하는 것에 / 하루 중 여러분의 최적의 시간에//

7~8행 However, / if the task you face / demands creativity and novel ideas, / it's best / to tackle it / at your "worst" time of day!//

그러나 / 만일 여러분이 직면한 일이 / 창의성과 새로운 아이디어를 요구한다면 / 가장 좋다 / 그것을 다루는 것이 / ▨▨▨▨▨▨▨ //

8~10행 So if you are an early bird, / make sure to attack your creative task / in the evening, / and vice versa / for night owls.//

그래서 만약 여러분이 일찍 일어나는 사람이라면 / 반드시 여러분의 창의적인 일을 착수하라 / 저녁에 / 그리고 그 반대이다 / 올빼미족의 경우는//

3~5행 When your mind and body are less alert / than at your "peak" hours, / the muse of creativity awakens / and is allowed to roam / more freely.//

여러분의 정신과 신체가 주의력이 덜할 때 / 여러분의 "정점의" 시간보다 / ▨▨▨▨▨▨▨ / 그리고 거니는 것이 허용된다 / 더 자유롭게//

5~6행 In other words, / when your mental machinery is loose / rather than standing at attention, / the creativity flows.//

다시 말해서 / 여러분의 정신 기제가 느슨할 때 / 주의력 있게 기립해 있을 때보다 / 창의성이 샘솟는다//

■제대로 어휘력 올리기■

우리말 뜻에 맞는 영어 단어나 표현을 지문에서 찾아 쓰세요.

1 _____ : 통 계획하다, 조직하다

2 _____ : 명 집중

3 _____ : 명 창의성, 창조성

4 _____ : 형 새로운

5 _____ : 통 다루다

6 _____ : 통 (일에) 착수하다

7 _____ : 반대로, 거꾸로

8 _____ : 형 기민한, 정신이 초롱초롱한

9 _____ : 통 (감정이) 일다, 깨다

■제대로 구문 이해하기■

1~2행 Most people have a perfect time of day ❶ **when** they feel they are at their best, ❷ **whether** in the morning, evening, or afternoon.

❶ when은 관계부사로 선행사 a perfect time of day를 수식하는 절을 이끌며 뒤에 완전한 형태의 문장이 온다.

❷ whether가 부사절로 쓰일 경우 완전한 문장의 앞뒤에 와서 동사, 형용사, 부사, 문장 전체를 수식하는 역할을 한다. 여기에서 whether는 문장 전체를 수식하고 있으며 '~이든 아니든, ~에 상관없이'라고 해석한다. whether 다음에는 it is가 생략되어 있다.

✚ 괄호 안에서 알맞은 것을 고르시오.

(If / Whether) you're at a bank, supermarket, or amusement park, waiting in line is probably not your idea of fun.

당신이 병원에 있든, 슈퍼마켓에 있든, 혹은 놀이 공원에 있든, 줄을 서서 기다리는 것은 아마도 당신에게 즐거운 생각은 아닐 것이다.

1단계 | 채점 결과

문항 유형	O/X
순서 파악	

→

2단계 | 독해력 점검
□ 지문의 내용을 충분히 이해함
□ 지문의 내용을 대체로 이해함
□ 지문의 내용을 이해하지 못함

해설편 복습

→

3단계 | 문제 해결력 점검
□ 정답과 오답의 근거를 모두 찾음
□ 정답과 오답의 근거를 대체로 찾음
□ 정답과 오답의 근거를 찾지 못함

해설편 복습

주어진 글 다음에 이어질 글의 순서로 가장 적절한 것은?

Interpersonal messages combine content and relationship dimensions. That is, they refer to the real world, to something external to both speaker and listener; at the same time they also refer to the relationship between parties.

3

(A) You can appreciate this most clearly if you visualize the same command being made by the trainee to the supervisor. It appears awkward and out of place, because it violates the normal relationship between supervisor and trainee.

6

(B) It also contains a relationship message that says something about the connection between the supervisor and the trainee. Even the use of the simple command shows there is a status difference that allows the supervisor to command the trainee.

9

12

(C) For example, a supervisor may say to a trainee, "See me after the meeting." This simple message has a content message that tells the trainee to see the supervisor after the meeting.

15

① (A) ─ (C) ─ (B)   ② (B) ─ (A) ─ (C)
③ (B) ─ (C) ─ (A)   ④ (C) ─ (A) ─ (B)
⑤ (C) ─ (B) ─ (A)

제대로 접근법   ◀ 문제 풀이까지 마친 후 복습할 때 보세요.

■ Check Point! ■

서로 이어진 연결 어구(관사, 지시사, 대명사 등)와 연결사를 찾아 순서를 정한다.

(제시문)
content and relationship dimensions

내용 차원과 관계 차원의
대인 관계 메시지에 대한 내용

↓

(C) For example

관리자 ➡ 수습 직원
메시지 전달(❶ _____ 메시지)

↓

(B) also

관리자 ➡ 수습 직원
메시지 전달(❷ _____ 메시지)

↓

(A) the same command

같은 명령
➡ 처음으로 command가 등장한
(B) 다음에 위치해야 함

제대로 독해법 ◀ 문제 채점까지 마친 후 복습할 때 보세요.

■직독 직해■

1행 Interpersonal messages / combine content and relationship dimensions.//
대인 관계에서의 메시지에는 / 내용 차원과 관계 차원이 결합되어 있다//

2~4행 That is, / they refer to the real world, / to something external / to both speaker and listener; / at the same time / they also refer to the relationship / between parties.//
즉 / 그것들은 실제 세계를 나타내(며) / 외부적인 어떤 것인 / 화자와 청자 모두에게 / 동시에 / ▨▨▨▨▨▨▨▨ / 당사자들 사이의//

13~14행 For example, / a supervisor may say / to a trainee, / "See me after the meeting."//
예를 들어 / 한 관리자가 말할 수 있다 / 한 수습 직원에게 / "회의 후에 저 좀 봅시다"라고//

14~15행 This simple message has a content message / that tells the trainee to see the supervisor / after the meeting.//
▨▨▨▨▨▨▨▨ / 수습 직원이 관리자를 만나야 한다는 것을 전달하는 / 회의 후에//

9~10행 It also contains a relationship message / that says something / about the connection / between the supervisor and the trainee.//
▨▨▨▨▨▨▨▨ / 무언가를 말해 주는 / 관계에 대해 / 관리자와 수습 직원 사이의//

11~12행 Even the use of the simple command / shows / there is a status difference / that allows the supervisor to command the trainee.//
이 간단한 명령의 사용조차도 / 보여 준다 / 지위의 차이가 존재한다는 것을 / 관리자가 그 수습 직원에게 명령할 수 있게 하는//

5~6행 You can appreciate this most clearly / if you visualize / the same command being made / by the trainee to the supervisor.//
당신은 이것을 매우 명확하게 이해할 수 있을 것이다 / 만약 당신이 상상해 본다면 / 같은 명령을 내린다고 / 수습 직원이 관리자에게//

6~8행 It appears awkward and out of place, / because it violates the normal relationship / between supervisor and trainee.//
그것은 어색하고 상황에 맞지 않아 보인다 / ▨▨▨▨▨▨▨▨ / 관리자와 수습 직원 사이의//

■제대로 어휘력 올리기■

우리말 뜻에 맞는 영어 단어나 표현을 지문에서 찾아 쓰세요.

1 _____ : 뗑 내용
2 _____ : 뗑 차원, 관점
3 _____ : ~을 나타내다
4 _____ : 뗑 관리자
5 _____ : 뗑 수습 직원
6 _____ : 뗑 명령 뗑 명령하다
7 _____ : 뗑 상상하다
8 _____ : 뗑 어색한
9 _____ : 뗑 위반하다

■제대로 구문 이해하기■

5~6행 You can appreciate this most clearly if you visualize the same command ❶ being made by the trainee to the supervisor.

❶ being made 이하는 앞의 명사 the same command를 수식해 주는 현재분사구로, being 앞에 that[which] is가 생략된 것으로 볼 수 있다.

11~12행 Even the use of the simple command shows ❶ (that) there is a status difference that ❷ allows the supervisor to command the trainee.

❶ there is 앞에 목적절을 이끄는 접속사 that이 생략되었다.

❷ allow는 목적격보어로 to부정사를 취한다.

✚ 괄호 안에서 알맞은 것을 고르시오.

My parents allowed me (visit / to visit) your house.

나의 부모님이 내가 너의 집을 방문하는 것을 허락하셨다.

1단계 | 채점 결과

문항 유형	O/X
순서 파악	

2단계 | 독해력 점검
□ 지문의 내용을 충분히 이해함
□ 지문의 내용을 대체로 이해함
□ 지문의 내용을 이해하지 못함

해설편 복습

3단계 | 문제 해결력 점검
□ 정답과 오답의 근거를 모두 찾음
□ 정답과 오답의 근거를 대체로 찾음
□ 정답과 오답의 근거를 찾지 못함

해설편 복습

2018년 3월 고1 학력평가 35번 | 152 words

주어진 글 다음에 이어질 글의 순서로 가장 적절한 것은?

Suppose that you are busy working on a project one day and you have no time to buy lunch. All of a sudden your best friend shows up with your favorite sandwich.

3

(A) The key difference between these two cases is the level of trust. You trust your best friend so much that you won't worry about him knowing you too well, but you certainly would not give the same level of trust to a stranger.

6

(B) He tells you that he knows you are busy and he wants to help you out by buying you the sandwich. In this case, you are very likely to appreciate your friend's help.

9

(C) However, if a stranger shows up with the same sandwich and offers it to you, you won't appreciate it. Instead, you would be confused. You would likely think "Who are you, and how do you know what kind of sandwich I like to eat?"

12

① (A) — (C) — (B)   ② (B) — (A) — (C)
③ (B) — (C) — (A)   ④ (C) — (A) — (B)
⑤ (C) — (B) — (A)

제대로 접근법 ◀ 문제 풀이까지 마친 후 복습할 때 보세요.

■ **Check Point!** ■

서로 이어진 연결 어구(관사, 지시사, 대명사 등)와 연결사를 찾아 순서를 정한다.

(제시문)
your best friend

가장 친한 친구가
샌드위치를 사들고 나타남

↓

(B) He = your best friend

그 친구에게 ❶ _____을 느낌

↓

(C) However → a stranger 등장

하지만, 낯선 사람이라면
고마움보다는
❷ _____을 느낌

↓

(A) these two cases

이 두 경우
➜ (A) 앞에 두 가지 경우가 나와야 함

제대로 독해법 ◀ 문제 채점까지 마친 후 복습할 때 보세요.

■ 직독 직해 ■

[1~2행] Suppose / that you are busy working on a project one day / and you have no time / to buy lunch.//
가정해 보자 / 여러분이 어느 날 프로젝트를 하느라 바빠(서 ~라고) / 그래서 시간이 없다(고) / 점심 식사를 살//

[2~3행] All of a sudden / your best friend shows up / with your favorite sandwich.//
갑자기 / 가장 친한 친구가 나타난다 / 여러분이 가장 좋아하는 샌드위치를 들고//

[8~9행] He tells you / that he knows / you are busy / and he wants to help you out / by buying you the sandwich.//
그는 여러분에게 말한다 / 그가 알고 있(으며) / 여러분이 바쁘다(는 것을) / 그리고 도와주고 싶다(고) / ▨▨▨▨▨▨▨▨▨//

[9~10행] In this case, / you are very likely to appreciate / your friend's help.//
이런 경우에 / 여러분은 고마워할 가능성이 높다 / 친구의 도움에//

[11~12행] However, / if a stranger shows up / with the same sandwich / and offers it to you, / you won't appreciate it.//
그러나 / ▨▨▨▨▨▨▨ / 같은 샌드위치를 들고 / 그리고 그것을 여러분에게 준다(면) / 여러분은 그것을 고마워하지 않을 것이다//

[12~13행] Instead, / you would be confused.// 대신에 / 여러분은 혼란스러울 것이다//

[13~14행] You would likely think / "Who are you, / and how do you know / what kind of sandwich / I like to eat?"//
여러분은 생각할 것이다 / "당신은 누구인가요 / 그리고 어떻게 아세요 / 어떤 종류의 샌드위치를 / 제가 먹고 싶어 하는지"//

[4행] The key difference / between these two cases / is the level of trust.//
주요 차이점은 / 이 두 경우의 / 신뢰 수준이다//

[5~7행] You trust your best friend so much / that you won't worry / about him knowing you too well, / but you certainly would not give / the same level of trust / to a stranger.//
여러분은 가장 친한 친구를 아주 많이 믿어(서) / 걱정하지 않겠(지만) / ▨▨▨▨▨▨▨▨▨▨ / 하지만 여러분은 분명히 주지 않을 것이다 / 같은 수준의 신뢰를 / 낯선 사람에게는//

■ 제대로 어휘력 올리기 ■

우리말 뜻에 맞는 영어 단어나 표현을 지문에서 찾아 쓰세요.

1 _____ : 갑자기
2 _____ : 나타나다
3 _____ : 이 경우에
4 _____ : 형 있을 법한, ~할 것 같은
5 _____ : 동 고마워하다
6 _____ : 형 혼란스러워 하는
7 _____ : 명 차이
8 _____ : 명 신뢰, 믿음
9 _____ : 부 분명히

■ 제대로 구문 이해하기 ■

[1~2행] Suppose that you ❶ **are busy working** on a project one day and you have no time ❷ **to buy** lunch.

❶ be busy+-ing : ~하느라 바쁘다

❷ 「명사+to부정사」: to부정사의 형용사적 용법(앞의 명사 수식)

[5~7행] You trust your best friend ❶ **so** much **that** you won't worry about ❷ **him** knowing you too well, ~.

❶ 「so+형용사/부사+that+주어+동사」: 매우 ~해서 …하다

❷ 동명사의 의미상 주어는 동명사 앞에 소유격이나 목적격을 써서 나타낸다.
cf. to부정사의 의미상 주어는 「for/of+목적격」의 형태로 나타낸다.

＋밑줄 친 부분에 유의하여 문장을 우리말로 해석하시오.

I am pretty busy doing my homework, so there's no enough time for me to go to the party with you.

1단계 | 채점 결과

문항 유형	O/X
순서 파악	

→

2단계 | 독해력 점검

□ 지문의 내용을 충분히 이해함
□ 지문의 내용을 대체로 이해함
□ 지문의 내용을 이해하지 못함

해설편 복습

→

3단계 | 문제 해결력 점검

□ 정답과 오답의 근거를 모두 찾음
□ 정답과 오답의 근거를 대체로 찾음
□ 정답과 오답의 근거를 찾지 못함

해설편 복습

순서

04

2020년 3월 고1 학력평가 35번 | 118 words

권장 풀이 시간 : **2분** | 실제 걸린 시간 : _____분 _____초　⊙학습한 날짜 :　　　　　.　　　.

주어진 글 다음에 이어질 글의 순서로 가장 적절한 것은?

Ideas about how much disclosure is appropriate vary among cultures.

(A)　On the other hand, Japanese tend to do little disclosing about themselves to others except to the few people with whom they are very close. In general, Asians do not reach out to strangers. 3

(B)　Those born in the United States tend to be high disclosers, even showing a willingness to disclose information about themselves to strangers. This may explain why Americans seem particularly easy to meet and are good at cocktail-party conversation. 6

(C)　They do, however, show great care for each other, since they view harmony as essential to relationship improvement. They work hard to prevent those they view as outsiders from getting information they believe to be unfavorable. 9

12

* disclosure (정보의) 공개

① (A) — (C) — (B)　　　　　② (B) — (A) — (C)

③ (B) — (C) — (A)　　　　　④ (C) — (A) — (B)

⑤ (C) — (B) — (A)

제대로 접근법　◀ 문제 풀이까지 마친 후
복습할 때 보세요.

■ **Check Point!** ■

서로 이어진 연결 어구(관사, 지시사, 대명사 등)와 연결사를 찾아 순서를 정한다.

(제시문)
how much disclosure is appropriate

문화마다 다른 적절한 정보 공개의 범위

↓

(B) Those born in the United States

미국인들은 정보를 ❶ _____
하려는 경향이 높음

↓

(A) On the other hand
→ Japanese 등장

하지만, 일본인들은 자신에 관해 거의
❷ _____ 않으며, 일반적으로 아시아
인들은 낯선 이에게 관심을 보이지 않음

↓

(C) they = Asians

하지만, 그들은 서로 배려하는
모습을 보임
→ (C) 앞에 Asians가 처음으로
언급된 (A)가 와야 함

제대로 독해법 ◀ 문제 채점까지 마친 후 복습할 때 보세요.

■직독 직해■

1행 Ideas / about how much disclosure is appropriate / vary among cultures.//
생각은 / 어느 정도의 정보 공개가 적절한지에 관한 / 문화마다 다르다//

5~7행 Those born in the United States / tend to be high disclosers, / even showing a willingness to disclose / information about themselves / to strangers.//
미국에서 태어난 사람들은 / 정보를 잘 공개하려는 경향이 있고 / [   ] / 자기 자신에 관한 정보를 / 낯선 이에게//

7~8행 This may explain / why Americans seem particularly easy to meet / and are good at cocktail-party conversation.//
이것은 설명할 수 있다 / 왜 미국인들을 만나는 것이 특히 수월해 보이는지 / 그리고 (왜) 그들이 칵테일 파티에서의 대화에 능숙한지를//

2~4행 On the other hand, / Japanese tend to do little disclosing about themselves / to others / except to the few people / with whom they are very close.//
반면에 / 일본인들은 자신에 관해 거의 드러내지 않는 경향이 있다 / 타인에게 / 소수의 사람들을 제외하고는 / 자신과 매우 친한//

4행 In general, / Asians do not reach out to strangers.//
일반적으로 / [   ]//

9~10행 They do, however, show / great care for each other, / since they view harmony / as essential to relationship improvement.//
그러나 그들은 보인다 / 서로를 매우 배려하는 모습을 / 그들은 화합을 ~라고 여기기 때문에 / [   ]//

10~12행 They work hard to prevent / those they view as outsiders / from getting information / they believe to be unfavorable.//
그들은 못하게 하려고 애쓴다 / 외부인이라고 여기는 사람들이 / 정보를 얻는 것을 / 자신이 불리하다고 생각하는//

■제대로 어휘력 올리기■

우리말 뜻에 맞는 영어 단어나 표현을 지문에서 찾아 쓰세요.

1 _____ : 휑 적절한
2 _____ : ~에게 관심을 보이다
3 _____ : 몡 기꺼이 하는 마음
4 _____ : 통 드러내다, 밝히다
5 _____ : 뷔 특히
6 _____ : 몡 화합, 조화
7 _____ : 몡 향상, 개선
8 _____ : 몡 외부인
9 _____ : 휑 불리한, 부정적인

■제대로 구문 이해하기■

5~7행 Those ❶ born in the United States tend to be high disclosers, ❷ even showing a willingness to disclose information about themselves to strangers.

❶ born ~ States는 Those와 born 사이에 who were가 생략된 형태의 과거분사구이다. 주격 관계대명사와 be동사는 함께 생략이 가능하다.

❷ 접속사가 생략된 분사구문으로, 원래 문장은 'and they even showed ~'이다. 주어가 주절의 주어(Those ~ States)와 동일하므로 생략하고 능동의 의미를 나타내는 현재분사 showing을 쓴 형태이다.

✚괄호 안에서 알맞은 것을 고르시오.

The leopard shark got its name because of its dark brown markings similar to those (found / were found) in leopards.

leopard shark는 표범에서 볼 수 있는 무늬와 유사한 그것의 흑갈색 무늬 때문에 그런 이름을 갖게 되었다.

1단계 | 채점 결과

문항 유형	O/X
순서 파악	

→ **2단계 | 독해력 점검**
☐ 지문의 내용을 충분히 이해함
☐ 지문의 내용을 대체로 이해함
☐ 지문의 내용을 이해하지 못함
 해설편 복습

→ **3단계 | 문제 해결력 점검**
☐ 정답과 오답의 근거를 모두 찾음
☐ 정답과 오답의 근거를 대체로 찾음
☐ 정답과 오답의 근거를 찾지 못함
해설편 복습

DAY 16 | 순서 01~04 | 어휘 테스트

[1~9] 다음 빈칸에 알맞은 말을 〈보기〉에서 찾아 쓰시오.

보기

> trust novel sudden muse status
> external command disclosers improvement

1 _____ ideas
새로운 아이디어

2 all of a(n) _____
갑자기

3 something _____
외부적인 어떤 것

4 high _____
정보를 매우 잘 공개하는 사람

5 relationship _____
관계 향상

6 the level of _____
신뢰 수준

7 a(n) _____ difference
지위의 차이

8 the _____ of creativity
창의성의 영감

9 the use of the simple _____
간단한 명령의 사용

[10~15] 다음 빈칸에 알맞은 말을 〈보기〉에서 찾아 쓰시오. (대·소문자 변화 가능)

보기

> dimensions in this case attack
> active unfavorable trainee

10 _____, you are very likely to appreciate your friend's help.
이런 경우에, 여러분은 친구의 도움에 고마워할 가능성이 높다.

11 Some of us are night owls, some early birds, and others in between may feel most _____ during the afternoon hours.
우리 중 몇몇은 야행성이고, 몇몇은 일찍 일어나는 사람이며, 그 사이에 있는 누군가는 오후의 시간 동안 가장 활력을 느낄지도 모른다.

12 Interpersonal messages combine content and relationship _____.
대인 관계에서의 메시지에는 내용 차원과 관계 차원이 결합되어 있다.

13 They work hard to prevent those they view as outsiders from getting information they believe to be _____.
그들은 자신이 불리하다고 생각하는 정보를 외부인이라고 여기는 사람들이 얻지 못하게 하려고 애쓴다.

14 If you are an early bird, make sure to _____ your creative task in the evening.
만약 여러분이 일찍 일어나는 사람이라면 반드시 저녁에 창의적인 일에 착수하라.

15 This simple message has a content message that tells the _____ to see the supervisor after the meeting.
이 간단한 메시지는 수습 직원이 회의 후에 관리자를 만나야 한다는 것을 전달하는 내용 메시지를 담고 있다.

위치 파악

유형	출처	정답률	문제편	해설편
위치 01	2022년 6월 고1 학력평가 39번	49%	p.178	p.65
위치 02	2019년 3월 고1 학력평가 38번	36%	p.180	p.66
위치 03	2021년 3월 고1 학력평가 39번	55%	p.182	p.67
위치 04	2019년 9월 고1 학력평가 39번	47%	p.184	p.68

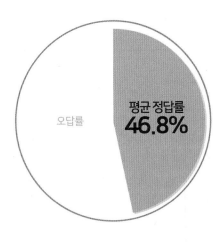

오답률

평균 정답률
46.8%

난이도 - 상

1등급 Tip

난이도 '상'의 '위치 파악' 유형은 매년 2문항이 출제된다. 내용 연결이나 어휘 연결이 끊어진 곳을 찾는다.

위치

01

2022년 6월 고1 학력평가 39번 | 173 words

권장 풀이 시간 : **2분** | 실제 걸린 시간 : _____ 분 _____ 초 ●학습한 날짜 :   .   .

글의 흐름으로 보아, 주어진 문장이 들어가기에 가장 적절한 곳은?

> But, a blind person will associate the same friend with a unique combination of experiences from their non-visual senses that act to represent that friend.

Humans born without sight are not able to collect visual experiences, so they understand the world entirely through their other senses. (①) As a result, people with blindness at birth develop an amazing ability to understand the world through the collection of experiences and memories that come from these non-visual senses. (②) The dreams of a person who has been without sight since birth can be just as vivid and imaginative as those of someone with normal vision. (③) They are unique, however, because their dreams are constructed from the non-visual experiences and memories they have collected. (④) A person with normal vision will dream about a familiar friend using visual memories of shape, lighting, and colour. (⑤) In other words, people blind at birth have similar overall dreaming experiences even though they do not dream in pictures.

제대로 접근법 ◀ 문제 풀이까지 마친 후 복습할 때 보세요.

■ **Check Point!** ■

내용 연결이나 어휘 연결이 끊어진 곳을 찾는다.

〈제시문에서 연결어구 예상하기〉

❶ _____
→ 역접의 연결사

〈연결어 / 지시어〉

A person with normal vision will dream about a familiar friend using visual memories of ~.
→ ❷ _____, a blind person will associate ❸ _____ with a unique combination of experiences from their non-visual senses ~.
→ ❹ _____, people blind at birth have similar overall dreaming experiences even though they do not dream in pictures.

〈제시문을 넣어 확인하기〉

정상 시력을 가진 사람은 시각적 기억을 사용하여 친구에 대한 꿈을 꾼다.
— 하지만 시각 장애인은 비시각적인 감각을 이용해서 그 친구를 연상한다.
— 다시 말해서, 시각 장애인은 시각적인 꿈을 꾸지는 않지만, 전반적으로 비슷한 꿈을 경험한다.

제대로 독해법 ◀ 문제 채점까지 마친 후 복습할 때 보세요.

■ 직독 직해 ■

4~5행 Humans born without sight / are not able to collect visual experiences, / so they understand the world entirely / through their other senses.//

시각 장애를 갖고 태어난 사람들은 / 시각적 경험들을 수집할 수 없다 / 그래서 그들은 세상을 전적으로 이해한다 / 다른 감각을 통해//

6~8행 As a result, / people with blindness at birth / develop an amazing ability / to understand the world / through the collection of experiences and memories / that come from these non-visual senses.//

그 결과 / 태어날 때 시각 장애를 가진 사람들은 / 놀라운 능력을 개발한다 / 세상을 이해하는 / 경험과 기억의 수집을 통해 / ▨▨▨▨▨▨ //

8~10행 The dreams of a person / who has been without sight since birth / can be just as vivid and imaginative / as those of someone with normal vision.//

사람의 꿈들은 / 태어날 때부터 시각 장애를 가진 / 꼭 그렇게 생생하고 상상력이 풍부할 수 있다 / ▨▨▨▨▨ //

11~12행 They are unique, / however, / because their dreams are constructed / from the non-visual experiences and memories / they have collected.//

그것들은 독특하다 / 그러나 / ▨▨▨▨▨▨▨ / 비시각적 경험과 기억으로부터 / 그들이 수집해 온//

12~14행 A person with normal vision will dream / about a familiar friend / using visual memories / of shape, lighting, and colour.//

정상적인 시력을 가진 사람들은 꿈을 꿀 것이다 / 친숙한 친구에 대해 / 시각적 기억을 사용하여 / 형태, 빛, 그리고 색의//

1~3행 But, / a blind person will associate the same friend / with a unique combination of experiences / from their non-visual senses / that act to represent that friend.//

하지만 / 시각 장애인은 같은 친구를 연상할 것이다 / 독특한 조합의 경험으로 / 비시각적 감각으로부터의 / ▨▨▨▨▨▨ //

14~16행 In other words, / people blind at birth / have similar overall dreaming experiences / even though they do not dream in pictures.//

다시 말해 / 선천적 시각 장애인들은 / 전반적으로 비슷한 꿈 경험을 가진다 / 그들이 시각적으로 꿈을 꾸지는 않지만//

■ 제대로 어휘력 올리기 ■

우리말 뜻에 맞는 영어 단어를 지문에서 찾아 쓰세요.

1 _____ : 형 시각의, 시각적인

2 _____ : 명 감각

3 _____ : 형 상상력이 풍부한

4 _____ : 형 정상적인

5 _____ : 동 구성하다

6 _____ : 형 친숙한

7 _____ : 동 연상하다

8 _____ : 명 조합

9 _____ : 동 구현하다, 표현하다

■ 제대로 구문 이해하기 ■

8~10행 The dreams of a person who ❶ **has been** without sight **since** birth can be just ❷ **as vivid and imaginative as** ❸ **those** of someone with normal vision.

❶ 「have p.p.」 형태를 취하는 현재완료시제이다. 이 문장에서는 '계속'의 의미로 쓰여 과거에서 현재까지 계속된 상태를 나타낸다. since는 '~ 이래로'의 의미로 완료 시제와 자주 함께 쓰인다.

❷ 원급 비교 구문인 「as + 형용사/부사의 원급 + as」는 '~만큼 …한/하게'라고 해석한다.

❸ 동일한 명사의 반복을 피하기 위해 앞에 나온 복수 명사 dreams 대신 지시대명사 those를 사용하였다.

✚ 괄호 안에서 알맞은 것을 고르시오.

I (used / have used) this pencil sharpener since I was a kid.

나는 어렸을 때부터 이 연필깎이를 사용해 왔다.

1단계 | 채점 결과

문항 유형	O/X
위치 파악	

→

2단계 | 독해력 점검

□ 지문의 내용을 충분히 이해함
□ 지문의 내용을 대체로 이해함
□ 지문의 내용을 이해하지 못함

 해설편 복습

→

3단계 | 문제 해결력 점검

□ 정답과 오답의 근거를 모두 찾음
□ 정답과 오답의 근거를 대체로 찾음
□ 정답과 오답의 근거를 찾지 못함

해설편 복습

위치

02

2019년 3월 고1 학력평가 38번 | 147 words

권장 풀이 시간 : 2분 | 실제 걸린 시간 : _____ 분 _____ 초 ● 학습한 날짜 :   .   .

글의 흐름으로 보아, 주어진 문장이 들어가기에 가장 적절한 곳은?

> This may have worked in the past, but today, with interconnected team processes, we don't want all people who are the same.

    Most of us have hired many people based on human resources criteria along with some technical and personal information that the boss thought was important. (①) I have found that most people like to hire people just like themselves. (②) In a team, some need to be leaders, some need to be doers, some need to provide creative strengths, some need to be inspirers, some need to provide imagination, and so on. (③) In other words, we are looking for a diversified team where members complement one another. (④) When putting together a new team or hiring team members, we need to look at each individual and how he or she fits into the whole of our team objective. (⑤) The bigger the team, the more possibilities exist for diversity.

<small>3</small>
<small>6</small>
<small>9</small>
<small>12</small>

                                  * criteria 기준

제대로 접근법 ◀ 문제 풀이까지 마친 후 복습할 때 보세요.

■ **Check Point!** ■

내용 연결이나 어휘 연결이 끊어진 곳을 찾는다.

〈제시문에서 대명사 주목하기〉

❶ _____ may have worked in the past

➡ 모든 사람이 똑같기를 원한다는 내용이 언급된 부분을 주목할 것

〈흐름이 끊어진 곳 찾기〉

제시문의 This가 가리키는 '대부분의 사람들이 자신과 똑 닮은 사람들을 고용하고 싶어 한다'는 내용이 ② 앞에 나옴

➡ ② 뒤에 팀의 구성원들이 다양한 역할을 할 필요가 있다는 내용이 언급됨

〈제시문을 넣어 확인하기〉

대부분의 사람들이 자신과 똑 닮은 사람을 고용하고 싶어 한다.
— 하지만 오늘날에는 팀의 업무 과정이 상호 연결되어 있기 때문에 모든 사람이 똑같기를 원하지 않는다.
— 팀 내에는 지도자, 실행가, 창의적인 능력 제공자 등 다양화된 구성원들이 필요하다.

제대로 독해법 ◀ 문제 채점까지 마친 후 복습할 때 보세요.

■ 직독 직해 ■

3~5행 Most of us have hired many people / based on human resources criteria / along with some technical and personal information / that the boss thought was important.//

우리 대부분은 많은 사람을 고용해 왔다 / 인적 자원 기준을 근거로 하여 /   / 사장이 중요하다고 생각하는//

5~6행 I have found / that most people like to hire people / just like themselves.//

나는 알게 되었다 / 대부분의 사람들이 고용하고 싶어 한다는 것을 / 자신과 똑 닮은 사람을//

1~2행 This may have worked / in the past, / but today, / with interconnected team processes, / we don't want all people / who are the same.//

이것이 효과가 있었을지도 모르(지만) / 과거에는 / 하지만 오늘날에는 /   / 우리는 모든 사람을 원하지 않는다 / 똑같은//

6~8행 In a team, / some need to be leaders, / some need to be doers, / some need to provide creative strengths, / some need to be inspirers, / some need to provide imagination, and so on.//

팀 내에서 / 어떤 사람은 지도자일 필요가 있고 / 어떤 사람은 실행가일 필요가 있으며 / 어떤 사람은 창의적인 능력을 제공할 필요가 있고 / 어떤 사람은 사기를 불어넣는 사람일 필요가 있으며 / 어떤 사람은 상상력을 제공할 필요가 있다는 것 등이다//

9~10행 In other words, / we are looking for a diversified team / where members complement one another.//

다시 말하면 / 우리는 다양화된 팀을 찾고 있다 /   //

10~12행 When putting together a new team / or hiring team members, / we need to look at each individual / and how he or she fits / into the whole of our team objective.//

새로운 팀을 짤 때 / 또는 팀 구성원을 고용(할 때) / 우리는 각 개인을 볼 필요가 있다 / 그리고 그 사람이 어떻게 어울리는지 (살펴 볼 필요가 있다) /   //

12~13행 The bigger the team, / the more possibilities exist / for diversity.//

팀이 크면 클수록 / 더 큰 가능성이 존재한다 / 다양성에 대한//

■ 제대로 어휘력 올리기 ■

우리말 뜻에 맞는 영어 단어를 지문에서 찾아 쓰세요.

1 _____ : 형 전문적인

2 _____ : 형 상호 연결된

3 _____ : 명 실행가, 실천가

4 _____ : 명 능력, 힘

5 _____ : 명 상상력

6 _____ : 형 다양화된

7 _____ : 동 보완하다

8 _____ : 명 목적, 목표

9 _____ : 명 다양성

■ 제대로 구문 이해하기 ■

3~5행 Most of us have hired many people ❶ **based on** human resources criteria along with some technical and personal information ❷ **that** ❸ **the boss thought was** important.

❶ based on: ~에 근거하여

❷ that은 선행사 some technical and personal information을 수식하는 주격 관계대명사이다.

❸ the boss thought는 삽입절이며 뒤따르는 was가 관계절의 동사이다. 선행사 information이 불가산 명사이므로 단수 동사 was를 썼다.

✚ 괄호 안에서 알맞은 것을 고르시오.

Mobile phones are now used to connect patients to doctors, to monitor drug distribution, and to share basic health information that (isn't / aren't) available locally.

이제 휴대전화는 환자와 의사를 연결시켜 주고, 약품 유통을 감시하고, 근처에서는 이용할 수 없는 기본적인 건강 정보를 공유하는 데 사용된다.

1단계 | 채점 결과

문항 유형	O/X
위치 파악	

→ **2단계 | 독해력 점검**

☐ 지문의 내용을 충분히 이해함
☐ 지문의 내용을 대체로 이해함
☐ 지문의 내용을 이해하지 못함

해설편 복습

→ **3단계 | 문제 해결력 점검**

☐ 정답과 오답의 근거를 모두 찾음
☐ 정답과 오답의 근거를 대체로 찾음
☐ 정답과 오답의 근거를 찾지 못함

해설편 복습

위치

03

2021년 3월 고1 학력평가 39번 | 145 words

권장 풀이 시간 : **2분** | 실제 걸린 시간 : _____분 _____초 ●학습한 날짜 :   .   .

글의 흐름으로 보아, 주어진 문장이 들어가기에 가장 적절한 곳은?

Before a trip, research how the native inhabitants dress, work, and eat.

The continued survival of the human race can be explained by our ability to adapt to our environment. (①) While we may have lost some of our ancient ancestors' survival skills, we have learned new skills as they have become necessary. (②) Today, the gap between the skills we once had and the skills we now have grows ever wider as we rely more heavily on modern technology. (③) Therefore, when you head off into the wilderness, it is important to fully prepare for the environment. (④) How they have adapted to their way of life will help you to understand the environment and allow you to select the best gear and learn the correct skills. (⑤) This is crucial because most survival situations arise as a result of a series of events that could have been avoided.

* inhabitant 주민

제대로 접근법 ◀ 문제 풀이까지 마친 후 복습할 때 보세요.

■ **Check Point!** ■

내용 연결이나 어휘 연결이 끊어진 곳을 찾는다.

〈제시문에서 연결어구 예상하기〉

❶_____
→ 시간을 나타내는 연결사

⬇

〈연결어 / 지시어〉

Therefore, when you head off into the wilderness, it is important to fully prepare for the environment.
→ ❷ _____ a trip, research how the native inhabitants dress, work, and eat.
→ How ❸ _____ have adapted to their way of life will help you ~ .

⬇

〈제시문을 넣어 확인하기〉

미지의 땅으로 향할 때 그 환경에 대해 충분히 준비해야 한다.
— 떠나기 전에, 주민들이 어떻게 살고 있는지를 조사하라.
— 그들의 생활 방식은 그 환경을 이해하고 최선의 장비를 선별하며 적절한 기술을 배우게 해 줄 것이다.

제대로 독해법 ◀ 문제 채점까지 마친 후 복습할 때 보세요.

■ 직독 직해 ■

2~3행 The continued survival of the human race / can be explained / by our ability to adapt to our environment.//
인류의 지속적인 생존은 / 설명될 수 있다 / ▨▨▨▨▨▨▨▨▨▨▨▨▨//

3~5행 While we may have lost / some of our ancient ancestors' survival skills, / we have learned new skills / as they have become necessary.//
우리가 잃어버렸을지도 모르지만 / ▨▨▨▨▨▨▨▨▨▨▨▨▨▨▨ / 우리는 새로운 기술을 배웠다 / 새로운 기술이 필요해지면서//

5~7행 Today, / the gap between / the skills we once had / and the skills we now have / grows ever wider / as we rely more heavily on modern technology.//
오늘날 / ~간의 차이가 / 한때 우리가 가졌던 기술과 / 현재 우리가 가진 기술 (간의) / 그 어느 때보다 더 커진다 / 우리가 현대 기술에 더 많이 의존하게 되면서//

7~8행 Therefore, / when you head off into the wilderness, / it is important / to fully prepare for the environment.//
그러므로 / 미개지로 향할 때 / 중요하다 / ▨▨▨▨▨▨▨▨▨▨▨▨//

1행 Before a trip, / research / how the native inhabitants dress, work, and eat.//
떠나기 전에 / 조사하라 / 토착 주민들이 어떻게 옷을 입고 일하고 먹는지를//

9~11행 How they have adapted / to their way of life / will help you to understand the environment / and allow you to select the best gear / and learn the correct skills.//
그들이 어떻게 적응했는가는 / 자신들의 생활 방식에 / ▨▨▨▨▨▨▨▨▨▨ / 그리고 여러분이 최선의 장비를 선별하도록 해 줄 것이(고) / 그리고 적절한 기술을 배우게 (해 줄 것이다)//

11~12행 This is crucial / because most survival situations arise / as a result of a series of events / that could have been avoided.//
이것은 매우 중요하다 / 대부분의 생존(을 위한) 상황은 발생하기 때문에 / 일련의 사건들에 대한 결과로서 / 피할 수도 있었던//

■ 제대로 어휘력 올리기 ■

우리말 뜻에 맞는 영어 단어를 지문에서 찾아 쓰세요.

1 _____ : 휑 토착의, 현지의

2 _____ : 몡 생존

3 _____ : 통 적응하다

4 _____ : 몡 조상, 선조

5 _____ : 몡 차이, 격차

6 _____ : 튀 많이, 심하게

7 _____ : 몡 미개지, 황무지

8 _____ : 몡 장비, 기구

9 _____ : 휑 매우 중요한

■ 제대로 구문 이해하기 ■

9~11행 ❶ **How** they have adapted to their way of life ❷ **will help** you to understand the environment and **allow** you to select the best gear and learn the correct skills.

❶ 문장의 주어 자리에 의문사가 이끄는 명사절인 간접의문문이 쓰였다. 간접의문문의 어순은 「의문사 + 주어 + 동사」이며, '그들이 어떻게 자신들의 생활 방식에 적응했는가'라고 해석한다.

❷ 등위접속사 and를 중심으로 조동사 will과 동사 help, allow가 병렬구조로 연결되어 있다. 문장의 간결성을 위해 두 번째 동사 앞에 중복되는 조동사 will을 생략하였다. help는 준사역동사로 목적격보어 자리에 동사원형과 to부정사를 모두 쓸 수 있다.

➕ 괄호 안에서 알맞은 것을 고르시오.

Charlie Brown and Blondie are part of my morning routine and help me (starting / to start) the day with a smile.

<Charlie Brown and Blondie>는 나의 아침 일과의 일부이고 내가 미소로 하루를 시작할 수 있도록 도와준다.

1단계 | 채점 결과

문항 유형	O/X
위치 파악	

→

2단계 | 독해력 점검

□ 지문의 내용을 충분히 이해함
□ 지문의 내용을 대체로 이해함
□ 지문의 내용을 이해하지 못함

해설편 복습

→

3단계 | 문제 해결력 점검

□ 정답과 오답의 근거를 모두 찾음
□ 정답과 오답의 근거를 대체로 찾음
□ 정답과 오답의 근거를 찾지 못함

해설편 복습

위치

04

2019년 9월 고1 학력평가 39번 | 173 words

권장 풀이 시간 : 2분 | 실제 걸린 시간 : _____ 분 _____ 초   ○학습한 날짜 : _____ . _____ .

글의 흐름으로 보아, 주어진 문장이 들어가기에 가장 적절한 곳은?

> In addition to positive comments, the director and manager will undoubtedly have comments about what still needs work.

   After the technical rehearsal, the theater company will meet with the director, technical managers, and stage manager to review the rehearsal. Usually there will be comments about all the good things about the performance. (①) Individuals should make mental and written notes on the positive comments about their own personal contributions as well as those directed toward the crew and the entire company. (②) Building on positive accomplishments can reduce nervousness. (③) Sometimes, these negative comments can seem overwhelming and stressful. (④) Time pressures to make these last-minute changes can be a source of stress. (⑤) Take each suggestion with good humor and enthusiasm and tackle each task one by one.

3

6

9

12

제대로 접근법   ◀ 문제 풀이까지 마친 후
복습할 때 보세요.

■ Check Point! ■

내용 연결이나 어휘 연결이 끊어진 곳을 찾는다.

〈제시문에서 연결어구 예상하기〉

❶ _____
→ 내용 추가의 연결사

⬇

〈연결어 / 지시어〉

Building on positive accomplishments can reduce nervousness.
→ ❷ _____ positive comments,
~ have comments about what still needs work.
→ Sometimes, ❸ _____ can seem overwhelming and stressful.

⬇

〈제시문을 넣어 확인하기〉

긍정적인 의견은 긴장감을 줄일 수 있다.
— 긍정적인 의견뿐만 아니라 더 보완이 필요한 부분에 대한 부정적인 의견도 분명히 있을 것이다.
— 때로, 이러한 부정적인 의견은 압도적이고 스트레스를 주는 것처럼 보일 수 있다.

제대로 독해법 ◀ 문제 채점까지 마친 후 복습할 때 보세요.

■ 직독 직해 ■

3~5행 After the technical rehearsal, / the theater company will meet / with the director, technical managers, and stage manager / to review the rehearsal.//

테크니컬 리허설(기술 연습) 후에 / 극단은 만날 것이다 / 총감독, 기술 감독들, 그리고 무대 감독을 / 리허설을 검토하기 위해//

5~6행 Usually / there will be comments / about all the good things / about the performance.//

보통은 / 의견이 있을 것이다 / 온갖 좋은 것들에 관한 / 공연에 대한//

6~9행 Individuals should make mental and written notes / on the positive comments / about their own personal contributions / as well as those directed toward the crew and the entire company.//

개인은 마음에 새기고 글로 적어놓아야 한다 / 긍정적인 의견을 /   / 단원들과 극단 전체를 향한 긍정적인 의견뿐만 아니라//

9~10행 Building on positive accomplishments / can reduce nervousness.//

긍정적인 성과를 기반으로 하는 것은 / 긴장감을 줄일 수 있다//

1~2행 In addition to positive comments, / the director and manager / will undoubtedly have comments / about what still needs work.//

긍정적인 의견 이외에 / 총감독과 부감독은 /   / 여전히 작업이 필요한 부분에 대한//

10~11행 Sometimes, / these negative comments / can seem overwhelming and stressful.//

때로 / 이러한 부정적인 의견은 / 압도적이고 스트레스를 주는 것처럼 보일 수 있다//

11~12행 Time pressures / to make these last-minute changes / can be a source of stress.//

시간적 압박은 /   / 스트레스의 원인이 될 수 있다//

12~13행 Take each suggestion / with good humor and enthusiasm / and tackle each task / one by one.//

각 제안을 받아들여라 / 기분 좋게 그리고 열정적으로 /   / 하나씩//

■ 제대로 어휘력 올리기 ■

우리말 뜻에 맞는 영어 단어를 지문에서 찾아 쓰세요.

1 _____ : 형 기술의, 기술적인

2 _____ : 명 (함께 일하는) 팀, 무리

3 _____ : 명 성과, 업적

4 _____ : 부 분명히, 확실히

5 _____ : 형 압도적인, 강력한

6 _____ : 명 압박, 압력

7 _____ : 형 막판의, 최종 순간의

8 _____ : 명 열정, 열의

9 _____ : 동 (문제를) 다루다, 착수하다

■ 제대로 구문 이해하기 ■

6~9행 Individuals should make mental and written notes on the positive comments about their own personal contributions ❶ **as well as** those ❷ **directed** toward the crew and the entire company.

❶ 상관접속사 as well as를 기준으로 명사 the positive comments와 those가 병렬 연결되어 있다. 'A뿐만 아니라 B도'라는 뜻의 「B as well as A」는 「not only A but also B」로 바꿔 쓸 수 있다.

❷ directed ~ company는 앞에 「주격 관계대명사+be동사(that are)」가 생략된 과거분사구이며, 선행사 those(=the positive comments)를 수식한다.

✚ 괄호 안에서 알맞은 것을 고르시오.

Our emotional state is determined both by feelings that are triggered by the world at present and those (generate / generated) by our expectations of the future.

우리의 감정 상태는 현재 세계에 의해 유발되는 감정과 미래에 대한 우리의 기대에서 발생되는 감정 두 가지 모두에 의해 결정된다.

1단계 | 채점 결과

문항 유형	O/X
위치 파악	

→

2단계 | 독해력 점검
- □ 지문의 내용을 충분히 이해함
- □ 지문의 내용을 대체로 이해함
- □ 지문의 내용을 이해하지 못함

해설편 복습

→

3단계 | 문제 해결력 점검
- □ 정답과 오답의 근거를 모두 찾음
- □ 정답과 오답의 근거를 대체로 찾음
- □ 정답과 오답의 근거를 찾지 못함

해설편 복습

DAY 17 | 위치 01~04 | 어휘 테스트

[1~9] 다음 빈칸에 알맞은 말을 〈보기〉에서 찾아 쓰시오.

보기

technical events source
continued contributions strengths
inhabitants combination accomplishments

1 positive _____
긍정적인 성과

2 the native _____
토착 주민들

3 the _____ survival
지속적인 생존

4 a(n) _____ of stress
스트레스의 원인

5 creative _____
창의적인 능력

6 a unique _____ of experiences
독특한 조합의 경험

7 some _____ and personal information
어떤 전문적이고 개인적인 정보

8 their own personal _____
그들 자신의 개인적인 기여

9 a series of _____
일련의 사건들

[10~15] 다음 빈칸에 알맞은 말을 〈보기〉에서 찾아 쓰시오.

보기

complement prepare overwhelming
familiar diversity ancient

10 A person with normal vision will dream about a(n) _____ friend using visual memories of shape, lighting, and colour.
정상 시력을 가진 사람들은 형태, 빛 그리고 색의 시각적 기억을 사용하여 친숙한 친구에 대해 꿈을 꿀 것이다.

11 The bigger the team, the more possibilities exist for _____.
팀이 크면 클수록 다양성에 대한 더 큰 가능성이 존재한다.

12 Sometimes, these negative comments can seem _____ and stressful.
때로, 이러한 부정적인 의견은 압도적이고 스트레스를 주는 것처럼 보일 수 있다.

13 In other words, we are looking for a diversified team where members _____ one another.
다시 말하면, 우리는 구성원들이 서로를 보완해 주는 다양화된 팀을 찾고 있다.

14 Therefore, when you head off into the wilderness, it is important to fully _____ for the environment.
그러므로, 미개지로 향할 때 그 환경에 대해 충분히 준비하는 것이 중요하다.

15 While we may have lost some of our _____ ancestors' survival skills, we have learned new skills as they have become necessary.
우리가 고대 조상들의 생존 기술 중 일부를 잃어버렸을지도 모르지만, 새로운 기술이 필요해지면서 우리는 새로운 기술을 배웠다.

DAY 18

무관한 문장

유형	출처	정답률	문제편	해설편
무관 01	2021년 6월 고1 학력평가 35번	63%	p.188	p.69
무관 02	2020년 3월 고1 학력평가 39번	66%	p.190	p.70
무관 03	2018년 3월 고1 학력평가 39번	46%	p.192	p.71
무관 04	2017년 11월 고1 학력평가 35번	56%	p.194	p.72

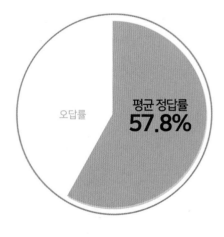

오답률

평균 정답률
57.8%

난이도 - 중

1등급 Tip

난이도 '중'의 '무관한 문장' 유형은 매년 1문항이 출제된다. 글의 주제를 찾아 전체 흐름에서 벗어나는 문장이나 정반대의 주장을 하는 문장을 찾는다.

무관

01

권장 풀이 시간 : **1분 30초** | 실제 걸린 시간 : _____분_____초 ●학습한 날짜 : ___.___.

2021년 6월 고1 학력평가 35번 | 153 words

다음 글에서 전체 흐름과 관계 <u>없는</u> 문장은?

　　Health and the spread of disease are very closely linked to how we live and how our cities operate. The good news is that cities are incredibly resilient. Many cities have experienced epidemics in the past and have ₃ not only survived, but advanced. ① The nineteenth and early-twentieth centuries saw destructive outbreaks of cholera, typhoid, and influenza in European cities. ② Doctors such as Jon Snow, from England, and ₆ Rudolf Virchow, of Germany, saw the connection between poor living conditions, overcrowding, sanitation, and disease. ③ A recognition of this connection led to the replanning and rebuilding of cities to stop ₉ the spread of epidemics. ④ In spite of reconstruction efforts, cities declined in many areas and many people started to leave. ⑤ In the mid-nineteenth century, London's pioneering sewer system, which still ₁₂ serves it today, was built as a result of understanding the importance of clean water in stopping the spread of cholera.

* resilient 회복력이 있는　** sewer system 하수 처리 시스템

제대로 접근법　◀ 문제 풀이까지 마친 후 복습할 때 보세요.

■ **Check Point!** ■

글의 주제를 찾아 전체 흐름에서 벗어나는 문장이나 정반대의 주장을 하는 문장을 찾는다.

〈전체 흐름 파악하기〉

도시가 전염병을 극복하고 발전한 과정

⬇

〈토픽〉

have experienced ❶ _____ in the past and have not only survived, but ❷ _____

⬇

〈전체 흐름에서 벗어난 어구 및 문장〉

In spite of reconstruction efforts, cities declined in many areas and many people started to leave.
➡ 도시의 재건 노력에도 불구하고 도시가 쇠퇴했다는 내용

제대로 독해법 ◀ 문제 채점까지 마친 후 복습할 때 보세요.

■ 직독 직해 ■

1~2행 Health and the spread of disease / are very closely linked / to how we live / and how our cities operate.//
건강과 질병의 확산은 / 매우 밀접하게 연관되어 있다 / 우리가 어떻게 사는지와 / 그리고 우리의 도시가 어떻게 작동하는지(와)//

2~3행 The good news is that / cities are incredibly resilient.//
좋은 소식은 ~라는 것이다 / 도시들이 믿을 수 없을 정도로 회복력이 있다//

3~4행 Many cities have experienced epidemics / in the past / and have not only survived, but advanced.//
많은 도시는 전염병을 경험했다 / 과거에 / ⬚⬚⬚⬚⬚⬚⬚ //

4~6행 The nineteenth and early-twentieth centuries saw destructive outbreaks / of cholera, typhoid, and influenza / in European cities.//
19세기와 20세기 초에 파괴적인 발발이 일어났다 / 콜레라, 장티푸스, 독감의 / 유럽의 도시에서//

6~8행 Doctors / such as Jon Snow, from England, and Rudolf Virchow, of Germany, / saw the connection / between poor living conditions, overcrowding, sanitation, and disease.//
의사들은 / 영국 출신의 Jon Snow와 독일의 Rudolf Virchow와 같은 / 연관성을 알았다 / ⬚⬚⬚⬚⬚⬚⬚ //

8~10행 A recognition of this connection led / to the replanning and rebuilding of cities / to stop the spread of epidemics.//
이 연관성에 대한 인식은 이어졌다 / 도시의 재계획과 재건축으로 / 전염병의 확산을 막기 위한//

10~11행 (In spite of reconstruction efforts, / cities declined / in many areas / and many people started to leave.)//
⬚⬚⬚⬚⬚⬚⬚ / 도시들은 쇠퇴하였다 / 많은 지역에서 / 그리고 많은 사람들이 떠나기 시작했다//

11~14행 In the mid-nineteenth century, / London's pioneering sewer system, / which still serves it today, / was built / as a result of understanding the importance of clean water / in stopping the spread of cholera.//
19세기 중반에 / 런던의 선구적인 하수 처리 시스템은 / 오늘날에도 여전히 사용되고 있는 / 만들어졌다 / 깨끗한 물의 중요성을 이해한 결과로 / ⬚⬚⬚⬚⬚⬚⬚ //

■ 제대로 어휘력 올리기 ■

우리말 뜻에 맞는 영어 단어를 지문에서 찾아 쓰세요.

1 _____ : 몡 확산

2 _____ : 뷔 밀접하게

3 _____ : 통 작동하다

4 _____ : 몡 전염병

5 _____ : 혱 파괴적인

6 _____ : 몡 발생, 발발

7 _____ : 몡 위생

8 _____ : 몡 복원, 재건

9 _____ : 통 쇠퇴하다; 감소하다

■ 제대로 구문 이해하기 ■

1~2행 Health and the spread of disease are very closely linked ❶ to ❷ how we live and how our cities operate.

❶ be linked to에서 to는 전치사이므로, to 뒤에 동사원형이 아닌 명사(구)나 명사절이 와야 한다.

❷ 「의문사 + 주어 + 동사」의 간접의문문 형태의 명사절이 전치사 to의 목적어 역할을 하고 있다. 2개의 간접의문문이 and를 중심으로 병렬로 연결되어 있다.

✚ 괄호 안에서 알맞은 것을 고르시오.

Give attention also to (fit / fitting) the task to the available time.

그 이용 가능한 시간에 과제를 맞추는 것에도 또한 주의를 기울여라.

1단계 | 채점 결과

문항 유형	O / X
무관한 문장	

→

2단계 | 독해력 점검

□ 지문의 내용을 충분히 이해함
□ 지문의 내용을 대체로 이해함
□ 지문의 내용을 이해하지 못함

 해설편 복습

→

3단계 | 문제 해결력 점검

□ 정답과 오답의 근거를 모두 찾음
□ 정답과 오답의 근거를 대체로 찾음
□ 정답과 오답의 근거를 찾지 못함

해설편 복습

무관

02

권장 풀이 시간 : 1분 30초 | 실제 걸린 시간 : _____ 분 _____ 초   ●학습한 날짜 :   .   .

2020년 3월 고1 학력평가 39번 | 121 words

다음 글에서 전체 흐름과 관계 <u>없는</u> 문장은?

Paying attention to some people and not others doesn't mean you're being dismissive or arrogant. ① It just reflects a hard fact: there are limits on the number of people we can possibly pay attention to or develop a relationship with. ② Some scientists even believe that the number of people with whom we can continue stable social relationships might be limited naturally by our brains. ③ The more people you know of different backgrounds, the more colorful your life becomes. ④ Professor Robin Dunbar has explained that our minds are only really capable of forming meaningful relationships with a maximum of about a hundred and fifty people. ⑤ Whether that's true or not, it's safe to assume that we can't be real friends with everyone.

* dismissive 무시하는   ** arrogant 거만한

제대로 접근법   ◀ 문제 풀이까지 마친 후 복습할 때 보세요.

■ Check Point! ■

글의 주제를 찾아 전체 흐름에서 벗어나는 문장이나 정반대의 주장을 하는 문장을 찾는다.

〈전체 흐름 파악하기〉

안정적이고 의미 있는 관계 형성이 가능한 사람 수의 한계

〈토픽〉

❶ _____ on the number of people, stable social relationships, meaningful ❷ _____

〈전체 흐름에서 벗어난 어구 및 문장〉

The more people you know of different backgrounds, the more colorful your life becomes.
→ 다양한 배경의 사람들을 많이 알수록, 삶이 더 다채로워진다는 내용

제대로 독해법 ◀ 문제 채점까지 마친 후 복습할 때 보세요.

■직독 직해■

1~2행 Paying attention to some people / and not others / doesn't mean / you're being dismissive or arrogant.//

어떤 사람들에게 주의를 기울이고 / 다른 사람들에게 그렇게 하지 않는 것이 / 의미하지는 않는다 / 여러분이 남을 무시하고 있다거나 거만하게 굴고 있다는 것을//

2~4행 It just reflects a hard fact: / there are limits on the number of people / we can possibly pay attention to / or develop a relationship with.//

⬜⬜⬜⬜⬜⬜ / 사람의 수에는 한계가 있다는 것이다 / 우리가 어떻게든지 관심을 갖(거나) / 또는 관계를 발전시켜 나갈 수 있는//

4~6행 Some scientists even believe / that the number of people / with whom we can continue stable social relationships / might be limited naturally by our brains.//

일부 과학자는 심지어 믿는다 / 사람의 수가 / ⬜⬜⬜⬜⬜⬜⬜ / 우리의 뇌에 의해 자연스럽게 제한되는 것일 수도 있다고//

6~8행 (The more people you know / of different backgrounds, / the more colorful your life becomes.//)

(여러분이 사람들을 많이 알수록 / 다양한 배경의 / ⬜⬜⬜⬜⬜⬜//)

8~10행 Professor Robin Dunbar has explained / that our minds are only really capable / of forming meaningful relationships / with a maximum of about a hundred and fifty people.//

Robin Dunbar 교수는 설명했다 / 우리의 마음은 정말로 ~할 수 있을 뿐이라고 / 의미 있는 관계를 형성할 / 최대 약 150명의 사람과//

10~11행 Whether that's true or not, / it's safe to assume / that we can't be real friends with everyone.//

그것이 사실이든 아니든 / 가정하는 것이 안전하다 / 우리가 모든 사람과 진정한 친구가 될 수는 없다고//

■제대로 어휘력 올리기■

우리말 뜻에 맞는 영어 단어를 지문에서 찾아 쓰세요.

1 _____ : 통 나타내다, 반영하다

2 _____ : 부 어떻게든지

3 _____ : 형 안정적인

4 _____ : 부 자연스럽게

5 _____ : 형 다채로운

6 _____ : 형 ~을 할 수 있는

7 _____ : 형 의미 있는

8 _____ : 명 최대, 최고

9 _____ : 통 가정하다

■제대로 구문 이해하기■

10~11행 ❶ Whether that's true **or not,** ❷ **it's** safe **to assume** that we can't be real friends with everyone.

❶ whether가 부사절로 쓰일 경우 완전한 문장의 앞뒤에 와서 동사, 형용사, 부사, 문장 전체를 수식하는 역할을 한다. 이 문장에서 whether는 주절 문장 전체를 수식하고 있으며 '~이든 아니든, ~에 상관없이'라고 해석한다.

cf. if는 명사절로 쓰여 목적어 역할을 하는 경우 whether와 바꿔 쓸 수 있지만, 부사절로 쓰일 경우 '~라면'이라는 뜻의 조건절이 되어 whether와 바꿔 쓸 수 없다.

❷ it은 가주어이며 to assume ~ everyone이 진주어이다.

✛괄호 안에서 알맞은 것을 고르시오.

Maybe I was born with some curiosity about how things work, (if / whether) it is a math problem or a magic trick.

아마도 나는 수학 문제이든 마술이든, 그것이 어떻게 작용하는지에 대한 호기심을 가지고 태어났나보다.

1단계 | 채점 결과

문항 유형	O/X
무관한 문장	

→

2단계 | 독해력 점검

☐ 지문의 내용을 충분히 이해함
☐ 지문의 내용을 대체로 이해함
☐ 지문의 내용을 이해하지 못함

 해설편 복습

→

3단계 | 문제 해결력 점검

☐ 정답과 오답의 근거를 모두 찾음
☐ 정답과 오답의 근거를 대체로 찾음
☐ 정답과 오답의 근거를 찾지 못함

 해설편 복습

무관

03

2018년 3월 고1 학력평가 39번 | 143 words

권장 풀이 시간 : 1분 30초 | 실제 걸린 시간 : _____ 분 _____ 초   ◑학습한 날짜 :   .   .

다음 글에서 전체 흐름과 관계 <u>없는</u> 문장은?

In 2006, 81% of surveyed American shoppers said that they considered online customer ratings and reviews important when planning a purchase. Though an online comment — positive or negative — is not as powerful as a direct interpersonal exchange, it can be very important for a business. ① Many people depend on online recommendations. ② And young people rely heavily on them and are very likely to be influenced by the Internet when deciding what movie to see or what album to purchase. ③ These individuals often have wide-reaching social networks and communicate regularly with dozens of others — with the potential to reach thousands. ④ Experts suggest that young people stop wasting their money on unnecessary things and start saving it. ⑤ It has been reported that young people aged six to 24 influence about 50% of all spending in the US.

제대로 접근법   ◀ 문제 풀이까지 마친 후 복습할 때 보세요.

■ **Check Point!** ■

글의 주제를 찾아 전체 흐름에서 벗어나는 문장이나 정반대의 주장을 하는 문장을 찾는다.

> 〈전체 흐름 파악하기〉
>
> 구매시 온라인 평가의 중요성

⬇

> 〈토픽〉
>
> online customer ❶ _____ and
> ❷ _____, online comment,
> online recommendations

⬇

> 〈전체 흐름에서 벗어난 어구 및 문장〉
>
> stop wasting their money,
> start saving
> ➡ 불필요한 낭비를 그만두고
> 저축을 시작해야 한다는 내용

제대로 독해법　◀ 문제 채점까지 마친 후 복습할 때 보세요.

■직독 직해■

1~3행 In 2006, / 81% of surveyed American shoppers / said / that they considered online customer ratings and reviews important / when planning a purchase.//

2006년에 / 조사에 응한 미국 쇼핑객의 81%가 / 말했다 / ▨▨▨▨▨▨▨ / 구매를 계획할 때//

3~5행 Though an online comment / — positive or negative — / is not as powerful / as a direct interpersonal exchange, / it can be very important / for a business.//

온라인 평가는 ~이지만 / 긍정적인 것이든 부정적인 것이든 / 강력하지는 않(지만) / 사람 간의 직접적인 의견 교환만큼 / 매우 중요할 수 있다 / 사업에//

5~6행 Many people depend / on online recommendations.//

많은 사람이 의존한다 / ▨▨▨▨▨▨▨▨▨//

6~8행 And young people rely heavily on them / and are very likely to be influenced by the Internet / when deciding / what movie to see / or what album to purchase.//

그리고 젊은 사람들은 그것에 크게 의존하(고) / ▨▨▨▨▨▨▨ / 결정할 때 / 어떤 영화를 볼지 / 혹은 어떤 앨범을 살 것인지를//

8~10행 These individuals often have wide-reaching social networks / and communicate regularly / with dozens of others / — with the potential to reach thousands.//

이 사람들은 흔히 광범위한 소셜 네트워크를 가지고 있으(며) / 그리고 정기적으로 소통하(는데) / 수십 명의 다른 사람들과 / 수천 명에 이를 가능성이 있다//

10~12행 (Experts suggest / that young people stop wasting their money / on unnecessary things / and start saving it.//)

(전문가들은 권한다 / 젊은 사람들이 돈을 낭비하기를 그만두어야한다(고) / 불필요한 것에 / 그리고 저축을 시작해야 한다고//)

12~13행 It has been reported / that young people aged six to 24 influence / about 50% of all spending in the US.//

보고되었다 / ▨▨▨▨▨▨▨▨ / 미국 전체 지출의 약 50%에//

■제대로 어휘력 올리기■

우리말 뜻에 맞는 영어 단어를 지문에서 찾아 쓰세요.

1 _____ : 图 설문 조사하다

2 _____ : 图 고객

3 _____ : 图 구매

4 _____ : 图 사람 간의

5 _____ : 图 얘기를 나눔, 대화; 교환

6 _____ : 图 심하게, 크게

7 _____ : 图 개인, 사람

8 _____ : 图 가능성

9 _____ : 图 불필요한

■제대로 구문 이해하기■

1~3행 In 2006, 81% of ❶ surveyed American shoppers said that they ❷ considered online customer ratings and reviews important when planning a purchase.

❶ shoppers는 조사를 하는 주체가 아니라, 조사 받는 대상이므로 수동 의미의 과거분사 surveyed가 수식한다.

❷ 「consider + 목적어 + 목적격보어(형용사)」의 5형식 문장으로 목적격보어 자리에 형용사(important)가 오는 것에 주의하며, '~을 …라고 생각하다'로 해석한다.

✚ 괄호 안에서 알맞은 것을 고르시오.

Many doctors consider exercise more (importantly / important) than diet when it comes to maintaining healthy weight.

많은 의사들이 건강한 체중을 유지하는 것에 있어서 운동이 식이요법보다 더 중요하다고 생각한다.

1단계 | 채점 결과

문항 유형	O/X
무관한 문장	

→

2단계 | 독해력 점검

□ 지문의 내용을 충분히 이해함
□ 지문의 내용을 대체로 이해함
□ 지문의 내용을 이해하지 못함

해설편 복습

→

3단계 | 문제 해결력 점검

□ 정답과 오답의 근거를 모두 찾음
□ 정답과 오답의 근거를 대체로 찾음
□ 정답과 오답의 근거를 찾지 못함

해설편 복습

04

권장 풀이 시간 : **1분 30초** | 실제 걸린 시간 : _____ 분 _____ 초 ●학습한 날짜 :   .   .   .

2017년 11월 고1 학력평가 35번 | 135 words

다음 글에서 전체 흐름과 관계 <u>없는</u> 문장은?

In countries such as Sweden, the Netherlands, and Kazakhstan, the media are owned by the public but operated by the government. Under this system of ownership, revenue covering the operating costs of ₃ newspapers, television stations, and radio stations is generated through public taxes. ① Because of this system of public financing, regulations and policies in many of these countries are designed to guarantee ₆ a diversity of sources of information. ② For example, Swedish law requires that at least two newspapers be published in every town. ③ One newspaper is generally liberal, and the second is conservative. ₉ ④ Typically, the Swedish prefer watching television to reading newspapers. ⑤ In cases in which one of the papers is unprofitable, Swedish law requires that the town taxes and donations from the city ₁₂ go to support the struggling paper.

제대로 접근법 ◀ 문제 풀이까지 마친 후
복습할 때 보세요.

■ **Check Point!** ■

글의 주제를 찾아 전체 흐름에서 벗어나는 문장이나 정반대의 주장을 하는 문장을 찾는다.

┌─────────────────────┐
│ 〈전체 흐름 파악하기〉 │
├─────────────────────┤
│ 공공이 소유하고 정부가 운영하는 │
│   언론의 다양성 확보 방법   │
└─────────────────────┘
            ↓
┌─────────────────────┐
│   〈토픽〉   │
├─────────────────────┤
│ media, operated by government, │
│ ❶ _____ taxes, │
│ ❷ _____ a diversity │
└─────────────────────┘
            ↓
┌─────────────────────┐
│ 〈전체 흐름에서 벗어난 어구 및 문장〉 │
├─────────────────────┤
│ prefer watching television │
│ to reading newspapers │
│ ➡ 신문 읽기보다 │
│ TV 시청을 선호한다는 내용 │
└─────────────────────┘

제대로 독해법 ◀ 문제 채점까지 마친 후 복습할 때 보세요.

■직독 직해■

1~2행 In countries such as Sweden, the Netherlands, and Kazakhstan, / the media are owned by the public / but operated by the government.//

스웨덴, 네덜란드, 카자흐스탄과 같은 나라에서는 / ▓▓▓▓▓▓▓▓▓▓▓▓▓ / 하지만 정부에 의해 운영된다//

2~5행 Under this system of ownership, / revenue / covering the operating costs / of newspapers, television stations, and radio stations / is generated through public taxes.//

이런 소유권의 체계 하에서는 / 수익이 / 운영비를 충당하는 / 신문사, TV 방송국, 그리고 라디오 방송국의 / 공적인 세금을 통해서 발생된다//

5~7행 Because of this system of public financing, / regulations and policies / in many of these countries / are designed / to guarantee a diversity / of sources of information.//

이 공적 자금 조달의 체계 때문에 / 규제와 정책들은 / 이러한 나라들 중 많은 곳의 / 고안된다 / ▓▓▓▓▓▓▓▓▓▓▓▓ / 정보 원천의//

7~8행 For example, / Swedish law requires / that at least two newspapers / be published / in every town.//

예를 들면 / 스웨덴 법은 요구하고 있다 / 적어도 두 개의 신문들이 ~라고 / ▓▓▓▓▓▓▓▓▓ / 모든 마을마다//

9행 One newspaper is generally liberal, / and the second is conservative.//

한 신문은 일반적으로 진보적이고 / 두 번째 신문은 보수적이다//

10~11행 (Typically, / the Swedish prefer watching television / to reading newspapers.//)

(전형적으로 / 스웨덴 사람들은 TV 시청을 더 선호한다 / 신문 읽기보다//)

11~13행 In cases / in which one of the papers is unprofitable, / Swedish law requires / that the town taxes and donations from the city / go to support the struggling paper.//

경우에 / 그 신문 중 하나가 이익을 못 낼 / ▓▓▓▓▓▓▓▓▓▓ / 시민 세금과 시로부터의 기부금이 ~라고 / 힘겨워하는 신문사를 돕기 위해 투입되어야 한다(고)//

■제대로 어휘력 올리기■

우리말 뜻에 맞는 영어 단어를 지문에서 찾아 쓰세요.

1 _____ : 통 운영하다

2 _____ : 명 소유권

3 _____ : 명 (정기적인) 수익

4 _____ : 명 자금 조달

5 _____ : 명 규제

6 _____ : 통 보장하다

7 _____ : 명 다양성

8 _____ : 형 진보적인

9 _____ : 형 보수적인

■제대로 구문 이해하기■

7~8행 For example, Swedish law **❶ requires that** at least two newspapers **be published** in every town.

❶ 주장, 명령, 요구, 제안 동사(suggest, insist, order, propose, demand, recommend, require)가 이끄는 that절의 동사는 「should+동사원형」으로 쓰며, 이때 should는 생략 가능하다. 이 문장에서는 be published 앞에 should가 생략되었다.

✚ 괄호 안에서 알맞은 것을 고르시오.

She insisted that the patient (go / goes) to hospital right away.

그녀는 그 환자가 즉시 병원에 가야 한다고 주장했다.

1단계 | 채점 결과

문항 유형	O/X
무관한 문장	

2단계 | 독해력 점검

□ 지문의 내용을 충분히 이해함
□ 지문의 내용을 대체로 이해함
□ 지문의 내용을 이해하지 못함

해설편 복습

3단계 | 문제 해결력 점검

□ 정답과 오답의 근거를 모두 찾음
□ 정답과 오답의 근거를 대체로 찾음
□ 정답과 오답의 근거를 찾지 못함

해설편 복습

DAY 18 | 무관 01~04 | 어휘 테스트

[1~9] 다음 빈칸에 알맞은 말을 <보기>에서 찾아 쓰시오.

<보기>
customer spending spread
donations sources backgrounds
regulations stable hard

1 _____ of information
정보의 원천

2 _____ and policies
규제와 정책들

3 the _____ of epidemics
전염병의 확산

4 a _____ fact
명백한 사실

5 online _____ ratings and reviews
온라인 고객 평점과 후기

6 _____ from the city
시로부터의 기부금

7 different _____
다양한 배경

8 about 50% of all _____ in the US
미국 전체 지출의 약 50%

9 _____ social relationships
안정된 사회적 관계

[10~15] 다음 빈칸에 알맞은 말을 <보기>에서 찾아 쓰시오.

<보기>
advanced recommendations conservative
resilient assume arrogant

10 The good news is that cities are incredibly
_____.
좋은 소식은 도시가 믿을 수 없을 정도로 회복력이 있다는 것이다.

11 Many cities have experienced epidemics in
the past and have not only survived, but
_____.
많은 도시는 과거에 전염병을 경험했고 살아남았을 뿐만 아니라
발전했다.

12 Paying attention to some people and not
others doesn't mean you're being dismissive or
_____.
어떤 사람들에게 주의를 기울이고 다른 사람들에게 그렇게 하지
않는 것이 여러분이 남을 무시하고 있다거나 거만하게 굴고 있
다는 것을 의미하지는 않는다.

13 Many people depend on online _____.
많은 사람이 온라인 추천에 의존한다.

14 Whether that's true or not, it's safe to
_____ that we can't be real friends with
everyone.
그것이 사실이든 아니든, 우리가 모든 사람과 진정한 친구가 될
수는 없다고 가정하는 것이 안전하다.

15 One newspaper is generally liberal, and the
second is _____.
한 신문은 일반적으로 진보적이고 두 번째 신문은 보수적이다.

DAY 19

요약문 완성

유형	출처	정답률	문제편	해설편
요약 01	2022년 9월 고1 학력평가 40번	45%	p.198	p.73
요약 02	2021년 3월 고1 학력평가 40번	55%	p.200	p.74
요약 03	2018년 9월 고1 학력평가 40번	50%	p.202	p.75
요약 04	2017년 11월 고1 학력평가 40번	44%	p.204	p.76

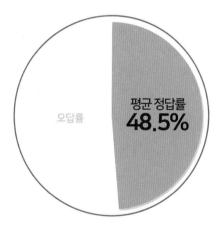

오답률

평균 정답률
48.5%

난이도 - **상**

1등급 Tip

난이도 '상'의 '요약문 완성' 유형은 매년 1문항
이 출제된다. 요약문부터 확인하고 글의 주제를
파악한 후에 선택지에서 적절한 어구를 찾는다.

요약

01

2022년 9월 고1 학력평가 40번 | 176 words

권장 풀이 시간 : 1분 30초 | 실제 걸린 시간 : _____분 _____초 ●학습한 날짜 : ____.____.

다음 글의 내용을 한 문장으로 요약하고자 한다. 빈칸 (A), (B)에 들어갈 말로 가장 적절한 것은?

My colleagues and I ran an experiment testing two different messages meant to convince thousands of resistant alumni to make a donation. One message emphasized the opportunity to do good: donating would benefit students, faculty, and staff. The other emphasized the opportunity to feel good: donors would enjoy the warm glow of giving. The two messages were equally effective: in both cases, 6.5 percent of the unwilling alumni ended up donating. Then we combined them, because two reasons are better than one. Except they weren't. When we put the two reasons together, the giving rate dropped below 3 percent. Each reason alone was more than twice as effective as the two combined. The audience was already skeptical. When we gave them different kinds of reasons to donate, we triggered their awareness that someone was trying to persuade them — and they shielded themselves against it.

3

6

9

12

* alumni 졸업생 ** skeptical 회의적인

In the experiment mentioned above, when the two different reasons to donate were given ____(A)____, the audience was less likely to be ____(B)____ because they could recognize the intention to persuade them.

	(A)		(B)
①	simultaneously	......	convinced
②	separately	......	confused
③	frequently	......	annoyed
④	separately	......	satisfied
⑤	simultaneously	......	offended

제대로 접근법 ◀ 문제 풀이까지 마친 후 복습할 때 보세요.

■ Check Point! ■

요약문부터 확인한 후 글의 주제를 파악한다.

<요약문 확인>

서로 다른 두 가지의 기부 이유가 ❶ _____ 주어졌을 때, 청중은 자신을 설득하려는 의도를 알아차릴 수 있었기 때문에 ❷ _____ 가능성이 더 적었다.

<주제문 찾기>

(11~14행) When we gave them different kinds of reasons to donate, we triggered their awareness that someone was trying to persuade them — and they shielded themselves against it.

<선택지에서 정답 찾기>

(A) (8~10행) When we put the two reasons together
→ when the two different reasons to donate were given ❸ _____
(B) (13~14행) someone was trying to persuade them — and they shielded themselves against it
→ the audience was less likely to be ❹ _____

제대로 독해법 ◀ 문제 채점까지 마친 후 복습할 때 보세요.

■직독 직해■

1~2행 My colleagues and I ran an experiment / testing two different messages / meant to convince thousands of resistant alumni / to make a donation.// 동료들과 나는 한 연구를 진행했다 / 두 개의 다른 메시지들을 실험하는 / ▨▨▨▨▨▨▨▨▨ / 기부하도록//

3~4행 One message emphasized / the opportunity to do good: / donating would benefit students, faculty, and staff.// 하나의 메시지는 강조했다 / 좋은 일을 할 기회를 / 기부하는 것은 학생들, 교직원, 그리고 직원들에게 이익을 줄 것이다//

4~5행 The other emphasized / the opportunity to feel good: / donors would enjoy the warm glow of giving.// 나머지 하나는 강조했다 / 좋은 기분을 느끼는 기회를 / 기부자들은 기부의 따뜻한 온기를 즐길 것이다//

6~7행 The two messages were equally effective: / in both cases, / 6.5 percent of the unwilling alumni / ended up donating.// 그 두 개의 메시지들은 똑같이 효과적이었다 / 두 경우 모두에서 / 6.5 퍼센트의 마음 내키지 않은 졸업생이 / ▨▨▨▨▨▨▨▨▨ //

7~8행 Then we combined them, / because two reasons are better than one.// 그러고 나서 우리는 그것들을 결합했다 / 왜냐하면 두 개의 이유가 한 개보다 더 낫기 때문에//

8행 Except they weren't.// 그러나 그것들은 그렇지 않았다//

8~10행 When we put the two reasons together, / the giving rate dropped / below 3 percent.// 우리가 그 두 개의 이유들을 합쳤을 때 / 기부율은 떨어졌다 / 3퍼센트 아래로//

10~11행 Each reason alone was more than twice as effective / as the two combined.// 각각의 이유가 단독으로는 두 배 넘게 더 효과적이었다 / 그 두 개가 합쳐진 것보다//

11행 The audience was already skeptical.// 청중은 이미 회의적이었다//

11~14행 When we gave them different kinds of reasons / to donate, / we triggered their awareness / that someone was trying to persuade them / — and they shielded themselves / against it.//
우리가 그들에게 서로 다른 종류의 이유를 주었을 때 / 기부해야 할 / 우리는 그들의 인식을 유발했다 / ▨▨▨▨▨▨▨▨▨ / 그리고 그들은 스스로를 보호했다 / 그것에 맞서//

요약문 In the experiment mentioned above, / when the two different reasons to donate were given simultaneously, / the audience was less likely to be convinced / because they could recognize the intention / to persuade them.//
위에서 언급된 실험에서 / 기부하라는 두 개의 다른 이유가 동시에 주어졌을 때 / 청중은 납득될 가능성이 더 적었다 / 그들이 의도를 알아차릴 수 있었기 때문에 / 그들을 설득시키기 위한//

■제대로 어휘력 올리기■

우리말 뜻에 맞는 영어 단어를 지문에서 찾아 쓰세요.

1 _____ : 통 납득시키다

2 _____ : 형 저항하는

3 _____ : 통 강조하다

4 _____ : 통 ~에 이익을 주다

5 _____ : 명 교직원

6 _____ : 명 온기, 만족감

7 _____ : 통 유발하다

8 _____ : 명 인식

9 _____ : 통 보호하다

■제대로 구문 이해하기■

11~14행 When we ❶ **gave them different kinds of reasons to donate,** we triggered their awareness ❷ **that** someone was trying to persuade them — and they shielded ❸ **themselves** against it.

❶ give는 4형식 동사이므로 「give + 간접목적어 + 직접목적어」의 형태로 쓰일 수 있다.

❷ that절의 내용은 앞에 나온 awareness의 구체적인 내용을 나타낸다. 즉, 여기서 쓰인 that은 동격의 접속사이다.

❸ 동작의 대상인 목적어가 주어와 같은 경우 목적어로 재귀대명사를 쓴다.

✚괄호 안에서 알맞은 것을 고르시오.

Aging is a result of the gradual failure of the body's cells and organs to replace and repair (them / themselves).

노화는 신체의 세포와 기관들이 점차로 스스로를 대체하고 회복시키지 못하기 때문에 생긴다.

1단계 | 채점 결과

문항 유형	O/X
요약문 완성	

→

2단계 | 독해력 점검

☐ 지문의 내용을 충분히 이해함
☐ 지문의 내용을 대체로 이해함
☐ 지문의 내용을 이해하지 못함

해설편 복습

→

3단계 | 문제 해결력 점검

☐ 정답과 오답의 근거를 모두 찾음
☐ 정답과 오답의 근거를 대체로 찾음
☐ 정답과 오답의 근거를 찾지 못함

해설편 복습

요약

02

권장 풀이 시간 : 1분 30초 | 실제 걸린 시간 : _____ 분 _____ 초   ● 학습한 날짜 :   .   .

2021년 3월 고1 학력평가 40번 | 175 words

다음 글의 내용을 한 문장으로 요약하고자 한다. 빈칸 (A), (B)에 들어갈 말로 가장 적절한 것은?

In one study, researchers asked pairs of strangers to sit down in a room and chat. In half of the rooms, a cell phone was placed on a nearby table; in the other half, no phone was present. After the conversations had ended, the researchers asked the participants what they thought of each other. Here's what they learned: when a cell phone was present in the room, the participants reported the quality of their relationship was worse than those who'd talked in a cell phone-free room. The pairs who talked in the rooms with cell phones thought their partners showed less empathy. Think of all the times you've sat down to have lunch with a friend and set your phone on the table. You might have felt good about yourself because you didn't pick it up to check your messages, but your unchecked messages were still hurting your connection with the person sitting across from you.

* empathy 공감

The presence of a cell phone ____(A)____ the connection between people involved in conversations, even when the phone is being ____(B)____.

	(A)		(B)
①	weakens	……	answered
②	weakens	……	ignored
③	renews	……	answered
④	maintains	……	ignored
⑤	maintains	……	updated

제대로 접근법   ◀ 문제 풀이까지 마친 후 복습할 때 보세요.

■ **Check Point!** ■

요약문부터 확인한 후 글의 주제를 파악한다.

〈요약문 확인〉

휴대폰의 존재는 휴대폰이 ❶ _____ 있을 때조차도 대화에 참여하는 사람들 간의 관계를 ❷ _____.

〈주제문 찾기〉

(5~8행) ~ when a cell phone was present in the room, the participants reported the quality of their relationship was worse than those who'd talked in a cell phone-free room.

〈선택지에서 정답 찾기〉

(A) (6~7행) the quality of their relationship was worse
(12~13행) were still hurting your connection with the person
→ ❸ _____ the connection between people
(B) (11~12행) you didn't pick it up to check your messages
→ even when the phone is being ❹ _____

제대로 독해법 ◀ 문제 채점까지 마친 후 복습할 때 보세요.

■ 직독 직해 ■

1~2행 In one study, / researchers asked pairs of strangers / to sit down in a room and chat.// 한 연구에서 / 연구자들은 모르는 사람들끼리 짝을 지어 ~ 하게 했다 / 한 방에 앉아서 이야기를 하도록//

2~3행 In half of the rooms, / a cell phone was placed / on a nearby table; / in the other half, / no phone was present.//
절반의 방에는 / 휴대폰이 놓여 있었고 / 근처 탁자 위에 / 나머지 절반의 방에는 / 휴대폰이 없었다//

3~5행 After the conversations had ended, / the researchers asked the participants / what they thought of each other.//
대화가 끝난 후 / 연구자들은 참가자들에게 물었다 / ▨▨▨▨▨▨▨//

5~8행 Here's what they learned: / when a cell phone was present in the room, / the participants reported / the quality of their relationship was worse / than those who'd talked / in a cell phone-free room.//
여기에 그들이 알게 된 것이 있다 / 방에 휴대폰이 있었을 때 / 참가자들은 말했다 / ▨▨▨▨▨ / 이야기했던 참가자들에 비해 / 휴대폰이 없는 방에서//

8~9행 The pairs / who talked in the rooms with cell phones / thought / their partners showed less empathy.//
짝들은 / 휴대폰이 있는 방에서 대화한 / 생각했다 / 자신의 상대가 공감을 덜 보여주었다고//

9~10행 Think of all the times / you've sat down / to have lunch with a friend / and set your phone on the table.// 모든 순간을 생각해 보라 / 당신이 자리에 앉아서 / 친구와 점심을 먹기 위해 / 그리고 탁자 위에 휴대폰을 놓았던//

10~13행 You might have felt good about yourself / because you didn't pick it up / to check your messages, / but your unchecked messages were still hurting / your connection with the person / sitting across from you.//
당신은 스스로 잘했다고 느꼈을지 모른다 / 그것(휴대폰)을 집어 들지 않았기 때문에 / 메시지를 확인하려고 / ▨▨▨▨▨▨ / 그 사람과의 관계를 / 맞은편에 앉아 있는//

요약문 The presence of a cell phone / weakens the connection / between people involved in conversations, / even when the phone is being ignored.//
휴대폰의 존재는 / 관계를 약화시킨다 / 대화에 참여하는 사람들 간의 / 휴대폰이 무시되고 있을 때조차도//

■ 제대로 어휘력 올리기 ■

우리말 뜻에 맞는 영어 단어나 표현을 지문에서 찾아 쓰세요.

1 _____ : 명 모르는 사람

2 _____ : 통 이야기하다

3 _____ : 형 근처의, 가까운

4 _____ : 형 있는, 존재하는

5 _____ : 명 참가자

6 _____ : 통 말하다, 보고하다

7 _____ : 형 확인되지 않은

8 _____ : 명 존재

9 _____ : 통 무시하다

■ 제대로 구문 이해하기 ■

10~13행 You ❶ might have felt good about yourself ~, but your unchecked messages were still hurting your connection with the person ❷ sitting across from you.

❶ may[might] have p.p.는 '~했을지도 모른다'는 뜻의 추측을 나타낸다. 조동사 may와 might는 둘 다 어떤 행위나 사건의 가능성을 가리키는데, might는 may보다 불확실한 약한 가능성을 나타낸다.

❷ sitting으로 시작하는 현재분사구가 선행사 the person을 수식하는 형태로, sitting 앞에는 주격 관계대명사 who와 be동사 was가 생략되어 있다.

✚ 괄호 안에서 알맞은 것을 고르시오.

Such skilled workers (may / should) have used simple tools, but their specialization did result in more efficient and productive work.

그러한 숙련된 노동자는 간단한 도구를 사용했을지도 모르지만, 그들의 전문화는 정말로 더욱 효율적이고 생산적인 작업을 초래했다.

1단계 | 채점 결과

문항 유형	O/X
요약문 완성	

2단계 | 독해력 점검
→
☐ 지문의 내용을 충분히 이해함
☐ 지문의 내용을 대체로 이해함
☐ 지문의 내용을 이해하지 못함

해설편 복습

3단계 | 문제 해결력 점검
→
☐ 정답과 오답의 근거를 모두 찾음
☐ 정답과 오답의 근거를 대체로 찾음
☐ 정답과 오답의 근거를 찾지 못함

해설편 복습

요약

03

권장 풀이 시간 : 1분 30초 | 실제 걸린 시간 : _____분 _____초 | ○학습한 날짜 :   .   .

2018년 9월 고1 학력평가 40번 | 172 words

다음 글의 내용을 한 문장으로 요약하고자 한다. 빈칸 (A), (B)에 들어갈 말로 가장 적절한 것은?

At the Leipzig Zoo in Germany, 34 zoo chimpanzees and orangutans participating in a study were each individually tested in a room, where they were put in front of two boxes. An experimenter would place an object inside one box and leave the room. Another experimenter would enter the room, move the object into the other box and exit. When the first experimenter returned and tried retrieving the object from the first box, the great ape would help the experimenter open the second box, which it knew the object had been transferred to. However, most apes in the study did not help the first experimenter open the second box if the first experimenter was still in the room to see the second experimenter move the item. The findings show the great apes understood when the first experimenter still thought the item was where he or she last left it.

According to the study, great apes can distinguish whether or not people have a(n) ____(A)____ belief about reality and use this understanding to ____(B)____ people.

	(A)		(B)
①	false	......	help
②	ethical	......	obey
③	scientific	......	imitate
④	irrational	......	deceive
⑤	widespread	......	correct

제대로 접근법 ◀ 문제 풀이까지 마친 후 복습할 때 보세요.

■ **Check Point!** ■

요약문부터 확인한 후 글의 주제를 파악한다.

<요약문 확인>

유인원들은 사람들이 현실에 대해 ❶ _____ 생각을 가지고 있는지 아닌지를 구분할 수 있고 이러한 지식을 사람들을 ❷ _____ 데 사용할 수 있다.

<주제문 찾기>

(5~8행) When the first experimenter ~, the great ape would help the experimenter ~.
(11~13행) The findings show the great apes understood when the first experimenter still thought the item was where he or she last left it.

<선택지에서 정답 찾기>

(A) (5~7행) When the first experimenter returned and tried retrieving the object from the first box
→ ❸ _____ belief
(B) (7~8행) the great ape would help the experimenter open the second box
→ ❹ _____ people

제대로 독해법　◀ 문제 채점까지 마친 후 복습할 때 보세요.

■ 직독 직해 ■

1~3행 At the Leipzig Zoo in Germany, / 34 zoo chimpanzees and orangutans / participating in a study / were each individually tested / in a room, / where they were put in front of two boxes.// 독일의 Leipzig 동물원에서 / 동물원의 34마리의 침팬지와 오랑우탄이 / ▨▨▨▨▨▨▨▨▨ / 각각 한 마리씩 실험을 받게 되었는데 / 방에서 / 그 방에 그들 앞에 두 개의 상자가 놓여 있었다//

3~4행 An experimenter would place an object / inside one box / and leave the room.// 한 실험자가 물건을 놓(고) / 하나의 상자 안에 / 그리고 방을 떠났다//

4~5행 Another experimenter would enter the room, / move the object into the other box and exit.// 또 다른 실험자는 방에 들어와(서) / 그 물건을 다른 상자에 옮기고 떠났다//

5~8행 When the first experimenter returned / and tried retrieving the object / from the first box, / the great ape would help the experimenter / open the second box, / which it knew / the object had been transferred to.// 첫 번째 실험자가 돌아와(서) / 그리고 그 물건을 다시 꺼내려고 했을 때 / 첫 번째 상자에서 / 그 유인원은 실험자가 (~하도록) 도와주었다 / 두 번째 상자를 열도록 / 즉 자신이 알고 있던 / 물건이 옮겨져 있다고//

8~11행 However, / most apes in the study / did not help the first experimenter / open the second box / if the first experimenter was still in the room / to see the second experimenter move the item.// 하지만 / 이 실험에서 대부분의 유인원들은 / 첫 번째 실험자가 (~하도록) 돕지 않았다 / 두 번째 상자를 열도록 / 첫 번째 실험자가 계속 방에 있어서 ~한 경우에는 / ▨▨▨▨▨▨▨▨▨//

11~13행 The findings show / the great apes understood / when the first experimenter still thought / the item was / where he or she last left it.// 이 연구 결과는 보여준다 / 유인원들이 이해했다는 것을 / ▨▨▨▨▨▨▨▨ / 물건이 있다고 / 자신이 마지막으로 둔 장소에//

요약문 According to the study, / great apes can distinguish / whether or not people have a false belief / about reality / and use this understanding / to help people.// 이 연구에 따르면 / 유인원들은 구분할 수 있(고) / 사람들이 잘못된 생각을 가지고 있는지 아닌지를 / 현실에 대해 / 그리고 이러한 지식을 사용할 수 있다 / 사람들을 돕는 데//

■ 제대로 어휘력 올리기 ■

우리말 뜻에 맞는 영어 단어를 지문에서 찾아 쓰세요.

1 _____ : 통 참여하다

2 _____ : 명 실험자

3 _____ : 통 회수하다, 되찾다

4 _____ : 통 옮기다

5 _____ : 명 (동물) 유인원

6 _____ : 통 구분하다

7 _____ : 형 잘못된

8 _____ : 명 생각, 믿음

9 _____ : 명 지식, 이해

■ 제대로 구문 이해하기 ■

요약문 According to the study, great apes can distinguish ❶ whether or not people have a false belief about reality and use this understanding to help people.

❶ whether은 '~인지 아닌지'의 뜻으로 동사 distinguish의 목적어 역할을 하고 있다. whether가 이끄는 절은 주어, 보어, 목적어 역할을 할 수 있으며 의미를 강조하기 위해 whether 바로 뒤나 부사절 맨 끝에 or not을 붙이기도 한다.
cf. if도 같은 의미로 쓰이긴 하나 주로 목적절에 쓰이며, if or not 형태로는 쓸 수 없다.

✚ 괄호 안에서 알맞은 것을 고르시오.

Staring at the Sun when it is high in the sky is harmful (if / whether) or not an eclipse occurs.

태양이 하늘 높이 떠있을 때 태양을 쳐다보는 것은 일식이 일어나든 그렇지 않든 해롭다.

1단계 | 채점 결과

문항 유형	O/X
요약문 완성	

→

2단계 | 독해력 점검
☐ 지문의 내용을 충분히 이해함
☐ 지문의 내용을 대체로 이해함
☐ 지문의 내용을 이해하지 못함

 해설편 복습

→

3단계 | 문제 해결력 점검
☐ 정답과 오답의 근거를 모두 찾음
☐ 정답과 오답의 근거를 대체로 찾음
☐ 정답과 오답의 근거를 찾지 못함

 해설편 복습

요약

04

2017년 11월 고1 학력평가 40번 | 194 words

권장 풀이 시간 : 1분 **30**초 | 실제 걸린 시간 : _____분 _____초   ● 학습한 날짜 :   .   .

다음 글의 내용을 한 문장으로 요약하고자 한다. 빈칸 (A), (B)에 들어갈 말로 가장 적절한 것은?

If you want to modify people's behavior, is it better to highlight the benefits of changing or the costs of not changing? According to Peter Salovey, one of the originators of the concept of emotional intelligence, it depends on whether they perceive the new behavior as safe or risky. If they think the behavior is safe, we should emphasize all the good things that will happen if they do it — they'll want to act immediately to obtain those certain gains. But when people believe a behavior is risky, that approach doesn't work. They're already comfortable with the status quo, so the benefits of change aren't attractive, and the stop system kicks in. Instead, we need to destabilize the status quo and emphasize the bad things that will happen if they don't change. Taking a risk is more appealing when they're faced with a guaranteed loss if they don't. The prospect of a certain loss brings the go system online.

* status quo 현재 상태

The way to modify people's behavior depends on their _____(A)_____ : if the new behavior is regarded as safe, emphasizing the rewards works but if regarded as risky, highlighting the loss of staying _____(B)_____ works.

	(A)		(B)
①	perception	······	changed
②	perception	······	unchanged
③	recognition	······	changed
④	consistency	······	unchanged
⑤	consistency	······	focused

제대로 접근법   ◀ 문제 풀이까지 마친 후 복습할 때 보세요.

■ **Check Point!** ■

요약문부터 확인한 후 글의 주제를 파악한다.

〈요약문 확인〉

사람들의 행동을 수정하는 방식은 그들의 ❶ _____에 달려 있다. 그 새로운 행동이 안전하다고 여겨지면 보상을 강조하는 것이 효과적이지만 만약에 위험하다고 간주되면 ❷ _____ 않고 머무르는 것의 손실을 강조하는 것이 효과적이다.

〈토픽 찾기〉

modify people's behavior, the benefits of changing, the costs of not changing, safe or risky

〈선택지에서 정답 찾기〉

(A) (4행) it depends on whether they perceive the new behavior as safe or risky
→ ❸ _____

(B) (10~11행) emphasize the bad things that will happen if they don't change
→ ❹ _____

제대로 독해법 ◀ 문제 채점까지 마친 후 복습할 때 보세요.

■직독 직해■

1~2행 If you want to modify people's behavior, / is it better / to highlight the benefits of changing / or the costs of not changing?//
만약 여러분이 사람들의 행동을 수정하기를 원한다면 / 어느 것이 더 좋을까 / 변할 때의 이익을 강조하는 것(과) / 또는 변하지 않을 때의 손실을 (강조하는 것 중)//

2~4행 According to Peter Salovey, / one of the originators / of the concept of emotional intelligence, / it depends / on whether they perceive the new behavior / as safe or risky.// Peter Salovey에 따르면 / 창시자 중 한 명인 / 감정 지능 개념의 / 이는 달려 있다 / 그들이 새로운 행동을 인지하는지에 / 안전하다고 혹은 위험하다고//

5~7행 If they think the behavior is safe, / we should emphasize all the good things / that will happen / if they do it / — they'll want to act immediately / to obtain those certain gains.//
░░░░░░░░░░░ / 우리는 모든 좋은 점을 강조해야 한다 / 일어날 수 있는 / 그들이 그것을 하면 / 그들은 즉각적으로 행동하기를 원할 것이다 / 그 확실한 이익을 얻기 위해//

7~8행 But when people believe a behavior is risky, / that approach doesn't work.// ░░░░░░░░░░░ / 그러한 접근법은 효과가 없다//

8~10행 They're already comfortable / with the status quo, / so the benefits of change / aren't attractive, / and the stop system kicks in.// 그들은 이미 편안하게 느껴(서) / 현재 상태를 / 그래서 변화의 혜택이 / 매력적이지 않(고) / 그리고 정지 시스템이 시작된다//

10~11행 Instead, / we need to destabilize the status quo / and emphasize the bad things / that will happen / if they don't change.// 대신 / 우리는 그 현재 상태를 불안정하게 만들 필요가 있다 / 그리고 나쁜 점들을 강조(할) / 발생할 / ░░░░░░░░░░░//

11~12행 Taking a risk / is more appealing / when they're faced / with a guaranteed loss / if they don't.// 위험을 감수하는 것이 / 더 매력적이다 / 직면해 있을 때에는 / 보장된 손실에 / 만약 그들이 (변하지) 않는다면 (발생할)//

13행 The prospect of a certain loss / brings the go system online.//
특정 손실에 대한 예상은 / 작동 시스템의 접속을 불러온다//

요약문 The way / to modify people's behavior / depends on their perception: / if the new behavior is regarded as safe, / emphasizing the rewards / works / but if regarded as risky, / highlighting the loss of staying unchanged / works.//
방식은 / 사람들의 행동을 수정하는 / 그들의 인식에 달려 있다 / 만약 그 새로운 행동이 안전하다고 여겨지면 / 보상을 강조하는 것이 / 효과적이(지만) / 하지만 만약에 위험하다고 간주되면 / 변하지 않고 머무르는 것의 손실을 강조하는 것이 / 효과적이다//

■제대로 어휘력 올리기■

우리말 뜻에 맞는 영어 단어를 지문에서 찾아 쓰세요.

1 _____ : 통 수정하다
2 _____ : 명 창시자
3 _____ : 명 지능
4 _____ : 통 인지하다
5 _____ : 부 즉각적으로
6 _____ : 명 접근법
7 _____ : 통 불안정하게 만들다
8 _____ : 형 매력적인
9 _____ : 명 예상, 가망

■제대로 구문 이해하기■

5~7행 If they think ❶ (that) the behavior is safe, we should emphasize all the good things ❷ that will happen if they do it ❸ — they'll want to act immediately to obtain those certain gains.

❶ think 다음에 목적절을 이끄는 접속사 that이 생략되어 있다.

❷ that은 all the good things를 선행사로 하는 주격 관계대명사이다.

❸ —(dash)는 that is로 풀어쓸 수 있으며 '즉, 다시 말해서'의 의미로 추가 내용을 설명하는 기능을 한다.

➕괄호 안에서 알맞은 것을 고르시오.

Some consumers may employ a simple decision rule (what / that) results in a safer choice.

어떤 소비자들은 더 안전한 선택을 초래하는 간단한 판단 규칙을 이용할 수도 있다.

1단계 | 채점 결과

문항 유형	O/X
요약문 완성	

→

2단계 | 독해력 점검
□ 지문의 내용을 충분히 이해함
□ 지문의 내용을 대체로 이해함
□ 지문의 내용을 이해하지 못함

해설편 복습

→

3단계 | 문제 해결력 점검
□ 정답과 오답의 근거를 모두 찾음
□ 정답과 오답의 근거를 대체로 찾음
□ 정답과 오답의 근거를 찾지 못함

해설편 복습

DAY 19 | 요약 01~04 | 어휘 테스트

[1~9] 다음 빈칸에 알맞은 말을 〈보기〉에서 찾아 쓰시오.

보기

belief benefits certain quality presence
perception intention glow unchecked

1 the warm _____ of giving
기부의 따뜻한 온기

2 _____ gains
확실한 이익

3 your _____ messages
당신의 확인되지 않은 메시지

4 a false _____
잘못된 신념

5 the _____ of their relationship
그들의 관계의 질

6 the _____ of change
변화의 혜택

7 the _____ of a cell phone
휴대폰의 존재

8 their _____
그들의 인식

9 the _____ to persuade them
그들을 설득시키려는 의도

[10~15] 다음 빈칸에 알맞은 말을 〈보기〉에서 찾아 쓰시오.

보기

prospect experimenter empathy
faculty participants triggered

10 The pairs who talked in the rooms with cell phones thought their partners showed less _____.
휴대폰이 있는 방에서 대화한 짝들은 자신의 상대가 공감을 덜 보여주었다고 생각했다.

11 Donating would benefit students, _____, and staff.
기부하는 것은 학생들, 교직원, 그리고 직원들에게 이익을 줄 것이다.

12 After the conversations had ended, the researchers asked the _____ what they thought of each other.
대화가 끝난 후, 연구자들은 참가자들에게 서로에 대해 어떻게 생각하는지 물었다.

13 The _____ of a certain loss brings the go system online.
특정 손실에 대한 예상은 작동 시스템의 접속을 불러온다.

14 When we gave them different kinds of reasons to donate, we _____ their awareness that someone was trying to persuade them.
우리가 그들에게 기부해야 할 서로 다른 종류의 이유를 제시했을 때, 우리는 누군가가 그들을 설득하려고 한다는 그들의 인식을 유발했다.

15 A(n) _____ would place an object inside one box and leave the room.
한 실험자가 하나의 상자 안에 물건을 놓고 방을 떠났다.

DAY 20 장문의 이해

유형	출처	정답률		문제편	해설편
장문 01	2021년 3월 고1 학력평가 41~42번	41	67%	p.208	p.77
		42	55%		
장문 02	2019년 9월 고1 학력평가 41~42번	41	54%	p.210	p.78
		42	42%		
장문 03	2022년 3월 고1 학력평가 43~45번	43	68%	p.212	p.79
		44	66%		
		45	73%		
장문 04	2017년 11월 고1 학력평가 43~45번	43	65%	p.214	p.80
		44	64%		
		45	69%		

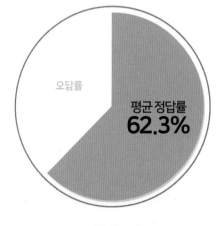

오답률

평균 정답률
62.3%

난이도 - 중

1등급 Tip

난이도 '중'의 '장문' 유형은 매년 5문항(2지문)이 출제된다. 41번 제목, 42번 어휘, 43번 순서, 44번 지칭, 45번 일치로 구성된다. 지문의 길이가 길어 시간이 많이 소요될 수 있으므로 각 유형별 접근법을 활용해서 정답을 찾아 시간을 낭비하지 않도록 주의해야 한다.

다음 글을 읽고, 물음에 답하시오.

As kids, we worked hard at learning to ride a bike; when we fell off, we got back on again, until it became second nature to us. But when we try something new in our adult lives we'll usually make just one attempt before judging whether it's (a) worked. If we don't succeed the first time, or if it feels a little awkward, we'll tell ourselves it wasn't a success rather than giving it (b) another shot.

That's a shame, because repetition is central to the process of rewiring our brains. Consider the idea that your brain has a network of neurons. They will (c) connect with each other whenever you remember to use a brain-friendly feedback technique. Those connections aren't very (d) reliable at first, which may make your first efforts a little hit-and-miss. You might remember one of the steps involved, and not the others. But scientists have a saying: "neurons that fire together, wire together." In other words, repetition of an action (e) blocks the connections between the neurons involved in that action. That means the more times you try using that new feedback technique, the more easily it will come to you when you need it.

41 윗글의 제목으로 가장 적절한 것은?
① Repeat and You Will Succeed
② Be More Curious, Be Smarter
③ Play Is What Makes Us Human
④ Stop and Think Before You Act
⑤ Growth Is All About Keeping Balance

42 밑줄 친 (a)~(e) 중에서 문맥상 낱말의 쓰임이 적절하지 않은 것은?
① (a)　　② (b)　　③ (c)　　④ (d)　　⑤ (e)

제대로 독해법 ◀ 문제 채점까지 마친 후 복습할 때 보세요.

■직독 직해■

1~2행 As kids, / we worked hard / at learning to ride a bike; / when we fell off, / we got back on again, / until it became second nature to us.// 아이였을 때 / 우리는 열심히 배웠고 / 자전거 타는 것을 / 우리가 넘어지면 / 우리는 다시 올라탔다 / 그것이 우리에게 제2의 천성이 될 때까지(우리 몸에 밸 때까지)//

2~4행 But when we try something new / in our adult lives / we'll usually make just one attempt / before judging whether it's worked.// 그러나 우리가 어떤 새로운 것을 시도할 때 / 성인의 삶에서 / ░░░░░░░░░░░ / 그것이 잘되었는지 안되었는지 판단을 내리기 전에//

4~6행 If we don't succeed the first time, / or if it feels a little awkward, / we'll tell ourselves / it wasn't a success / rather than giving it another shot.// 만약 우리가 처음에 성공하지 못하(거나) / 혹은 약간 어색한 느낌이 들면 / 우리는 스스로에게 말할 것이다 / 그것이 성공이 아니었다고 / 다시 시도해 보기보다는//

7~8행 That's a shame, / because repetition is central / to the process of rewiring our brains.// 그것은 안타까운 일인데 / 반복이 가장 중요하기 때문이다 / ░░░░░░░░░░░//

8행 Consider the idea / that your brain has a network of neurons.// 개념을 생각해 보라 / 여러분의 뇌가 뉴런의 연결망을 가지고 있다는//

9~10행 They will connect with each other / whenever you remember to use / a brain-friendly feedback technique.// 그것들은 서로 연결될 것이다 / 여러분이 기억해서 사용할 때마다 / 두뇌 친화적인 피드백 기술을//

10~12행 Those connections aren't very reliable at first, / which may make your first efforts a little hit-and-miss.// 그 연결은 처음에는 그리 믿을 만하지 않아서 / ░░░░░░░░░░░//

12~13행 You might remember / one of the steps involved, / and not the others.// 여러분은 기억하(고) / 연관된 단계 중 하나를 / 그리고 다른 것들을 기억하지 못할 수도 있다//

13~14행 But scientists have a saying: / "neurons that fire together, wire together."// 그러나 과학자들은 말한다 / "함께 활성화되는 뉴런들은 함께 연결된다."라고//

14~15행 In other words, / repetition of an action strengthens / the connections between the neurons / involved in that action.// 다시 말하자면 / ░░░░░░░░░░░ / 뉴런들 사이의 연결을 / 그 행동에 관련된//

15~17행 That means / the more times you try using / that new feedback technique, / the more easily it will come to you / when you need it.// 그것은 의미한다 / 여러분이 더 여러 번 사용해 볼수록 / 그 새로운 피드백 기술을 / 그것이 더 쉽게 여러분에게 다가올 것임을 / 여러분이 그것을 필요로 할 때//

■제대로 어휘력 올리기■

우리말 뜻에 맞는 영어 단어를 지문에서 찾아 쓰세요.

1 _____ : 몡 천성, 본성
2 _____ : 몡 시도, 도전
3 _____ : 동 성공하다
4 _____ : 혱 어색한
5 _____ : 몡 안타까운 일
6 _____ : 몡 반복
7 _____ : 혱 가장 중요한
8 _____ : 동 재연결하다
9 _____ : 혱 예측하기 어려운

■제대로 구문 이해하기■

15~17행 That means ❶ **the more times** you ❷ **try using** that new feedback technique, **the more easily** it will come to you when you need it.

❶ 비교급을 이용한 표현인 「the + 비교급 ~, the + 비교급 …」은 '~하면 할수록 더 …하다'는 의미를 나타낸다.

❷ try + -ing: (시험 삼아) ~해보다
try + to V: ~하려고 노력하다

✚ 괄호 안에서 알맞은 것을 고르시오.

As we try (finding / to find) answers to the questions of cultural diversity, we realize that cultures are not about being right or wrong.

우리가 문화적 다양성의 문제들에 대한 답을 찾으려고 노력할 때, 우리는 문화가 옳고 그름에 대한 것이 아님을 깨닫는다.

1단계 | 채점 결과

문항 유형	O/X
장문의 이해	

→

2단계 | 독해력 점검

□ 지문의 내용을 충분히 이해함
□ 지문의 내용을 대체로 이해함
□ 지문의 내용을 이해하지 못함

해설편 복습

→

3단계 | 문제 해결력 점검

□ 정답과 오답의 근거를 모두 찾음
□ 정답과 오답의 근거를 대체로 찾음
□ 정답과 오답의 근거를 찾지 못함

해설편 복습

장문

02

권장 풀이 시간 : 2분 30초 | 실제 걸린 시간 : _____ 분 _____초 ○학습한 날짜 :   .   .

2019년 9월 고1 학력평가 41~42번 | 216 words

다음 글을 읽고, 물음에 답하시오.

A quick look at history shows that humans have not always had the abundance of food that is enjoyed throughout most of the developed world today. In fact, there have been numerous times in history when food has been rather scarce. As a result, people used to eat more when food was available since the availability of the next meal was (a) questionable. Overeating in those times was essential to ensure survival, and humans received satisfaction from eating more than was needed for immediate purposes. On top of that, the highest pleasure was derived from eating the most calorie-dense foods, resulting in a (b) longer lasting energy reserve.

Even though there are parts of the world where, unfortunately, food is still scarce, most of the world's population today has plenty of food available to survive and thrive. However, this abundance is new, and your body has not caught up, still naturally (c) rewarding you for eating more than you need and for eating the most calorie-dense foods. These are innate habits and not simple addictions. They are self-preserving mechanisms initiated by your body, ensuring your future survival, but they are (d) irrelevant now. Therefore, it is your responsibility to communicate with your body regarding the new environment of food abundance and the need to (e) strengthen the inborn habit of overeating.

* innate 타고난

41 윗글의 제목으로 가장 적절한 것은?
① Which Is Better, Tasty or Healthy Food?
② Simple Steps for a More Balanced Diet
③ Overeating: It's Rooted in Our Genes
④ How Calorie-dense Foods Ruin Our Bodies
⑤ Our Eating Habits Reflect Our Personalities

42 밑줄 친 (a)~(e) 중에서 문맥상 낱말의 쓰임이 적절하지 않은 것은?
① (a)   ② (b)   ③ (c)   ④ (d)   ⑤ (e)

제대로 접근법 ◀ 문제 풀이까지 마친 후 복습할 때 보세요.

■ **Check Point!** ■

41번 제목, 42번 어휘 유형 문제로 구성되어 있으며, 두 유형 모두 토픽을 찾아 전체 흐름을 파악하는 것이 중요하다.

〈토픽 찾기〉

used to eat more, eating the most calorie-dense foods, innate habits, the inborn habit of ❶ _____

⬇

〈전체 흐름 파악하기〉

과식은 음식이 부족했던 과거에 생존을 위한 필수적인 습관이었지만, 음식이 풍부한 오늘날의 환경에서는 이러한 타고난 과식 습관을 바꿔야 한다.

⬇

〈41. 제목〉

(18~21행) Therefore, it is your responsibility ~ to change the inborn habit of overeating.
➔ 유전자에서 비롯된 과식 습관에 관한 글

⬇

〈42. 어휘〉

타고난 과식 습관을 강화시킬 (❷ _____) 필요성
➔ 변화시킬 (❸ _____)필요성

제대로 독해법 ◀ 문제 채점까지 마친 후 복습할 때 보세요.

■직독 직해■

1~3행 A quick look at history / shows / that humans have not always had the abundance of food / that is enjoyed / throughout most of the developed world today.// 역사를 빠르게 살펴보면 / 보여준다 / 인간은 음식의 풍부함을 항상 가졌던 것은 아님을 / 누리는 / 오늘날 대부분의 선진국에서//

3~4행 In fact, / there have been numerous times / in history / when food has been rather scarce.// 사실 / 수많은 시기가 있었다 / 역사적으로 / 　　　　　　　　　//

4~6행 As a result, / people used to eat more / when food was available / since the availability of the next meal / was questionable.// 그 결과 / 사람들은 더 많이 먹곤 했다 / 음식이 있을 때 / 다음번 식사의 가능성이 ~이기 때문에 / 확실치 않았(기)//

6~8행 Overeating in those times / was essential to ensure survival, / and humans received satisfaction / from eating more / than was needed for immediate purposes.// 그 시기의 과식은 / 생존을 보장하는 데 필수적이었(고) / 그리고 인간은 만족을 얻었다 / 더 많이 먹는 것에서 / 당장의 목적에 필요한 것보다//

8~10행 On top of that, / the highest pleasure was derived / from eating the most calorie-dense foods, / resulting in a longer lasting energy reserve.// 더욱이 / 가장 큰 기쁨은 나왔다 / 가장 칼로리가 높은 음식을 먹는 것으로부터 / 이는 더 오래 지속되는 에너지 비축을 초래했다//

11~13행 Even though there are parts of the world / where, unfortunately, food is still scarce, / most of the world's population today / has plenty of food / available to survive and thrive.// 비록 세계의 일부 지역들이 있지만 / 불행하게도 음식이 여전히 부족한 / 오늘날 세계 인구의 대부분은 / 많은 음식을 가지고 있다 / 　　　　　　　　//

13~15행 However, / this abundance is new, / and your body has not caught up, / still naturally rewarding you / for eating more than you need / and for eating the most calorie-dense foods.// 그러나 / 이러한 풍요로움은 새로운 것이(고) / 그리고 당신의 몸은 따라잡지 못했다 / 그래서 당신에게 여전히 자연스럽게 보상한다 / 당신이 필요한 것보다 더 많이 먹는 것에 대해 / 그리고 가장 칼로리가 높은 음식을 먹는 것에 대해//

15~16행 These are innate habits / and not simple addictions.// 이것들은 타고난 습관이지 / 단순한 중독은 아니다//

16~18행 They are self-preserving mechanisms / initiated by your body, / ensuring your future survival, / but they are irrelevant now.// 그것들은 자기 보호 기제이(고) / 당신의 몸에서 시작된 / 　　　　　　　　 / 하지만 그것들은 이제 관련이 없다//

18~21행 Therefore, / it is your responsibility / to communicate with your body / regarding the new environment of food abundance / and the need / to change the inborn habit of overeating.// 그러므로 / 당신의 책임이다 / 당신의 몸과 대화하는 것은 / 　　　　　　　　 / 그리고 필요성과 (관련하여) / 타고난 과식 습관을 변화시킬//

■제대로 어휘력 올리기■

우리말 뜻에 맞는 영어 단어를 지문에서 찾아 쓰세요.

1 _____ : 몡 풍부함
2 _____ : 혱 부족한, 드문
3 _____ : 몡 (입수) 가능성
4 _____ : 혱 확실치 않은
5 _____ : 혱 당장의, 즉시의
6 _____ : 통 번성하다
7 _____ : 통 시작하다, 개시하다
8 _____ : 혱 관련 없는, 무관한
9 _____ : 혱 타고난, 선천적인

■제대로 구문 이해하기■

11~13행 Even though there are parts of the world ❶ where, unfortunately, food is still scarce, most of the world's population today has plenty of food ❷ available to survive and thrive.

❶ 장소를 나타내는 관계부사 where 뒤에 2형식(S+V+C)의 완전한 문장이 나왔다. 부사적 수식어 역할을 하는 관계부사 뒤에는 주어나 목적어가 빠지지 않은 완전한 문장이 온다.

❷ available로 시작되는 형용사구가 선행사 plenty of food를 후치 수식하고 있다. -able, -ible 등으로 끝나는 형용사 (available, possible)는 명사를 후치 수식할 수 있다.

✚ 괄호 안에서 알맞은 것을 고르시오.

If you live in a place (which / where) terror alerts are common, harmless stimuli can become potential threats.

만약 당신이 테러 경보가 흔한 장소에 산다면, 해를 끼치지 않는 자극이 잠재적인 위협이 될 수도 있다.

1단계 | 채점 결과

문항 유형	O/X
장문의 이해	

→ **2단계 | 독해력 점검**
□ 지문의 내용을 충분히 이해함
□ 지문의 내용을 대체로 이해함
□ 지문의 내용을 이해하지 못함
해설편 복습

→ **3단계 | 문제 해결력 점검**
□ 정답과 오답의 근거를 모두 찾음
□ 정답과 오답의 근거를 대체로 찾음
□ 정답과 오답의 근거를 찾지 못함
해설편 복습

장문

03

2022년 3월 고1 학력평가 43~45번 | 315 words

권장 풀이 시간 : **2분 30초** | 실제 걸린 시간 : _____분 _____초 | ○학습한 날짜 :   .   .

다음 글을 읽고, 물음에 답하시오.

(A)

One day a young man was walking along a road on his journey from one village to another. As he walked he noticed a monk working in the fields. The young man turned to the monk and said, "Excuse me. Do you mind if I ask (a) you a question?" "Not at all," replied the monk.

* monk 수도승

(B)

A while later a middle-aged man journeyed down the same road and came upon the monk. "I am going to the village in the valley," said the man. "Do you know what it is like?" "I do," replied the monk, "but first tell (b) me about the village where you came from." "I've come from the village in the mountains," said the man. "It was a wonderful experience. I felt as though I was a member of the family in the village."

(C)

"I am traveling from the village in the mountains to the village in the valley and I was wondering if (c) you knew what it is like in the village in the valley." "Tell me," said the monk, "what was your experience of the village in the mountains?" "Terrible," replied the young man. "I am glad to be away from there. I found the people most unwelcoming. So tell (d) me, what can I expect in the village in the valley?" "I am sorry to tell you," said the monk, "but I think your experience will be much the same there." The young man lowered his head helplessly and walked on.

(D)

"Why did you feel like that?" asked the monk. "The elders gave me much advice, and people were kind and generous. I am sad to have left there. And what is the village in the valley like?" he asked again. "(e) I think you will find it much the same," replied the monk. "I'm glad to hear that," the middle-aged man said smiling and journeyed on.

제대로 접근법 ◀ 문제 풀이까지 마친 후 복습할 때 보세요.

■ **Check Point!** ■

43번 글의 순서, 44번 지칭 대상 추론, 45번 내용 일치·불일치 유형으로 구성된다.

43 순서
시간의 흐름에 관한 단어의 관계를 파악해서 순서를 배열할 수 있다.

> (A) a young man, a monk
> (수도승에게 말을 거는 젊은이)
>
> → (C) the young man, the monk
> (젊은이와 수도승의 대화)
>
> → (B) A while later(시간의 흐름을 보여주는 연결사)
> a middle-aged man의 첫 등장
>
> → (D) the middle-aged man, the monk
> (중년 남자와 수도승의 대화)

44 지칭
지칭 대상을 하나씩 표시해 본다.
(a) you → ❶ _____
(b) me → ❷ _____
(c) you → ❸ _____
(d) me → ❹ _____
(e) I → ❺ _____

45 내용 불일치
지문 내용과 선택지의 배열 순서는 순차적으로 1:1 대응하므로 순서대로 확인해 본다.

> (20~21행) I am sad to have left there.
> → (기쁘다 → 슬프다)

---

43 주어진 글 (A)에 이어질 내용을 순서에 맞게 배열한 것으로 가장 적절한 것은?

① (B) — (D) — (C)   ② (C) — (B) — (D)   ③ (C) — (D) — (B)   ④ (D) — (B) — (C)   ⑤ (D) — (C) — (B)

44 밑줄 친 (a) ~ (e) 중에서 가리키는 대상이 나머지 넷과 다른 것은?

① (a)   ② (b)   ③ (c)   ④ (d)   ⑤ (e)

45 윗글에 관한 내용으로 적절하지 않은 것은?

① 한 수도승이 들판에서 일하고 있었다.
② 중년 남자는 골짜기에 있는 마을로 가는 중이었다.
③ 수도승은 골짜기에 있는 마을에 대해 질문받았다.
④ 수도승의 말을 듣고 젊은이는 고개를 숙였다.
⑤ 중년 남자는 산속에 있는 마을을 떠나서 기쁘다고 말했다.

제대로 독해법 ◀ 문제 채점까지 마친 후 복습할 때 보세요.

■ 주요 문장 직독 직해 ■

1~2행 One day / a young man was walking along a road / on his journey / from one village to another.//
어느 날 / 한 젊은이가 길을 따라 걷고 있었다 / 그의 여행 중에 / 한 마을로부터 다른 마을로의//

2~3행 As he walked / he noticed a monk / working in the fields.//
그가 걷고 있었을 때 / 그는 한 수도승을 보게 되었다 / 들판에서 일하고 있는//

3~4행 The young man turned to the monk / and said, / "Excuse me. / Do you mind / if I ask you a question?"// 그 젊은이는 그 수도승을 향해 돌아보았다 / 그리고 말했다 / "실례합니다 / 당신은 꺼리시나요 / 제가 당신에게 질문을 한다면"//

11~13행 "I am traveling / from the village in the mountains / to the village in the valley / and I was wondering / if you knew what it is like / in the village in the valley."// "저는 이동하고 있습니다 / 산속의 마을로부터 / 골짜기의 마을로 / 그리고 저는 궁금합니다 / 당신이 그곳이 어떤지 아는지 / 골짜기의 마을에"//

14~16행 "I am glad to be away from there.// I found the people most unwelcoming.// So tell me, / what can I expect / in the village in the valley?"//
"저는 그곳을 떠나게 되어 기쁩니다 / ▨▨▨▨▨▨▨▨▨▨ // 그러니 저에게 말씀해 주세요 / 제가 무엇을 기대할 수 있을까요 / 골짜기의 마을에서"//

16~18행 "I am sorry to tell you," / said the monk, / "but I think / your experience will be much the same there."// "말씀드리게 되어 유감입니다" / 그 수도승이 말했다 / "하지만 저는 생각합니다 / ▨▨▨▨▨▨▨▨"//

5~6행 A while later / a middle-aged man journeyed down the same road / and came upon the monk.//
잠시 후 / 한 중년 남자가 같은 길을 걸어왔다 / 그리고 우연히 수도승을 만났다//

7~8행 "Do you know / what it is like?"// "I do," / replied the monk, / "but first tell me / about the village / where you came from."// "당신은 아십니까 / 그곳이 어떤지"// "알고 있습니다" / 그 수도승은 대답했다 / "하지만 먼저 말해 주십시오 / 마을에 관해 / 당신이 떠나온"//

9~10행 "I felt / as though I was a member of the family / in the village."//
"저는 느꼈습니다 / ▨▨▨▨▨▨▨▨ / 그 마을의"//

19~20행 "The elders gave me much advice, / and people were kind and generous.//
어르신들은 저에게 많은 조언을 해 주셨습니다 / 그리고 사람들은 친절하고 너그러웠습니다//

21~22행 "I think / you will find it much the same,"/ replied the monk.//
"저는 생각해요 / 당신이 그곳이 (산속 마을과) 거의 같다고 느낄 것이라고" / 그 수도승이 대답했다//

22~23행 "I'm glad to hear that," / the middle-aged man said smiling / and journeyed on.// "그 말씀을 들으니 기쁩니다" / 그 중년 남자는 미소를 지으며 말했다 / 그리고 여행을 계속했다//

■ 제대로 어휘력 올리기 ■

우리말 뜻에 맞는 영어 단어나 표현을 지문에서 찾아 쓰세요.

1 _____ : 명 마을

2 _____ : 명 들판

3 _____ : 동 궁금하다

4 _____ : 명 골짜기, 계곡

5 _____ : 형 불친절한

6 _____ : 부 무력하게, 힘없이

7 _____ : 형 중년의

8 _____ : 우연히 ~를 만나다

9 _____ : 형 너그러운

■ 제대로 구문 이해하기 ■

11~13행 "I am traveling ❶ **from** the village in the mountains **to** the village in the valley and I was wondering ❷ **if** you knew ❸ **what it is like** in the village in the valley."

❶ 「from A to B」 구문은 'A에서 B까지'의 의미이며, 이때 to는 전치사이므로 다음에 명사 형태가 와야 한다.

❷ 접속사 if가 이끄는 명사절이 동사(was wondering)의 목적어로 쓰였다.

❸ 의문사가 이끄는 명사절이 주어, 목적어, 보어 자리에 올 경우, 간접의문문(의문사 + 주어 + 동사)의 형태를 취한다. 이 문장에서는 동사(knew)의 목적어로 쓰였다.

➕ 괄호 안에서 알맞은 것을 고르시오.

They wondered (if / what) the moon was made of.

그들은 달이 무엇으로 만들어졌는지 궁금해 했다.

1단계 | 채점 결과

문항 유형	O/X
장문의 이해	

→

2단계 | 독해력 점검
□ 지문의 내용을 충분히 이해함
□ 지문의 내용을 대체로 이해함
□ 지문의 내용을 이해하지 못함

 해설편 복습

→

3단계 | 문제 해결력 점검
□ 정답과 오답의 근거를 모두 찾음
□ 정답과 오답의 근거를 대체로 찾음
□ 정답과 오답의 근거를 찾지 못함

해설편 복습

다음 글을 읽고, 물음에 답하시오.

(A)

Anna, a 9-year-old girl, finished attending elementary school till 4th grade at a small village. For the 5th grade, she transferred to a school in a city. It was the first day of her school and (a) <u>she</u> went to her new school by bus. All students started going to their classes. She also made it to her classroom after asking fellow students for directions.

(B)

When everyone except Anna had submitted their answer papers, Ms. Taylor told (b) <u>her</u>, "Dear, write down what you know. It's fine." Anna said, "I was thinking that there are so many things. I don't know which seven I can pick to write." Eventually, she handed her answer paper to Ms. Taylor. The teacher started reading her students' answers aloud and the majority had answered them correctly such as The Great Wall of China, Colosseum, Stonehenge, etc.

(C)

At last Ms. Taylor picked up Anna's answer paper and started reading. "The Seven Wonders are — To be able to See, To be able to Hear, To be able to Feel, To Laugh, To Think, To be Kind, To Love!" After reading Anna's answer, (c) <u>she</u> was touched and all her students were also deeply moved. Today, a girl from a small village reminded them about the precious gifts, truly a wonder, which they already knew but easily forgot.

(D)

Upon seeing Anna's simple clothing and knowing (d) <u>she</u> was from a small village, some students in the classroom started making fun of her. Ms. Taylor, Anna's new homeroom teacher, soon arrived and introduced (e) <u>her</u> to the class and said that she would be studying with them. Then the teacher told the students to be ready for the surprise test now! She told everyone to write down the Seven Wonders of the world. Everyone started writing the answer to the unexpected test quickly.

◀ 문제 풀이까지 마친 후
제대로 접근법   복습할 때 보세요.

■ Check Point! ■

43번 글의 순서, 44번 지칭 대상 추론, 45번 내용 일치·불일치 유형으로 구성된다.

43 순서
시간의 흐름에 관한 단어의 관계를 파악해서 순서를 배열할 수 있다.

(A) 작은 마을에서 도시로 전학한 첫날의 Anna

→ (D) 반 친구들에게 소개되는 Anna, surprise test, unexpected test의 등장

→ (B) Anna를 제외한 모든 학생들이 답안지를 제출함, Anna는 다른 학생들보다 늦게 제출함
— test에 대한 언급이 앞에 나와야 함

→ (C) At last(시간의 흐름을 보여주는 연결사)

44 지칭
지칭 대상을 하나씩 표시해 본다.
(a) she → ❶ _____
(b) her → ❷ _____
(c) she → ❸ _____
(d) she → ❹ _____
(e) her → ❺ _____

45 내용 불일치
지문 내용과 선택지의 배열 순서는 순차적으로 1:1 대응하므로 순서대로 확인해 본다.

(16~17행) After reading all her students were also deeply <u>moved</u>.
→ (실망했다 → 감동했다)

43 주어진 글 (A)에 이어질 내용을 순서에 맞게 배열한 것으로 가장 적절한 것은?
① (B) — (D) — (C)   ② (C) — (B) — (D)   ③ (C) — (D) — (B)   ④ (D) — (B) — (C)   ⑤ (D) — (C) — (B)

44 밑줄 친 (a) ~ (e) 중에서 가리키는 대상이 나머지 넷과 다른 것은?
① (a)   ② (b)   ③ (c)   ④ (d)   ⑤ (e)

45 윗글의 내용으로 적절하지 않은 것은?
① Anna는 도시에 있는 학교로 전학을 했다.   ② Anna는 학급에서 가장 늦게 답안지를 제출했다.
③ 선생님은 학생들이 쓴 답안지를 읽어 주었다.   ④ 모든 학생들은 Anna가 쓴 답을 듣고 실망했다.
⑤ 학생들은 예상하지 못했던 시험을 치르게 되었다.

제대로 독해법 ◀ 문제 채점까지 마친 후 복습할 때 보세요.

■ 주요 문장 직독 직해 ■

1~2행 Anna, a 9-year-old girl, / finished attending elementary school / till 4th grade / at a small village.// 9살 소녀인 Anna는 / 초등학교를 다니는 것을 마쳤다 / 4학년까지 / 작은 마을에서//

3~4행 It was the first day of her school / and she went to her new school / by bus.// [   ] / 그리고 그녀(Anna)는 그녀의 새로운 학교에 갔다 / 버스로//

4~5행 She also made it to her classroom / after asking fellow students / for directions.// 그녀 또한 그녀의 교실로 갔다 / 동료 학생들에게 물어본 후 / 방향을//

19~20행 Upon seeing Anna's simple clothing / and knowing she was from a small village, / some students in the classroom / started making fun of her.//
Anna의 소박한 옷차림을 보자마자 / 그리고 그녀(Anna)가 작은 마을 출신이라는 것을 알(자마자) / 교실의 어떤 학생들은 / 그녀를 놀리기 시작했다//

21~22행 Ms. Taylor, Anna's new homeroom teacher, / soon arrived / and introduced her to the class / and said / that she would be studying / with them.//
Anna의 새로운 담임 교사인 Taylor 선생님이 / 곧 도착했(고) / 그리고 그녀(Anna)를 학급에 소개하(며) / 그리고 말했다 / 그녀가 공부할 것이라고 / 그들과 함께//

22~23행 Then the teacher told the students / to be ready for the surprise test now!//
그리고 선생님은 학생들에게 말했다 / [   ]//

24~25행 Everyone started writing the answer / to the unexpected test quickly.//
모든 학생들은 답을 쓰기 시작했다 / 예상하지 못했던 시험에 빠르게//

6~7행 When everyone except Anna had submitted their answer papers, / Ms. Taylor told her, / "Dear, write down / what you know. / It's fine."//
Anna를 제외한 모든 학생들이 그들의 답안지를 제출했을 때 / Taylor 선생님은 그녀(Anna)에게 말했다 / "얘야, 쓰렴 / 네가 아는 것을 / 괜찮단다"//

7~9행 Anna said, / "I was thinking / that there are so many things.// I don't know / which seven I can pick to write."// Anna는 말했다 / "저는 생각하고 있었어요 / 너무 많은 것들이 있다고// 모르겠어요 / 어떤 일곱 가지를 선택해서 써야 할지"//

10~12행 The teacher started / reading her students' answers aloud / and the majority had answered them correctly / such as The Great Wall of China, Colosseum, Stonehenge, etc.// 선생님은 시작했(고) / 그녀의 학생들의 답안지를 크게 읽기 / 그리고 대부분은 올바르게 그것들을 답했다 / 만리장성, 콜로세움, 스톤헨지 등과 같이//

15~17행 After reading Anna's answer, / she was touched / and all her students were also deeply moved.// [   ] / 그녀(Ms. Taylor)는 감동받았(고) / 그리고 그녀의 모든 학생들도 매우 감동받았다//

17~18행 Today, / a girl from a small village / reminded them about the precious gifts, / truly a wonder, / which they already knew / but easily forgot.//
오늘 / 작은 마을 출신의 한 소녀가 / 그들에게 귀중한 선물에 대해 상기시켜 주었다 / 진실로 불가사의(인) / 그들이 이미 알고 있었(지만) / 하지만 쉽게 잊어버렸(던)//

■ 제대로 어휘력 올리기 ■

우리말 뜻에 맞는 영어 단어나 표현을 지문에서 찾아 쓰세요.

1 _____ : 툉 ~에 다니다

2 _____ : 몡 동료

3 _____ : 몡 방향

4 _____ : ~을 놀리다

5 _____ : ~할 준비가 되다

6 _____ : 혱 예상하지 못한

7 _____ : 툉 제출하다

8 _____ : 뷔 크게, 큰 소리로

9 _____ : 몡 대부분, 대다수

■ 제대로 구문 이해하기 ■

19~20행 ❶ **Upon seeing** Anna's simple clothing and knowing ❷ (that) she was from a small village, some students in the classroom ❸ **started making** fun of her.

❶ 「(up)on + -ing」: ~하자마자 (= as soon as + 주어 + 동사)

❷ she was 앞에 목적절을 이끄는 접속사 that이 생략되어 있다.

❸ start는 목적어로 동명사와 to부정사를 모두 취할 수 있다.

✚ 괄호 안에서 알맞은 것을 고르시오.

On (arrived / arriving) at the bus stop, I started frantically searching for my purse.

그 버스 정류장에 도착하자마자, 나는 미친 듯이 내 지갑을 찾기 시작했다.

1단계 | 채점 결과

문항 유형	O / X
장문의 이해	

→

2단계 | 독해력 점검

☐ 지문의 내용을 충분히 이해함
☐ 지문의 내용을 대체로 이해함
☐ 지문의 내용을 이해하지 못함

해설편 복습

→

3단계 | 문제 해결력 점검

☐ 정답과 오답의 근거를 모두 찾음
☐ 정답과 오답의 근거를 대체로 찾음
☐ 정답과 오답의 근거를 찾지 못함

해설편 복습

DAY 20 | 장문 01~04 | 어휘 테스트

[1~9] 다음 빈칸에 알맞은 말을 〈보기〉에서 찾아 쓰시오.

보기
precious availability rewiring technique inborn
middle-aged repetition abundance homeroom

1 the process of _____
재연결하는 과정

2 new _____ teacher
새로운 담임 교사

3 the _____ habit of overeating
타고난 과식 습관

4 the _____ of the next meal
다음번 식사의 가능성

5 the _____ gifts
귀중한 선물

6 _____ of an action
어떤 행동의 반복

7 the _____ of food
음식의 풍부함

8 a(n) _____ man
중년 남자

9 that new feedback _____
그 새로운 피드백 기술

[10~15] 다음 빈칸에 알맞은 말을 〈보기〉에서 찾아 쓰시오.
(대·소문자 변화 가능)

보기
initiated awkward reliable
helplessly fellow eventually

10 They are self-preserving mechanisms
_____ by your body.
그것들은 당신의 몸에서 시작된 자기 보호 기제이다.

11 The young man lowered his head _____
and walked on.
그 젊은이는 힘없이 고개를 숙이고 계속 걸어갔다.

12 _____, she handed her answer paper to
Ms. Taylor.
마침내, 그녀는 그녀의 답안지를 Taylor 선생님께 제출했다.

13 She also made it to her classroom after asking
_____ students for directions.
그녀 또한 동료 학생들에게 방향을 물어본 후 그녀의 교실로
갔다.

14 Those connections aren't very _____ at
first, which may make your first efforts a little hit-
and-miss.
그 연결은 처음에는 그리 믿을 만하지 않아서, 여러분의 첫 번째
시도를 다소 예측하기 어렵게 할 수도 있다.

15 If we don't succeed the first time, or if it feels a
little _____, we'll tell ourselves it wasn't a
success rather than giving it another shot.
만약 우리가 처음에 성공하지 못하거나 혹은 약간 어색한 느낌
이 들면, 다시 시도해 보기보다는 그것이 성공이 아니었다고 스
스로에게 말할 것이다.

영어 1등급을 결정짓는 **빈칸추론** 유형 대비서

1등급 빈칸추론

최근 5개년 학평·모평·수능·사관·경찰 기출 수록

★

수능의 등급을 결정하는 빈칸추론 유형,
풀이 전략 학습부터 실전 연습까지
한 번에 학습하자!

★★

완벽한 지문 분석, 명확한 추론 근거,
배경 지식까지 제공하는 〈1등급 빈칸추론〉으로
수능 1등급에 도전하자!

 빈칸추론 유형의 핵심 전략을 학습
하고 예제를 통한 전략 적용과 정답
추론 훈련으로 문제 해결력 향상

+

 최근 5개년 기출 문항을 수록한 실
전 모의고사로 기본 ➡ 실력 ➡ 심
화로 이어지는 단계별 학습 완성

빈칸추론 유형의 절대 완성!

수능·고등 영단어 이 책 **한 권이면 끝!**

역대급
10,000 단어

수능·모평·학평 10개년 기출 어휘

 수능 영어 절대평가! 한두 문제에 연연하지 않아도 가능해진 영어 1등급

〈밥 영단어〉가 엄선한 기출 단어만 암기하면 내 등급은 무조건 1등급!

 기출 어휘는 가장 먼저 외워야 할 1순위 어휘

고등 영어를 처음 시작하거나 수능을 준비하는 학생들에게 지름길 같은 영단어장

 고등학교 3년간 활용이 가능한 영단어장

고등학교 1, 2, 3학년 학생 누구나 활용할 수 있고 1학년 때부터 3년간 활용이 가능한
효율적인 영단어장

밥영

1st
밥먹듯이 매일매일
영어독해

[해 설 편]

꿈을담는틀 Dream Matrix

빠른 정답 CHECK

DAY **1**	목적	01 ③ 02 ① 03 ④ 04 ④
DAY **2**	심경	01 ③ 02 ① 03 ② 04 ①
DAY **3**	밑줄	01 ⑤ 02 ③ 03 ③ 04 ⑤
DAY **4**	주장	01 ④ 02 ④ 03 ② 04 ②
DAY **5**	주제	01 ② 02 ① 03 ⑤ 04 ①
DAY **6**	요지	01 ⑤ 02 ② 03 ② 04 ①
DAY **7**	제목	01 ⑤ 02 ⑤ 03 ② 04 ⑤
DAY **8**	도표	01 ④ 02 ④ 03 ⑤ 04 ⑤
DAY **9**	안내문	01 ④ 02 ④ 03 ⑤ 04 ④
DAY **10**	일치	01 ⑤ 02 ④ 03 ④ 04 ④

DAY **11**	어법	01 ④ 02 ③ 03 ④ 04 ④
DAY **12**	어휘	01 ④ 02 ① 03 ⑤ 04 ③
DAY **13**	빈칸	01 ⑤ 02 ① 03 ① 04 ①
DAY **14**	빈칸	05 ① 06 ⑤ 07 ① 08 ⑤
DAY **15**	빈칸	09 ② 10 ④ 11 ② 12 ⑤
DAY **16**	순서	01 ⑤ 02 ⑤ 03 ③ 04 ②
DAY **17**	위치	01 ⑤ 02 ② 03 ④ 04 ③
DAY **18**	무관	01 ④ 02 ③ 03 ④ 04 ④
DAY **19**	요약	01 ① 02 ② 03 ① 04 ②
DAY **20**	장문	01 41 ① 42 ⑤ 02 41 ③ 42 ⑤ 03 43 ② 44 ④ 45 ⑤ 04 43 ④ 44 ③ 45 ④

이 책에서 사용된 기호

△ : 접속사	○ : 전치사	[ ], { }, ( ) : 절, 구	↷ : 수식	∨ : 생략
⌣ : 주요 표현	접 : 접속사	전 : 전치사	형 : 형용사	부 : 부사
S : 주어	V : 동사	C : 보어	O : 목적어	I.O. : 간접목적어
D.O. : 직접목적어	O.C. : 목적격보어	주격관·대 : 주격관계대명사	목적격관·대 : 목적격관계대명사	

목적 01

선과 도형을 활용한 지문 분석

2023년 3월 고1 학력평가 18번

1 To whom it may concern,
관계자분께

2 I am a resident of the Blue Sky Apartment. **3** Recently I observed [that the kid zone is in need of repairs]. **4** I
명사절 접속사(목적어) ~을 필요로 하다 S

want you to pay attention to the poor condition of the
V O O.C.(to부정사) pay attention to: ~에 관심을 기울이다

playground equipment in the zone. **5** The swings are

damaged, the paint is falling off, and some of the bolts
수동태(be동사+p.p.) fall off: 떨어져 나가다

on the slide are missing. **6** The facilities have been in
현재완료(계속)

this terrible condition [since we moved here]. **7** They
접 ~ 이후로

are dangerous to the children playing there. **8** Would
현재분사구

you please have them repaired? **9** I would appreciate
have(사역동사)+O+O.C.(과거분사) 감사하다

your immediate attention to solve this matter.
형용사적 용법

10 Yours sincerely,

Nina Davis

[문법 돋보기]

• 5형식 - 목적격 보어(to부정사/과거분사)
5형식 문장은 「주어 + 동사 + 목적어 + 목적격 보어」의 형태를 가지며, 동사에 따라 목적격 보어로 명사, 형용사, 분사, to부정사, 동사원형 등을 쓴다. to부정사를 목적격 보어로 취하는 동사에는 want, ask, allow, enable, cause, force 등이 있다. 사역동사 have는 목적격 보어로 동사원형을 취하는데 목적어와 목적격 보어가 수동 관계일 경우 과거분사를 쓴다.

4 I want you to pay attention to the poor condition ~.
V O O.C.

8 Would you please have them repaired?
사역동사 O O.C.(them과 수동 관계)

지문 해석

1 관계자분께,

2 저는 Blue Sky 아파트의 거주자입니다. **3** 최근에 저는 아이들을 위한 구역이 수리가 필요하다는 것을 알게 되었습니다. **4** 저는 귀하께서 그 구역에 있는 놀이터 설비의 열악한 상태에 관심을 기울여 주시기를 바랍니다. **5** 그네가 손상되었고, 페인트가 떨어져 나가고 있고, 미끄럼틀의 볼트 몇 개가 빠져 있습니다. **6** (놀이터) 시설은 우리가 이곳으로 이사 온 이후로 이렇게 형편없는 상태였습니다. **7** 그것들은 거기에서 노는 아이들에게 위험합니다. **8** 그것들을 수리해 주시겠습니까? **9** 이 문제를 해결하기 위해 즉각적인 관심을 주시면 감사하겠습니다.

10 Nina Davis 드림

제대로 접근법 모범답안

❶ 수리 ❷ 요청

제대로 독해법 모범답안

■ 직독 직해 ■
2~3행 아이들을 위한 구역이 수리가 필요하다는 것을
6~7행 우리가 이곳으로 이사 온 이후로
7~8행 그것들을 수리해 주시겠습니까?

■ 제대로 어휘력 올리기 ■

1 resident	2 observe	3 pay attention to
4 equipment	5 fall off	6 facility
7 move	8 appreciate	9 immediate

■ 제대로 구문 이해하기 ■
replaced

정답인 이유

정답률 93%

③ 아파트 놀이터 시설의 수리를 요청하려고

아파트 놀이터 시설의 열악한 상태에 대해 언급하면서 수리를 요청하고 있으므로 ③ '아파트 놀이터 시설의 수리를 요청하려고'가 정답이다.

오답인 이유

매력적인 오답 ② 3%

② 아파트 놀이터의 임시 폐쇄를 공지하려고

아파트 놀이터 시설이 상태가 열악하고 아이들에게 위험하다는 내용이 나오긴 했지만, 이는 수리를 요청하기 위한 언급일 뿐 놀이터 폐쇄에 대한 내용은 다루고 있지 않으므로 ②는 정답이 될 수 없다.

목적 02

1 Dear Ms. Sue Jones,

2 As you know, it is our company's policy [that all new
~하다시피   가주어   진주어

employees must gain experience in all departments].
S'   V'   gain experience in/at ~에서 경험을 쌓다

3 [As you have completed your three months in the
~이므로   현재완료(완료)

Sales Department], it's time to move on to your next
it is time to부정사: ~할 때이다

department. **4** From next week, you will be working
S   V (미래진행)

in the Marketing Department. **5** We are looking
look forward to -ing: ~하기를 기대하다

forward (to) seeing excellent work from you in your

new department. **6** I hope [that {when your training
명사절 접속사(목적어)
시간의 부사절

is finished} we will be able to settle you into the
settle A in/into B: A를 B로 배치하다

department of your choice].
귀하가 선택한

7 Yours sincerely,

Angie Young

PERSONNEL MANAGER

지문 해석

1 Sue Jones 씨께,

2 귀하가 아시다시피, 모든 신입 사원이 모든 부서에서 경험을 쌓아야 하는 것이 우리 회사의 방침입니다. **3** 귀하는 판매부에서 3개월을 마쳤으므로, 다음 부서로 옮겨야 할 때입니다. **4** 다음 주부터 귀하는 마케팅부에서 일하게 될 것입니다. **5** 귀하가 새 부서에서 훌륭하게 일하는 것을 보기를 기대합니다. **6** 저희는 귀하의 수습 (기간)이 끝나면 귀하가 선택한 부서로 귀하를 배치할 수 있기를 바랍니다.

7 진심을 담아,
인사 담당 이사 Angie Young 드림

제대로 접근법 모범답안

❶ 부서   ❷ 이동

제대로 독해법 모범답안

■직독 직해■
2~3행 모든 신입 사원이 경험을 쌓아야 하는 것이
6~7행 귀하가 훌륭하게 일하는 것을 보기를
7~8행 저희가 귀하를 배치할 수 있기를

■제대로 어휘력 올리기■
1 policy	2 gain	3 department
4 complete	5 look forward to	6 excellent
7 training	8 settle	9 personnel

■제대로 구문 이해하기■
that

정답인 이유   정답률 82%

① 근무 부서 이동을 통보하려고

글의 도입부에서 모든 신입 사원이 모든 부서에서 경험을 쌓는 것이 회사의 방침임을 언급하면서 이제 판매부에서 다음 부서로 옮겨야 할 때라고 말하고 있으므로 ① '근무 부서 이동을 통보하려고'가 글의 목적임을 알 수 있다.

오답인 이유   매력적인 오답 ④ 8%

④ 새로운 마케팅 전략을 공모하려고

글의 중반부에서 이제 마케팅부에서 일하게 될 것이라고 언급하는 것은 이후 옮겨가게 될 부서에 대해서 알려주는 것이므로 ④ '새로운 마케팅 전략을 공모하려고'는 정답이 될 수 없다.

목적 03

1 Dear members of Eastwood Library,
~께, ~에게

2 Thanks to the Friends of Literature group, we've
~덕분에

successfully raised enough money to remodel the
현재완료(have+p.p.)　　　　　　　　　형용사적 용법

library building. **3** John Baker, our local builder, has
S1　　　　= 동격

volunteered to help us with the remodelling but he
V1　　부사적 용법(목적)　help A with: A가 ~하는 것을 돕다　　S2

needs assistance. **4** (By grabbing a hammer or a paint
V2　　　　　　　　by -ing: ~함으로써

brush and donating your time), you can help with
　　　grabbing과 병렬

the construction. **5** Join Mr. Baker in his volunteering
　　　　　　　　　V1

team and become a part of making Eastwood Library
　　　V2　　　　전치사+동명사(사역동사)　O'

a better place! **6** Please call 541-567-1234 for more
O.C.'

information.

7 Sincerely,

Mark Anderson

[문법 돋보기]

• enough + 명사 + to부정사
enough와 to부정사가 함께 쓰일 때, 품사와 어순에 따라 의미와 쓰임이 달라짐에 주의해야 한다. enough가 형용사로 쓰여 「enough + 명사 + to부정사」의 어순이 되면 '~하기에 충분한'이라는 의미를 나타내고, 부사로 쓰여 「형용사/부사 + enough + to부정사」의 어순이 되면 '~할 정도로 충분히 ~한/하게'의 의미를 나타낸다.

2 Thanks to the Friends of Literature group, we've successfully raised enough money to remodel the library building.
　　　　　　enough+명사+to부정사: ~하기에 충분한

cf. 「형용사/부사 + enough + to부정사」는 「so + 형용사/부사 + that + 주어 + can[could]」으로 바꾸어 쓸 수 있다.

He was generous enough to forgive me.
　　　형용사 + enough + to부정사

= He was so generous that he could forgive me.
　　　　　so + 형용사 + that + 주어 + could

그는 나를 용서할 정도로 충분히 관대했다.

---

1 Eastwood 도서관 회원들께,

2 Friends of Literature 모임 덕분에, 우리는 도서관 건물을 리모델링하기에 충분한 돈을 성공적으로 모았습니다. **3** 우리 지역의 건축업자인 John Baker 씨가 우리의 리모델링을 돕기로 자원했지만, 그는 도움이 필요합니다. **4** 망치나 페인트 붓을 쥐고 여러분의 시간을 기부함으로써, 여러분은 공사를 도울 수 있습니다. **5** Baker 씨의 자원봉사 팀에 동참하여 Eastwood 도서관을 더 좋은 곳으로 만드는 (팀의) 일원이 되십시오! **6** 더 많은 정보를 원하시면 541-567-1234로 전화해 주십시오.

7 Mark Anderson 드림

제대로 접근법 모범답안

❶ 리모델링　❷ 자원봉사

제대로 독해법 모범답안

■ 직독 직해 ■
2~3행　도서관 건물을 리모델링하기에
3~5행　우리의 리모델링을 돕기로
5~6행　여러분은 공사를 도울 수 있습니다

■ 제대로 어휘력 올리기 ■

1 literature	2 successfully	3 raise
4 local	5 builder	6 volunteer
7 assistance	8 donate	9 construction

■ 제대로 구문 이해하기 ■
explore

정답인 이유　　　　　　　정답률 90%

④ 도서관 공사에 참여할 자원봉사자를 모집하려고

도서관 건물을 리모델링하는 일에 한 건축업자가 자원했지만 도움이 필요하니 시간을 내어 자원봉사팀에 합류해달라는 내용이므로, 정답은 ④ '도서관 공사에 참여할 자원봉사자를 모집하려고'이다.

오답인 이유　　　　　매력적인 오답 ③ 4%

③ 도서관 보수를 위한 모금 행사를 제안하려고

본문 첫 번째 문장의 raised enough money라는 표현을 보고 모금 행사를 제안하는 글이라고 생각할 수 있지만, 도서관 리모델링에 필요한 자금은 충분하지만 공사를 도와줄 사람이 필요하다는 내용이므로 ③은 정답이 될 수 없다.

목적 04

1 Dear Ms. Spadler,

2 You've written to our company [complaining {that
현재완료(have+p.p.) → 목적격 관·대   분사구문   접속사 that절(목적어)
your toaster, (which you bought only three weeks
S'   삽입
earlier), doesn't work}]. **3** You were asking for a new
V'   ask for: 요구하다
toaster or a refund. **4** [Since the toaster has a year's
↳ 이유의 부사절
warranty], our company is happy to replace your faulty
부사적 용법(원인)
toaster with a new toaster. **5** To get your new toaster,
replace A with B: A를 B로 교체하다   부사적 용법(목적)
simply take your receipt and the faulty toaster to the
명령문
dealer [from whom you bought it]. **6** The dealer will
전치사 목적격 관·대   S   V
give you a new toaster on the spot. **7** Nothing is more
I.O.   D.O.   즉석에서 바로   nothing is more 형용사 than A:
important to us than the satisfaction of our customers.
A보다 더 ~한 것은 없다
8 [If there is anything else {we can do for you}], please
↳ 조건의 부사절   ↳ 후치 수식
do not hesitate to ask.
hesitate to V: ~하는 것을 주저하다
9 Yours sincerely,

Betty Swan

[문법 돋보기]

• 전치사 + 관계대명사
선행사(관계대명사)가 전치사의 목적어인 경우 뒤에 있던 전치사가 관계대명사 앞으로 이동할 수 있으며, 「전치사 + 관계대명사」 뒤에는 완전한 문장이 온다.

5 To get your new toaster, simply take your receipt and the faulty toaster to the dealer from whom you bought it.
전치사＋관계대명사
= To get your new toaster, simply take your receipt and the faulty toaster to the dealer whom you bought it from.

지문 해석

1 Spadler씨께,

2 귀하는 불과 3주 전에 구입한 토스터가 작동하지 않는다고 저희 회사에 항의하는 편지를 쓰셨습니다. **3** 귀하는 새 토스터 혹은 환불을 요구하셨습니다. **4** 그 토스터는 1년의 품질 보증 기간이 있기 때문에, 저희 회사는

귀하의 고장 난 토스터를 새 토스터로 기꺼이 교환해 드리겠습니다. **5** 새 토스터를 받으시려면, 귀하의 영수증과 고장 난 토스터를 구매했던 판매자에게 가져가시기만 하면 됩니다. **6** 그 판매자가 즉석에서 바로 새 토스터를 드릴 것입니다. **7** 저희에게 고객의 만족보다 더 중요한 것은 없습니다. **8** 만약 저희가 귀하를 위해 할 수 있는 그 밖의 다른 일이 있다면, 주저하지 말고 요청해 주십시오.

9 Betty Swan 드림

제대로 접근법 모범답안

❶ 항의[불평] ❷ 교환

제대로 독해법 모범답안

■직독 직해■
2~3행 불과 3주 전에 구입한
4~5행 저희 회사는 기꺼이 교환해 드리겠습니다
8~9행 저희에게 더 중요한 것은 없습니다
9~10행 주저하지 말고 요청해 주십시오

■제대로 어휘력 올리기■

1 complain	2 refund	3 replace
4 faulty	5 receipt	6 dealer
7 on the spot	8 satisfaction	9 hesitate

■제대로 구문 이해하기■
to see

정답인 이유   정답률 84%

④ 고장 난 제품을 교환하는 방법을 안내하려고

토스터가 작동하지 않아 불만을 제기한 고객에게 영수증과 고장 난 제품을 가지고 구입처를 방문하면 즉시 새 제품으로 교환을 받을 수 있다고 설명하고 있으므로 정답은 ④ '고장 난 제품을 교환하는 방법을 안내하려고'이다.

오답인 이유   매력적인 오답 ③ 3%

③ 품질 보증서 보관의 중요성을 강조하려고

본문에 1년의 품질 보증 기간(a year's warranty)이라는 표현이 나오긴 하지만 이는 제품 교환 가능 여부를 알려주기 위한 언급일 뿐, 품질 보증서의 보관에 관한 내용은 다루고 있지 않다. warranty라는 일부 단어만 보고 이를 정답으로 고르지 않도록 주의하자.

▶ 문제편 26쪽

DAY 1   목적 01~04   **어휘 테스트**

1 policy   2 warranty   3 local   4 department   5 resident
6 faulty   7 equipment   8 immediate   9 employees
10 moved   11 raised   12 completed   13 donating
14 hesitate   15 satisfaction

심경 01

선과 도형을 활용한 지문 분석   2022년 3월 고1 학력평가 19번

1 The principal stepped on stage. **2** "Now, I present
present A to B: A를 B에게 수여하다
this year's top academic award to the student [who has
선행사   주격 관·대
achieved the highest placing]." **3** He smiled at the row
과거(기준 시점)
of seats [where twelve finalists had gathered]. **4** Zoe
관계부사   과거완료(had+p.p.)   S
wiped a sweaty hand on her handkerchief and glanced
V1   V2
at the other finalists. **5** They all looked as pale and
나머지   as+형용사+as: ~만큼 …한
uneasy as herself. **6** Zoe and one of the other finalists
S1
had won first placing in four subjects so it came down to
V1   S2   V2
[how teachers ranked their hard work and confidence].
간접의문문(전치사 to의 목적어): 의문사+주어+동사
7 "The Trophy for General Excellence is awarded to Miss
S   V(수동태: be+p.p.)   ~에게
Zoe Perry," the principal declared. **8** "Could Zoe step
this way, please?" **9** Zoe felt [as if she were in heaven].
as if+가정법 과거
10 She walked into the thunder of applause (with a big
전치사구
smile).

[문법 돋보기]
• 과거완료(대과거)
과거의 특정 시점 이전에 일어난 일, 즉 과거보다 더 앞선 과거의 일을 '대과
거'라고 하며 과거완료(had+p.p.)로 나타낸다.

3 He smiled at the row of seats where twelve finalists had gathered.
과거(기준 시점)   대과거(smiled보다 전에 발생)
6 Zoe and one of the other finalists had won first placing in four
대과거(came down보다 전에 발생)
subjects so it came down to how teachers ranked ~.
과거(기준 시점)

지문 해석

1 교장 선생님이 무대 위로 올라갔다. **2** "이제, 최고 등수를 차지한 학생에
게 올해의 학업 최우수상을 수여하겠습니다." **3** 그는 열두 명의 최종 입상
후보자들이 모여 있는 좌석 열을 향해 미소를 지었다. **4** Zoe는 땀에 젖은 손
을 손수건에 닦고서 나머지 다른 최종 입상 후보자들을 힐끗 보았다. **5** 그들
은 모두 그녀만큼 창백하고 불안해 보였다. **6** Zoe와 나머지 다른 최종 입상

후보자 중 한 명이 네 개 과목에서 1위를 차지했으므로, 그들의 노력과 자신
감을 선생님들이 어떻게 평가하느냐로 좁혀졌다. **7** "전체 최우수상을 위한
트로피는 Zoe Perry 양에게 수여됩니다."라고 교장 선생님이 공표했다. **8**
"Zoe는 이리로 나와 주시겠습니까?" **9** Zoe는 마치 천국에 있는 기분이었
다. **10** 그녀는 활짝 웃으며 우레와 같은 박수갈채를 받으며 걸어갔다.

① 희망에 찬 → 실망한
② 죄책감이 드는 → 자신만만한
③ 긴장한 → 기쁜
④ 화난 → 침착한
⑤ 편안한 → 자랑스러운

제대로 접근법 모범답안

❶ ② guilty → confident
❷ ③ nervous → delighted
❸ ④ angry → calm
❹ ① hopeful → disappointed
❺ ⑤ relaxed → proud

제대로 독해법 모범답안

■ **직독 직해**
3행 열두 명의 최종 입상 후보자들이 모여 있는
5행 그들은 모두 창백하고 불안해 보였다
5~7행 1등을 차지했다
9~10행 마치 그녀가 천국에 있는 것처럼

■ **제대로 어휘력 올리기**
1 principal	2 present	3 achieve
4 row	5 wipe	6 glance
7 pale	8 declare	9 applause

■ **제대로 구문 이해하기** ■
meaningful

정답인 이유   정답률 82%

③ nervous → delighted

교장 선생님이 올해의 학업 최우수상을 발표하는 순간, Zoe는 손에 땀
이 나고(a sweaty hand) 다른 후보자들이 자신만큼 창백하고 불안해
(pale and uneasy) 보인다. 교장 선생님이 최우수상을 타는 사람이
Zoe라고 발표를 하자 그녀는 천국에 있는 듯한 기분을 느끼고 활짝 웃
으며 무대로 나갔다고 했으므로 필자의 심경 변화로 적절한 것은 ③
nervous(긴장한) → delighted(기쁜)이다.

오답인 이유   매력적인 오답 ⑤ 7%

⑤ relaxed → proud

교장 선생님이 올해의 학업 최우수상을 발표한 후에 Zoe가 느낀 감정
은 자랑스러운(proud) 감정이라고 볼 수 있지만, 학업 최우수상을 발표
하기 전, Zoe는 손이 땀에 젖고 다른 후보자들이 자신만큼 창백하고 불
안해 보였다고 했으므로 편안한(relaxed) 감정을 느꼈다고 볼 수 없다.

심경 02

1 One night, I opened the door [that led to the
선행사   관계절 / 주격관·대
second floor], noting [that the hallway light was off].
분사구문(연속동작)   that절(목적어)   (접속사 that 생략)
2 I thought nothing of it because I knew there was
a light switch next to the stairs [that I could turn on].
선행사   관계절 / 목적격관·대
3 What happened next was something [that chilled my
선행사   관계절 / 주격관·대
blood]. **4** [When I put my foot down on the first step],
시간 부사절 / 젭 ~할 때 S' V'
I felt a movement under the stairs. **5** My eyes were
S V
drawn to the darkness beneath them. **6** Once I realized
수동태(be동사+p.p.)   젭 일단 ~하자마자
something strange was happening, my heart started
-thing+형용사   과거진행(was/were+-ing)   S   V
beating fast. **7** Suddenly, I saw a hand reach out from
O   S V O O.C.1
between the steps and grab my ankle. **8** I let out a
         O.C.2   (비명 소리를) 내다
terrifying scream [that could be heard all the way down
선행사   주격관·대   내내, 줄곧
the block], but nobody answered!

① 무서운
② 지루해하는
③ 부끄러운
④ 만족해하는
⑤ 기쁜

제대로 접근법 모범답안

1 ④ satisfied   **2** ⑤ delighted   **3** ① scared   **4** ② bored   **5** ③ ashamed

제대로 독해법 모범답안

■직독 직해■
1~2행   복도 전등이 꺼진 것을
4~5행   나는 어떤 움직임을 느꼈다
6~7행   내 심장은 빠르게 뛰기 시작했다
8~10행   나는 무시무시한 비명을 질렀(지만)

■제대로 어휘력 올리기■

1 hallway	2 stairs	3 chill
4 movement	5 draw	6 beneath
7 reach	8 grab	9 terrifying

■제대로 구문 이해하기■
making

[문법 돋보기]

• 선행사가 something인 경우
선행사가 all, something, anything, nothing 등인 경우 관계대명사 that
을 주로 쓴다.

3 What happened next was something [that chilled my blood].
선행사   관계절 / 주격관·대

• -thing+형용사
-one, -body, -thing 등으로 끝나는 대명사는 형용사가 뒤에서 수식한다.

6 Once I realized something strange was happening, my heart
-thing+형용사
started beating fast.

지문 해석

1 어느 날 밤, 나는 2층으로 이르는 문을 열었고, 복도 전등이 꺼진 것을
알아차렸다. **2** 내가 켤 수 있는 전등 스위치가 계단 옆에 있다는 것을 알았
기 때문에 나는 그것에 대해 아무렇지 않게 생각했다. **3** 다음에 일어난 일
은 내 간담을 서늘하게 한 어떤 것이었다. **4** 첫 칸에 발을 내디뎠을 때, 나
는 계단 아래에서 어떤 움직임을 느꼈다. **5** 내 눈은 계단 아래의 어둠에 이
끌렸다. **6** 이상한 어떤 일이 일어나고 있다는 것을 깨닫자마자, 내 심장은
빠르게 뛰기 시작했다. **7** 갑자기, 나는 손 하나가 계단 사이로부터 뻗어 나
와서 내 발목을 잡는 것을 보았다. **8** 나는 그 구역을 따라 쭉 들릴 수 있는
무시무시한 비명을 질렀지만, 아무도 대답하지 않았다!

정답인 이유   정답률 92%

① scared

전등이 꺼진 어두운 밤, 계단 아래서 어떤 손이 나와서 필자의 발목을
잡았다. 간담이 서늘해지고(chilled my blood), 심장이 빠르게 뛰는(my
heart started beating fast) 공포 속에서 무시무시한 비명(terrifying
scream)을 지르는 상황이므로 ① scared(무서운, 두려운)가 알맞다.

오답인 이유   매력적인 오답 ⑤ 3%

⑤ delighted

Once I realized ~ , my heart started beating fast.라는 문장만을 읽고,
무언가 이상하고 색다른 일이 일어나서 호기심에 흥분하여 심장이 빠
르게 뛴다고 착각할 수 있지만 글 전체 내용에서 필자는 두려움에 심장
이 빠르게 뛴 것이므로 ⑤ 'delighted(기쁜)'는 적절하지 않다.

심경 03

선과 도형을 활용한 지문 분석   2019년 9월 고1 학력평가 19번

1 I board the plane, take off, and climb out into the
  S   V1   V2   V3

night sky. **2** (Within minutes), the plane shakes hard,
          전치사구   →feel like: ~라고 느끼다

and I freeze, [feeling like I'm not in control of anything].
      분사구문   be in control of: ~을 통제하다

3 The left engine starts losing power and the right
               start -ing: ~하기 시작하다

engine is nearly dead now. **4** Rain hits the windscreen

and I'm getting into heavier weather. **5** I'm having

trouble keeping up the airspeed. **6** When I reach for the
have trouble -ing: ~하는 데 어려움을 겪다   ~에 손을 뻗다
→keep up: ~을 유지하다

microphone to call the center to declare an emergency,
        부사적 용법(목적)   부사적 용법(목적)

my shaky hand accidentally bumps the carburetor heat

levers, and the left engine suddenly regains power. **7** I

push the levers to full. **8** Both engines backfire and
          끝까지   both + 복수명사

come to full power. **9** [Feeling {that the worst is over}],
         분사구문   접속사 that절(목적어)

I find my whole body loosening up and at ease.
S   V   O   O.C.1   O.C.2

[문법 돋보기]

• to부정사의 부사적 용법(목적)
to부정사가 '~하려고', '~하기 위해' 등의 뜻으로 쓰여 목적이나 의도를 나타
낼 때는 「in order to+V」 혹은 「so that+S+can(could)+V」로 바꾸어 쓸 수
있다.

6 When I reach for the microphone to call the center to declare an
                          = in order to call   = so that I can declare
emergency, ~.

지문 해석

1 나는 비행기를 타고, 이륙해서, 밤하늘로 올라간다. **2** 몇 분 되지 않아
비행기가 심하게 흔들리고 나는 아무것도 통제할 수 없는 것처럼 느끼면
서 몸이 굳어진다. **3** 왼쪽 엔진은 동력을 잃기 시작하고 오른쪽 엔진은 이
제 거의 작동을 멈춘다. **4** 비가 앞 유리창에 부딪치고 나는 더 심한 악천후
속으로 들어가고 있다. **5** 나는 대기 속도를 유지하는 것이 어렵다. **6** 비상
사태를 선언하기 위해 센터에 전화하려고 내가 마이크에 손을 뻗을 때, 나
의 떨리는 손이 우연히 기화기 열 레버에 부딪치고, 왼쪽 엔진이 갑자기 동
력을 회복한다. **7** 나는 레버를 끝까지 누른다. **8** 두 엔진이 모두 점화되고
최대 동력에 이르게 된다. **9** 최악의 상황이 끝났다고 느끼며, 나는 온몸의
긴장이 풀리고 편안해진다.

---

① 부끄러운 → 기쁜
② 두려워하는 → 안도하는
③ 만족하는 → 후회하는
④ 무관심한 → 흥분한
⑤ 희망에 찬 → 실망한

제대로 접근법 모범답안

❶ ① ashamed → delighted
❷ ② terrified → relieved
❸ ④ indifferent → excited
❹ ③ satisfied → regretful
❺ ⑤ hopeful → disappointed

제대로 독해법 모범답안

■ 직독 직해 ■
1행 밤하늘로 올라간다
5행 대기 속도를 유지하는 것이
5~8행 비상 사태를 선언하기 위해

■ 제대로 어휘력 올리기 ■

1 take off	2 freeze	3 airspeed
4 declare	5 accidentally	6 bump
7 regain	8 loosen up	9 at ease

■ 제대로 구문 이해하기 ■
forcing

정답인 이유   정답률 84%

② terrified → relieved

이륙하자마자 비행기가 심하게 흔들리고, 악천후 속에서 엔진의 동력
마저 꺼져 가는 위급한 상황에서 필자는 몸이 굳고(freeze) 손이 떨리는
것을(my shaky hand) 느낀다. 다행히도 위기를 넘긴 후 긴장이 풀리고
편안해졌다고(at ease) 하였으므로 필자의 심경 변화로 적절한 것은 ②
terrified(무서워하는) → relieved(안도하는)이다.

오답인 이유   매력적인 오답 ① 4%

① ashamed → delighted

필자가 조종하는 비행기가 추락할지도 모르는 비상 상황에서 느끼는
감정을 부끄러움(ashamed)이라고 보기는 어렵다. 긴장으로 굳었던 몸
이 풀리고 편안해지는 것은 엄밀히 말하면 기쁨(delighted)보다는 안도
감에 가까우므로 ①은 적절하지 않다.

심경 04

선과 도형을 활용한 지문 분석　　　2020년 9월 고1 학력평가 19번

1 Salva had to <u>raise money</u> for a project <u>to help</u> southern Sudan. **2** It was <u>the first time</u> [<u>that</u> Salva spoke <u>in front of</u> an audience]. **3** There were <u>more than</u> a hundred people. **4** Salva's knees were shaking [<u>as</u> he walked to the microphone]. **5** "H–h–hello," he said.

6 [His hands trembling], he <u>looked out</u> at the audience. **7** Everyone was looking at him. **8** <u>At that moment</u>, he noticed [<u>that</u> <u>every face</u> <u>looked</u> <u>interested</u>(<u>in</u>) what he had to say]. **9** <u>People</u> <u>were smiling</u> and <u>seemed</u> friendly. **10** That <u>made him feel</u> a little better, so he spoke into the microphone again. **11** "Hello," he repeated. **12** He smiled, [feeling at ease], and went on. **13** "I am here <u>to</u> talk to you about a project for southern Sudan."

[문법 돋보기]
• 독립분사구문
종속절의 주어와 주절의 주어가 서로 다른 경우, 종속절의 주어를 생략하지 않고 분사구문을 만드는데 이를 '독립분사구문'이라고 한다.

6 His hands trembling, he looked out at the audience.
= As his hands were trembling, ~

지문 해석

1 Salva는 남부 수단을 돕기 위한 프로젝트를 위해서 모금을 해야 했다. **2** Salva가 관중 앞에서 말하는 것은 처음이었다. **3** 백 명이 넘는 사람들이 있었다. **4** Salva가 마이크로 걸어갈 때 그의 무릎이 떨리고 있었다. **5** "아–아–안녕하세요," 그가 말했다. **6** 그의 손을 떨면서, 그는 관중을 바라보았다. **7** 모든 사람들이 그를 보고 있었다. **8** 그 순간, 그는 모든 얼굴이 그가 말하려는 것에 관심 있어 보인다는 것을 알아차렸다. **9** 사람들은 미소 짓고 있었고 우호적인 듯했다. **10** 그것이 그의 기분을 좀 더 나아지게 해서 그는 다시 마이크에 대고 말했다. **11** "안녕하세요," 그는 반복했다. **12** 그는 안심하면서 미소를 지었고 말을 이어갔다. **13** "저는 남부 수단을 위한 프로젝트에 대해 여러분께 말씀드리려고 이 자리에 섰습니다."

① 긴장한 → 안도하는
② 무관심한 → 들뜬
③ 걱정하는 → 실망한
④ 만족하는 → 좌절한
⑤ 자신만만한 → 당황스러운

제대로 접근법 모범답안
❶ ① nervous → relieved
❷ ② indifferent → excited
❸ ④ satisfied → frustrated
❹ ⑤ confident → embarrassed
❺ ③ worried → disappointed

제대로 독해법 모범답안
■직독 직해■
1~2행　Salva가 관중 앞에서 말하는 것은
3~4행　그가 마이크로 걸어갈 때
5~6행　모든 얼굴이 관심 있어 보인다는 것을
7~8행　그것이 그의 기분을 좀 더 나아지게 했다

■제대로 어휘력 올리기■
1 raise	2 southern	3 audience
4 shake[tremble]	5 notice	6 friendly
7 repeat	8 at ease	9 go on

■제대로 구문 이해하기■
that

🙂 정답인 이유　　　정답률 89%

① nervous → relieved

백 명이 넘는 관중 앞에서 처음으로 연설을 하게 된 Salva는 무릎이 떨리고(Salva's knees were shaking) 손을 떠는(His hands trembling) 등 긴장한 채 말을 시작한다. 그런데 생각보다 긍정적인 사람들의 태도에 안심하여(feeling at ease) 미소를 띤 채 말을 이어갔다고 하였으므로 정답은 ① nervous(긴장한) → relieved(안도하는)이다.

😲 오답인 이유　　　매력적인 오답 ② 5%

② indifferent → excited

많은 관중들 앞에서 연설을 하게 되어 느끼는 긴장과 불안함을 무관심(indifferent)이라고 보기는 어렵다. 마찬가지로, 사람들의 우호적 반응에 기분이 나아지고(feel a little better) 편안해진(at ease) 것을 흥분한 상태로 보기는 어려우므로 ②는 정답이 될 수 없다.

▶ 문제편 36쪽

DAY 2　심경 01~04　어휘 테스트

1 movement　2 darkness　3 heavier　4 award　5 applause
6 southern　7 shaky　8 hallway　9 terrifying　10 trembling
11 happening　12 glanced　13 audience　14 chilled
15 loosening

밑줄 01

선과 도형을 활용한 지문 분석 2022년 3월 고1 학력평가 21번

1 A job search is not a passive task. **2** [When you are searching], you are not browsing, nor are you "just looking". **3** Browsing is not an effective way to reach a goal [you claim to want to reach]. **4** [If you are acting with purpose], [if you are serious about anything {you chose to do}], then you need to be direct, focused and (whenever possible), clever. **5** Everyone else [searching for a job] has the same goal, [competing for the same jobs]. **6** You must do more than the rest [of the herd]. **7** Regardless of [how long it may take you to find and get the job {you want}], being proactive will logically get you results faster than if you rely only on browsing online job boards and emailing an occasional resume. **8** Leave those activities to the rest (of the sheep).

[문법 돋보기]

• So/Neither[Nor] 도치

so, neither, nor가 앞 문장의 내용을 받아서 문장 앞에 오는 경우, '~도 또한 그렇다/아니다'의 뜻을 나타내며, 긍정문 뒤에는 「So+동사+주어」, 부정문 뒤에는 「Neither[Nor]+동사+주어」의 어순으로 쓴다.

2 When you are searching, you are not browsing, nor are you ~.

cf. 일반동사가 쓰였을 때 어순에 주의한다.

I want to buy a computer, and so does my brother.

나는 컴퓨터를 사고 싶은데 내 남동생도 그렇다.

지문 해석

1 구직 활동은 수동적인 일이 아니다. **2** 구직 활동을 할 때, 여러분은 이것저것 훑어보고 다니지 않으며 '그냥 보고만 있지'도 않는다. **3** 훑어보고

다니는 것은 여러분이 도달하기를 원한다고 주장하는 목표에 도달할 수 있는 효과적인 방법이 아니다. **4** 만약 여러분이 목적을 가지고 행동한다면, 만약 여러분이 하기로 선택한 어떤 것에 대해 진지하다면, 여러분은 직접적이고, 집중해야 하며, 가능한 한 영리해야 한다. **5** 일자리를 찾고 있는 다른 모든 사람들이 같은 목표를 가지고 있으며, 같은 일자리를 얻기 위해 경쟁한다. **6** 여러분은 그 무리의 나머지 사람보다 더 많은 것을 해야 한다. **7** 원하는 직업을 찾아서 얻는 데 얼마나 오랜 시간이 걸리든 간에, 온라인 취업 게시판을 검색하고 가끔 이력서를 이메일로 보내는 것에만 의존하는 경우보다는 진취적인 것이 논리적으로 여러분이 더 빨리 결과를 얻도록 해 줄 것이다. **8** 그런 활동들은 나머지 양들이 하도록 남겨두라.

① 다른 구직자들의 감정을 이해하려고 하라.
② 평정심을 유지하고 현재의 위치를 고수하라.
③ 구직 경쟁을 두려워하지 마라.
④ 미래의 고용주에게 가끔 이메일을 보내라.
⑤ 다른 구직자들보다 돋보이기 위해 더 적극적이 되어라.

제대로 접근법 모범답안

❶ purpose ❷ direct

제대로 독해법 모범답안

■ 직독 직해 ■
2~3행 훑어보는 것은 효과적인 방법이 아니다
3~5행 그러면 여러분은 직접적이고, 집중해야 한다
7~10행 진취적인 것이

■ 제대로 어휘력 올리기 ■

1 passive	2 browse	3 reach
4 claim	5 serious	6 herd
7 proactive	8 logically	9 occasional

■ 제대로 구문 이해하기 ■
changes

정답인 이유 정답률 62%

⑤ **Be more active to stand out from other job-seekers.**

구직 활동을 할 때 온라인 취업 게시판을 단순히 검색하거나 가끔 이메일로 이력서를 보내는 것과 같은 수동적인 일은 다른 구직자들에게 맡기고 진취적으로 구직 활동을 해야 한다는 내용이므로 밑줄 친 '그런 활동들은 나머지 양들이 하도록 남겨두라'가 의미하는 바로 가장 적절한 것은 ⑤ '다른 구직자들보다 돋보이기 위해 더 적극적이 되어라'이다.

오답인 이유 매력적인 오답 ③ 16%

③ **Don't be scared of the job-seeking competition.**

구직자들이 일자리를 찾는 경쟁을 두려워한다는 내용은 언급되어 있지 않으며, 취업 경쟁에서 나머지 사람들보다 더 영리하게 진취적으로 행동해야 한다는 내용의 글이므로 ③은 정답이 될 수 없다.

밑줄 02

2020년 3월 고1 학력평가 21번

1 We all know [that tempers are <u>one of the first things</u>
접속사   one of the 복수 명사: ~중 하나

{lost in many arguments}]. **2** It's easy to say [one should
과거분사구   가주어   진주어 (that)

<u>keep cool</u>], but how do you do it? **3** <u>The point to</u>
냉정을 유지하다   S

<u>remember</u> is [that sometimes (in arguments) the other
형용사적 용법   V   명사절(C)

person is <u>trying to</u> <u>get you to be</u> angry]. **4** They may be
try to V: ~하기 위해 노력하다   get A to V: A가 ~하게 하다

saying things [that are <u>intentionally designed to annoy</u>
주격 관·대   be designed to V: ~하기 위해 고안되다

you]. **5** They know [that {if they <u>get you to lose your cool</u>}
접속사   조건의 부사절   get A to V: A가 ~하게 하다

you'll say something {that sounds foolish}; you'll simply
주격 관·대

get angry and then <u>it</u> will be impossible <u>for you</u> <u>to win</u>
가주어   의미상 주어   진주어

the argument]. **6** So don't <u>fall for</u> it. **7** A remark may
~에 속다

<u>be made</u> to cause your anger, but <u>responding with a</u>
수동태(be동사+p.p.)   S

cool answer [that focuses on the <u>issue raised</u>] is likely
주격 관·대   (that is)   V

to be most effective. **8** <u>Indeed</u>, any attentive listener
정말

will admire <u>the fact</u> [that you didn't "rise to the bait]."
= 동격   미끼를 물다

① 침착함을 유지하다
② 자신을 탓하다
③ 평정심을 잃다
④ 청중의 말을 듣다
⑤ 여러분의 행동에 대해 사과하다

제대로 접근법 모범답안

❶ arguments ❷ angry

제대로 독해법 모범답안

■직독 직해■
2~3행 침착함을 유지해야 한다고
4~5행 여러분을 화나게 하기 위해 의도적으로 고안한
8~10행 하지만 침착한 답변으로 대응하는 것이

■제대로 어휘력 올리기■

1 temper	2 argument	3 intentionally
4 design	5 fall for	6 remark
7 respond	8 attentive	9 admire

■제대로 구문 이해하기■
to straighten

정답인 이유
정답률 66%

③ lose your temper

논쟁에서 쉽게 저지르는 실수 중 하나가 화를 내는 것임을 언급하며, 상대방이 자신에게 유리한 상황을 만들기 위해 일부러 우리를 자극하는 말을 할 수도 있다고 설명한다. 논쟁에서 승리하기 위해서는 이런 의도에 휘둘리지 않고 냉정함을 유지해야 하므로, 밑줄 친 '미끼를 무는' 행위가 의미하는 바로 가장 적절한 것은 ③ '평정심을 잃다(화내다)'이다.

오답인 이유
매력적인 오답 ① 18%

① stay calm

논쟁에서 침착함을 유지하는 것의 중요성을 강조하고 있으므로, 우리가 '침착함을 유지'하지 않았다는 사실에 청자들이 감탄할 것이라는 내용은 문맥상 적절하지 않다. 밑줄 친 부분 앞에 부정의 의미인 didn't가 쓰였다는 것을 고려하여, 반대되는 내용을 고르지 않도록 주의해야 한다.

지문 해석

1 우리 모두는 화내는 것이 많은 논쟁에서 첫 번째로 저지르는 일들 중에 하나라는 것을 알고 있다. **2** 침착함을 유지해야 한다고 말하는 것은 쉽지만, 어떻게 그렇게 하는 것인가? **3** 기억해야 할 점은 때때로 논쟁에서 상대방은 여러분을 화나게 하려고 한다는 것이다. **4** 그들은 여러분을 화나게 하기 위해 의도적으로 고안한 말을 할지도 모른다. **5** 그들은 만약 자신들이 여러분의 침착함을 잃게 한다면 여러분은 어리석게 들리는 말을 할 것이며, 그저 화를 낼 것이고 그래서 여러분이 그 논쟁에서 이기는 것이 불가능할 것임을 안다. **6** 그러니 속아 넘어가지 마라. **7** 여러분의 화를 불러일으키기 위해 어떤 말을 할 수도 있지만, 제기된 문제에 초점을 맞춘 침착한 답변으로 대응하는 것이 가장 효과적일 것이다. **8** 정말로, 주의 깊은 청자라면 누구든지 여러분이 '미끼를 물지' 않았다는 그 사실에 감탄할 것이다.

밑줄 03

1 Technology has doubtful advantages. **2** We must
      S   V

balance too much information versus using only the
balance A versus B: B에 맞추어 A를 조절하다

right information and keeping the decision-making

process simple. **3** The Internet has made so much free
           S   V   so~that: 너무 ~해서 …하다

information available on any issue that (we think) we
    O   O.C. ~에 대해   삽입   S'

have to consider all of it in order to make a decision.
    V'   in order to 부사적: ~하기 위해   결정하다

4 So we keep searching for answers on the Internet.
     keep -ing: 계속 ~하다 search for: ~을 찾다

5 This makes us information blinded, like deer in
    S   V   O   O.C.

headlights, [when trying to make personal, business,
           접속사가 있는 분사구문   try+to부정사: ~하려고 애쓰다

or other decisions]. **6** To be successful in anything
                 부사적 용법(목적)

today, we have to keep in mind [that in the land of the
     S   V   ~을 명심하다   명사절 접속사 the+형용사: 복수명사

blind, a one-eyed person can accomplish the seemingly
         S'   V'

impossible]. **7** The one-eyed person understands the
           S   V1

power of keeping any analysis simple and will be the
   전치사+동명사   V2

decision maker [when he uses his one eye of intuition].
               S' V'

[문법 돋보기]

• 5형식 - 목적격 보어: 명사·형용사

동사 keep, make, find 등은 목적격 보어가 필요한 5형식 동사로 쓰일 수
있으며 목적격 보어 자리에 명사나 형용사가 와서 '~하게'로 해석한다.

2 ~ and keeping the decision-making process simple.
      V(동명사)   O   O.C.

3 The Internet has made so much free information available ~.
    S   V   O   O.C.

7 ~ the power of keeping any analysis simple ~.
          V(동명사)   O   O.C.

지문 해석

1 기술은 의문의 여지가 있는 이점을 지니고 있다. **2** 우리는 올바른 정보
만 사용해서 의사 결정 과정을 단순하게 하는 것에 맞추어 너무 많은 정보
는 조절해야 한다. **3** 인터넷은 어떤 문제에 대해서든 너무 많은 무료 정보
를 이용 가능하게 만들어서 우리는 어떤 결정을 하기 위해서 그 모든 정보
를 고려해야 한다고 생각한다. **4** 그래서 우리는 인터넷에서 계속 답을 검

색한다. **5** 이것이 우리가 개인적, 사업적, 또는 다른 결정을 하려고 할 때,
자동차의 전조등 불빛에 노출된 사슴처럼, 우리를 정보에 눈멀게 만든다.
6 오늘날 어떤 일에 있어서 성공하기 위해서는, 우리는 눈먼 사람들의 세
계에서는 한 눈으로 보는 사람이 겉보기에 불가능한 일을 해낼 수 있다는
것을 명심해야 한다. **7** 한 눈으로 보는 사람은 어떤 분석이든 단순하게 하
는 것의 힘을 이해하고, 그가 직관이라는 한 눈을 사용할 때 의사 결정자가
될 것이다.

① 다른 사람들의 생각을 받아들이기 꺼려하게
② 무료 정보에 접근할 수 없게
③ 너무나 많은 정보 때문에 의사 결정을 할 수 없게
④ 이용 가능한 정보의 부족에 무관심하게
⑤ 의사 결정에 기꺼이 위험을 무릅쓰게

제대로 접근법 모범답안

❶ balance ❷ simple

제대로 독해법 모범답안

■직독 직해■
3~5행 어떤 결정을 하기 위해서
6~7행 이것이 우리를 정보에 눈멀게 만든다
7~10행 겉보기에 불가능한 일을

■제대로 어휘력 올리기■

1 doubtful	2 advantage	3 balance
4 available	5 blinded	6 keep in mind
7 accomplish	8 seemingly	9 analysis

■제대로 구문 이해하기■
to detect

😊 정답인 이유   정답률 57%

③ unable to make decisions due to too much information

의사 결정을 단순하게 하기 위해서 너무 많은 정보는 조절해야 한다는
내용의 글로, 앞부분에서 인터넷이 너무 많은 무료 정보를 이용 가능하
게 함으로써 우리가 결정하는 것을 어렵게 한다고 언급했으므로 밑줄
친 '정보에 눈멀게'가 의미하는 바로 가장 적절한 것은 ③ '너무나 많은
정보 때문에 의사 결정을 할 수 없게'이다.

😵 오답인 이유   매력적인 오답 ② 14%

② unable to access free information

갑자기 환한 자동차 불빛에 노출되어 앞이 안 보이는 사슴처럼, 우리도
너무 많은 무료 정보에 노출되어 있어서 어떤 결정을 하려고 할 때 인터
넷에서 계속 답을 검색하게 된다는 내용이므로 ② '무료 정보에 접근할
수 없게'는 정답이 될 수 없다.

밑줄 04

1 There is a critical factor [that determines {whether
선행사   주격 관·대   V'   접 ~인지 아닌지
your choice will influence that of others}]: the visible
S"   V"   지시대명사 = choice
consequences of the choice. **2** Take the case of the
~을 예로 들어보자
Adélie penguins. **3** They are often found strolling in
be found -ing: ~하는 것이 발견되다
large groups toward the edge of the water in search
~를 향해   ~를 찾아
of food. **4** Yet danger awaits in the icy-cold water.
접 하지만
5 There is the leopard seal, (for one), [which likes
선행사   삽입구   주격 관·대   V'
to have penguins for a meal]. **6** What is an Adélie to
명사적 용법(목적어)
do? **7** The penguins' solution is to play the waiting
명사적 용법(C)
game. **8** They wait and wait and wait by the edge of
시간의 부사절
the water [until one of them gives up and jumps in].
접: ~까지   = one of them gives up and jumps in
9 The moment that occurs, the rest of the penguins
the moment (that): ~하자마자   = the thing which/that
watch with anticipation to see [what happens next].
기대감으로   부사적 용법(목적)   관계대명사
10 [If the pioneer survives], everyone else will follow
조건의 부사절: 현재시제가 미래시제를 대신함   방금 남이 한 대로 따라 하다
suit. **11** [If it perishes], they'll turn away. **12** One
조건절   하나
penguin's destiny alters the fate of all the others.
나머지
13 Their strategy, (you could say), is "learn and live."
삽입

지문 해석

1 여러분의 선택이 다른 사람들의 선택에 영향을 미칠지를 결정하는 한 가지 중요한 요인이 있는데, 바로 그 선택의 가시적 결과이다. **2** Adélie 펭귄들을 예로 들어보자. **3** 그들이 먹이를 찾아 물가를 향해 큰 무리를 지어 거니는 것이 종종 발견된다. **4** 하지만 얼음같이 차가운 물 속에는 위험이 기다리고 있다. **5** 한 예로, 식사로 펭귄들을 먹는 것을 좋아하는 표범물개가 있다. **6** Adélie 펭귄은 무엇을 할까? **7** 펭귄의 해결책은 대기 전술을 펼치는 것이다. **8** 그들은 자신들 중 한 마리가 포기하고 뛰어들 때까지 물가에서 기다리고, 기다리고 또 기다린다. **9** 그것이 일어나는 순간, 나머지 펭귄들은 다음에 무슨 일이 일어나는지 보기 위해 기대감을 갖고 지켜본다. **10** 만약 그 선두 주자가 살아남으면, 다른 모두가 그대로 따라할 것이다. **11** 만약 그것이 죽는다면, 그들은 돌아설 것이다. **12** 한 펭귄의 운명은 모든 나머지 펭귄들의 운명을 바꾼다. **13** 여러분은 그들의 전략이 '배워서 산다'라고 말할 수 있다.

---

① 안전을 위해 경쟁자의 영역을 차지한다
② 누가 적인지 찾아내서 먼저 공격한다
③ 생존 기술을 다음 세대와 공유한다
④ 최상의 결과를 위해 리더의 결정을 지지한다
⑤ 그것이 안전하다고 입증되었을 때에만 다른 이의 행동을 따른다.

제대로 접근법 모범답안

❶ influence ❷ consequences

제대로 독해법 모범답안

■직독 직해■
3~4행 큰 무리를 지어 거니는 것이
6~7행 대기 전술을 펼치는 것이다
9~10행 기대감을 갖고 지켜본다
11~12행 모든 나머지 펭귄들의 운명을

■제대로 어휘력 올리기■

1 critical	2 consequence	3 stroll
4 anticipation	5 pioneer	6 follow suit
7 alter	8 perish	9 strategy

■제대로 구문 이해하기■
interests

정답인 이유
정답률 62%

⑤ follow another's action only when it is proven safe

　Adélie 펭귄은 무리 중 먼저 물속으로 뛰어든 펭귄의 생사를 확인한 후에 입수 여부를 결정한다고 했으므로, 밑줄 친 '배워서 산다'가 의미하는 바로 가장 적절한 것은 ⑤ '그것이 안전하다고 입증되었을 때에만 다른 이의 행동을 따른다'이다.

오답인 이유
매력적인 오답 ③ 16%

③ share survival skills with the next generation

　한 명의 선택이 타인의 선택에 영향을 미친다는 내용의 글로, 선택의 결과에 따라 단순히 앞사람의 행동을 따라하는 것일 뿐, 특정한 방법을 공유하거나 후대에 전수하는 것이 아니므로 ③ '생존 기술을 다음 세대와 공유한다'는 정답이 될 수 없다.

▶ 문제편 46쪽

DAY 3   밑줄 01~04   어휘 테스트

1 doubtful   2 critical   3 intuition   4 passive   5 personal
6 cool   7 consequences   8 process   9 attentive
10 browsing   11 alters   12 balance   13 analysis
14 intentionally   15 herd

정답 | 주장 01 ④   주장 02 ④   주장 03 ②   주장 04 ②

주장 01

선과 도형을 활용한 지문 분석   2022년 9월 고1 학력평가 20번

1 Experts on writing say, "Get rid of as many words as
~을 삭제하다   as+원급+as possible: 가능한 한 ~한/하게

possible." **2** Each word must do something important.
-thing+형용사

3 [If it doesn't], get rid of it. **4** Well, this doesn't work for
조건절   = word

speaking. **5** It takes more words to introduce, express,
가주어   비교급+than: ~보다 더 …한   진주어

and adequately elaborate an idea in speech than it

takes in writing. **6** Why is this so? **7** [While the reader
접 반면에

can reread], the listener cannot rehear. **8** Speakers do

not come equipped with a replay button. **9** [Because
~를 갖춘   이유의 부사절

listeners are easily distracted], they will miss many pieces
놓치다

of [what a speaker says]. **10** [If they miss the crucial
선행사 포함 관대(~하는 것)   조건의 부사절

sentence], they may never catch up. **11** This makes it
따라잡다   가목적어

necessary for speakers to talk *longer* about their points,
의미상 주어   비교급+than   진목적어

[using more words on them than would be used to
분사구문   = points   조동사의 수동태
(조동사+be+p.p.)

express the same idea in writing].
부사적 용법(목적)

[문법 돋보기]
• 원급을 이용한 표현
① as+원급+as possible: 가능한 ~한/하게(= as+원급+as+주어+can)
② 배수사+as+원급+as: ~보다 몇 배만큼 …한/하게
③ not so much A as B: A라기보다는 (차라리) B

1 Experts on writing say, "Get rid of as many words as possible."
= as many words as you can

지문 해석

1 글쓰기 전문가들은 "가능한 한 많은 단어를 삭제하라"고 말한다. **2** 각 단어는 무언가 중요한 일을 해야 한다. **3** 만일 그렇지 않다면 그것을 삭제하라. **4** 자, 이 방법은 말하기에서는 효과가 없다. **5** 말을 할 때는 아이디어를 소개하고, 표현하며, 적절히 부연 설명하는 데 글을 쓸 때보다 더 많은 단어가 필요하다. **6** 이것은 왜 그러한가? **7** 독자는 글을 다시 읽을 수 있지만 청자는 다시 들을 수 없다. **8** 화자는 반복 재생 버튼을 갖추고 있지 않다. **9** 청자들은 쉽게 산만해지기 때문에 화자가 말하는 것 중 많은 부분을 놓칠 것이다. **10** 그들이 중요한 문장을 놓친다면, 절대로 따라잡을 수 없을 것이다. **11** 이것은 화자들이 같은 아이디어를 표현하기 위해 글을 쓸 때 사용되는 것보다 그것들(요점)에 대해 더 많은 단어를 사용하여 그들의 요점에 대해 더 길게 말할 필요가 있게 한다.

제대로 접근법 모범답안

❶ writing ❷ speaking ❸ words

제대로 독해법 모범답안

■직독 직해■
1 행 가능한 한 많은 단어들을
6~7행 청자들은 쉽게 산만해지기 때문에
8~10행 화자들이 더 길게 말할

■제대로 어휘력 올리기■
1 get rid of   2 express   3 adequately
4 elaborate   5 equip with   6 distracted
7 miss   8 crucial   9 catch up

■제대로 구문 이해하기■
to have

정답인 이유   정답률 71%

④ 글을 쓸 때보다 말할 때 더 많은 단어를 사용해야 한다.

단어 사용이 간결해야 하는 글쓰기와 달리, 말을 할 때는 화자가 말하는 것을 청자들이 놓칠 수 있기 때문에 더 많은 단어를 사용해서 길게 요점을 말해야 한다는 내용이므로 정답은 ④이다.

오답인 이유   매력적인 오답 ① 12%

① 연설 시 중요한 정보는 천천히 말해야 한다.

청자는 다시 들을 수 없기 때문에 중요한 문장을 놓친다면 절대로 따라잡을 수 없다는 내용만으로 ①을 선택해서는 안 된다. 연설할 때 천천히 말하라는 언급은 없으며 청자들이 화자가 말하는 것을 놓칠 수 있기 때문에 더 많은 단어를 사용하라는 것이 필자의 주장이다.

주장 02

1 We tend to go long periods of time without reaching
<small>tend to V: ~하는 경향이 있다   without + -ing: ~ 하지 않고</small>
out to the people [we know]. **2** Then, we suddenly
<small>~에게 연락하다   (목적격 관·대 생략)</small>
take notice of the distance [that has formed] and we
<small>~을 알아차리다   선행사   주격관 대</small>
scramble to make repairs. **3** We call people [we haven't
<small>(전체를) 수리하다   S   V   (목적격 관·대 생략)</small>
spoken to in ages], [hoping that one small effort will
<small>오랫동안   분사구문   접속사   S'</small>
erase the months and years of distance {we've created}].
<small>V'   (목적격 관·대 생략)</small>
4 However, this rarely works: relationships aren't kept
<small>앞 문장 전체   be kept up with: ~로 지속되다</small>
up with big one-time fixes. **5** They're kept up with
regular maintenance, like a car. **6** In our relationships,
<small>~처럼</small>
we have to make sure [that not too much time goes by
<small>make sure (that): ~을 확실히 하다   접속사   go by: (시간이) 흘러가다</small>
between oil changes, so to speak]. **7** This isn't to say
<small>말하자면   명사적 용법</small>
[that you shouldn't bother calling someone {just because
<small>접속사 that절(목적어)</small>
it's been a while (since you've spoken)}]; [just that it's
<small>가주어</small>
more ideal not to let yourself fall out of touch in the first
<small>진주어   연락이 끊기다   애초에</small>
place]. **8** Consistency always brings better results.

[문법 돋보기]

· 분사구문(능동)

분사구문이란 분사가 이끄는 어구가 주절을 수식하는 부사절 역할을 하는 구문이다. 종속절의 주어가 주절의 주어와 같고, 종속절과 주절의 동사 시제가 일치하면 접속사와 주어를 생략한 뒤, 종속절의 동사를 -ing 형태로 바꾸어 준다.

3 We call people we haven't spoken to in ages, hoping that one
<small>= as we hope</small>
small effort will erase the months and years of distance ~.

지문 해석

1 우리는 우리가 알고 있는 사람들에게 연락하지 않고 오랜 기간의 시간을 보내는 경향이 있다. **2** 그러다 우리는 생겨 버린 거리감을 갑자기 알아차리고 허둥지둥 수리를 한다(상황을 바로잡는다). **3** 우리는 우리가 오랫동안 이야기하지 못했던 사람들에게 전화를 하고, 작은 노력 하나가 우리가 만들어 낸 몇 달과 몇 년의 거리를 없애길 바란다. **4** 그러나 이것은 거

의 효과가 없다: 왜냐하면 관계는 커다란 일회성의 해결책들로 유지되지 않기 때문이다. **5** 그것들은 자동차처럼 정기적인 정비로 유지된다. **6** 말하자면, 우리의 관계에서 우리가 (엔진) 오일 교환 사이에 너무 많은 시간이 지나가 버리지 않도록 확실히 해야 한다. **7** 이것은 여러분이 단지 이야기한 지 오래되었다고 해서 누군가에게 애써 전화해서는 안 된다고 말하는 것이 아니라, 애초에 스스로 연락이 끊기지 않게 하는 것이 더 이상적이라고 말하는 것이다. **8** 일관성이 항상 더 나은 결과를 가져온다.

제대로 접근법 모범답안

❶ relationships ❷ distance

제대로 독해법 모범답안

■ 직독 직해 ■
1~2행 사람들에게 연락하지 않고
5~6행 이것은 거의 효과가 없다
11~12행 더 나은 결과를 가져온다

■ 제대로 어휘력 올리기 ■

1 reach out	2 take notice	3 scramble
4 rarely	5 keep up	6 maintenance
7 bother	8 ideal	9 consistency

■ 제대로 구문 이해하기 ■
not to open

정답인 이유   정답률 62%

④ 인간관계를 지속하려면 일관된 노력을 기울여야 한다.

인간관계를 자동차 관리에 비유하여 자동차에 정기적 정비가 필요하듯 인간관계에도 지속적인 노력이 필요하다는 것을 설명하고 있다. 소원해진 사이를 전화 한 통으로 해결하려는 일회성의 노력보다 애초에 연락이 끊기지 않도록 하는 일관성(consistency)이 더욱 중요하다는 내용이므로 정답은 ④이다.

오답인 이유   매력적인 오답 ① 22%

① 가까운 사이일수록 적당한 거리를 유지해야 한다.

distance라는 단어가 반복적으로 사용되긴 했지만, 오히려 본문은 인간관계 유지를 위해 꾸준한 연락의 중요성을 강조하고 있으므로 ①은 정답이 될 수 없다.

주장 03

1 [When I was in high school], we had students [who
부사절   주격 관·대
could study in the coffee shop and not get distracted
V1   (could)   V2
by the noise or everything {happening around them}].
                            (that was)
2 We also had students [who could not study {if the
                              주격 관·대   조건절
library was not super quiet}]. **3** The latter students
                                        후자의 (↔ the former)
suffered [because (even in the library), it was impossible
          삽입   가주어
to get the type of complete silence {they sought}].
진주어   (목적격 관·대 생략)
4 These students were victims of distractions [who
                          선행사   주격 관·대
found it very difficult to study anywhere (except in their
가목적어   진목적어   젠 ~을 제외하고
private bedrooms)]. **5** In today's world, it is impossible
                                              가주어
┌ run away from: ~로부터 도망치다
to run away from distractions. **6** Distractions are
진주어
everywhere, but [if you want to achieve your goals],
              조건절
you must learn how to tackle distractions. **7** You cannot
              how+to부정사: ~하는 방법
eliminate distractions, but you can learn to live with
                                          명사적 용법(목적어)
them in a way [that ensures {they do not limit you}].
              주격 관·대   (that)

[문법 돋보기]

• 의문사 + to부정사
what, where, when, how 등의 의문사에 to부정사가 붙은 명사구 형태로,
문장에서 주어, 목적어, 보어의 역할을 한다. 주로 동사 know, tell, ask 등
의 목적어로 사용되며, 「의문사 + to부정사」는 「의문사 + 주어 + should +
동사원형」으로 바꿔 쓸 수 있다.

what + to부정사	무엇을 ~할지
when + to부정사	언제 ~할지
where + to부정사	어디서 ~할지
how + to부정사	어떻게 ~할지, ~하는 방법

6 ~, but if you want to achieve your goals, you must learn how to
tackle distractions.

cf. 의문사 why는 to부정사와 함께 쓰이지 않는다.

지문 해석

1 내가 고등학교에 다닐 때, 커피숍에서 공부하면서 소음이나 그들 주변
에서 일어나는 모든 것에 방해를 받지 않을 수 있는 학생들이 있었다. **2** 도
서관이 매우 조용하지 않으면 공부할 수 없는 학생들도 있었다. **3** 후자의
학생들은 도서관에서조차 그들이 추구하는 유형의 완전한 침묵을 얻는 것
이 불가능했기 때문에 고통을 받았다. **4** 이 학생들은 개인 침실을 제외한
어디에서든 공부하는 것이 매우 어렵다는 것을 알게 된, 집중에 방해가 되
는 것들의 희생자였다. **5** 오늘날의 세상에서 집중에 방해가 되는 것들로부
터 도망치는 것은 불가능하다. **6** 집중에 방해가 되는 것들은 어디에나
있지만, 목표를 달성하고 싶다면 여러분은 집중에 방해가 되는 것들에 대
처하는 법을 배워야 한다. **7** 집중에 방해가 되는 것들을 제거할 수는 없지
만, 그것들이 여러분을 제한하지 않도록 하는 방식으로 그것들을 감수하는
것을 배울 수 있다.

제대로 접근법 모범답안

❶ study ❷ distractions

제대로 독해법 모범답안

■직독 직해■
3~4행 도서관이 매우 조용하지 않으면
6~7행 공부하는 것이 매우 어렵다는 것을 알게 된
7~8행 집중에 방해가 되는 것들로부터 도망치는 것은
10~11행 하지만 그것들을 감수하는 것을 배울 수 있다

■제대로 어휘력 올리기■

1 latter	2 suffer	3 complete
4 victim	5 distraction	6 private
7 achieve	8 eliminate	9 ensure

■제대로 구문 이해하기■
to feed

정답인 이유   정답률 86%

② 집중을 방해하는 요인에 대처할 줄 알아야 한다.

학습할 때 주변 소음에 상관없이 집중하는 학생들과 반대로 조용하지
않으면 학습이 불가능한 학생들을 대조적으로 제시한 후, 오늘날 집중
에 방해가 되는 것들로부터 벗어나는 것은 불가능하며 그것에 대처하
는 법(how to tackle distractions)을 배워야 한다는 내용이 이어지고
있으므로 정답은 ②이다.

오답인 이유   매력적인 오답 ③ 7%

③ 학습 공간과 휴식 공간을 명확하게 분리해야 한다.

도서관과 개인 침실(private bedrooms)이라는 다소 상반되는 의미의
단어가 함께 제시되어 있긴 하지만, 본문의 중심 내용은 목표 달성을 위
해 집중력을 저하하는 방해 요인에 대처할 수 있어야 한다는 것이므로
③은 정답이 될 수 없다.

주장 04

2018년 3월 고1 학력평가 21번

1 Many people think of [what might happen in the future based on past failures] and get trapped by them. **2** For example, if you have failed in a certain area before, when faced with the same situation, you anticipate [what might happen in the future], and thus fear traps you in yesterday. **3** Do not base your decision on what yesterday was. **4** Your future is not your past and you have a better future. **5** You must decide to forget and let go of your past. **6** Your past experiences are the thief of today's dreams [only when you allow them to control you].

[문법 돋보기]

• 의문사 what과 관계대명사 what을 구분하는 방법

관계대명사 what은 문장 내에서 명사절을 이끌어 '~하는 것'의 의미를 가진다. 의문사 what은 '무엇'이라는 의미를 가지며 간접의문문에서는 명사절을 이끌 수도 있다. 특히 의문사 what이 간접의문문으로 쓰였을 때 관계대명사 what과의 차이점을 구분하기 힘들 때도 있다. 그러나 의문사란 의문의 초점이 되는 말로서 상대방에게 답을 요구하는 성격이 남아 있다. 그래서 주절에 불확실, 의문, 호기심 등을 나타내는 동사(wonder, ask, don't know 등)가 오면 그 문장에서의 what은 주로 의문사로 쓰인 것으로 본다. 그러므로 문맥에 따라 그 의미를 파악하도록 노력해야 한다.

1 Many people think of what might happen in the future based on
관계사(~하는 것, = the things that)
past failures and get trapped by them.

2 For example, if you have failed in a certain area before, ~, you anticipate what might happen in the future, and thus fear traps you
의문사(무엇)
in yesterday.

지문 해석

1 많은 사람들은 과거의 실패에 근거하여 미래에 일어날 수 있는 일들에 대해 생각하고 그것에 사로잡힌다. **2** 예를 들어, 만약 여러분이 전에 특정 분야에서 실패한 적이 있다면, 같은 상황에 직면할 때, 여러분은 미래에 무슨 일이 일어날지 예상하게 되고, 그래서 두려움이 여러분을 과거에 가두어 버린다. **3** 과거가 어땠는지에 근거하여 결정을 내리지 말라. **4** 여러분의 미래는 여러분의 과거가 아니고 여러분에게는 더 나은 미래가 있다. **5** 여러분은 과거를 잊고 놓아주기로 결심해야 한다. **6** 과거의 경험이 여러분을 지배하게 할 때만 그것이 현재의 꿈을 앗아 간다.

제대로 접근법 모범답안

❶ future ❷ past ❸ failure(fail)

제대로 독해법 모범답안

■ 직독 직해 ■
1~2 행 과거의 실패에 근거하여
2~4 행 만약 여러분이 실패한 적이 있다면
6~7 행 여러분은 결심해야 한다
7~8 행 그것들이 여러분을 지배하게 할 때만

■ 제대로 어휘력 올리기 ■

1 happen	2 past	3 failure
4 trap	5 area	6 fear
7 decision	8 let go of	9 experience

■ 제대로 구문 이해하기 ■
to use

정답인 이유   정답률 88%

② 미래를 생각할 때 과거의 실패에 얽매이지 말라.

필자는 글의 첫 문장에서 많은 사람들이 과거의 실패에 근거하여 미래의 일들을 생각하고 과거의 실패에 사로잡힌다고 설명한 뒤, 글의 중반부(Do not base ~.)와 후반부 (You must decide ~.)에서 과거에 근거하여 결정을 내리지 말고 과거를 잊고 놓아주라고 주장하고 있으므로 ②가 알맞다.

오답인 이유   매력적인 오답 ① 5%

① 꿈을 이루기 위해 다양한 경험을 하라.

future라는 단어가 반복적으로 나온다고 해서 꿈과 연관 짓는 것은 적절하지 않다.

▶ 문제편 56쪽

DAY 4   주장 01~04   어휘 테스트

1 experiences   2 crucial   3 latter   4 situation   5 maintenance
6 tackle   7 failures   8 complete   9 area   10 Consistency
11 let go of   12 eliminate   13 reaching   14 decision
15 distracted

주제 **01**

선과 도형을 활용한 지문 분석 　　　　　　2022년 9월 고1 학력평가 23번

1 For creatures like us, evolution smiled upon those
　　　　　　 ㉑ ~와 같은
[with a strong need to belong]. **2** Survival and
　전치사구　　　　형용사적 용법　　　　　　　　　 S1
reproduction are the criteria of success by natural
　　　　　V1　　　　　　　　　　　　　　 ㉑ ~에 의한
selection, and forming relationships with other people
　　　　　　　　 S2(동명사구 주어)
can be useful for both survival and reproduction.
　V2　　　　　　 both A and B: A와 B 둘 다
3 Groups can share resources, care for sick members,
　　 S　　　　 V1　　　　　　　 V2
scare off predators, fight together against enemies,
　 V3　　　　　　　 V4　　　　　 ~에 대항하여
divide tasks so as to improve efficiency, and contribute
　V5　　　　 so as+to부정사: ~하기 위해서(목적)　 V1~V6: 병렬 구조　 V6
to survival in many other ways. **4** In particular, [if
　　　　　　　　　　　　　　　 특히　　 조건의 부사절
an individual and a group want the same resource],
the group will generally prevail, so competition for
　 S1　　　 V1　　　　　　　　　　　　　　 S2
resources would especially favor a need to belong.
　　　　　　　　 V2　　　　　　　　　 형용사적 용법
5 Belongingness will likewise promote reproduction,
　　　　　　　　　　 마찬가지로
such as by bringing potential mates into contact with
이를테면　 by -ing: ~함으로써 └──병렬구조──┘
each other, and (in particular) by keeping parents
　 서로
together to care for their children, who are much more
　　　 부사적 용법(목적)　　 선행사　　 계속적 용법　 비교급 강조
likely to survive [if they have more than one caregiver].
　　　　　　 조건의 부사절　 비교급+than: ~보다 더 …한

[문법 돋보기]

• 목적을 나타내는 다양한 표현
'~하기 위해'라는 의미로 목적을 나타낼 때 to부정사의 부사적 용법, 「so as+to부정사」, 「in order+to부정사」, 「so (that)+주어+can[could]+동사원형」 등의 표현을 사용할 수 있다.

3 ~, divide tasks so as to improve efficiency, and contribute to
　　　　　　　　 = (in order) to improve = so that they can improve
survival in many other ways.

지문 해석

1 우리와 같은 창조물에게 있어서 진화는 소속하려는 강한 욕구를 가진

것들에 미소를 지었다. **2** 생존과 번식은 자연 선택에 의한 성공의 기준이고, 다른 사람들과 관계를 형성하는 것은 생존과 번식 모두에 유용할 수 있다. **3** 집단은 자원을 공유하고, 아픈 구성원을 돌보고, 포식자를 겁을 주어 쫓아버리고, 적에 맞서서 함께 싸우고, 효율성을 향상시키기 위해 일을 나누고, 많은 다른 방식으로 생존에 기여할 수 있다. **4** 특히, 한 개인과 한 집단이 같은 자원을 원하면, 집단이 일반적으로 이길 것이고, 그래서 자원에 대한 경쟁은 소속하려는 욕구를 특히 좋아할 것이다. **5** 마찬가지로 소속되어 있다는 것은 번식을 촉진시키는데, 이를테면 잠재적인 짝을 서로 만나게 해 주거나, 특히 부모가 자녀를 돌보기 위해 함께 있도록 함으로써인데, 자녀들은 한 명보다 많은 돌보는 이가 있으면 훨씬 더 생존할 가능성이 높을 것이다.

① 약자들이 현대 삶에서 살아남기 위한 기술들
② 인간 진화에 있어서 소속의 유용성
③ 사회 집단 간의 경쟁을 피하기 위한 방법들
④ 아이 교육에서 사회적 관계의 역할
⑤ 두 개의 주요 진화 이론 간의 차이점

제대로 접근법 모범답안

❶ belong ❷ survival

제대로 독해법 모범답안

■ 직독 직해 ■
2~4행　그리고 다른 사람들과 관계를 형성하는 것은
4~7행　효율성을 향상시키기 위해
7~9행　집단이 일반적으로 이길 것이다
9~13행　잠재적인 짝을 접촉시킴으로써

■ 제대로 어휘력 올리기 ■

1 creature	2 evolution	3 reproduction
4 criteria	5 resource	6 predator
7 contribute	8 prevail	9 promote

■ 제대로 구문 이해하기 ■
in the West

정답인 이유 　　　　　　　　　　　　 정답률 62%

② usefulness of belonging for human evolution

다른 사람들과 관계를 형성하는 것, 즉 집단에 소속되는 것이 진화의 과정인 생존과 번식에 어떻게 유용할 수 있는지 구체적인 예를 들어 설명하고 있으므로 정답은 ② '인간 진화에 있어서 소속의 유용성'이다.

오답인 이유 　　　　　　　　　　 매력적인 오답 ④ 12%

④ roles of social relationships in children's education

마지막 부분의 parents, children, caregiver와 같은 단어들만 보고 ④를 정답으로 선택해서는 안 된다. 부모가 자녀를 돌보기 위해 함께 있도록 하는 것은 자녀의 생존을 더 쉽게 하기 위한 것으로 소속되어 있다는 것이 번식에 미치는 영향을 설명하는 하나의 예시일 뿐이다.

선과 도형을 활용한 지문 분석　　　2021년 3월 고1 학력평가 23번

1 [When two people are involved in an honest and
시간의 부사절　　　　　　be involved in: ~에 참여하다
open conversation], there is a back and forth flow of
왔다 갔다 하는, 앞뒤로의
information. **2** It is a smooth exchange. **3** [Since each
　　　　　　　　　draw on: ~에 의존하다　　이유의 부사절
one is drawing on their past personal experiences], the
S'(단수 취급)　V'
pace of the exchange is as fast as memory. **4** [When
S　　　　　　　　　V　as 형용사/부사 as: ~만큼 ~한[하게]　시간의 부사절
one person lies], their responses will come more slowly
　　　　　　　　S　　　　　　　V
[because the brain needs more time to process the
이유의 부사절　　S'　　V'　　　　　　　형용사적 용법
details of a new invention than to recall stored facts].
more than: ~보다 더 많은　　　과거분사
5 As they say, "Timing is everything." **6** You will notice
접 ~하듯이
the time lag [when you are having a conversation with
시간의 지연, 지체　　시간의 부사절
someone {who is making things up as they go}]. **7** Don't
선행사　　주격 관·대　make A up: A를 지어내다　　말하다
forget [that the other person may be reading your body
접속사
language as well, and {if you seem to be disbelieving
~도 또한　　　　　　　seem to V: ~인 것처럼 보이다
their story}, they will have to pause to process that
　　　　　　　　　　　　　　　　　부사적 용법(목적)
information, too].

지문 해석

1 두 사람이 솔직하고 숨김없는 대화에 참여할 때, 왔다 갔다 하는 정보의 흐름이 있다. **2** 그것은 순조로운 주고받기이다. **3** 각자가 자신의 개인적인 과거 경험에 의존하고 있기 때문에, 대화를 주고받는 속도는 기억만큼 빠르다. **4** 한 명이 거짓말을 하면, 뇌는 저장된 사실을 기억해 내는 것보다 새로 꾸며낸 이야기의 세부 사항을 처리하는 데 더 많은 시간을 필요로 하기 때문에 그 사람의 대답이 더 느리게 나올 것이다. **5** 사람들이 말하듯 "타이밍이 가장 중요하다." **6** 말을 하면서 이야기를 꾸며 내고 있는 누군가와 이야기를 하고 있으면, 여러분은 시간의 지체를 알아차릴 것이다. **7** 상대방이 또한 여러분의 몸짓 언어를 읽고 있을지도 모른다는 것과, 만약 여러분이 그 사람의 이야기를 믿지 않고 있는 것처럼 보이면 그 사람은 그 정보를 처리하기 위해 또한 잠시 멈춰야 할 것이라는 점을 잊지 마라.

① 거짓말의 표시로서의 지체된 대답
② 청자가 화자를 격려하는 방법
③ 유용한 정보를 찾아내는 것의 어려움
④ 사교적인 상황에서 선의의 거짓말의 필요성
⑤ 대화 주제로서의 공유된 경험

제대로 접근법 모범답안

❶ exchange ❷ conversation

제대로 독해법 모범답안

■ 직독 직해 ■
1~2행　솔직하고 숨김없는 대화에
4~6행　새로 꾸며낸 이야기의 세부 사항을 처리하는 데
7~9행　여러분은 시간의 지체를 알아차릴 것이다
9~11행　그 정보를 처리하기 위해

■ 제대로 어휘력 올리기 ■

1 exchange	2 draw on	3 pace
4 response	5 invention	6 recall
7 lag	8 disbelieve	9 pause

■ 제대로 구문 이해하기 ■
needs

정답인 이유　　　　　　정답률 70%

① delayed responses as a sign of lying

사람들은 자신의 과거 경험과 기억을 바탕으로 상대방과 대화를 주고받기 때문에, 거짓말을 하면 뇌에서도 해당 정보를 처리하기 위해 발화 사이에 시간의 지연이 발생할 수밖에 없다. 그렇기 때문에 거짓말을 하는 사람은 거짓말과 이에 대한 상대의 비언어적 반응을 처리하는 데 시간이 걸려 대화를 매끄럽게 이어나갈 수 없다는 내용이므로 정답은 ① '거짓말의 표시로서의 지체된 대답'이다.

오답인 이유　　　　　　매력적인 오답 ③ 9%

③ difficulties in finding useful information

본문에 information이라는 단어가 반복적으로 제시되어 있으나, 글의 내용은 유용한 정보에 대한 것이 아니라 거짓 정보, 즉 거짓말을 할 때 나타나는 반응에 대한 것이므로 ③ '유용한 정보를 찾아내는 것의 어려움'은 정답이 될 수 없다.

주제 03

1 Social relationships benefit from people giving each
other compliments now and again [because people
like to be liked and like to receive compliments]. **2** In
that respect, social lies such as [making deceptive
but flattering comments] ("I like your new haircut.")
may benefit mutual relations. **3** Social lies are told for
psychological reasons and serve both self-interest and
the interest of others. **4** They serve self-interest [because
liars may gain satisfaction {when they notice that their
lies please other people}], or [because they realize {that
by telling such lies they avoid an awkward situation or
discussion}]. **5** They serve the interest of others [because
hearing the truth all the time ("You look much older
now than you did a few years ago.") could damage a
person's confidence and self-esteem].

[문법 돋보기]

• 비교급 강조
much, even, still, far, a lot 등은 비교급 앞에 쓰여 비교급을 강조하며, '훨씬'이라는 의미를 나타낸다.

5 "You look much older now than you did a few years ago."

cf. very는 원급을 강조하며, 비교급 강조에는 쓰지 않는다.

지문 해석

1 사회적 관계는 사람들이 때때로 서로에게 칭찬을 하는 것으로부터 이로움을 얻는데, 사람들이 사랑받기 좋아하고 칭찬받기 좋아하기 때문이다. **2** 그런 점에서, 속이는 것이지만 기분 좋게 만드는 말을 하는 것("너 새로 머리 자른 게 마음에 든다.")과 같은 사회적 거짓말은 상호 관계에 도움이 될 수 있다. **3** 사회적 거짓말은 심리적인 이유로 행해지며 자신의 이익과 타인의 이익 모두에 부합한다. **4** 거짓말을 하는 사람들은 자신의 거짓말이 다른 사람들을 즐겁게 한다는 것을 인식했을 때 만족감을 얻거나, 그

런 거짓말을 함으로써 어색한 상황이나 토론을 피한다는 것을 깨닫기 때문에 사회적 거짓말은 자신의 이익에 부합한다. **5** 항상 진실을 듣는 것("너는 몇 년 전보다 지금 훨씬 더 나이 들어 보인다.")은 어떤 사람의 자신감과 자존감을 해칠 수 있기 때문에 사회적 거짓말은 타인의 이익에 부합한다.

① 진실과 거짓을 구별하는 방법
② 인간관계 형성에 있어서 자존감의 역할
③ 타인의 행동을 변화시키는 데 있어서 칭찬의 중요성
④ 자신의 이익과 공익 간에 균형을 이루는 것
⑤ 사회적 거짓말이 대인 관계에 미치는 영향

제대로 접근법 모범답안

❶ social lies ❷ benefit

제대로 독해법 모범답안

■**직독 직해**■
3~5행 상호 관계에 도움이 될 수 있다
5~6행 심리적인 이유로
9~12행 어떤 사람의 자신감과 자존감을

■**제대로 어휘력 올리기**■
1 benefit   2 compliment   3 deceptive
4 flattering   5 mutual   6 interest
7 satisfaction   8 awkward   9 self-esteem

■**제대로 구문 이해하기**■
helping

정답인 이유   정답률 79%

⑤ influence of social lies on interpersonal relationships

사람들은 기본적으로 타인에게 사랑받고 싶어하고 칭찬을 듣는 것을 좋아하기 때문에, 설령 진실이 아니더라도 상대를 기분 좋게 만드는 사회적 거짓말은 대인 관계에 긍정적 영향을 미친다는 내용이므로 정답은 ⑤ '사회적 거짓말이 대인 관계에 미치는 영향'이다.

오답인 이유   매력적인 오답 ④ 6%

④ balancing between self-interest and public interest

본문은 상호 관계에 있어서 사회적 거짓말이 어떻게 자신과 타인의 이익에 부합하는지를 설명할 뿐, 자신의 이익과 공익 사이의 균형에 대한 내용은 언급되어 있지 않으므로 ④ '자신의 이익과 공익 간에 균형을 이루는 것'은 정답이 될 수 없다.

주제 04

1 [When we read a number], we are more influenced by the leftmost digit than by the rightmost, [since that is the order {in which we read, and process, them}]. **2** The number 799 feels significantly less than 800 [because we see the former as 7-something and the latter as 8-something], whereas 798 feels pretty much like 799. **3** [Since the nineteenth century], shopkeepers have taken advantage of this trick by choosing prices [ending in a 9], to give the impression [that a product is cheaper than it is]. **4** Surveys show [that around a third to two-thirds of all retail prices now end in a 9]. **5** [Though we are all experienced shoppers], we are still fooled. **6** In 2008, researchers (at the University of Southern Brittany) monitored a local pizza restaurant [that was serving five types of pizza at €8.00 each]. **7** [When one of the pizzas was reduced in price to €7.99], its share of sales rose from a third of the total to a half.

지문 해석

1 우리가 수를 읽을 때 우리는 가장 오른쪽보다 가장 왼쪽 숫자에 의해 더 영향을 받는데, 그것이 우리가 그것들을 읽고 처리하는 순서이기 때문이다. **2** 수 799가 800보다 상당히 작게 느껴지는 것은 우리가 전자(799)를 7로 시작하는 어떤 것으로, 후자(800)를 8로 시작하는 어떤 것으로 인식하기 때문인데, 반면에 798은 799와 상당히 비슷하게 느껴진다. **3** 19세기 이래로, 소매 상인들은 상품이 실제보다 싸다는 인상을 주기 위해 9로 끝나는 가격을 선택함으로써 이러한 착각을 이용해 왔다. **4** 연구는 모든 소매 가격의 1/3에서 2/3 정도가 지금은 9로 끝난다는 것을 보여준다. **5** 비록 우리 모두가 경험 많은 소비자일지라도, 우리는 여전히 속는다. **6** 2008년에 Southern Brittany 대학의 연구자들이 각각 8.00유로에 다섯 종류의 피자를 제공하고 있는 지역 피자 음식점을 관찰했다. **7** 피자 중 하나가 7.99유로로 가격이 인하되었을 때, 그것의 판매 점유율은 전체의 1/3에서 1/2로 증가했다.

---

① 사람들이 수를 읽는 방식을 이용하는 가격 책정 전략
② 지역의 경제 추세를 반영하는 소비 양식
③ 판매자의 신뢰성을 강화하기 위한 숫자 추가
④ 시장 규모와 상품 가격 간의 인과 관계
⑤ 가게 환경을 바꿈으로써 소비자를 기만하는 판매 속임수

제대로 접근법 모범답안

❶ number ❷ price

제대로 독해법 모범답안

■**직독 직해**■
3~5행 반면에 798은 799와 상당히 비슷하게 느껴진다
5~8행 소매 상인들은 이러한 착각을 이용해 왔다
12~13행 그것의 판매 점유율은 증가했다

■**제대로 어휘력 올리기**■

1 leftmost	2 digit	3 rightmost
4 significantly	5 shopkeeper	6 take advantage of
7 impression	8 retail	9 serve

■**제대로 구문 이해하기**■
has taken

정답인 이유   정답률 61%

① pricing strategy using the way people read numbers

글의 전반부에서 우리는 수를 읽을 때 가장 왼쪽에 있는 숫자에 더 영향을 받기 때문에 예전부터 상인들이 소비자들에게 상품이 실제보다 더 싸다는 인상을 주기 위해 9로 끝나는 가격을 선택해왔다고 설명한다. 실제로 피자 음식점에서 가격의 맨 왼쪽 숫자를 변경함으로써 판매율을 늘린 사례를 들고 있으므로 이 글의 주제는 ① '사람들이 수를 읽는 방식을 이용하는 가격 책정 전략'임을 알 수 있다.

오답인 이유   매력적인 오답 ⑤ 15%

⑤ sales tricks to fool customers by changing store environments

사람들이 수를 읽는 방식을 이용해 상품의 가격을 책정함으로써 소비자들에게 심리적 착각을 일으킨다는 내용으로, 판매를 위해 가게 환경을 바꾼다는 내용은 언급되지 않았으므로 ⑤ '가게 환경을 바꿈으로써 소비자를 기만하는 판매 속임수'는 정답이 될 수 없다.

▶ 문제편 66쪽

DAY 5   주제 01~04   어휘 테스트

1 awkward   2 reproduction   3 criteria   4 pace   5 experienced
6 retail   7 potential   8 flattering   9 mutual   10 involved
11 evolution   12 serve   13 Surveys   14 benefit   15 prevail

요지 **01**

선과 도형을 활용한 지문 분석   2021년 9월 고1 학력평가 22번

1 It's important [that you think independently and fight
가주어   진주어   병렬구조
for {what you believe in}], but there comes a time [when
선행사 포함 관·대(~하는 것) stop -ing: ~하는 것을 멈추다 선행사 관계부사
it's wiser to stop fighting for your view and move on to
가주어   진주어1   진주어2 (to 생략)
accepting {what (a trustworthy group of people think)
전치사+동명사 ~하는 것   삽입
is best}]. **2** This can be extremely difficult. **3** But it's
의미상 주어   가주어
smarter, and ultimately better for you to be open-minded
병렬구조   진주어
and have faith [that the conclusions of a trustworthy
(to 생략) = 동격
group of people are better than {whatever you think}].
비교급+than 복합관계대명사(~하는 것은 무엇이든지)
4 [If you can't understand their view], you're probably
조건의 부사절
just blind to their way of thinking. **5** [If you continue
continue+동명사/to부정사
doing {what (you think) is best} {when all the evidence
삽입   시간의 부사절
and trustworthy people are against you}], you're being
dangerously confident. **6** The truth is [that while most
명사절 접속사(보어) 접 ~하는 반면에
people can become incredibly open-minded, some can't,
(become open-minded)
[even after they have repeatedly encountered lots of
시간의 부사절
pain from betting {that they were right when they were
전치사+동명사 명사절 접속사(목적어)
not}]].
(right)

[문법 돋보기]
• 복합관계대명사
복합관계대명사는 「관계대명사+ever」의 형태로, 명사절을 이끌어 문장에
서 주어, 목적어, 보어 역할을 할 수 있다.

whoever	~하는 누구든지(= anyone who)
whatever	~하는 무엇이든지(= anything that)
whichever	~하는 어느 것이든지(= anything that)

3 ~ have faith that the conclusions of a trustworthy group of
people are better than whatever you think.

cf. 복합관계대명사는 양보의 부사절도 이끌 수 있다.

지문 해석

1 독자적으로 생각하고 자신이 믿는 것을 위해 싸우는 것이 중요하지만,
자신의 견해를 위해 싸우는 것을 멈추고 믿을 수 있는 집단의 사람들이 가
장 좋다고 생각하는 것을 받아들이는 쪽으로 나아가는 것이 더 현명한 때가
온다. **2** 이것은 매우 어려울 수 있다. **3** 하지만 여러분이 마음을 열고 믿을
수 있는 집단의 결론이 여러분이 생각하는 어떤 것보다 낫다는 믿음을 갖는
것이 더 영리하고 궁극적으로 더 좋다. **4** 만약 여러분이 그들의 견해를 이
해할 수 없다면, 여러분은 아마도 단지 그들이 생각하는 방식을 보지 못하
는 것이다. **5** 모든 증거와 믿을 수 있는 사람들이 여러분에게 반대할 때 여
러분이 최선이라고 생각하는 것을 계속한다면, 여러분은 위험할 정도로 자
신감에 차 있는 것이다. **6** 사실 대부분의 사람들은 믿을 수 없을 정도로 마
음을 열게 되는 반면에, 어떤 사람들은 자신이 옳지 않았을 때 옳았다고 확
신하는 것으로부터 많은 고통을 반복적으로 겪고 난 후에도 그럴 수 없다는
것이다.

제대로 접근법 모범답안

❶ accepting ❷ open-minded

제대로 독해법 모범답안

■직독 직해■
1~4행 여러분의 견해를 위해 싸우는 것을 중단하는 것이
4~7행 믿을 수 있는 집단의 사람들의 결론이 더 낫다는
8~10행 모든 증거와 믿을 수 있는 사람들이 여러분에게 반대할 때

■제대로 어휘력 올리기■

1 independently	2 view	3 accept
4 trustworthy	5 ultimately	6 faith
7 conclusion	8 evidence	9 encounter

■제대로 구문 이해하기■
when

정답인 이유   정답률 65%

⑤ **자신의 의견이 최선이 아닐 수 있다는 것을 인정하는 것이 필요하다.**

자신의 의견을 고집하기보다는 열린 마음으로 믿을 수 있는 집단이 좋
다고 생각하는 것을 받아들이는 것이 더 현명한 태도라고 말하고 있다.
따라서 글의 요지로 ⑤ '자신의 의견이 최선이 아닐 수 있다는 것을 인
정하는 것이 필요하다.'가 가장 적절하다.

오답인 이유   매력적인 오답 ④ 22%

④ **믿을만한 사람이 누구인지 판단하려면 열린 마음을 가져야 한다.**

open-minded나 a trustworthy group 등의 표현만 보고 ④를 선택하
면 안 된다. 믿을만한 사람이 누구인지가 중요한 것이 아니라 믿을만한
사람들의 의견이 자신의 의견보다 나을 수 있다는 것을 받아들일 수 있
어야 한다는 내용이므로 ④는 정답이 될 수 없다.

요지 02

1 Experts advise people to "take the stairs instead
of the elevator" or "walk or bike to work." **2** These
are good strategies: climbing stairs provides a good
workout, and people [who walk or ride a bicycle for
transportation] most often meet their needs for physical
activity. **3** Many people, however, face barriers in their
environment [that prevent such choices]. **4** Few people
would choose to walk or bike on roadways [that lack
safe sidewalks or marked bicycle lanes], [where vehicles
speed by], or [where the air is polluted]. **5** Few would
choose to walk up stairs in inconvenient and unsafe
stairwells in modern buildings. **6** In contrast, people
[living in neighborhoods with safe biking and walking
lanes, public parks, and freely available exercise facilities]
use them often — their surroundings encourage physical
activity.

[문법 돋보기]

• 명사를 수식하는 분사(-ing, p.p.)
분사는 명사 앞에서, 분사구는 명사 뒤에서 명사를 수식한다.
현재분사(-ing)는 '하는, ~하고 있는'의 뜻으로 '능동/진행'의 의미를 나타내
고 과거분사(p.p.)는 '~된, ~한'의 뜻으로 '수동/완료'의 의미를 나타낸다.

4 ~ that lack safe sidewalks or marked bicycle lanes, ~.
                과거분사(~된)   명사

6 In contrast, people [living in neighborhoods with safe biking and
              명사   현재분사구(~하는)   전치사구
walking lanes, public parks, and freely available exercise facilities] ~.

지문 해석

1 전문가들은 사람들에게 "승강기 대신 계단을 이용하거나 직장까지 걷거
나 자전거를 타라"고 조언한다. **2** 그것들은 좋은 전략으로, 계단을 오르는
것은 좋은 운동이 되고, 이동 수단으로써 걷거나 자전거를 타는 사람들은
대개 신체적 활동에 대한 필요를 충족시킨다. **3** 하지만 많은 사람들은 자
신의 환경에서 그러한 선택을 가로막는 장벽에 부딪힌다. **4** 안전한 인도

혹은 표시된 자전거 차선이 없거나, 차량이 빠르게 지나가거나, 또는 공기
가 오염된 도로에서 걷거나 자전거를 타는 것을 선택하는 사람은 거의 없
을 것이다. **5** 현대식 건물의 불편하고 안전하지 않은 계단통에서 계단을
오르는 것을 선택하는 사람은 거의 없을 것이다. **6** 이와는 대조적으로, 안
전한 자전거 도로와 산책로, 공원, 자유롭게 이용할 수 있는 운동 시설이 있
는 동네에 사는 사람들은 자주 그것들을 사용하는데, 그들의 주변 환경이
신체 활동을 장려한다.

제대로 접근법 모범답안

❶ physical   ❷ environment[surroundings]

제대로 독해법 모범답안

■ **직독 직해** ■
2~4행 계단을 오르는 것은
6~8행 안전한 인도 혹은 표시된 자전거 차선이 없는
9~12행 그들의 주변 환경이 신체 활동을 장려한다

■ **제대로 어휘력 올리기** ■

1 expert	2 strategy	3 transportation
4 barrier	5 lack	6 vehicle
7 inconvenient	8 available	9 facility

■ **제대로 구문 이해하기** ■
where

정답인 이유   정답률 66%

② 일상에서의 운동 가능 여부는 주변 여건의 영향을 받는다.

전문가들이 일상생활에서의 운동을 장려하지만 실제적으로 환경의 장
벽에 부딪혀 실천하기 어렵다는 내용으로, 일상에서 운동을 하기 위해
서는 안전과 운동 시설 등의 주변 환경이 필요하다고 말하고 있다. 따
라서 글의 요지로 ② '일상에서의 운동 가능 여부는 주변 여건의 영향을
받는다.'가 가장 적절하다.

오답인 이유   매력적인 오답 ⑤ 12%

⑤ 짧더라도 규칙적으로 운동하는 것이 건강에 좋다.

운동하는 것이 당연히 좋다는 전제 하에, 전문가들이 일상생활에서 운
동을 추천하고 있지만 안전이 보장된 환경이 있어야 할 수 있다는 글이
므로 '짧더라도 규칙적으로 운동하는 것이 건강에 좋다'는 글의 요지가
될 수 없다.

요지 03

선과 도형을 활용한 지문 분석　　　　2019년 9월 고1 학력평가 22번

1 Attaining the life [a person wants] is simple.
S ＿목적격 관·대 생략＿ V C

2 However, most people settle for less than their best
~으로 만족하다

because they fail to start the day off right. **3** [If a person
fail to V: ~하지 못하다　start off: (~을) 시작하다 웹 ~한다면　조건절

starts the day with a positive mindset], that person is

more likely to have a positive day. **4** Moreover, [how
be more likely to V: ~할 가능성이 더 높다　게다가

a person approaches the day] impacts everything else
S(의문사절)　V

in that person's life. **5** [If a person begins their day in
조건절 S' V'

a good mood], they will likely continue to be happy at
S V

work and that will often lead to a more productive day
= to be happy at work　lead to: ~로 이어지다

in the office. **6** This increased productivity unsurprisingly

leads to better work rewards, such as promotions or
V　~와 같은

raises. **7** Consequently, [if people want to live the life of
결과적으로　조건절　접속사 that절(목적어)

their dreams], they need to realize [that {how they start
자신이 꿈꾸는　S'(의문사절: 의문사+주어+동사)

their day} not only impacts that day, but every aspect of
V'　not only A but (also) B: A뿐만 아니라 B도

their lives].

[문법 돋보기]

• if(만약 ~한다면), unless(만약 ~하지 않는다면)와 같이 조건을 나타내는 부사절에서는 현재시제가 미래시제를 대신한다.

5 If a person begins their day in a good mood, they will likely
will begin (x)

continue to be happy at work ~.

cf. if가 부사절이 아닌 명사절(~인지 아닌지)로 사용되는 경우는 미래동사의 사용이 가능하다.

Tom wonders if it will rain tomorrow.
Tom은 내일 비가 올지 안올지 궁금하다.

지문 해석

1 사람이 원하는 삶을 얻는 것은 간단하다. **2** 하지만, 대부분의 사람들은 그들의 최선보다 덜한 것에 안주하는데, 그들이 하루를 제대로 시작하지 못하기 때문이다. **3** 만약 어떤 사람이 하루를 긍정적인 마음가짐으로 시작한다면, 그는 긍정적인 하루를 보낼 가능성이 더 높다. **4** 뿐만 아니라, 그가 하루를 어떻게 접근하는가는 그의 삶의 다른 모든 부분에 영향을 끼

친다. **5** 만약 어떤 사람이 그의 하루를 좋은 기분으로 시작한다면, 그는 직장에서 계속 행복하게 지낼 가능성이 있고, 그것은 흔히 직장에서의 더 생산적인 하루로 이어질 것이다. **6** 이러한 향상된 생산성은 당연하게도 승진이나 임금 인상과 같은 더 좋은 업무 보상으로 이어진다. **7** 결과적으로, 만약 사람들이 자신이 꿈꾸는 삶을 살기 원한다면, 그들은 어떻게 하루를 시작하는지가 그날뿐만 아니라 삶의 모든 측면에도 영향을 끼친다는 것을 깨달을 필요가 있다.

제대로 접근법 모범답안

❶ a positive mindset ❷ start the day

제대로 독해법 모범답안

■ 직독 직해 ■

1~2행 하루를 제대로 시작하지
4~5행 그가 하루를 어떻게 접근하는가는
9~11행 그날에 영향을 끼칠 뿐만 아니라

■ 제대로 어휘력 올리기 ■

1 attain	2 settle for	3 mindset
4 impact	5 productive	6 unsurprisingly
7 reward	8 promotion	9 raise

■ 제대로 구문 이해하기 ■

is

정답인 이유　　　　정답률 89%

② 긍정적인 하루의 시작이 삶에 좋은 영향을 끼친다.

　사람들이 하루를 긍정적으로 시작하지 못한다면 최선의 결과가 아닌 차선에 안주하게 되며, 이는 결과적으로 업무 생산성 및 보상 등 삶의 다양한 측면에 영향을 끼친다는 내용이다. 따라서 정답은 ② '긍정적인 하루의 시작이 삶에 좋은 영향을 끼친다'이다.

오답인 이유　　　　매력적인 오답 ① 3%

① 업무 생산성 향상을 위해 적절한 보상이 필요하다.

　본문 후반부에서 하루를 기분 좋게 시작하는 것이 직장에서의 생산성 향상과 더 나은 업무 보상으로 이어질 수 있음을 언급하고 있다. 하지만 ① '업무 생산성 향상을 위해 적절한 보상이 필요하다'는 본문에 언급된 생산성과 업무 보상에 관한 일반적인 사실일 뿐, 하루를 제대로 시작하는 것의 중요성을 강조하는 본문의 맥락과 직접적인 관련이 없다.

요지 04

1 Practically anything of value requires [that we take
= valuable   명사절(O)

a risk of failure or being rejected]. **2** This is the price
take a risk (of): (~의) 위험을 무릅쓰다

[we all must pay for achieving the greater rewards
(목적격 관·대 that 생략)   전치사+동명사

{lying ahead of us}]. **3** To take risks means [(that) you will
S1   V1   명사절

succeed sometime] but never to take a risk means [that
S2   V2   명사절

you will never succeed]. **4** Life is filled with a lot of risks
be filled with: ~로 가득 차다

and challenges and [if you want to get away from all
조건절   ~에서 벗어나다

these], you will be left behind in the race of life. **5** A
뒤처지다, 뒤떨어지다

person [who can never take a risk] can't learn anything.
S   주격 관·대   V

6 For example, [if you never take the risk to drive a car],
예를 들어   형용사적 용법

you can never learn to drive. **7** [If you never take the
명사적 용법

risk of being rejected], you can never have a friend or
전치사+동명사

partner. **8** Similarly, by not taking the risk of attending
(부) 마찬가지로   by not -ing: ~하지 않음으로써   전치사+동명사

an interview, you will never get a job.

[문법 돋보기]

• 현재분사 vs. 동명사
현재분사: 형용사의 역할을 하고, 명사를 앞·뒤에서 수식하며 명사의 동작,
상태를 나타내는 보어로 사용된다. '~하는, ~하고 있는'이라고 해석한다.
동명사: 명사의 역할을 하며, 문장 내에서 주어, 목적어, 보어로 사용된다.
일반 명사처럼 전치사의 목적어로도 사용되며, 동사처럼 목적어나 수식어
를 갖기도 한다. '~하는 것, ~하기'로 해석한다.

2 This is the price we all must pay for achieving the greater rewards
동명사(전치사의 목적어)

lying ahead of us.
현재분사(명사 수식)

지문 해석

1 사실상 가치 있는 것은 어떤 것이든 우리가 실패나 거절당할 위험을 무릅쓸 것을 요구한다. **2** 이것은 우리 앞에 놓인 더 큰 보상을 성취하기 위해 우리 모두가 치러야 하는 대가이다. **3** 위험을 무릅쓴다는 것은 언젠가 성공할 것이라는 것을 의미하지만 위험을 전혀 무릅쓰지 않는 것은 결코 성

공하지 못할 것임을 의미한다. **4** 인생은 많은 위험과 도전으로 가득 차 있으며, 여러분이 이 모든 것으로부터 벗어나기를 원한다면 인생이라는 경주에서 뒤처지게 될 것이다. **5** 결코 위험을 무릅쓰지 못하는 사람은 아무것도 배울 수 없다. **6** 예를 들어, 차를 운전하는 위험을 무릅쓰지 않는다면, 여러분은 결코 운전하는 것을 배울 수 없다. **7** 거절당할 위험을 무릅쓰지 않는다면, 여러분은 친구나 배우자를 절대 얻을 수 없다. **8** 마찬가지로 면접에 참석하는 위험을 무릅쓰지 않음으로써, 여러분은 결코 일자리를 얻지 못할 것이다.

제대로 접근법 모범답안

❶ take a risk   ❷ succeed

제대로 독해법 모범답안

■ 직독 직해 ■
2~3행   더 큰 보상을 성취하기 위해
5~6행   여러분은 뒤처지게 될 것이다
8~9행   여러분이 거절당할 위험을 무릅쓰지 않는다면

■ 제대로 어휘력 올리기 ■

1 practically	2 take a risk	3 price
4 reward	5 succeed	6 challenge
7 leave behind	8 partner	9 attend

■ 제대로 구문 이해하기 ■
of

정답인 이유   정답률 88%

① 위험을 무릅쓰지 않으면 아무 것도 얻지 못한다.

가치 있는 것을 얻기 위해서는 실패하거나 거절당할 위험을 무릅쓰는 것이 필요하다는 내용을 시작으로, 더 큰 보상과 가르침, 성공을 위해 위험을 감수하는 것의 중요성을 반복적으로 제시하고 있다. 따라서 글의 요지로 가장 적절한 것은 ① '위험을 무릅쓰지 않으면 아무 것도 얻지 못한다.'이다.

오답인 이유   매력적인 오답 ③ 4%

③ 잦은 실패 경험은 도전할 의지를 잃게 한다.

실패나 거절의 가능성이 있더라도 위험을 무릅쓰고 도전하지 않으면 결코 성공할 수 없다는 내용으로, 잦은 실패가 도전 의지를 약화시킨다는 ③의 내용은 언급되지 않았다.

▶ 문제편 76쪽

DAY 6   요지 01~04   어휘 테스트

1 rewards	2 trustworthy	3 unsafe	4 strategies	5 physical
6 climbing	7 failure	8 mindset	9 available	10 approaches
11 attending	12 independently	13 settle	14 view	15 lying

제목 01

선과 도형을 활용한 지문 분석 2020년 6월 고1 학력평가 24번

1 Every event [that causes you to smile] makes you feel happy and produces feel-good chemicals in your brain. **2** Force your face to smile [even when you are stressed or feel unhappy]. **3** The facial muscular pattern [produced by the smile] is linked to all the "happy networks" in your brain and will in turn naturally calm you down and change your brain chemistry by releasing the same feel-good chemicals. **4** Researchers studied the effects of a genuine and forced smile on individuals (during a stressful event). **5** The researchers had participants perform stressful tasks [while not smiling, smiling, or holding chopsticks crossways in their mouths to force the face to form a smile]. **6** The results of the study showed [that smiling, (forced or genuine), (during stressful events) reduced the intensity of the stress response in the body and lowered heart rate levels {after recovering from the stress}].

분을 좋게 만드는 동일한 화학물질을 배출함으로써 뇌의 화학 작용을 변화시킬 것이다. **4** 연구자들은 스트레스가 많은 사건에서 진짜 미소와 억지 미소가 개개인에게 미치는 영향을 연구했다. **5** 연구자들은 참가자들이 미소를 짓지 않으면서, 미소를 지으면서, (억지로 미소를 짓게 하기 위해) 입에 젓가락을 옆으로 물고서 스트레스가 많은 과업을 수행하게 했다. **6** 연구 결과는, 미소가 억지이든 진짜이든, 스트레스가 많은 사건에서 신체의 스트레스 반응의 강도를 줄였고, 스트레스로부터 회복한 후의 심장 박동 수준을 낮추었다는 것을 보여주었다.

① 스트레스가 많은 사건의 원인과 결과
② 스트레스의 개인적인 징후와 양상
③ 신체와 뇌는 스트레스에 어떻게 반응하는가
④ 스트레스: 행복을 위한 필요악
⑤ 억지 미소도 스트레스를 줄이는 데 도움이 되는가?

제대로 접근법 모범답안

❶ smile ❷ stress(ful)

제대로 독해법 모범답안

■ **직독 직해** ■
1~2행 그리고 기분을 좋게 만드는 화학물질을 생산해내게 한다
3~6행 기분을 좋게 만드는 동일한 화학물질을 배출함으로써
8~10행 연구자들은 참가자들이 스트레스가 많은 과업을 수행하게 했다
10~13행 신체의 스트레스 반응의 강도를 줄였다

■ **제대로 어휘력 올리기** ■

1 feel-good	2 chemical	3 muscular
4 naturally	5 release	6 genuine
7 participant	8 crossways	9 recover

■ **제대로 구문 이해하기** ■
ruled

지문 해석

1 여러분을 미소 짓게 하는 모든 사건들은 여러분이 행복하다고 느끼게 하고, 여러분의 뇌에서 기분을 좋게 만드는 화학물질을 생산해내게 한다. **2** 여러분이 스트레스를 받거나 불행하다고 느낄 때라도 억지로 미소를 지어보라. **3** 미소에 의해 만들어지는 안면 근육의 형태는 뇌의 모든 '행복 연결망'과 연결되어 있어서, 결과적으로 자연스럽게 여러분을 안정시키고 기

정답인 이유 정답률 65%

⑤ **Do Faked Smiles Also Help Reduce Stress?**

미소를 지을 때 생기는 안면 근육은 뇌와 연결되어 있어서 기분을 좋게 하는 화학물질을 배출하는데, 연구 결과 미소가 억지이든 진짜이든 스트레스 반응의 강도를 줄이고 심장 박동 수준을 낮춰 안정을 찾게 했다는 내용이므로 글의 제목으로 가장 적절한 것은 ⑤ '억지 미소도 스트레스를 줄이는 데 도움이 되는가?'이다.

오답인 이유 매력적인 오답 ③ 11%

③ **How Body and Brain React to Stress**

본문에서 스트레스에 대한 신체와 뇌의 반응에 관해 언급하긴 했지만, 핵심 전제 조건인 미소에 대한 내용이 빠져 있으므로 ③ '신체와 뇌는 스트레스에 어떻게 반응하는가'는 글의 제목으로 적절하지 않다.

제목 02

1 Near an honesty box, [in which people placed coffee
　　　　선행사　　　　= where　　S'　　V'
fund contributions], researchers (at Newcastle University
　　　　　　　　　　　　S
in the UK) alternately displayed images of eyes and
　　　　　　　　　　　　V
of flowers. **2** Each image was displayed for a week
(images)　　　　S (단수 취급)　　　V
at a time. **3** During all the weeks [in which eyes were
　　　　　　　전 ~동안　　선행사　　　= when
displayed], bigger contributions were made than during
　　　　　　　　　　　　　　　　　비교
the weeks [when flowers were displayed]. **4** [Over the
　선행사　　= in which　　　　　　　　전치사구
ten weeks of the study], contributions [during the 'eyes
　　　　　　　　　　　　S　　　　전치사구
weeks'] were almost three times higher than those
　　　　V　　　~보다 세 배 더 높은　　= contributions
[made during the 'flowers weeks.'] **5** It was suggested
　과거분사구　　　　　　　　　　　가주어
[that 'the evolved psychology of cooperation is highly
진주어1
sensitive to subtle cues of being watched,' and that
~에 아주 민감하다　　전치사+동명사(수동태)　　진주어2
the findings may have implications for how to provide
　　　　　　　　전치사+명사구 └how+to부정사: ~하는 방법
effective nudges toward socially beneficial outcomes].

[문법 돋보기]

• 전치사+관계대명사
관계대명사가 전치사의 목적어로 쓰이는 경우에는 「전치사+관계대명사」로
표현할 수 있으며, 이는 선행사에 맞는 관계부사로 바꾸어 쓸 수 있다. 지문
에는 in which가 두 번 쓰였는데, 선행사가 장소를 나타내는지 시간을 나타
내는지에 따라 where 또는 when으로 바꿀 수 있다.

1 Near an honesty box, in which people placed coffee fund
　　　　선행사(장소)　　= where
contributions, ~.

3 During all the weeks in which eyes were displayed, ~.
　　　　　　선행사(시간)　= when

지문 해석

1 사람들이 커피 값을 기부하는 정직 상자 가까이에, 영국 Newcastle
University의 연구자들은 (사람의) 눈 이미지와 꽃 이미지를 번갈아 가며
놓아두었다. **2** 각각의 이미지는 한 번에 일주일씩 놓여 있었다. **3** 눈 이미
지가 놓여 있던 모든 주 동안, 꽃 이미지가 놓여 있던 주들보다 더 큰 기부
가 이루어졌다. **4** 연구가 이루어진 10주 동안, '눈 주간'의 기부금이 '꽃 주
간'의 기부금보다 거의 세 배나 높았다. **5** 그것은 '발달된 협력 심리가 감시
당하고 있다는 미묘한 신호에 매우 민감하다'는 것과 그 연구 결과가 사회
적으로 이로운 성과를 위하여 효과적으로 넌지시 권하는 방법에 대해 영향
을 미칠 수도 있다는 것을 시사했다.

---

① 정직이 최선의 방책인가?
② 꽃이 눈보다 더 효과가 있다
③ 기부는 자존심을 강화한다
④ 더 감시당할수록, 덜 협조적이다
⑤ 눈: 더 나은 사회를 만드는 은밀한 조력자

제대로 접근법 모범답안

❶ contributions ❷ eyes

제대로 독해법 모범답안

■ 직독 직해 ■
1~3행 눈 이미지와 꽃 이미지를 번갈아 가며 놓아두었다
4~6행 더 큰 기부가 이루어졌다
8~11행 사회적으로 이로운 성과를 위하여

■ 제대로 어휘력 올리기 ■

1 contribution	2 alternately	3 display
4 psychology	5 cooperation	6 subtle
7 implication	8 beneficial	9 outcome

■ 제대로 구문 이해하기 ■
being attacked

정답인 이유   정답률 55%

⑤ Eyes: Secret Helper to Make Society Better

기부금 상자 옆에 사람의 눈 이미지를 놓아두었을 때 다른 때보다 더 큰
기부가 이루어졌다는 연구를 통해 사람들이 누군가 지켜보고 있다는
신호에 매우 민감하다는 것을 알아냈고, 이 결과가 사회적으로 이로운
성과를 내는데 영향을 미칠 수도 있다는 내용의 글이다. 따라서 글의 제
목으로 ⑤ '눈: 더 나은 사회를 만드는 은밀한 조력자'가 가장 적절하다.

오답인 이유   매력적인 오답 ② 16%

② Flowers Work Better than Eyes

10주 동안 기부금 상자 옆에 사람의 눈과 꽃 이미지를 번갈아 두는 실
험을 했을 때 눈 이미지가 있었던 주의 기부금이 거의 세 배나 높았다고
했으므로, ② '꽃이 눈보다 더 효과가 있다'는 글의 제목으로 적절하지
않다.

제목 03

1 It is said [that (among the Bantu peoples of Central Africa), {when an individual (from one tribe) meets someone (from a different group)}, they ask, "What do you dance?]" **2** Throughout time, communities have forged their identities through dance rituals [that mark major events (in the life of individuals)], including birth, marriage, and death — as well as religious festivals and important points (in the seasons). **3** The social structure of many communities, (from African tribes to Spanish gypsies, and to Scottish clans), gains much cohesion (from the group activity of dancing). **4** Historically, dance has been a strong, binding influence on community life, a means of expressing the social identity of the group, and participation allows individuals to demonstrate a belonging. **5** As a consequence, (in many regions of the world) there are as many types of dances as there are communities with distinct identities.

[문법 돋보기]

• 동격의 of
「명사+of+동명사」는 동격을 나타내며 '~하는 명사'로 해석한다. 전치사 of를 기준으로 좌우의 내용이나 대상이 동일한 경우에 해당한다.

4 Historically, dance has been a strong, binding influence on community life, a means of expressing the social identity of the group, ~.
(명사+of+동명사)

지문 해석

1 중앙 아프리카의 반투족들 사이에서는 한 부족의 사람이 다른 부족 사람을 만났을 때, "당신은 어떤 춤을 추나요?"라고 묻는다고 한다. **2** 오랫동안 공동체들은 종교적인 축제들과 계절의 중요한 시점들뿐만 아니라, 출생, 결혼, 죽음을 포함한 개인들의 삶에서 중요한 사건들을 기념하는 춤 의식을 통해 자신들의 정체성을 구축해 왔다. **3** 아프리카 부족들부터 스페인의 집시들과 스코틀랜드의 씨족들에 이르기까지, 많은 공동체들의 사회

적 구조는 춤이라는 집단적 행동으로부터 많은 결속을 얻게 된다. **4** 역사적으로, 춤은 그 집단의 사회적 정체성을 표현하는 수단으로서, 공동체의 삶에 강하고 단결시키는 영향력을 미쳐 왔으며 참여는 개인들이 소속감을 나타내게 해 준다. **5** 그 결과, 세계의 많은 지역에는 뚜렷한 정체성을 가진 공동체들이 존재하는 만큼이나 많은 종류의 춤들이 존재한다.

① 무엇이 전통 춤을 배우기 어렵게 하는가?
② 춤: 사회적 정체성을 보여주는 뚜렷한 표시
③ 더 다양할수록 춤은 더 좋다
④ 기분이 우울한가요? 춤을 즐기세요!
⑤ 부족 춤의 기원

제대로 접근법 모범답안

❶ dance ❷ communities ❸ identity

제대로 독해법 모범답안

■ 직독 직해 ■
3~6행 중요한 사건들을 기념하는
6~9행 많은 결속을 얻게 된다
11~13행 뚜렷한 정체성을 가진

■ 제대로 어휘력 올리기 ■

1 tribe	2 identity	3 ritual
4 binding	5 means	6 participation
7 demonstrate	8 belonging	9 distinct

■ 제대로 구문 이해하기 ■
have been

정답인 이유   정답률 82%

② Dance: A Distinct Sign of Social Identity

공동체들은 춤 의식을 통해 자신들의 정체성을 구축해왔으며, 춤이 집단의 사회적 정체성을 표현하는 수단이자 구성원들을 단결시키는 영향력을 갖고 있음을 설명하는 글이므로 본문의 제목으로 가장 적절한 것은 ② '춤: 사회적 정체성을 보여주는 뚜렷한 표시'이다.

오답인 이유   매력적인 오답 ⑤ 5%

⑤ The Origin of Tribal Dances

아프리카 부족들, 스페인의 집시들과 스코틀랜드의 씨족들과 같은 다양한 부족들의 춤에 대해 언급하긴 했지만, 이 글은 춤의 기원이 아닌 역할에 대해 다루고 있으므로 ⑤는 제목으로 적절하지 않다.

제목 04

선과 도형을 활용한 지문 분석   2018년 3월 고1 학력평가 24번

1 How can we teach our children to memorize a broad
　　　의문사　　　　　　teach+목적어+to부정사

range of information? **2** Let me prove to you [that all
　　　　　　　　　　　let+목적어+동사원형　　　　접속사

people are potential geniuses, with brains {designed
　　　　　　　　　　　　　　　　　　　　　　　　　　과거분사구

to store, control, and remember large amounts of
　　　　　　　　병렬구조

information through memorization by repetition}].

3 Imagine the grocery store [where you shop the
　　명령문　　　선행사　　　　관계부사

most]. **4** [If I asked you to tell me where the eggs are],
　　　　　　조건절　　ask+목적어+to부정사　　tell의 직접목적어

would you be able to do so? **5** Of course you could.
　S　　V　　　　　　　= tell me where the eggs are

6 The average grocery store carries over 10,000 items,

yet you can quickly tell me where to find most of them.
하지만　　　　　　　　　　의문사+to부정사

7 Why? **8** The store is organized by category, and you
　　　　　　　S1　　V1(수동태: be동사+p.p.)　　　　S2

have shopped in the store repeatedly. **9** In other words,
V2(현재완료)

you've seen those organized items over and over again,
　　　　　　　　　과거분사

and the arrangement by category makes it easy for you
　　　　S　　　　　　　　　V　가목적어　의미상 주어

to memorize the store's layout. **10** You can categorize
　　　진목적어

10,000 items from just one store.

지문 해석

1 우리는 어떻게 우리 아이들이 광범위한 정보를 기억하도록 가르칠 수 있을까? **2** 내가 여러분에게 모든 사람은 반복에 의한 암기를 통해 많은 양의 정보를 저장하고, 관리하고, 기억하도록 만들어진 두뇌를 갖고 있는 잠재적인 천재라는 것을 증명하겠다. **3** 여러분이 가장 많이 쇼핑하는 식료품점을 상상해 보라. **4** 내가 여러분에게 달걀이 어디에 있는지 말해 달라고 한다면, 그렇게 할 수 있겠는가? **5** 당연히 여러분은 할 수 있을 것이다. **6** 보통의 식료품점은 만 개가 넘는 품목을 취급하지만, 여러분은 그것들의 대부분을 어디에서 찾을지 빠르게 말할 수 있다. **7** 왜 그럴까? **8** 그 가게는 범주별로 정리되어 있으며, 여러분은 그 가게에서 반복적으로 쇼핑을 해 왔다. **9** 다시 말해서, 여러분은 그 정리된 물건을 계속 봐 왔고, 범주에 의한 배열은 여러분이 그 가게의 배치를 기억하기 쉽게 해 준다. **10** 여러분은 한 매장에서만 해도 만 가지 품목을 범주화할 수 있다.

① 지나친 반복은 창의성을 해친다

② 기억력이 아닌 메모를 믿어라

③ 식료품점: 건강이 시작되는 곳

④ 기억력은 나이가 들수록 향상될 수 있다

⑤ 반복과 범주화: 기억력의 비결

제대로 접근법 모범답안

❶ memorization ❷ repetition

제대로 독해법 모범답안

■ 직독 직해 ■

1~2행 광범위한 정보를 기억하도록

4~5행 여러분이 가장 많이 쇼핑하는

6~8행 그것들의 대부분을 어디에서 찾을지

9~11행 쉽게 해 준다

■ 제대로 어휘력 올리기 ■

1 broad	2 range	3 prove
4 repetition	5 grocery store	6 organized
7 arrangement	8 layout	9 categorize

■ 제대로 구문 이해하기 ■

would

😊 정답인 이유   정답률 69%

⑤ Repetition and Categorization: The Key to Memory

아이들이 광범위한 정보를 기억하도록 가르칠 수 있는 이유는 모든 사람은 반복에 의한 암기를 통해 많은 양의 정보를 저장, 관리, 기억하도록 만들어진 두뇌를 가지고 있기 때문이다. 그래서 만 개가 넘는 품목을 취급하는 식료품점도 물건들이 범주별로 정리되어 있어 기억할 수 있다는 내용의 글이다. 따라서 글의 제목으로 ⑤ '반복과 범주화: 기억력의 비결'이 가장 적절하다.

😟 오답인 이유   매력적인 오답 ④ 11%

④ Your Memory Can Improve as You Get Older

이 글은 범주화와 반복을 통한 암기와 관련된 내용이며, 나이가 들수록 기억력이 향상된다는 ④의 내용은 글에서 언급되지 않았다.

▶ 문제편 86쪽

DAY 7 제목 01~04   어휘 테스트

1 socially	2 organized	3 muscular	4 chemicals	5 evolved
6 intensity	7 repetition	8 distinct	9 rituals	10 contributions
11 category	12 broad	13 binding	14 genuine	15 displayed

도표 **01**

선과 도형을 활용한 지문 분석

2021년 11월 고1 학력평가 25번

1 The graph above shows the percentage of U.S. homeschooled and public school students [participating in cultural activities in 2016]. **2** With the exception of live performances and sporting events, the percentage of homeschooled students [participating in cultural activities] was higher than that of public school students. **3** For each group of students, community events accounted for the largest percentage among all cultural activities. **4** The percentage point difference between homeschooled students and their public school peers was largest in visiting libraries. **5** The percentage of homeschooled students [visiting museums or galleries] was more than twice that of public school students. **6** Going to zoos or aquariums ranked the lowest for both groups of students, with 31 and 23 percent respectively.

[문법 돋보기]
• 수식어구가 있는 주어의 수 일치
주어 뒤에 수식어구가 있는 문장에서는 핵심 주어를 정확히 파악하여 동사의 수를 일치시킨다.
① 전치사구의 수식 ② 현재분사구의 수식 ③ 과거분사구의 수식
④ to부정사구의 수식

2 ~, the percentage [of homeschooled students [participating in cultural activities]] was higher than that of public school students.

4 The percentage point difference [between homeschooled students and their public school peers] was largest in visiting libraries.

지문 해석

1 위 도표는 2016년에 문화 활동에 참여하는 미국의 홈스쿨링을 받는 학생과 공립학교 학생의 비율을 보여 준다. **2** 라이브 공연과 스포츠 행사를 제외하면 문화 활동에 참여하는 홈스쿨링을 받는 학생의 비율이 공립학교 학생보다 높았다. **3** 각 집단의 학생에 있어 지역사회 행사는 모든 문화 활동 중에서 가장 큰 비율을 차지했다. **4** 홈스쿨링을 받는 학생과 그들의 공립학교 또래 간의 퍼센트포인트 차이는 도서관 방문에서 가장 컸다. **5** 박물관이나 미술관에 방문하는 홈스쿨링을 받는 학생의 비율은 공립학교 학생의 두 배 이상이었다(→ 두 배보다 낮았다). **6** 동물원이나 수족관에 가는 것은 두 집단의 학생에 있어 가장 낮은 순위를 차지했는데 각각 31퍼센트와 23퍼센트였다.

제대로 접근법 모범답안

❶ ○ **❷** ○ **❸** ○ **❹** × **❺** ○

제대로 독해법 모범답안

■직독 직해■
3~5행 라이브 공연과 스포츠 행사를 제외하고
5~7행 지역사회 행사는 가장 큰 비율을 차지했다
9~11행 두 배 이상이었다

■제대로 어휘력 올리기■
1 percentage   2 participate   3 cultural
4 exception   5 account for   6 difference
7 peer   8 rank   9 respectively

■제대로 구문 이해하기■
who is

정답인 이유

정답률 78%

④

박물관이나 미술관에 방문하는 홈스쿨링을 받는 학생의 비율은 42%이고, 공립학교 학생의 비율은 25%이므로, 홈스쿨링 학생의 비율(42%)이 공립학교 학생의 비율의 두 배(50%)보다 낮다. 따라서 ④가 도표의 내용과 일치하지 않는다.

오답인 이유

매력적인 오답 ① 14%

①

도표에서 라이브 공연은 공립학교 학생의 참여 비율(34%)이 홈스쿨링 학생의 참여 비율(33%)보다 더 높고 스포츠 행사는 홈스쿨링 학생과 공립학교 학생의 비율이 42%로 같다. 라이브 공연과 스포츠 행사를 제외하고는 문화 활동에 참여하는 홈스쿨링 학생의 비율이 공립학교 학생보다 높으므로 ①은 도표의 내용과 일치한다.

도표 02

선과 도형을 활용한 지문 분석

2018년 6월 고1 학력평가 24번

1 The above graph shows the number of medals won
「the number of+복수명사」: ~의 수(단수 취급) (that) / 과거분사구
by the top 5 countries during the 2016 Summer Olympic

Games, [based on the medal count of the International
└ 분사구문
Olympic Committee (IOC)]. **2** Of the 5 countries, the

United States won the most medals in total, about 120.
총 (합계)

3 When it comes to gold medals, Great Britain won
~의 경우, ~에 관한 한
more than China did. **4** China, Russia, and Germany
~보다 더 많은   = won
won fewer than 20 silver medals each. **5** The number of
~보다 더 적은   S
bronze medals won by the United States was less than
V   ~보다 더 적은
twice the number of bronze medals won by Germany.
두 배   과거분사구
6 Each of the top 5 countries won more than 40 medals
각각의   ~보다 더 많은
in total.
총 (합계)

[문법 돋보기]
• 비교급을 이용한 표현
① more than: ~보다 더 많은, ~이상의
② fewer than: ~보다 더 적은, ~미만의
③ less than: ~보다 더 적은, ~미만의

4 China, Russia, and Germany won fewer than 20 silver medals ~.
~보다 더 적은

cf. 자주 쓰이는 비교급 표현

no more than	~밖에(= only)
no less than	~만큼(= as much as)
not more than	많아봐야(= at most)
not less than	최소한(= at least)

지문 해석

1 위 그래프는 국제올림픽위원회의 메달 집계를 바탕으로 2016년 하계 올림픽 동안 상위 5개 국가들이 획득한 메달의 수를 보여 준다. **2** 5개 국가들 중, 미국이 약 120개로 모두 합해서 가장 많은 메달을 획득하였다. **3** 금메달의 경우, 영국이 중국보다 더 많이 획득하였다. **4** 중국, 러시아, 독일은 각각 20개 미만의 은메달을 획득하였다. **5** 미국이 획득한 동메달의 수는 독일이 획득한 동메달 수의 두 배보다 적었다(→ 많았다). **6** 상위 5개 국가는 각각 총 40개 이상의 메달을 획득하였다.

제대로 접근법 모범답안

1○ **2**○ **3**○ **4**✕ **5**○

제대로 독해법 모범답안

■직독 직해■
1~3행 상위 5개 국가들이 획득한
5~6행 금메달의 경우
6~7행 각각 20개 미만의 은메달을 획득하였다
7~8행 동메달 수의 두 배보다 적었다

■제대로 어휘력 올리기■

1 medal	2 Olympic	3 based on
4 count	5 international	6 committee
7 in total	8 bronze	9 twice

■제대로 구문 이해하기■
has

정답인 이유
정답률 76%

④

미국이 획득한 동메달의 수(38개)는 독일이 획득한 동메달의 수(15개)의 2배(30개)보다 많다. 따라서 ④ The number of bronze medals won by the United States was less than twice the number of bronze medals won by Germany.(미국이 획득한 동메달의 수는 독일이 획득한 동메달 수의 두 배보다 적었다.)에서 less(적었다)를 more(많았다)로 고쳐야 한다.

오답인 이유
매력적인 오답 ③ 11%

③

중국, 러시아, 독일은 각각 18개, 17개, 10개의 은메달을 획득하였으므로 ③ China, Russia, and Germany won fewer than 20 silver medals each.(중국, 러시아, 독일은 각각 20개 미만의 은메달을 획득하였다.)는 도표의 내용과 일치한다. fewer than의 의미가 '~미만, ~보다 적은'이라는 것을 알아야 오답을 피할 수 있다.

도표 03

1 The table above shows the number of trips and
S   V   O
expenditures for wellness tourism, travel for health and
= 동격
well-being, (in 2015 and 2017). **2** Both the total number
부사구   both A and B: A와 B 둘 다
of trips and the total expenditures were higher in 2017
V
compared to those in 2015. **3** (Of the six listed regions),
~와 비교하여   = the total number of trips and the total expenditures   전치사구
Europe was the most visited place for wellness tourism
in both 2015 and 2017, [followed by Asia-Pacific]. **4**
분사구문
In 2017, the number of trips to Latin America-The
S
Caribbean was more than five times higher than that to
V   배수사 + 비교급 + than   = the number of trips
The Middle East-North Africa. **5** While North America
접 ~인 반면   S
was the only region [where more than 200 billion
V   선행사   관계부사   S'
dollars was spent in 2015], it was joined by Europe in
V'   수동태(be동사+p..p.)
2017. **6** Meanwhile, expenditures (in The Middle East-
부 한편   S
North Africa and Africa) were each less than 10 billion
V
dollars in both 2015 and 2017.

[문법 돋보기]

• 관계부사
두 개의 문장이 공통 부사 혹은 부사구를 매개로 한 문장이 되면, 관계부사
가 두 문장을 연결하는 접속사이자 두 문장의 공통적인 부사 역할을 한다.
이때, 관계부사가 이끄는 절은 주어나 목적어가 생략되지 않은 완전한 문장
이며, 관계부사는 「전치사+which」로 바꿔 쓸 수 있다.

5 While North America was the only region where more than 200
billion dollars was spent in 2015, ~   = in which

지문 해석

1 위 표는 2015년과 2017년의 건강과 웰빙을 위한 여행인 건강 관광의
여행 수와 경비를 보여 준다. **2** 총 여행 수와 총 경비 둘 다 2015년의 그것
들에 비해서 2017년에 더 높았다. **3** 나열된 여섯 개 지역 중에서, 유럽이
2015년과 2017년 두 해 모두 건강 관광을 위해 가장 많이 방문된 장소였
으며, 아시아-태평양이 그 뒤를 따랐다. **4** 2017년에 중남미로의 여행 수
가 중동-북아프리카로의 그것보다 5배 이상 더 높았다. **5** 2015년에는 북
아메리카가 2천억 달러 이상이 소비된 유일한 지역이었던 반면 2017년에
는 유럽이 합류했다. **6** 한편 중동-북아프리카와 아프리카에서의 경비는
2015년과 2017년 두 해 모두 각각 100억 달러 미만이었다(→ 2017년 중
동-북아프리카에서의 경비는 100억 달러를 초과하였다).

제대로 접근법 모범답안

❶○ ❷○ ❸○ ❹○ ❺✕

제대로 독해법 모범답안

■직독 직해■
1~2행 건강과 웰빙을 위한 여행인
4~6행 유럽이 가장 많이 방문된 장소였다
8~10행 2천억 달러 이상이 소비된

■제대로 어휘력 올리기■

1 table	2 expenditure	3 wellness tourism
4 total	5 compared to	6 region
7 billion	8 meanwhile	9 less than

■제대로 구문 이해하기■
was

정답인 이유   정답률 77%

⑤

제시된 도표에 따르면 중동-북아프리카에서의 2015년 경비는 83억 달
러, 2017년 경비는 107억 달러로, 중동-북아프리카의 2017년 경비가
100억 달러를 초과하였으므로 정답은 ⑤이다. 한편, 아프리카에서의
2015년과 2017년 경비는 각각 42억 달러와 48억 달러이므로 도표의
내용과 일치한다.

오답인 이유   매력적인 오답 ④ 10%

④

여섯 개 지역의 2015년 경비를 살펴보면 북아메리카가 2157억 달러
로, 유일하게 2000억 달러 이상이 소비된 지역임을 확인할 수 있다. 하
지만, 2017년에 2417억 달러가 소비된 아메리카의 뒤를 이어 유럽도
2108억 달러를 기록하였으므로, ④는 옳은 설명이다.

도표 04

1 The above table shows the average age of last regular participation of children in a sport and the average length of participation [based on a 2019 survey]. **2** (Among the eight sports above), soccer was the only sport [that children quit at an average age of younger than 10]. **3** Children quit playing ice hockey and tennis at the same age on average, but the average length of participation in tennis was shorter than that in ice hockey. **4** Basketball, field hockey, and golf were sports [which children quit playing on average {before they turned 12}], but golf had the shortest average participation length (among the three sports). **5** Skateboarding was a sport [children quit at the average age of 12], and the average length of participation was the same as golf. **6** Meanwhile, children quit participating in track and field at the average age of 13, but the average length of participation was the shortest (among the eight sports).

[문법 돋보기]

• 최상급의 범위 표현

「the + 형용사[부사]의 최상급 + 전치사 + 범위/장소」는 '(~에서) 가장 ~한 [하게]'이라는 의미를 나타낸다. 본문에 쓰인 전치사 among 외에 비교대상의 범위에 빈번하게 쓰이는 전치사에는 in과 of가 있는데, 각각 「in + 장소」, 「of + 복수명사」의 형태로 쓰여 '~에서', '~중에서'를 의미한다.

4 ~, but golf had the shortest average participation length among the three sports.

지문 해석

1 위의 표는 2019년 조사를 바탕으로 어린이들이 마지막으로 스포츠에 정기적으로 참여한 평균 연령과 평균 참여 기간을 보여 준다. **2** 위 여덟 개의 스포츠 중에서 축구는 어린이들이 평균 10세보다 어린 나이에 중단한 유일한 스포츠였다. **3** 어린이들은 아이스하키와 테니스를 하는 것을 평균

적으로 같은 연령에 중단했지만, 테니스에 참여한 평균 기간은 아이스하키보다 짧았다. **4** 농구, 필드하키 그리고 골프는 어린이들이 평균적으로 12세가 되기 전에 중단한 스포츠였지만, 골프는 이 세 가지 스포츠 중에서 평균 참여 기간이 가장 짧았다. **5** 스케이트보드는 어린이들이 평균 12세에 중단한 스포츠였고, 그 평균 참여 기간은 골프와 같았다. **6** 한편, 어린이들은 육상경기에 참여하는 것을 평균 13세에 중단했으나, 평균 참여 기간은 여덟 개의 스포츠 중에서 가장 짧았다(→ 평균 참여 기간이 가장 짧았던 스포츠는 테니스였다).

제대로 접근법 모범답안

1○ **2**○ **3**○ **4**○ **5**×

제대로 독해법 모범답안

■ 직독 직해 ■

1~3행 어린이들이 마지막으로 정기적으로 참여한

3~4행 축구는 유일한 스포츠였다

7~9행 하지만 골프는 평균 참여 기간이 가장 짧았다

11~14행 어린이들은 육상경기에 참여하는 것을 중단했다

■ 제대로 어휘력 올리기 ■

1 table	2 average	3 regular
4 participation	5 length	6 survey
7 quit	8 meanwhile	9 track and field

■ 제대로 구문 이해하기 ■

that

정답인 이유   정답률 85%

⑤

어린이들이 육상경기를 평균 13세에 그만둔 것은 사실이나, 여덟 개의 종목 중에서 평균 참여 기간이 가장 짧은 것은 육상경기(2.0년)가 아닌 테니스(1.9년)이므로 ⑤는 표의 내용과 일치하지 않는다.

오답인 이유   매력적인 오답 ③ 6%

③

어린이들이 농구, 필드하키 그리고 골프를 중단한 평균 나이는 각각 11.2세, 11.4세, 11.8세로 세 종목 모두 어린이들이 12세가 되기 전에 중단한 스포츠이고, 세 종목의 평균 참여 기간은 순서대로 농구 3.2년, 필드하키 5.1년, 골프 2.8년인데 이 중 골프의 평균 참여 기간이 가장 짧으므로 ③은 표의 내용과 일치한다.

▶ 문제편 96쪽

DAY 8   도표 01~04   어휘 테스트

1 expenditures   2 wellness   3 bronze   4 younger   5 fewer
6 peers   7 regions   8 participation   9 visited   10 times
11 medals   12 quit   13 cultural   14 in total   15 respectively

안내문 01

선과 도형을 활용한 지문 분석

2020년 9월 고1 학력평가 28번

1 Springfield High School Book Fair

2 For all book lovers! **3** Come and enjoy the Springfield
└─병렬구조─┘
High School Book Fair.

4 Date & Time:

5 November 9 – 13, 2020

6 9:00 a.m. – 3:00 p.m.

7 Place: School Library

8 Special Programs:

9 Book Cover Design Contest

10 November 10, 11:00 a.m.

V'(조동사의 수동태: 조동사+be+p.p.)
11 Winners will get a gift certificate [that can be used at
└─주격 관·대
the book fair].

12 Closing Ceremony
    폐막식
13 November 13, 2:00 p.m.

14 Don't miss the opportunity to meet Rosa Park, this
              └─형용사적 용법─┘   └─=동격─┘
year's best-selling author.

15 Anyone [who wants to volunteer at the book fair]
              └─주격 관·대
must sign up online in advance.
     등록하다   사전에, 미리

지문 해석

1 Springfield 고등학교 도서 박람회
2 책을 사랑하는 모든 분들! **3** Springfield 고등학교 도서 박람회에 오셔
서 즐기세요.
4 날짜 & 시간:
5 2020년 11월 9일 – 13일
6 오전 9시 – 오후 3시
7 장소: 학교 도서관

8 특별 프로그램:
9 책 표지 디자인 대회
10 11월 10일, 오전 11시
11 수상자들은 도서 박람회에서 사용할 수 있는 상품권을 받게 됩니다.
12 폐막식
13 11월 13일, 오후 2시
14 올해의 베스트셀러 작가인 Rosa Park를 만날 기회를 놓치지 마세요.
15 도서 박람회에서 자원봉사하기를 원하는 사람은 누구든 사전에 온라인
등록을 해야 합니다.

제대로 접근법 모범답안

❶ ≠ **❷** ≠ **❸** ≠ **❹** = **❺** ≠

제대로 독해법 모범답안

■ 직독 직해 ■
2~3행 오셔서 즐기세요
10행 도서 박람회에서 사용할 수 있는
13~14행 기회를 놓치지 마세요
15~16행 온라인 등록을 해야 합니다

■ 제대로 어휘력 올리기 ■

1 fair	2 lover	3 cover
4 gift certificate	5 closing	6 ceremony
7 opportunity	8 sign up	9 in advance

■ 제대로 구문 이해하기 ■
to buy

정답인 이유

정답률 89%

④ 폐막식에서 올해의 베스트셀러 작가를 만날 기회가 제공된다.

폐막식에 대한 설명에서 올해의 베스트셀러 작가 Rosa Park을 만날 기
회를 놓치지 말라고 했으므로 ④는 안내문의 내용과 일치한다.

오답인 이유

매력적인 오답 ⑤ 3%

⑤ 현장에서 자원봉사 등록이 가능하다.

안내문 마지막 부분에 도서 박람회 자원봉사 참여를 희망하는 사람은
온라인으로 사전 등록을 해야 한다고 명시되어 있으므로 ⑤는 안내문
의 내용과 일치하지 않는다.

안내문 02

1 Welcome to Grand Park Zoo

2 Grand Park Zoo offers you a chance to explore the
    S   V   I.O.   D.O.   형용사적 용법
amazing animal kingdom!

3 Hours

4 Opens at 9 a.m., 365 days a year

5 Closes at 6 p.m.

6 Location

7 Madison Valley

8 It takes 20 minutes by car from City Hall.
   (시간이) ~걸리다   차로

9 Admission

10 Adults, $12 and ages 3-15, $4

11 Ages 2 and under, free
       ~이하

12 At the Zoo

13 No pets are allowed.
    S   V

14 You'll find wheelchair rentals and a first aid office.
   S   V   O1   O2

15 We are currently accepting bookings for guided tours.
  S   V (현재진행)

16 For more information or to make a booking, please
                    부사적 용법(목적)   make a booking: 예약하다
visit our office or call (912) 132-0371.

지문 해석

1 대공원 동물원에 오신 것을 환영합니다
2 대공원 동물원은 여러분에게 놀라운 동물 왕국을 탐험할 기회를 제공합니다!
3 시간
4 오전 9시 개장, 1년 365일
5 오후 6시 폐장
6 위치
7 Madison Valley
8 시청에서 차로 20분이 걸립니다.
9 입장료
10 성인 12달러 그리고 3세-15세 4달러
11 2세 이하 무료
12 동물원에
13 어떠한 애완동물도 허용되지 않습니다.
14 휠체어 대여소와 응급 처치소가 있습니다.

---

15 저희는 현재 가이드 투어에 대한 예약을 받고 있습니다.
16 더 많은 정보를 얻거나 예약을 하기 위해서는, 사무실을 방문하시거나 (912) 132-0371로 전화 주십시오.

제대로 접근법 모범답안

❶ =   ❷ =   ❸ =   ❹ ≠   ❺ =

제대로 독해법 모범답안

■직독 직해■
2~3행   놀라운 동물 왕국을 탐험할
14행   어떠한 애완동물도 허용되지 않습니다
16행   저희는 현재 예약을 받고 있습니다

■제대로 어휘력 올리기■

1 explore	2 amazing	3 kingdom
4 location	5 admission	6 first aid
7 currently	8 accept	9 booking

■제대로 구문 이해하기■
to learn

정답인 이유   정답률 94%

④ 애완동물을 데려갈 수 있다.

동물원에서 어떠한 애완동물도 허용되지 않는다고 했으므로 ④는 안내문의 내용과 일치하지 않는다.

오답인 이유   매력적인 오답 ⑤ 3%

⑤ 가이드 투어 예약을 받고 있다.

현재 가이드 투어에 대한 예약을 받고 있다고 했으므로 ⑤는 안내문과 일치하는 내용이다.

안내문 03

1 T-shirt Design Contest

2 We are looking for T-shirt designs for the Radio Music
현재진행시제(be동사+-ing)
Festival. **3** The Radio Music Festival team will select the

top five designs. **4** The one grand prize winner will be

chosen by online voting.
미래시제수동태(will be+p.p.)

5 Details

6 Deadline for submission: May 15, 2018
월 일, 년도

7 Three entries are allowed per participant.
수동태(be동사+p.p.)

8 Designs will be printed on white T-shirts.
미래시제수동태(will be+p.p.)

9 An entry can include up to three colors.
~까지

10 You can use the Radio Music Festival logo, but you're

not allowed to change its colors in any way.
수동태의 부정(be동사+not+p.p.)   어떤 식으로든

11 The winners will receive two T-shirts with their design
분사구문(with+명사+과거분사: ~가 …된 채로)

printed on them.

12 For more information, please visit our website at

www.rmfestival.org.

제대로 접근법 모범답안

① ≠   **②** ≠   **③** ≠   **④** ≠   **⑤** =

제대로 독해법 모범답안

■직독 직해■
2 행 티셔츠 디자인을 찾고 있습니다
3~4 행 온라인 투표를 통해
10~11 행 하지만 그것의 색상을 바꿀 수 없습니다
12 행 수상자는 티셔츠 두 장을 받게 됩니다

■제대로 어휘력 올리기■

1 look for	2 festival	3 prize
4 detail	5 deadline	6 submission
7 entry	8 include	9 receive

■제대로 구문 이해하기■
will be held

정답인 이유   정답률 71%

⑤ 수상자는 자신의 디자인이 인쇄된 티셔츠를 받는다.

   마지막 부분의 수상자는 자신의 디자인이 인쇄된 티셔츠 두 장을 받게 된다는 말을 통해서 ⑤가 일치하는 내용임을 알 수 있다.

오답인 이유   매력적인 오답 ① 12%

① 온라인 투표를 통해 상위 다섯 개의 디자인을 선택한다.

   온라인 투표를 통해 상위 다섯 개의 디자인을 선택하는 것이 아니라 Radio Music Festival 팀이 상위 다섯 개의 디자인을 선택할 것이고, 그 중 대상 수상자 한 명을 온라인 투표를 통해 선택할 것이라고 말하고 있으므로 ①은 일치하지 않는다.

지문 해석

1 티셔츠 디자인 콘테스트
2 Radio Music Festival을 위한 티셔츠 디자인을 찾고 있습니다. **3** Radio Music Festival 팀이 상위 다섯 개의 디자인을 선택할 것입니다. **4** 대상 수상자 한 명은 온라인 투표를 통해 선택될 것입니다.
5 세부 사항
6 제출 마감일: 2018년 5월 15일
7 참가자 한 명당 세 개의 출품작이 허용됩니다.
8 디자인은 흰색 티셔츠에 인쇄될 것입니다.
9 출품작은 세 가지 색상까지 포함할 수 있습니다.
10 Radio Music Festival 로고를 사용할 수 있지만, 어떤 식으로든 그것의 색상을 바꿀 수 없습니다.
11 수상자는 자신의 디자인이 인쇄된 티셔츠 두 장을 받게 됩니다.
12 더 많은 정보를 얻으시려면, 저희 웹사이트 www.rmfestival.org를 방문하세요.

안내문 04

1 Sustainable Mobility Week 2019

2 This annual event (for clean and sustainable transport)
_S
runs from Nov 25 to Dec 1. **3** The slogan for the event
_V   _{from A to B: A에서 B까지}
changes every year, and this year it is *Walk with Us!*

4 You can participate in the activities below.
     _{~에 참여하다}

5 Walking Challenge:

6 Try to walk over 20,000 steps during the weekend of
_{try+to부정사: ~하려고 노력하다}   _{~동안}
the event to promote a clean environment.
     _{부사적 용법(목적)}

7 Selecting Sustainable Mobility:

8 Use public transport or a bicycle instead of your own
             _{~대신에}
car.

9 Participants [who complete both activities] are
_S   _{주격 관·대}
qualified to apply for the Sustainable Mobility Week
_{V(수동태: be동사+p.p.)}   _{~에 지원하다}
Awards.

10 Participants must register online. www.sustainablemo
bilityweek.org

지문 해석

1 지속 가능한 이동 주간 2019
2 깨끗하고 지속 가능한 교통수단을 위한 이 연례 행사는 11월 25일부터
12월 1일까지 진행합니다. **3** 이 행사의 슬로건은 매년 바뀌며, 올해는 '우리
와 함께 걸어요!'입니다. **4** 여러분은 아래의 활동들에 참여할 수 있습니다.
5 걷기 도전:
6 깨끗한 환경을 증진시키기 위해 이 행사의 주말 동안 2만보 넘게 걷도록
노력하세요.
7 지속 가능한 이동 선택하기:
8 여러분 자신의 차 대신에 대중교통이나 자전거를 이용하세요.
9 두 가지 활동 모두를 완료한 참가자들은 지속 가능한 이동 주간 상에 지
원할 자격이 주어집니다.
10 참가자들은 온라인으로 등록해야 합니다. www.sustainablemobility
week.org

---

❶ =   **❷** =   **❸** =   **❹** ≠   **❺** =

■직독 직해■
2~3행   깨끗하고 지속 가능한 교통수단을 위한
6~7행   깨끗한 환경을 증진시키기 위해
10~11행   지원할 자격이 주어집니다

■제대로 어휘력 올리기■

1 sustainable	2 mobility	3 annual
4 transport	5 slogan	6 promote
7 participant	8 complete	9 qualify

■제대로 구문 이해하기■
to talk

정답인 이유   정답률 89%

④ 한 가지 활동을 완료한 참가자는 수상 자격이 있다.

안내문에 제시된 두 가지 활동을 모두 완료한 참가자들에게 수상에 지
원할 자격이 주어진다고 했으므로 ④는 안내문의 내용과 일치하지 않
는다.

오답인 이유   매력적인 오답 ③ 4%

③ 대중교통이나 자전거를 이용하는 활동이 있다.

올해 행사의 슬로건이 '우리와 함께 걸어요!'이기 때문에 걷기 활동만
진행한다고 생각할 수 있지만, 걷기 도전 외에도 대중교통이나 자전거
를 이용하는 활동 역시 안내문에 제시되어 있으므로 ③은 안내문의 내
용과 일치한다.

▶ 문제편 106쪽

DAY 9   안내문 01~04   어휘 테스트

1 rentals	2 ceremony	3 mobility	4 voting	5 annual
6 author	7 amazing	8 prize	9 submission	10 select
11 sign up	12 receive	13 promote	14 booking	15 qualified

일치 01

선과 도형을 활용한 지문 분석
2023년 3월 고1 학력평가 26번

1 Lilian Bland was born in Kent, England in 1878.
2 [Unlike most other girls at the time] she wore trousers
（전치사구）（㉓ ~와는 달리 / 그 당시）
and spent her time enjoying adventurous activities like
（spend+시간+ing: ~하는 데 시간을 보내다 / ㉓ ~같은）
horse riding and hunting. **3** Lilian began her career as a
（㉓ ~로서）
sports and wildlife photographer for British newspapers.
4 In 1910 she became the first woman to design, build,
（형용사적 용법）
and fly her own airplane. **5** In order to persuade her to
（~하기 위해(목적) / persuade A to V:）
try a slightly safer activity, Lilian's dad bought her a car. **6**
（A가 ~하도록 설득하다 / V(수여동사) I.O. D.O.）
Soon Lilian was a master driver and ended up working as
（end up+ing: 결국 ~하게 되다）
a car dealer. **7** She never went back to flying but lived a
（go back to+ing: ~을 다시 시작하다）
long and exciting life nonetheless. **8** She married, moved
（㉓ 그렇더라도 / S   V1   V2）
to Canada, and had a kid. **9** Eventually, she moved back
（V3 / ㉓ 결국 / S   V1）
to England, and lived there for the rest of her life.
（V2）

[문법 돋보기]

• 4형식 문장
4형식 문장은 「주어 + 동사 + 간접목적어 + 직접목적어」의 형태를 가지며,
'~에게 …을 해 주다'라는 의미이다. 보통 간접목적어로는 사람이, 직접목적어로는 사물이 쓰인다. 4형식 문장 구조를 가지는 수여동사로는 give, tell, send, buy, ask, teach 등이 있다.

5 In order to persuade her to try a slightly safer activity, Lilian's dad bought her a car.
（V   I.O.   D.O.）

지문 해석

1 Lilian Bland는 1878년 영국 Kent에서 태어났다. **2** 그 당시 대부분의 다른 여자아이들과 달리 그녀는 바지를 입었고, 승마와 사냥 같은 모험적인 활동을 즐기며 시간을 보냈다. **3** Lilian은 영국 신문사의 스포츠와 야생 동물 사진작가로 자신의 경력을 시작했다. **4** 1910년에 그녀는 자신의 비행기를 설계하고, 제작하고, 비행한 최초의 여성이 되었다. **5** 그녀가 조금 더 안전한 활동을 하도록 설득하기 위해, Lilian의 아버지는 그녀에게 자동차를 사 주었다. **6** 곧 Lilian은 뛰어난 운전자가 되었고 결국 자동차 판매원으로 일하게 되었다. **7** 그녀는 결코 비행을 다시 시작하지 않았지만, 그렇더라도 오랫동안 흥미진진한 삶을 살았다. **8** 그녀는 결혼해서 캐나다로 이주했고 아이를 낳았다. **9** 결국 그녀는 영국으로 돌아와 그곳에서 남은 생을 보냈다.

제대로 접근법 모범답안

❶ = ❷ = ❸ = ❹ = ❺ ≠

제대로 독해법 모범답안

■ 직독 직해 ■
1~3행 그리고 모험적인 활동을 즐기며 시간을 보냈다
5~6행 자신의 비행기를 설계하고 제작하고 비행한
6~7행 약간 더 안전한 활동을 시도하도록
10~11행 그녀는 영국으로 돌아왔다

■ 제대로 어휘력 올리기 ■

1 adventurous	2 career	3 photographer
4 design	5 persuade	6 slightly
7 master	8 end up ~ing	9 nonetheless

■ 제대로 구문 이해하기 ■
browsing

정답인 이유
정답률 92%

⑤ 캐나다에서 생의 마지막 기간을 보냈다.

Lilian은 캐나다가 아니라 영국으로 돌아와 남은 생을 보냈다(moved back to England, and lived there for the rest of her life)고 했으므로 ⑤는 글의 내용과 일치하지 않는다.

오답인 이유
매력적인 오답 ④ 3%

④ 자동차 판매원으로 일하기도 했다.

Soon Lilian was a master driver and ended up working as a car dealer.를 통해 Lilian이 자동차 판매원으로 일했음을 알 수 있다.

일치 02

1 Tomas Luis de Victoria, the greatest Spanish composer
of the sixteenth century, was born in Avila and as a boy
sang in the church choir. **2** [When his voice broke], he
went to Rome to study and he remained in that city
for about 20 years, [holding appointments at various
churches and religious institutions]. **3** In Rome, he met
Palestrina, a famous Italian composer, and may even
have been his pupil. **4** In the 1580s, [after becoming a
priest], he returned to Spain and spent the rest of his
life peacefully in Madrid as a composer and organist to
members of the royal household. **5** He died in 1611,
but his tomb has yet to be identified.

[문법 돋보기]

• to부정사의 수동태
to부정사는 동사의 성질을 가지고 있어서 동사처럼 수동태를 나타낼 수도
있다. 단순수동태는 「to be+p.p.」로, 완료수동태는 「to have+p.p.」의 형태
로 나타낸다.

5 He died in 1611, but his tomb has yet to be identified.
                                                   to be+p.p.
주어인 his tomb이 확인하는 것이 아니라 확인되는 것이므로 to be
identified라는 수동태로 썼다.

제대로 접근법 모범답안

1 =   **2** =   **3** =   **4** ≠   **5** =

제대로 독해법 모범답안

■직독 직해■
3~5행 그는 공부하기 위해 로마로 갔다
5~6행 그리고 심지어 그의 제자였을지도 모른다
6~9행 사제가 되고 난 후

■제대로 어휘력 올리기■

1 composer	2 century	3 choir
4 appointment	5 various	6 institution
7 pupil	8 priest	9 royal

■제대로 구문 이해하기■
may have benefited

정답인 이유   정답률 85%

④ 스페인으로 돌아온 후 사제가 되었다.

스페인으로 돌아온 후 사제가 된 것이 아니라 사제가 된 후에(after
becoming a priest) 스페인으로 돌아갔다(returned to spain). 그러므
로 ④는 글의 내용과 일치하지 않는다.

오답인 이유   매력적인 오답 ⑤ 5%

⑤ 무덤은 아직 확인되지 않았다.

「have yet+to부정사」는 '아직 ~하지 않았다'는 뜻이고, 수동태 be
identified는 '확인되다'의 의미이므로, '그의 무덤이(his tomb) 아직 확
인되지 않았다(has yet to be identified)'로 해석되어 일치하는 내용임
을 알 수 있다.

지문 해석

1 16세기 스페인의 위대한 작곡가, Tomas Luis de Victoria는 아빌라에서
태어나 소년 시절 교회 합창단에서 노래했다. **2** 변성기가 되었을 때 그는
공부하기 위해 로마로 가서, 다양한 교회와 종교 기관에서 직책을 맡으며,
약 20년 동안 그 도시에 머물렀다. **3** 로마에서 그는 유명한 이탈리아 작곡
가인 Palestrina를 만났는데, 심지어 그의 제자였을지도 모른다. **4** 사제가
되고 난 후, 1580년대에 그는 스페인으로 돌아와 왕가의 작곡가이자 오르
간 연주자로 마드리드에서 평화롭게 여생을 보냈다. **5** 그는 1611년에 사
망했으나, 그의 무덤은 아직 확인되지 않았다.

일치 03

1 Ellen Church <u>was born</u> in Iowa in 1904. **2** [After
수동태(be+p.p.)   접속사가 있는 분사구문
graduating from Cresco High School], <u>she</u> <u>studied</u>
     S   V1
nursing <u>and</u> <u>worked</u> (as) a nurse in San Francisco. **3** She
   V2
suggested (to) Boeing Air Transport [that <u>nurses</u> <u>should</u>
      명사절   S'   V'
take care of passengers (<u>during</u> flights) {because most
         전 ~동안에   이유의 부사절
people <u>were frightened of</u> flying}]. **4** In 1930, <u>she</u>
     be frightened of: ~을 무서워하다   S
<u>became</u> the first female flight attendant in the U.S. <u>and</u>
  V1
<u>worked</u> on a Boeing 80A |from| Oakland, California |to|
  V2   from A to B: A에서 B까지
Chicago, Illinois. **5** Unfortunately, a car accident injury
<u>forced her to end</u> her career after only eighteen months.
force A to V: A가 (어쩔 수 없이) ~하게 하다
6 Church started nursing again at Milwaukee County
Hospital after she <u>graduated from</u> the University of
          graduate from: ~을 졸업하다
Minnesota with a degree in nursing education. **7** (During
World War II), <u>she</u> <u>served</u> (as) a captain in the Army Nurse
        S   V1(serve as: ~로 근무하다)
Corps <u>and</u> <u>received</u> an Air Medal. **8** Ellen Church Field
        V2
Airport in <u>her hometown, Cresco, was named after</u> her.
        └ = 동격 ┘   be named after: ~의 이름을 따다

[문법 돋보기]

• 가정법 현재
주장, 요구, 명령, 제안 등을 나타내는 동사나 명사 다음에 이어지는 that절
의 내용이 당위성을 갖는 경우, 가정법 현재인 「(should) + 동사원형」으로
표현하며 이때 should는 생략이 가능하다.

3 She suggested to Boeing Air Transport that nurses (should) take care
    제안을 나타내는 동사   접속사   should+동사원형
of passengers during flights because most people were frightened of
flying.

지문 해석

1 Ellen Church는 1904년에 아이오와 주에서 태어났다. **2** Cresco 고등
학교를 졸업한 후, 그녀는 간호학을 공부했고 샌프란시스코에서 간호사로
일했다. **3** 그녀는 대부분의 사람들이 비행을 무서워하기 때문에 간호사가
비행 중에 승객들을 돌봐야 한다고 Boeing Air Transport에 제안했다. **4**
1930년에 그녀는 미국 최초의 여성 비행기 승무원이 되어 캘리포니아 주
Oakland에서 일리노이 주 Chicago를 오가는 Boeing 80A를 타고 근무했
다. **5** 불행하게도, 자동차 사고 부상으로 그녀는 겨우 18개월 후에 일을
그만두어야 했다. **6** Church는 간호 교육학 학위를 받으며 미네소타 대학
을 졸업한 후 Milwaukee County 병원에서 다시 간호사 일을 시작했다. **7**
제2차 세계대전 동안 그녀는 육군 간호 부대에서 대위로 복무했고 항공 훈
장을 받았다. **8** 그녀의 고향인 Cresco에 있는 Ellen Church Field 공항은
그녀의 이름을 따서 이름 붙여졌다.

제대로 접근법 모범답안

❶ = **❷** = **❸** = **❹** ≠ **❺** =

제대로 독해법 모범답안

■ 직독 직해 ■
3~5행 간호사가 승객들을 돌봐야 한다고
5~7행 그녀는 최초의 여성 비행기 승무원이 되었다
10~12행 그녀는 육군 간호 부대에서 대위로 복무했다

■ 제대로 어휘력 올리기 ■

1 nursing	2 passenger	3 frightened
4 flight attendant	5 career	6 degree
7 serve	8 captain	9 name after

■ 제대로 구문 이해하기 ■
to trace

😊 정답인 이유   정답률 87%

④ 자동차 사고로 다쳤지만 비행기 승무원 생활을 계속했다.

Church는 자동차 사고에서 입은 부상으로 인해 비행기 승무원으로 근
무한 지 18개월 만에 일을 그만두어야(end her career) 했으므로 ④는
글의 내용과 일치하지 않는다.

😈 오답인 이유   매력적인 오답 ② 3%

② 간호사가 비행 중에 승객을 돌봐야 한다고 제안했다.

Church는 Boeing Air Transport에 대부분의 사람이 비행을 무서워하
기 때문에 간호사가 비행 중에 승객을 돌봐야 한다고(nurses should
take care of passengers) 제안했으므로 ②는 글의 내용과 일치한다.

일치 04

1 Mary Cassatt was born in Pennsylvania, the fourth
= 동격
of five children (who was) [born in her well-to-do family].
과거분사구   부유한

2 Mary Cassatt and her family traveled throughout
전) ~전체에
Europe in her childhood. **3** Her family did not approve
시간 부사절
[when she decided to become an artist], but her desire
접) ~ 할 때   decide to V: ~하기로 결심하다   형용사적 용법
was so strong, she bravely took the steps to make art
(that)   take the steps: 과정을 밟다, 조치를 취하다   make+목적어+
her career. **4** She studied first in Philadelphia and then
목적격보어(명사)   S   V1
went to Paris to study painting. **5** She admired the
V2   부사적 용법(목적)   S   V1
work of Edgar Degas and was able to meet him in Paris,
V2
which was a great inspiration. **6** [Though she never had
계속적 용법(= and it)   접) (비록) ~이긴 하지만
children of her own], she loved children and painted
자기의   S   V1   V2
portraits of the children (of her friends and family).

7 Cassatt lost her sight at the age of seventy, and, sadly,
lose one's sight: 시력을 잃다   ~세의 나이에   슬프게도
was not able to paint during the later years of her life.
전) ~동안

[문법 돋보기]

• 관계대명사의 계속적 용법
계속적 용법이란 관계대명사 앞에 콤마(,)를 써서 선행사와 관계사절을 구분하며, 앞에 나온 명사나 구, 절에 대해 부연 설명하는 용법이다. 본문에서는 관계대명사 which가 앞의 She ~ was able to meet him in Paris를 선행사로 취하고 있고, 절은 단수 취급하므로 관계사절의 동사로 과거형 단수 동사 was가 쓰였다.

5 She admired the work of Edgar Degas and was able to meet him in Paris, which was a great inspiration.
관계대명사 계속적 용법
= She admired the work of Edgar Degas and was able to meet him in Paris **and it** was a great inspiration.

지문 해석

1 Mary Cassatt은 부유한 가정의 다섯 자녀들 중 넷째로 펜실베이니아에서 태어났다. **2** 유년 시절에 Mary Cassatt과 그녀의 가족은 유럽 전역을 여행했다. **3** 그녀가 화가가 되려고 결심했을 때 그녀의 가족은 찬성하지

않았지만, 그녀의 열망은 매우 강해서, 미술을 그녀의 직업으로 삼기 위한 과정을 용감하게 밟아나갔다. **4** 그녀는 먼저 필라델피아에서 공부했고 그런 다음 그림을 공부하기 위해 파리로 갔다. **5** 그녀는 Edgar Degas의 작품을 존경했고 파리에서 그를 만날 수 있었는데, 그것은 큰 영감이 되었다. **6** 비록 그녀는 자기 자녀는 없었지만, 아이들을 사랑했고 그녀의 친구들과 가족의 자녀의 초상화를 그렸다. **7** Cassatt은 70세에 시력을 잃었고, 슬프게도, 노년에는 그림을 그릴 수 없었다.

제대로 접근법 모범답안

❶ =   **❷** =   **❸** =   **❹** ≠   **❺** =

제대로 독해법 모범답안

■직독 직해■
2~3행   유럽 전역을 여행했다
3~5행   미술을 그녀의 직업으로 삼기 위한
6~8행   그녀는 Edgar Degas의 작품을 존경했다

■제대로 어휘력 올리기■
1 well-to-do	2 approve	3 desire
4 bravely	5 career	6 admire
7 inspiration	8 portrait	9 lose one's sight

■제대로 구문 이해하기■
made

정답인 이유   정답률 87%

④ 자기 자녀의 초상화를 그렸다.

본문에 따르면 Cassatt에게는 자녀가 없었지만 아이들을 사랑했고, 그녀의 친구들과 가족의 자녀(the children of her friends and family)의 초상화를 그렸다고 했으므로 ④는 글의 내용과 일치하지 않는다.

오답인 이유   매력적인 오답 ⑤ 3%

⑤ 70세에 시력을 잃었다.

마지막 문장에서 Cassatt이 70세의 나이로 시력을 잃었다(lost her sight)고 했으므로 ⑤는 글의 내용과 일치한다.

▶ 문제편 116쪽

DAY 10   일치 01~04   어휘 테스트

1 well-to-do   2 female   3 master   4 injury   5 composer
6 slightly   7 portraits   8 choir   9 inspiration   10 identified
11 approve   12 appointments   13 named   14 lost   15 career

어법 01

선과 도형을 활용한 지문 분석 2022년 11월 고1 학력평가 29번

1 You may have seen headlines in the news about
　may have p.p.: ~했을지도 모른다
some of the things [machines {powered by artificial
　　　　　　　　(목적격 관·대 생략)　　└ 과거분사구
intelligence} can do]. **2** However, [if you were to
　　　　　　　　　　　　　　　　　가정법 과거의 조건절
consider all the tasks {that AI-powered machines could
　　　　　　선행사　　└목적격 관·대
actually perform}], it would be quite mind-blowing!
　　　　　　　　　　　가정법 과거의 주절
3 One of the key features of artificial intelligence is
└명사절 접속사(보어)　S(one of + 복수명사: ~ 중 하나 – 단수 취급)　　V(단수)
that it enables machines to learn new things, rather
　　　　enable A to V: A가 ~할 수 있도록 하다　　　~라기보다는
than requiring programming [specific to new tasks].
　　　　　　　　　　　　　(which is)
4 Therefore, the core difference between computers
　　　　　　　　　　S　　└between A and B: A와 B 사이에
of the future and those of the past is [that future
　　　　　　and = computers　　V　명사절 접속사(보어)
computers will be able to learn and self-improve]. **5** In
the near future, smart virtual assistants will know more
가까운 미래에　　　　　　　　　　　　　　비교급+than
about you than your closest friends and family members
do. **6** Can you imagine [how that might change our
= know　　　　　간접의문문(의문사+주어+동사)　　└관계부사(이유)
lives]? **7** These kinds of changes are exactly [why it is
　　　　　　　　　　　　　　　　　　　　　　　가주어
so important to recognize the implications {that new
　　　　　진주어　　　　선행사　　└목적격 관·대
technologies will have for our world}].

[문법 돋보기]

• 조동사 + have p.p.
「조동사 + have p.p.」는 과거 사실에 대한 추측이나 유감을 나타낸다.

must have p.p.	~했음에 틀림없다 (강한 추측)
should have p.p.	~했어야 했다 (후회·유감)
can't[cannot] have p.p.	~을 리가 없다 (강한 부정의 추측)
may[might] have p.p.	~했을지도 모른다 (약한 추측)

1 You may have seen headlines in the news about some of the
　　　may have p.p.
things ~.

지문 해석

1 여러분은 인공 지능으로 작동되는 기계가 할 수 있는 몇 가지 일에 대한 헤드라인들을 뉴스에서 보았을지도 모른다. **2** 하지만, AI로 작동되는 기계가 실제로 수행할 수 있는 모든 작업을 고려한다면, 그것은 꽤 놀라울 것이다! **3** 인공 지능의 핵심 특징들 중 하나는 그것이 새로운 작업에 특화된 프로그래밍을 필요로 하기보다는 기계들이 새로운 것을 학습할 수 있게 한다는 것이다. **4** 그러므로, 미래의 컴퓨터와 과거의 컴퓨터의 핵심적인 차이점은 미래의 컴퓨터가 학습하고 스스로 개선할 수 있을 것이라는 점이다. **5** 가까운 미래에, 스마트 가상 비서는 여러분의 가장 가까운 친구나 가족보다 여러분에 대해 더 많이 알게 될 것이다. **6** 여러분은 그것이 우리의 삶을 어떻게 변화시킬지 상상할 수 있는가? **7** 이러한 종류의 변화가 바로 새로운 기술이 우리 세계에 미칠 영향을 인식하는 것이 아주 중요한 이유이다.

제대로 접근법 모범답안

❶ computers ❷ know

제대로 독해법 모범답안

■**직독 직해**■
1~2행 인공 지능으로 작동되는 기계가 할 수 있는
4~6행 새로운 작업에 특화된
11~13행 그 영향을 인식하는 것이

■**제대로 어휘력 올리기**■

1 artificial	2 consider	3 mind-blowing
4 feature	5 core	6 virtual
7 assistant	8 recognize	9 implication

■**제대로 구문 이해하기**■
that

정답인 이유 정답률 51%

④ **are**

앞에 나온 동사 know의 반복을 피하기 위해 쓰인 대동사로, know는 일반동사이므로 be동사가 아닌 do동사로 써야 한다.

오답인 이유 매력적인 오답 ③ 26%

③ **those**

「between A and B」 구문에서 문맥상 A와 B에 해당하는 것은 각각 computers of the future와 computers of the past이다. 반복되고 있는 명사가 복수 형태인 computers이므로 복수 대명사 those가 쓰인 것은 적절하다.

어법 02

1 Plastic is extremely slow to degrade and <u>tends to</u>
~하는 경향이 있다
↗= plastic
<u>float, which allows it to travel</u> in ocean currents for
계속적 용법(= and it)   allow+목적어+to부정사: 목적어가 ~하게 허락하다
<u>thousands of</u> miles. **2** Most plastics <u>break down</u> into
수천의   분해되다
<u>smaller and smaller</u> pieces when exposed to ultraviolet
비교급 and 비교급: 점점 더 ~한   (they are 생략)
(UV) light, [forming microplastics]. **3** These microplastics
    ↳ 분사구문(= and they formed ~)
are very <u>difficult to measure</u> [once they are small enough
        ↗ 부사적 용법(형용사 수식)   접 일단 ~하면   ~할 만큼 충분히 …한
<u>to pass through</u> the nets {typically used to collect them}].
통과하다
4 <u>Their impacts</u> (on the marine environment and food
   S   전치사구
webs) <u>are</u> still poorly <u>understood</u>. **5** These tiny particles
             V(수동태: be동사+p.p.)
<u>are known</u> to <u>be eaten</u> by various animals and to get
수동태(be동사+p.p.) to부정사의 수동태(to be+p.p.)
into the <u>food chain</u>. **6** Because <u>most of the plastic</u>
      먹이 사슬
<u>particles</u> in the ocean <u>are</u> so small, there <u>is</u> no practical
most of+복수명사 ⟶ 복수동사   V
<u>way to clean</u> up the ocean. **7** One would have to filter
  S ↗ 형용사적 용법(way 수식)
enormous amounts of water <u>to collect</u> a relatively small
                      부사적 용법(목적)
amount of plastic.

[문법 돋보기]

• 「비교급+and+비교급」: 점점 더 ~한[하게]

2 Most plastics break down into <u>smaller and smaller</u> pieces ~.
                         비교급+and+비교급

cf. 비교급이 「more+원급」인 경우에는 「more and more+원급」을 사용한다.

The game was getting <u>more and more exciting</u>.
                  more exciting and more exciting (×)
그 게임은 점점 더 흥미로워졌다.

직도 제대로 이해되지 않고 있다. **5** 이 작은 조각들은 다양한 동물에게 먹혀 먹이 사슬 속으로 들어간다고 알려져 있다. **6** 바다 속에 있는 대부분의 플라스틱 조각들은 매우 작기 때문에 바다를 청소할 실질적인 방법은 없다. **7** 비교적 적은 양의 플라스틱을 수거하기 위해 엄청난 양의 물을 여과해야 할 수도 있다.

제대로 접근법 모범답안

❶ 복수 ❷ are

제대로 독해법 모범답안

■직독 직해■
1~2행   그리고 물에 떠다니는 경향이 있다
4~6행   일단 그것들이 그물망을 통과할 만큼 충분히 작아지면
9~10행   비교적 적은 양의 플라스틱을 수거하기 위해

■제대로 어휘력 올리기■

1 float	2 expose	3 ultraviolet
4 measure	5 typically	6 marine
7 particle	8 practical	9 enormous

■제대로 구문 이해하기■
asked

정답인 이유   정답률 30%

③ themselves

③에서 collect의 목적어가 의미상 주체인 the nets가 아니라 주어에서 언급된 These microplastics를 가리키므로 themselves가 아닌 them으로 써야 한다.

오답인 이유   매력적인 오답 ② 29%

② forming

분사구문에서 주어를 생략했기 때문에 주절의 주어(Most plastics)와 분사구문의 주어가 일치하는 경우로, Most plastics가 form하는 주체이므로 능동의 의미를 나타내는 현재분사 forming을 쓰는 것은 적절하다.

지문 해석

1 플라스틱은 매우 느리게 분해되고 물에 떠다니는 경향이 있는데, 이는 플라스틱이 해류를 따라 수천 마일을 돌아다니게 한다. **2** 대부분의 플라스틱은 자외선에 노출될 때 점점 더 작은 조각으로 분해되어 미세 플라스틱을 형성한다. **3** 이러한 미세 플라스틱은 일단 그것들을 수거하는 데 일반적으로 사용되는 그물망을 통과할 만큼 충분히 작아지면 측정하기가 매우 어렵다. **4** 미세 플라스틱이 해양 환경과 먹이 그물에 미치는 영향은 아

어법 03

1 Non-verbal communication is not a substitute for
~의 대체물
verbal communication. **2** Rather, it should function
뜻 오히려   ~로서 기능하다
as a supplement, [serving to enhance the richness
분사구문   부사적 용법
of the content of the message {that is being passed
주격 관·대   현재진행 수동태
across}]. **3** Non-verbal communication can be useful
in situations [where speaking may be impossible or
선행사   관계부사   S'   V'
inappropriate]. **4** Imagine you are in an uncomfortable
명령문 (that)
position [while talking to an individual]. **5** Non-verbal
접속사가 있는 분사구문
communication will help you get the message across to
get A across to: A가 ~에게 전달되다
him or her to give you some time off the conversation
형용사적 용법(the message 수식)   젠 ~에서 벗어나
to be comfortable again. **6** Another advantage of
부사적 용법(목적)   S
non-verbal communication is [that it offers you the
V   접속사 S'   V'   I.O
opportunity to express emotions and attitudes properly].
D.O.   →전치사구   형용사적 용법
7 (Without the aid of non-verbal communication),
~의 도움 없이는
there are several aspects of your nature and personality
[that will not be adequately expressed]. **8** So, (again),
주격 관·대   삽입
it does not substitute verbal communication but rather
not A but (rather) B: A가 아니라 (오히려) B
complements it.

[문법 돋보기]

• 접속사 + 분사구문
분사구문은 부사절을 현재분사(-ing)나 과거분사(p.p.)로 시작하는 구로 나
타내는 것을 말한다. 분사구문으로 전환할 때, 분사구문의 의미를 명확하게
하기 위해서 접속사를 생략하지 않는 경우도 있다.

4 Imagine you are in an uncomfortable position while talking to an
접속사가 있는 분사구문
individual.
= Imagine you are in an uncomfortable position while you talk to an
individual.

지문 해석

1 비언어적 의사소통은 언어적 의사소통의 대체물이 아니다. **2** 오히려,
그것은 전달되고 있는 메시지 내용의 풍부함을 강화시키는 데 도움을 주면
서, 보충으로서 기능해야 한다. **3** 비언어적 의사소통은 말하기가 불가능

하거나 부적절한 상황에서 유용할 수 있다. **4** 여러분이 어떤 사람과 이야
기하는 동안 불편한 입장에 있다고 상상해 보라. **5** 비언어적 의사소통은
여러분이 다시 편안해지도록 대화에서 잠깐 벗어날 시간을 달라는 메시지
가 그 사람에게 전달되도록 도와줄 것이다. **6** 비언어적 의사소통의 또 다
른 장점은 여러분에게 감정과 태도를 적절하게 표현할 기회를 제공한다는
것이다. **7** 비언어적 의사소통의 도움이 없다면 적절하게 표현되지 못할
여러분의 본성과 성격의 여러 측면들이 있다. **8** 따라서 다시 말하면, 그것
은 언어적 의사소통을 대체하는 것이 아니라 오히려 그것을 보완한다.

제대로 접근법 모범답안

❶ 능동 ❷ that

제대로 독해법 모범답안

■ **직독 직해** ■
2~4행   그것은 보충으로서 기능해야 한다
5~6행   여러분이 불편한 입장에 있다고
13~14행   그것은 언어적 의사소통을 대체하는 것이 아니다

■ **제대로 어휘력 올리기** ■

1 non-verbal	2 substitute	3 function
4 enhance	5 richness	6 content
7 inappropriate	8 adequately	9 complement

■ **제대로 구문 이해하기** ■
come

정답인 이유   정답률 54%

④ what

선행사를 포함하는 관계대명사 what은 뒤에 불완전한 문장이 오지만,
뒤에 4형식(it offers you the opportunity~)의 완전한 문장이 제시되
어 있으므로 명사절을 이끄는 접속사 that이 와야 한다. 해당 문장에서
접속사 that이 이끄는 명사절은 주격 보어 역할을 한다.

오답인 이유   매력적인 오답 ② 19%

② where

선행사 situations는 공간적 개념을 나타내는 명사이고 뒤에 완전한 문
장(S+V+C)이 나오므로 관계부사 where의 쓰임은 적절하다.

어법 04

1 Positively or negatively, our parents and families are powerful influences on us. **2** But even stronger,
(비교급 강조)
[especially when we're young], are our friends. **3** We
(시간의 부사절)   (V)(S)
often choose friends as a way of expanding our sense of
(전)~로서 (전치사 + 동명사(전치사의 목적어))
identity beyond our families. **4** As a result, the pressure
(전)~를 넘어 (그 결과) (S)
to conform to the standards and expectations of friends
(형용사적 용법)
and other social groups is likely to be intense. **5** Judith
V(be likely to: ~할 가능성이 있다)
Rich Harris, [who is a developmental psychologist],
(S) (주격 관·대)
argues [that three main forces shape our development:
(V) (접속사) (S') (V')
personal temperament, our parents, and our peers].

6 The influence of peers, (she argues), is much stronger
(S) (삽입) (V) (비교급 강조)
than that of parents. **7** "The world [that children share
= the influence (S) (목적격 관·대)
with their peers]," (she says), "is [what shapes their
(삽입) (V) (관계대명사절(보어)) (V'1)
behavior and modifies the characteristics {they were
(V'2) (목적격 관·대 생략)
born with}, and hence determines the sort of people
(부)따라서 (V'3)
they will be {when they grow up}]."

[문법 돋보기]

• 도치 구문
장소·방향을 나타내는 부사(구) 또는 보어로 쓰인 형용사를 강조하기 위해 문장 맨 앞으로 보내면 주어와 자동사를 도치시켜야 하는데, 이때 동사는 도치된 주어와 수를 일치시킨다.

2 But even stronger, [especially when we're young], are our friends.
         C   V   S

  = But our friends are even stronger, especially when we're young.
           S   V   C

cf. In front of my house stands a small tree.
          부사구   V   S
우리 집 앞에 작은 나무 한 그루가 서 있다.

지문 해석

1 긍정적으로든 부정적으로든, 우리의 부모와 가족은 우리에게 강력한 영향을 미치는 사람이다. **2** 하지만 특히 우리가 어렸을 때, 훨씬 더 강한 영향을 미치는 것은 우리의 친구들이다. **3** 우리는 흔히 가족의 범위를 넘어서 우리의 정체성을 확장하는 방법으로 친구들을 선택한다. **4** 그 결과, 친

구와 다른 사회 집단의 기준과 기대에 따라야 한다는 압박감이 심해질 가능성이 있다. **5** 발달 심리학자 Judith Rich Harris는 세 가지의 주요한 영향력이 우리의 발달을 형성한다고 주장한다: 개인적인 기질, 우리의 부모, 우리의 또래들. **6** 또래들의 영향은 부모의 영향보다 훨씬 더 강하다고 그녀는 주장한다. **7** "아이들이 그들의 또래들과 공유하는 세상은 그들의 행동을 형성하는 것이고 그들이 가지고 태어난 특성을 변경하는 것이며, 따라서 그들이 자라서 될 사람의 종류를 (어떤 사람이 될지를) 결정하는 것이다."라고 그녀는 말한다.

제대로 접근법 모범답안

❶ 동사 ❷ 목적어

제대로 독해법 모범답안

■ 직독 직해 ■
3~4행 우리의 정체성을 확장하는 방법으로
4~6행 따라야 한다는 압박감이
9~10행 부모의 영향보다 훨씬 더 강하다고
10~13행 그들이 될 사람의 종류를

■ 제대로 어휘력 올리기 ■

1 influence	2 pressure	3 conform
4 standard	5 expectation	6 intense
7 shape	8 modify	9 characteristic

■ 제대로 구문 이해하기 ■
that

정답인 이유   정답률 54%

④ arguing

주어(Judith Rich Harris) 뒤에 주어를 수식하는 주격 관계대명사 절이 삽입된 문장으로, 본동사가 쓰여야 하는 자리이다. 분사 형태인 arguing은 동사 역할을 할 수 없으므로 현재 시제의 3인칭 단수 동사인 argues로 고쳐 써야 한다.

오답인 이유   매력적인 오답 ③ 27%

③ is

to conform ~ social groups의 to부정사구가 형용사적 용법으로 쓰여 문장의 주어인 the pressure를 수식하는 구조이다. 따라서 단수 명사인 the pressure에 수를 일치시켜 단수 동사 is를 쓰는 것은 적절하다.

▶ 문제편 126쪽

DAY 11 [어법 01~04]   어휘 테스트

1 enormous   2 intelligence   3 practical   4 nature   5 aid
6 marine   7 near   8 content   9 influence   10 float
11 features   12 inappropriate   13 particles   14 recognize
15 expanding

어휘 01

선과 도형을 활용한 지문 분석   2022년 11월 고1 학력평가 30번

1 Plant growth is controlled by a group of hormones
수동태(be동사+p.p.)
[called auxins {found at the tips of stems and roots of
과거분사구   과거분사구
plants}]. **2** Auxins [produced at the tips of stems] tend
S   과거분사구   V
to accumulate on the side of the stem [that is in the
선행사   주격 관·대
shade]. **3** Accordingly, the auxins stimulate growth on
따라서
the shaded side of the plant. **4** Therefore, the shaded side
grows faster than the side [facing the sunlight]. **5** This
비교급+than   현재분사구
phenomenon causes the stem to bend and appear to be
cause A to V: A가 ~하도록 야기하다   병렬구조
growing towards the light. **6** Auxins have the opposite
전 ~을 향하여
effect on the roots of plants. **7** Auxins [in the tips of roots]
tend to V: ~하는 경향이 있다   S   전치사구
tend to limit growth. **8** [If a root is horizontal in the soil],
V   조건의 부사절   수평의
the auxins will accumulate on the lower side and interfere
병렬구조
with its development. **9** Therefore, the lower side of
the root will grow faster(→ slower) than the upper side.
10 This will, in turn, cause the root to bend downwards,
결과적으로   부 아래로
[with the tip of the root growing in that direction].
with+(대)명사+현재분사: ~가 …하면서

[문법 돋보기]

• 「with+(대)명사+분사」 구문
'~가 …하면서/…한 채로'라는 뜻을 나타내는 분사구문으로 (대)명사와 분사가 능동 관계이면 현재분사를 쓰고 수동 관계이면 과거분사를 쓴다.

10 This will, in turn, cause the root to bend downwards,
with the tip of the root growing in that direction.
with   명사   능동 관계   현재분사

cf. The winners will receive two T-shirts with their design printed on
with   명사 수동 관계 과거분사
them.
수상자들은 자신의 디자인이 인쇄된 티셔츠 두 장을 받을 것이다.

지문 해석

1 식물의 성장은 식물의 줄기와 뿌리의 끝에서 발견되는 옥신이라고 불리는 호르몬 그룹에 의해 조절된다. **2** 줄기의 끝에서 생산된 옥신은 그늘진 곳에 있는 줄기의 옆면에 축적되는 경향이 있다. **3** 따라서, 옥신은 식물의 그늘진 면에서의 성장을 자극한다. **4** 그러므로 그늘진 면은 햇빛을 마주하는 면보다 더 빨리 자란다. **5** 이 현상은 줄기가 휘어지게 하고 빛을 향하여 성장하는 것처럼 보이게 한다. **6** 옥신은 식물의 뿌리에서는 반대의 효과를 가진다. **7** 뿌리 끝에 있는 옥신은 성장을 억제하는 경향이 있다. **8** 만약 하나의 뿌리가 토양 속에서 수평이라면, 옥신은 아래쪽에 축적되어 그것의 발달을 방해할 것이다. **9** 그러므로 뿌리의 아래쪽은 위쪽보다 더 빠르게(→ 더 느리게) 자랄 것이다. **10** 이것은 결과적으로 뿌리가 아래로 휘어지게 하고 뿌리의 끝부분이 그 방향으로 자라게 할 것이다.

제대로 접근법 모범답안

❶ 억제 ❷ faster ❸ slower

제대로 독해법 모범답안

■직독 직해■
1~2행 식물의 줄기와 뿌리의 끝에서 발견되는
5~6행 햇빛을 마주하는 면보다
8~9행 성장을 억제하는 경향이 있다
11~13행 뿌리의 끝부분이 자라게 하면서

■제대로 어휘력 올리기■

1 stem	2 accumulate	3 accordingly
4 stimulate	5 phenomenon	6 bend
7 opposite	8 horizontal	9 interfere with

■제대로 구문 이해하기■
moving

정답인 이유   정답률 53%

④ faster

뿌리 끝에 있는 옥신은 줄기에 있는 옥신과는 달리 성장을 억제한다고 했으므로, 토양 속에서 뿌리가 수평이면 옥신이 아래쪽에 축적되어 뿌리 아래쪽은 성장이 방해를 받아 위쪽보다 더 느리게 자라게 될 것이다. 따라서 ④ faster를 slower로 고쳐야 한다.

오답인 이유   매력적인 오답 ② 17%

② towards

줄기 끝에서 생산된 옥신은 그늘진 줄기의 옆면에 축적되어 성장을 자극하므로 그늘진 면은 햇빛을 마주하는 면보다 더 빨리 자란다. 그늘진 면이 더 빨리 자라면, 줄기가 빛을 향하여 휘어지고 마치 빛을 향해 성장하는 것처럼 보이게 될 것이므로 towards the light이라는 표현이 쓰인 것은 문맥상 적절하다.

어휘 02

1 School assignments have typically required [that students work alone]. **2** This emphasis (on individual productivity) reflected an opinion [that independence is a necessary factor for success]. **3** [Having the ability to take care of oneself without depending on others] was considered a requirement for everyone. **4** Consequently, teachers (in the past) less often arranged group work or encouraged students to acquire teamwork skills. **5** However, since the new millennium, businesses have experienced more global competition [that requires improved productivity]. **6** This situation has led employers to insist [that newcomers to the labor market provide evidence of traditional independence but also interdependence {shown through teamwork skills}]. **7** The challenge for educators is to ensure individual competence in basic skills [while adding learning opportunities {that can enable students to also perform well in teams}].

[문법 돋보기]

• to부정사 목적격 보어

「주어+동사+목적어+목적격 보어」의 5형식 문장에서 ask, advise, allow, cause, enable, encourage, force 등의 동사는 목적격 보어 자리에 to부정사가 온다.

4 Consequently, teachers ~ encouraged students to acquire teamwork skills.

7 ~learning opportunities that can enable students to also perform well in teams.

지문 해석

1 학교 과제는 전형적으로 학생들이 혼자 하도록 요구해 왔다. **2** 이러한 개별 생산성의 강조는 독립성이 성공의 필수 요인이라는 의견을 반영했다. **3** 타인에게 의존하지 않고 스스로를 책임지는 능력을 갖는 것이 모든 사람에게 필요한 것이라고 여겨졌다. **4** 따라서, 과거의 교사들은 모둠 활동을 덜 마련하거나 학생들이 팀워크 기술을 배우는 것을 덜 권장했다. **5** 그러나, 뉴 밀레니엄 시대 이후로 기업들은 향상된 생산성을 요구하는 더 많은 국제적 경쟁을 경험했다. **6** 이러한 상황은 고용주들로 하여금 노동 시장의 초입자들이 전통적인 독립성뿐만 아니라 팀워크 기술을 통해 보여지는 상호 의존성에 대한 증명도 제공해야 한다고 주장하게 했다. **7** 교육자의 도전 과제는 기본적인 기술에서의 개별 능력을 보장하는 동시에 학생들이 또한 팀에서 잘 수행할 수 있도록 하는 학습 기회를 늘려주는 것이다.

제대로 접근법 모범답안

❶ 독립성 ❷ 상호 의존성 ❸ 개별 ❹ 덜 ❺ 늘려주는

제대로 독해법 모범답안

■ 직독 직해 ■
3~5행 타인에게 의존하지 않고
9~12행 팀워크 기술을 통해 보여지는
12~14행 개별 능력을 보장하는 것이다

■ 제대로 어휘력 올리기 ■

1 assignment	2 emphasis	3 productivity
4 independence	5 requirement	6 consequently
7 competition	8 evidence	9 interdependence

■ 제대로 구문 이해하기 ■
that

정답인 이유   정답률 44%

① (A) individual (B) less (C) adding

(A) 앞에서 학생들이 혼자 과제를 하도록 요구해왔다고 언급한 후 이것은 독립성이 성공의 필수 요인이라는 의견을 반영했다는 내용이 이어지므로, 문맥상 '개별(individual) 생산성의 강조'가 되어야 자연스럽다.

(B) 타인에게 의존하지 않고 스스로를 책임지는 것이 모두에게 필요한 것으로 여겨졌다고 했으므로, 문맥상 '과거에는 교사들이 모둠 활동이나 팀워크 기술 학습을 덜(less) 권장했다'는 내용이 되어야 한다.

(C) 2000년대에 들어서 많은 국제적인 경쟁이 팀워크를 통한 상호 의존성까지 요구하게 되었다고 했으므로, 문맥상 '교육자는 학생들의 개별 능력을 보장할뿐만 아니라 팀 업무도 잘 수행할 수 있게 하는 학습 기회를 늘려주어야(adding) 한다'는 내용이 되어야 자연스럽다.

오답인 이유   매력적인 오답 ⑤ 25%

⑤ (A) individual (B) more (C) adding

(B) 독립성을 강조하여 타인에게 의존하지 않고 스스로를 책임지는 것을 중요하게 여겼던 과거의 학습 환경에서는 교사들이 모둠 활동이나 팀워크 기술을 배우는 것을 더(more) 권장하기보다 덜(less) 권장했을 것이다.

어휘 03

선과 도형을 활용한 지문 분석　　　　　　2019년 9월 고1 학력평가 30번

1 Technological development <u>often</u> forces change,
　　　　　　　　　　　　　　　빈도부사
and change is uncomfortable. **2** This is <u>one of the</u>
　　　　　　　　　　　　　　　　　　　　one of + 복수 명사: ~ 중 하나
<u>main reasons</u> [why technology is often resisted] <u>and</u>
　　　　　　　관계부사절1
[why some <u>perceive</u> it <u>as</u> a threat]. **3** <u>It</u> is important to
관계부사절2　　perceive A as B: A를 B로 인식하다　　가주어
<u>understand</u> our natural hate <u>of</u> being uncomfortable
진주어　　　　　　　　　　전치사 + 동명사
[when we consider the <u>impact</u> of technology <u>on</u> our
부사절　　　　　　　　　　　　impact of A on B: B에 끼치는 A의 영향
lives]. **4** <u>As a matter of fact</u>, most of us prefer the path
　　　　　　사실은　　　　　　　　　　　　　　　접속사 that절(목적어)
of least resistance. **5** <u>This tendency</u> <u>means</u> [<u>that</u> <u>the true</u>
　　　　　　　　　　　　　　S　　　　V　　　S'
<u>potential</u> of new technologies <u>may remain</u> <u>unrealized</u>
　　　　　　　　　　　　　　　　V'　　　　C'
{because, (for many), <u>starting something new</u> <u>is</u> just <u>too</u>
　　　　삽입　　　　　　　　　S　　　　　　V
<u>much of a struggle</u>}]. **6** Even <u>our ideas</u> <u>about</u> [how new
too much of a(n) 단수 명사: 너무 ~한 일　　S　　전치사 + 명사절(간접의문문)
technology can enhance our lives] <u>may be encouraged</u>
　　　　　　　　　　　　　　　　　V(조동사의 수동태: 조동사+be+p.p.)
(→ limited) <u>by</u> this natural <u>desire for</u> comfort.
　　　　　　　　　　　　　　~에 대한 욕구

[문법 돋보기]

• 접속사 that vs. 관계사 that
접속사 that : 선행사가 없고, 「that+완전한 문장」의 형태를 취한다.
관계사 that : 선행사가 있고, 「that+불완전한 문장」의 형태를 취한다.

5 This tendency means [<u>that</u> the true potential of new technologies
　　　　　　　　　　　　접속사　　S'
<u>may remain</u> unrealized] because, for many, ~.
　V'

cf. I have a bird [<u>that</u> <u>can talk</u>].
　　　　　　　　주격관·대　V (→ 주어가 없는 불완전한 문장)
나에게는 말을 할 수 있는 새 한 마리가 있다.

에, 새로운 과학기술의 진정한 잠재력이 실현되지 않은 채로 남아 있을 수 있다는 것을 의미한다. **6** 심지어 새로운 과학기술이 어떻게 우리의 삶을 향상시킬 수 있는가에 관한 우리의 생각은 편안함을 추구하는 이 타고난 욕구에 의해 <u>장려될(→ 제한될)</u> 수 있다.

제대로 접근법 모범답안

❶ 불편해　❷ encouraged　❸ limited

제대로 독해법 모범답안

■ **직독 직해** ■
2~3행　과학기술이 흔히 저항을 받는
3~5행　우리의 본능적인 싫어함을 이해하는 것이
6~9행　정말 너무나 힘든 일이다

■ **제대로 어휘력 올리기** ■
1 technological	2 uncomfortable	3 perceive
4 resistance	5 tendency	6 potential
7 unrealized	8 struggle	9 enhance

■ **제대로 구문 이해하기** ■
why

정답인 이유

정답률 39%

⑤ **encouraged**

사람들은 본능적으로 익숙함을 추구하고 변화를 불편하게 느끼기 때문에, 과학기술의 발전이 가져오는 변화를 선호하지 않는다. 따라서 새로운 과학기술이 갖고 있는 잠재력에도 불구하고 그것을 우리 삶에 적용하려는 생각조차 제한될 수 있다는 맥락이 되어야 하므로 ⑤ 'encouraged(장려하다)'는 'limited(제한하다)'로 고쳐야 한다.

오답인 이유

매력적인 오답 ④ 25%

④ **unrealized**

불편함을 싫어하는 사람들의 본능적인 특성상 과학기술은 저항 혹은 위협으로 인식되고, 이러한 경향이 새로운 과학기술의 잠재력을 실현할 수 없게(unrealized) 한다는 내용은 글의 문맥상 적절하다.

지문 해석

1 과학기술의 발전은 흔히 변화를 강요하는데, 변화는 불편하다. **2** 이것은 과학기술이 흔히 저항을 받고 몇몇 사람들이 그것을 위협으로 인식하는 주된 이유 중 하나이다. **3** 과학기술이 우리 삶에 끼치는 영향력을 고려할 때 우리는 불편함에 대한 우리의 본능적인 싫어함을 이해하는 것이 중요하다. **4** 사실, 우리 대부분은 가장 무난한 길을 선호한다. **5** 이 경향은 많은 사람들에게 새로운 무언가를 시작하는 것이 정말 너무나 힘든 일이기 때문

어휘 04

2020년 11월 고1 학력평가 30번

1 Recent research suggests [that evolving humans'
relationship with dogs changed the structure of both
species' brains]. **2** One of the various physical changes
[caused by domestication] is a reduction in the size
of the brain: 16 percent for horses, 34 percent for
pigs, and 10 to 30 percent for dogs. **3** This is because
[once humans started to take care of these animals],
they no longer needed various brain functions in
order to survive. **4** Animals [who were fed and
protected by humans] did not need many of the skills
[required by their wild ancestors] and lost the parts
of the brain [related to those capacities]. **5** A similar
process occurred for humans, who seem to have been
domesticated by wolves. **6** (About 10,000 years ago),
[when the role of dogs was firmly established in most
human societies], the human brain also shrank by about
10 percent.

지문 해석

1 최근의 연구는 진화하는 인간과 개와의 관계가 두 종 모두의 뇌 구조를 바꿨다는 것을 시사한다. **2** 사육으로 인해 야기된 다양한 **신체적** 변화들 중 하나는 뇌 크기의 감소인데, 말은 16%, 돼지는 34%, 그리고 개는 10에서 30% 감소했다. **3** 이는 일단 인간이 이 동물들을 돌보기 시작하면서, 그것들이 생존하기 위해 다양한 뇌 기능을 더 이상 필요로 하지 않았기 때문이다. **4** 인간에 의해 먹여지고 보호받는 동물들은 그것들의 야생 조상들에 의해 요구된 기술 중 많은 것들을 필요로 하지 않았고 그러한 능력들과 관련된 뇌의 부분들을 잃어버렸다. **5** 유사한 과정이 인간에게 나타났는데, 그들은 늑대에 의해 길들여진 것으로 보인다. **6** 약 만 년 전, 개의 역할이 대부분의 인간 사회에서 확실하게 정해졌을 때, 인간의 뇌도 약 10% 줄어들었다.

제대로 접근법 모범답안

❶ 감소했다 ❷ 감소 ❸ 잃어버렸다 ❹ 줄어들었다

제대로 독해법 모범답안

■ 직독 직해 ■
1~2행 진화하는 인간과 개와의 관계가
5~7행 일단 인간이 이 동물들을 돌보기 시작하면서
7~10행 그것들의 야생 조상들에 의해 요구된
11~13행 개의 역할이 확실하게 정해졌을 때

■ 제대로 어휘력 올리기 ■

1 evolve	2 structure	3 domestication
4 reduction	5 function	6 ancestor
7 capacity	8 occur	9 firmly

■ 제대로 구문 이해하기 ■
designed

😊 정답인 이유

정답률 54%

③ (A) physical (B) lost (C) shrank

(A) 앞에서 인간과 개의 관계가 각각의 뇌 구조를 변화시켰다고 언급한 후, 사육으로 인해 말과 돼지, 개의 뇌 크기가 감소했다는 내용이 이어지고 있으므로 '신체적(physical)' 변화가 되는 것이 자연스럽다.
(B) 인간에게 사육되는 동물들은 야생에서 살아남기 위한 생존 기술이 더는 필요하지 않았고, 그 결과 이와 관련된 뇌의 부분을 '잃어버렸다(lost)'는 내용이 되어야 자연스럽다.
(C) 앞 문장에 사육당한 동물들이 겪은 것과 유사한 과정이 인간에게도 나타났다고 언급되어 있고, 바로 앞에 also라는 단어가 쓰인 것을 보아 동물들의 뇌 크기와 마찬가지로 인간의 뇌도 '줄어들었다(shrank)'는 내용이 되어야 자연스럽다.

😈 오답인 이유

매력적인 오답 ② 16%

② (A) physical (B) lost (C) expanded

(C) 글의 앞부분에서 인간과 개의 뇌 구조가 모두 변화했다는 내용이 나오고, 사육으로 인해 생존과 관련된 뇌의 부분을 잃어버린 동물들에 대한 내용이 이어지고 있다. 이와 비슷한 과정이 인간에게도 일어났다고 했으므로 인간의 뇌가 커진(expanded)것이 아니라 줄어들었다(shrank)고 하는 것이 문맥상 적절하다.

▶ 문제편 136쪽

DAY 12 어휘 01~04 어휘 테스트

1 competition 2 natural 3 functions 4 potential
5 phenomenon 6 technological 7 opposite 8 requirement
9 tips 10 factor 11 stimulate 12 assignments 13 evolving
14 interfere 15 perceive

| 정답 | 빈칸 01 ⑤ | 빈칸 02 ① | 빈칸 03 ① | 빈칸 04 ① |

빈칸 01

선과 도형을 활용한 지문 분석   2021년 3월 고1 학력평가 31번

1 One of the most important aspects of providing
one of + 복수명사: ~ 중 하나 (단수 취급)

good care is making sure [that an animal's needs are
V   C(동명사)

being met consistently and predictably]. **2** Like humans,
현재진행 수동태(be+being+p.p.)   졘 ~와 마찬가지로

animals need a sense of control. **3** So an animal [who
통제감   S   주격 관대

may get enough food but doesn't know {when the
V'1   V'2   간접의문문(의문사+

food will appear} and can see no consistent schedule]
주어+동사)   V'3

may experience distress. **4** We can provide a sense of
V

control by ensuring [that our animal's environment is
by+-ing: ~함으로써   접속사

predictable: there is always water available and always in

the same place]. **5** There is always food [when we get
시간의 부사절

up in the morning and after our evening walk]. **6** There

will always be a time and place to eliminate, without
형용사적 용법   전치사 + 동명사

having to hold things in to the point of discomfort.
hold A in: A를 참다   ~한 정도까지

7 Human companions can display consistent emotional

support, rather than providing love one moment and
~라기보다는   병렬구조   한순간

withholding love the next. **8** [When animals know what
시간의 부사절

to expect], they can feel more confident and calm.
의문사+to부정사

지문 해석

1 좋은 보살핌을 제공하는 것의 가장 중요한 측면 중 한 가지는 반드시 동물의 욕구가 일관되게 그리고 예측 가능하게 충족되도록 하는 것이다. **2** 사람과 마찬가지로, 동물은 통제감을 필요로 한다. **3** 그러므로 충분한 음식을 제공받고 있지만 음식이 언제 나타날지 모르고 일관된 일정을 알 수

없는 동물은 괴로움을 겪을지도 모른다. **4** 우리 동물의 환경이 예측 가능하도록 보장함으로써 우리는 통제감을 줄 수 있는데, 즉 마실 수 있는 물이 항상 있고, 물이 항상 같은 곳에 있는 것이다. **5** 아침에 일어날 때 그리고 저녁 산책을 한 후에 늘 음식이 있다. **6** 불편한 정도까지 참아야 할 필요 없이 배설할 수 있는 시간과 장소가 늘 있을 것이다. **7** 사람 친구는 한순간에는 애정을 주다가 그다음에는 애정을 주지 않기보다는 일관된 정서적 지지를 보이는 것이 좋다. **8** 무엇을 기대해야 할지 알고 있을 때, 동물은 더 많은 자신감과 차분함을 느낄 수 있다.

① 조용하도록   ② 자연스럽도록   ③ 고립되도록
④ 역동적이도록   ⑤ 예측 가능하도록

제대로 접근법 모범답안

❶ predictably ❷ predictable ❸ consistent ❹ 예측 가능한

제대로 독해법 모범답안

■직독 직해■
1~2행 동물의 욕구가 충족되도록
3~5행 그리고 일관된 일정을 알 수 없는
5~8행 우리 동물의 환경이 예측 가능하도록
12~13행 그들은 더 많은 자신감과 차분함을 느낄 수 있다

■제대로 어휘력 올리기■

1 consistently	2 predictably	3 distress
4 hold in	5 discomfort	6 companion
7 display	8 support	9 withhold

■제대로 구문 이해하기■
is

정답인 이유   정답률 56%

⑤ predictable

첫 문장에서 동물을 보살피는 데 있어서 일관되고 예측 가능한 욕구 충족이 중요하다고 언급한 후, 충분한 음식, 배설 시간과 장소, 정서적 지지 등이 일관되게 제공되고 동물 스스로 그것을 인식할 수 있을 때 통제감(안정)을 느낄 수 있다는 내용이 이어지고 있으므로 빈칸에 들어갈 말로 가장 적절한 것은 ⑤ '예측 가능하도록(predictable)'이다.

오답인 이유   매력적인 오답 ② 25%

② natural

동물이 기대하는 것이 일정한 시간과 장소에 지속적으로 주어지는 것은 자연스러운 환경이라기보다는 사람에 의해 인위적으로 제공되는 보살핌이므로 ② '자연스럽도록(natural)'은 정답이 될 수 없다.

빈칸 02

1 Mobility provides a change to the environment for
　　　　　　　　　　　change to: ~에 대한 변화
journalists. **2** Newspaper stories, television reports, and
　　　　　　　　　　　　　　　　　　　　　　　　　　S
even early online reporting (prior to communication
　　　　　　　삽입구(전치사구)　　～ 이전에
technology such as tablets and smartphones) required
　　　　　　　~와 같은　　　　　　　　　　　　　V
one central place [to which a reporter would submit his
　선행사　　　전치사+관계대명사　 S'　　　　　 V'
or her news story for printing, broadcast, or posting].
　　O'
3 Now, though, a reporter can shoot video, record
　　　　그러나　　　　S　　 V1　　　　　　(can) V2
audio, and type directly on their smartphones or tablets
　　　　　(can) V3
and post a news story instantly. **4** Journalists do not
　(can) V4　　　　　　　　　　　　　　　　　　　　= journalists
need to report to a central location [where they all
　　　~에 보고하다　　　　　　　　　관계부사　 S'
contact sources, type, or edit video]. **5** A story can be
　V'1　　　　　V'2　 V'3
instantaneously written, shot, and made available to
　　　　　　　　(can be)　　　(can be)　 ~가 이용 가능한
the entire world. **6** The news cycle, and thus the job of
the journalist, never takes a break. **7** Thus the "24hour"
　　　　　　　　　take a break: 멈추다　 그러므로　 S
news cycle [that emerged from the rise of cable TV] is
　　　　　주격 관대　emerge from: ~에서 나오다　　　　　 V
now a thing of the past. **8** The news "cycle" is really a
　　　과거의 일, 지난 일
constant.

[문법 돋보기]
• 등위접속사
and, or, but과 같은 등위접속사는 병렬 구조의 원칙에 따라 문법적으로 같은 성격과 형식을 가진 말을 연결한다. 3개 이상의 동일한 대상들을 열거할 때, 각 대상을 콤마로 분리하고 마지막 대상 앞에 등위접속사를 사용한다.

2 ~ a reporter would submit his or her news story for printing, broadcast, or posting.
3 ~ a reporter can shoot video, record audio, and type directly ~
4 ~ they all contact sources, type, or edit video.
5 A story can be instantaneously written, shot, and made available ~

지문 해석

1 기동성은 기자들의 환경에 대한 변화를 제공한다. **2** 신문 기사, 텔레비전 보도, 그리고 심지어 초기의 온라인 보도는 (태블릿과 스마트폰과 같은 통신 기술 이전에는) 기자가 인쇄, 방송, 또는 게시를 위해 자신의 뉴스 기사를 제출할 하나의 중심적인 장소를 필요로 했다. **3** 그러나 이제 기자는 자신의 스마트폰 또는 태블릿으로 비디오를 촬영하고, 오디오를 녹음하며, 직접 타이핑해서 즉시 뉴스 기사를 게시할 수 있다. **4** 기자들은 그들 모두가 정보의 원천과 접촉하거나, 타이핑하거나, 또는 비디오를 편집하는 중심 장소에 보고할 필요가 없다. **5** 기사는 즉각적으로 작성되고 촬영되며 전 세계에서 이용 가능하다. **6** 뉴스의 순환, 따라서 기자의 일은 결코 멈추지 않는다. **7** 그러므로 케이블 TV의 성장으로 나타난 '24시간'의 뉴스 순환은 이제 과거의 것이다. **8** 뉴스 '순환'은 정말로 끊임없이 계속되는 것이다.

① 기동성　　　　② 민감성　　　　③ 창의력
④ 정확성　　　　⑤ 책임감

제대로 접근법 모범답안

❶ Mobility ❷ instantly ❸ 기동성

제대로 독해법 모범답안

■직독 직해■
2~5행　기자가 자신의 뉴스 기사를 제출할
9~10행　기사는 즉각적으로 작성되고 촬영된다
10~11행　결코 멈추지 않는다

■제대로 어휘력 올리기■
1 mobility	2 journalist	3 prior to
4 submit	5 broadcast	6 instantly
7 instantaneously	8 emerge	9 constant

■제대로 구문 이해하기■
go

정답인 이유　　　　　　　　정답률 59%

① Mobility

이제는 스마트폰과 태블릿의 보급으로 인해 기자들이 언제 어디서든 기사를 작성하고 보도할 수 있게 되었다. 시공간의 제약을 뛰어넘어 뉴스의 끊임없는 순환이 가능해진 것은 플랫폼의 변환을 통해 기동성을 확보하게 된 덕분이므로, 빈칸에 들어갈 말로 ① '기동성(Mobility)'이 가장 적절하다.

오답인 이유　　　　　　　매력적인 오답 ③ 11%

③ Creativity

기자들이 스마트폰 또는 태블릿으로 비디오를 촬영하고, 오디오를 녹음하고, 직접 타이핑하여 뉴스 기사를 게시할 수 있게 된 것은 제작 환경의 변화로 인한 것이지, 창의성의 발휘 때문이라고 보기 어렵다. 따라서 ③ '창의성(Creativity)'은 정답이 될 수 없다.

빈칸 03

1 Why doesn't the modern American accent sound
_S _V
similar to a British accent? **2** After all, didn't the British
sound+형용사: ~하게 들리다   결국에는, 어쨌든
colonize the U.S.? **3** Experts believe [that British
_S _V 접속사 that절(목적어)
residents and the colonists {who settled America} all
_{S'1} 주격관대
sounded the same back in the 18th century, and they
_{V'1} (= British residents and the colonists) _{S'2}
probably all sounded more like modern Americans
_{V'2} 비교급+than
than modern Brits]. **4** The accent [that we identify as
_S 목적격관대 ~로서
British today] was developed around the time of the
_V
American Revolution by people of low birth rank [who
선행사 주격관대
had become wealthy during the Industrial Revolution].
_{V'}
5 To distinguish themselves from other commoners,
부사적 용법(목적) distinguish A from B: A와 B를 구분하다
these people developed new ways of speaking to set
_S _V (to) 부사적 용법(목적)
themselves apart and demonstrate their new, elevated
set apart: 구별하다 부사적 용법(목적)
social status. **6** In the 19th century, this distinctive
accent was standardized as Received Pronunciation and
수동태(be동사+p.p.) ~로서 영국 표준 발음
taught widely by pronunciation tutors to people [who
관계절
(was) 주격관대
wanted to learn to speak fashionably].
_{V'}

지문 해석

1 왜 현대 미국의 악센트는 영국의 악센트와 비슷하게 들리지 않는가? **2** 어쨌든 영국이 미국을 식민화하지 않았는가? **3** 전문가들은 영국 거주자들과 미국에 정착한 식민지 개척자들 모두 18세기 무렵에는 발음이 똑같았으며, 아마도 모두 현대 영국 발음보다는 현대 미국 발음에 더 가까웠을 것이라고 믿는다. **4** 우리가 오늘날 영국 악센트라고 인식하는 악센트는 산업혁명 기간에 부유해진 하층계급의 사람들에 의해 미국 독립혁명 즈음에 발생하였다. **5** 그들 자신과 다른 평민들을 구분하기 위해, 그들은 스스로를 구별 짓고 그들의 새로이 높아진 사회적 지위를 드러내는 새로운 말하기 방식을 개발해냈다. **6** 19세기에, 이 독특한 악센트는 영국 표준 발음으로 표준화되었고 발음 지도 강사들에 의해 세련되게 말하는 법을 배우고 싶어 하는 사람들에게 널리 가르쳐졌다.

---

① 사회적 지위
② 패션 감각
③ 정치적 압력
④ 식민지 시대의 개입
⑤ 지적인 성취

제대로 접근법 모범답안

❶ rank ❷ wealthy ❸ social status ❹ 사회적 지위

제대로 독해법 모범답안

■ 직독 직해 ■
1~2행 영국의 악센트와
5~8행 하층계급의 사람들에 의해
8~11행 그들 자신과 다른 평민들을 구분하기 위하여
11~14행 표준화되었다

■ 제대로 어휘력 올리기 ■

1 colonize	2 settle	3 distinguish
4 commoner	5 demonstrate	6 elevated
7 status	8 distinctive	9 pronunciation

■ 제대로 구문 이해하기 ■
that

정답인 이유   정답률 38%

① social status

18세기 무렵까지는 영국 거주자와 식민지 개척자들의 발음이 똑같았지만 산업혁명 때 부유해진 하층계급의 사람들이 그들 자신을 다른 평민들과 구분하기 위해서 새로운 말하기 방식을 개발했다는 내용을 통해서 이것은 그들의 새롭게 높아진 ① '사회적 지위(social status)'를 드러내기 위한 것이었음을 알 수 있다. 따라서 빈칸에는 ①이 와야 한다.

오답인 이유   매력적인 오답 ④ 18%

④ colonial involvement

식민지 개척자(colonists)라는 단어가 글의 전반부에 언급되지만 이는 19세기 이전까지는 영국 거주자와 미국 식민지 개척자들의 발음이 같았다는 내용에 관한 설명이며, 글에서 ④ '식민지 시대의 개입(colonial involvement)'에 관한 내용은 언급되지 않았다.

빈칸 04

1 All improvement in your life begins with an improvement in your mental pictures. **2** [If you talk to unhappy people and ask them {what they think about most of the time}], you will find [that almost without fail, they think about their problems, their bills, their negative relationships, and all the difficulties in their lives]. **3** But [when you talk to successful, happy people], you find [that they think and talk most of the time about the things {that they want to be, do, and have}]. **4** They think and talk about the specific action steps [they can take] to get them. **5** They dwell continually on vivid, exciting pictures of [what their goals will look like {when they are realized}], and [what their dreams will look like {when they come true}].

지문 해석

1 당신 삶에서의 모든 향상은 당신의 마음속 그림의 향상으로 시작된다. **2** 만약 당신이 불행한 사람들과 이야기하면서 그들에게 대부분의 시간에 무슨 생각을 하는지 물어본다면, 그들이 자신의 문제, 고지서, 부정적인 관계, 그리고 그들의 삶에서의 모든 어려움에 대해 생각한다는 것을 거의 틀림없이 발견할 것이다. **3** 그러나 당신이 성공한 행복한 사람들과 이야기할 때는, 그들이 대부분의 시간 동안 그들이 되고 싶고, 하고 싶고, 갖고 싶은 것들에 대해 생각하고 이야기한다는 것을 알게 된다. **4** 그들은 그것들을 얻기 위해 취할 수 있는 구체적인 행동 단계에 대해 생각하고 이야기한다. **5** 그들은 그들의 목표가 실현되었을 때 어떻게 보일지, 그리고 그들의 꿈이 이루어졌을 때 어떻게 보일지에 대한 생생하고 흥미로운 그림들에 대해 끊임없이 깊이 생각한다.

① 머릿속 그림
② 신체적 능력
③ 협조적 태도
④ 학습 환경
⑤ 학업 성취

제대로 접근법 모범답안

❶ unhappy ❷ happy ❸ 마음속 그림

제대로 독해법 모범답안

■직독 직해■
1~2행 향상으로 시작된다
7~8행 구체적인 행동 단계에 대해
8~11행 그들의 목표가 어떻게 보일지에 대한

■제대로 어휘력 올리기■

1 improvement	2 bill	3 successful
4 specific	5 dwell	6 continually
7 vivid	8 realize	9 come true

■제대로 구문 이해하기■
that

정답인 이유   정답률 52%

① mental pictures

불행한 사람들은 대부분의 시간을 자신의 문제와 어려움과 같은 부정적인 것들을 생각하며 보내지만, 행복한 사람들은 자신이 이루고 싶은 목표와 꿈을 실현하기 위한 방법에 대해 끊임없이 생각하고 이야기한다. 긍정적인 생각이 실제 삶에 긍정적 결과를 가져올 수 있다는 내용이므로 빈칸에는 ① '머릿속 그림(mental pictures)'이 가장 적절하다.

오답인 이유   매력적인 오답 ③ 18%

③ cooperative attitude

본문은 성공적이고 행복한 삶을 사는 사람들은 자신의 이상과 그것을 실현하기 위한 구체적인 행동에 대해 생각하고, 원하던 바를 이루었을 때의 모습을 거듭 그려본다는 공통점이 있다는 내용이므로 ③ '협조적 태도(cooperative attitude)'와는 관련이 없다.

▶ 문제편 146쪽

DAY 13 빈칸 01~04   어휘 테스트

1 journalists 2 negative 3 rank 4 vivid 5 reporting
6 needs 7 status 8 consistent 9 aspects 10 distinctive
11 emerged 12 specific 13 instantaneously 14 predictable
15 colonize

① 제자리에 머무를 뿐이다
② 결국 천천히 걷게 된다
③ 절대 서로 마주치지 않는다
④ 변화에 적응할 수 없을 것이다
⑤ 그들의 조상보다 더 빠르게 달릴 수 없다

빈칸 05

선과 도형을 활용한 지문 분석　　　　2023년 3월 고1 학력평가 33번

1 In Lewis Carroll's *Through the Looking-Glass*, the Red Queen takes Alice on a race through the countryside. **2** They run and they run, but then Alice discovers [that they're still under the same tree {that they started from}].
명사절 접속사(목적어) / 선행사 / 목적격 관·대
3 The Red Queen explains to Alice: "*here*, (you see), it takes all the running [you can do], to keep in the same place." **4** Biologists sometimes use this Red Queen Effect
삽입 / (목적격 관·대 생략) / 부사적 용법(목적)
to explain an evolutionary principle. **5** [If foxes evolve
부사적 용법(목적) / 조건의 부사절
to run faster so they can catch more rabbits], then only
so (that): ~하도록(목적)
the fastest rabbits will live long enough to make a new
S / V / 부사+enough+to부정사: ~할 정도로 충분히 …하게
generation of bunnies [that run even faster] — in which
선행사 / 주격 관대 / 비교급 강조 부사 / 이런 경우에
case, of course, only the fastest foxes will catch enough
enough+명사+to부정사: ~하기에 충분한 …
rabbits to thrive and pass on their genes. **6** Even though
병렬구조 / 접 비록 ~이지만
they might run, the two species just stay in place.
제자리에 머무르다

지문 해석

1 Lewis Carroll의 'Through the Looking-Glass'에서 붉은 여왕은 Alice를 시골을 통과하는 한 경주에 데리고 간다. **2** 그들은 달리고 또 달리지만, 그러다가 Alice는 자신들이 출발했던 나무 아래에 여전히 있다는 것을 알게 된다. **3** 붉은 여왕은 Alice에게 "'여기서는' 보다시피 같은 장소에 머물러 있으려면 네가 할 수 있는 모든 뜀박질을 해야 한단다."라고 설명한다. **4** 생물학자들은 때때로 진화 원리를 설명하기 위해 이 '붉은 여왕 효과'를 사용한다. **5** 만약 여우가 더 많은 토끼를 잡기 위해 더 빨리 달리도록 진화한다면, 그러면 오직 가장 빠른 토끼만이 훨씬 더 빨리 달리는 새로운 세대의 토끼를 만들 수 있을 만큼 충분히 오래 살 것이다. 물론 이 경우 가장 빠른 여우만이 충분한 토끼를 잡아 번성하여 자신들의 유전자를 물려줄 것이다. **6** 그 두 종이 달린다고 할지라도 그것들은 제자리에 머무를 뿐이다.

제대로 접근법 모범답안

❶ keep ❷ fastest ❸ 빨리

제대로 독해법 모범답안

■ 직독 직해 ■
2~4 행 그들이 여전히 같은 나무 아래에 있다는 것을
4~5 행 같은 장소에 머물러 있기 위해
7~11 행 새로운 세대의 토끼를 만들 수 있을 만큼 충분히 오래
11~12 행 그 두 종은 제자리에 머무를 뿐이다

■ 제대로 어휘력 올리기 ■
1 countryside　　　2 biologist　　　3 effect
4 evolutionary　　　5 principle　　　6 generation
7 pass on　　　8 gene　　　9 species

■ 제대로 구문 이해하기 ■
hard enough

😊 **정답인 이유**　　　　　　　　　　　정답률 52%

① just stay in place

여우가 더 빨리 달리도록 진화하게 되면, 그만큼 더 빨리 달리는 토끼만이 살아남게 되므로 여우와 토끼는 계속해서 살아남기 위해 더 빨리 달리는 방향으로 진화하게 될 것이고, 상황은 달라지지 않을 것이다. 그러므로 ① '제자리에 머무를 뿐이다'가 빈칸에 가장 적절하다.

😈 **오답인 이유**　　　　　　　　매력적인 오답 ③ 16%

③ never run into each other

여우와 토끼가 마주치지 않는 것이 아니라 더 빨리 달리는 여우는 그만큼 더 빨리 달리는 토끼를 따라잡을 수 없고, 두 종이 서로 달린다 해도 더 빠른 종들은 계속 살아남아 상황은 변하지 않는다는 것이 이 글의 내용이므로 ③ '절대 서로 마주치지 않는다'는 정답이 아니다.

빈칸 06

2018년 6월 고1 학력평가 33번

❶ There is good evidence [that in organic development, perception starts with recognizing outstanding structural features]. ❷ For example, [when two-year-old children and chimpanzees had learned {that, (of two boxes presented to them), the one (with a triangle of a particular size and shape) always contained attractive food}], they had no difficulty applying their training to triangles of very different appearance. ❸ The triangles were made smaller or larger, or turned upside down. ❹ A black triangle (on a white background) was replaced by a white triangle (on a black background), or an outlined triangle by a solid one. ❺ These changes seemed not to interfere with recognition. ❻ Similar results were obtained with rats. ❼ Karl Lashley, a psychologist, has asserted [that simple transpositions of this type are universal in all animals including humans].

지문 해석

❶ 유기적 발달에서, 지각은 두드러진 구조적 특징을 인식하는 것에서 시작된다는 충분한 증거가 있다. ❷ 예를 들어, 2살 어린이와 침팬지가 그들에게 주어지는 2개의 상자 중 특정 크기와 모양의 삼각형이 있는 상자에 항상 맛있어 보이는 음식이 들어 있다는 것을 알았을 때, 아주 다른 모양의 삼각형에도 그들의 훈련을 적용하는 것에 어려움이 없었다. ❸ 삼각형은 더 작아지거나 커지거나 뒤집혔다. ❹ 흰색 바탕의 검은색 삼각형은 검은색 바탕의 흰색 삼각형으로, 또는 외곽선이 있는 삼각형은 단색의 것으로 대체되었다. ❺ 이런 변화는 인식을 저해하지 않는 것으로 보였다. ❻ 유사한 결과가 쥐에서도 얻어졌다. ❼ 심리학자인 Karl Lashley는 이런 유형의 단순한 치환이 인간을 포함하여 모든 동물에게 보편적이라고 주장했다.

① 다른 몸짓을 해석하는 것
② 사회 구조를 확립하는 것
③ 색에 대한 정보를 알아내는 것
④ 자신을 환경에서 분리하는 것
⑤ 두드러진 구조적 특징을 인식하는 것

제대로 접근법 모범답안

❶ particular ❷ recognition ❸ 구조적 특징

제대로 독해법 모범답안

■ 직독 직해 ■

1~2행 두드러진 구조적 특징을 인식하는 것에서
2~6행 특정 크기와 모양의 삼각형이 있는 상자에
7~9행 흰색 삼각형으로 대체되었다

■ 제대로 어휘력 올리기 ■

1 structural	2 attractive	3 appearance
4 replace	5 solid	6 recognition
7 obtain	8 assert	9 universal

■ 제대로 구문 이해하기 ■

designed

정답인 이유 — 정답률 38%

⑤ recognizing outstanding structural features

빈칸 뒤의 '2살 아이와 침팬지가 삼각형이 있는 상자에 맛있는 음식이 있다는 것을 알게 되면, 크기와 색깔이 다른 삼각형 상자를 보여 줘도 쉽게 삼각형의 형태를 파악할 수 있었다'는 예시의 내용으로 보아, 지각은 색깔이나 크기가 아니라 구조적 특징(structural features), 즉 형태(shape)를 인식하는 것에서 시작된다는 것을 알 수 있다. 그러므로 ⑤ '두드러진 구조적 특징을 인식하는 것'이 빈칸에 가장 적절하다.

오답인 이유 — 매력적인 오답 ③ 22%

③ identifying the information of colors

흰색 바탕의 검은색 삼각형, 검은색 바탕의 흰색 삼각형, 또는 단색 삼각형 등 색깔을 어떻게 바꾸어도 아이와 침팬지는 삼각형의 형태를 파악할 수 있었다는 것은 ③ '색에 대한 정보를 알아내는 것'이 아니라 구조적 특징, 즉 형태를 인식하는 것이다.

빈칸 07

선과 도형을 활용한 지문 분석   2020년 3월 고1 학력평가 32번

1 [Although <u>many small businesses</u> <u>have</u> excellent
　　　　양보의 부사절　　　　　S'　　　　　　V'
websites], <u>they</u> typically <u>can't afford</u> aggressive online
　　　　　　 S　　　　　　　　　　V
campaigns. **2** <u>One way</u> to <u>get the word out</u> <u>is</u> through
　　　　　　　　 S　　　　　입소문을 내다　　　V
an advertising exchange, [<u>in which</u> advertisers place
　　　　　　　　　　　　　 전치사+관계대명사
banners on each other's websites <u>for free</u>]. **3** <u>For</u>
　　　　　　　　　　　　　　　　　 무료로
<u>example</u>, <u>a company</u> [selling beauty products] <u>could</u>
예를 들어　　 S1　　　　 └╮현재분사구　　　　　　　V1
<u>place</u> its banner on a <u>site</u> [<u>that</u> sells women's shoes],
　　　　　　　　　　　　 선행사└╮주격 관·대
<u>and</u> in turn, <u>the shoe company</u> <u>could put</u> a banner on
차례로, 결국　　　　 S2　　　　　　 V2
the beauty product site. **4** <u>Neither</u> company charges <u>the</u>
　　　　　　　　　　　　　　 (둘 중) 어느 것도 ~ 아니다
<u>other</u>; they simply exchange ad space. **5** Advertising
(둘 중) 하나
exchanges are <u>gaining in popularity</u>, especially among
　　　　　　 gain in popularity: 인기를 얻다
<u>marketers</u> [who do not have much money] <u>and</u> [who
　선행사　　　 └╮관계절1　　　　　　　　　　 관계절2
don't have a large sales team]. **6** <u>By trading</u> space,
　　　　　　　　　　　　　　　 by -ing: ~함으로써
advertisers <u>find</u> new outlets [that reach their target
　 S　　　 V　　 선행사 └╮주격 관·대
audiences {that they would not <u>otherwise</u> be able to
　　　　　 목적격 관·대　　　　　　 ➡그러지 않으면
afford}].

지문 해석

1 비록 많은 소규모 사업체들이 훌륭한 웹사이트를 가지고 있지만, 그들은 보통 매우 적극적인 온라인 캠페인을 할 형편이 안 된다. **2** 입소문을 내는 한 가지 방법은 광고주들이 서로의 웹사이트에 무료로 배너를 게시하는 광고 교환을 통해서이다. **3** 예를 들어, 미용 제품을 판매하는 회사는 여성 신발을 판매하는 사이트에 자신의 배너를 게시할 수 있고, 그 다음에는 그 신발 회사가 미용 제품 사이트에 배너를 게시할 수 있다. **4** 두 회사 모두 상대방에게 비용을 청구하지 않으며, 그들은 그저 광고 공간을 교환할 뿐이다. **5** 광고 교환은 인기를 얻고 있는데, 특히 돈이 많지 않고 대규모 영업팀이 없는 마케팅 담당자들 사이에서 그렇다. **6** 공간을 교환함으로써, 광고주들은 그렇지 않으면 접촉할 수 없었을 자신들의 목표 대상(광고 타깃)과 접촉할 수 있는 새로운 (광고) 출구를 찾는다.

① 공간을 교환함
② 자금을 지원 받음
③ 평가를 공유함
④ 공장 시설을 대여함
⑤ TV 광고를 늘림

제대로 접근법 모범답안

❶ space ❷ exchanges ❸ 공간을 교환

제대로 독해법 모범답안

■ 직독 직해 ■
2~4행　입소문을 내는 한 가지 방법은
7~8행　그들은 그저 광고 공간을 교환할 뿐이다
8~10행　그리고 대규모 영업팀이 없는

■ 제대로 어휘력 올리기 ■

1 typically	2 afford	3 get the word out
4 charge	5 simply	6 exchange
7 popularity	8 target	9 otherwise

■ 제대로 구문 이해하기 ■
was

정답인 이유   정답률 68%

① trading space

적극적인 온라인 홍보를 위한 자본이 부족한 소규모 업체들이 서로의 웹사이트에 무료로 배너를 게시함으로써 광고 효과를 얻을 수 있다는 내용이다. 업체들은 별도의 비용 없이 서로의 웹사이트에 광고할 수 있는 공간을 교환함(exchange ad space)으로써 긍정적 결과를 얻고 있으므로 빈칸에 들어갈 말로 가장 적절한 것은 ① '공간을 교환함'이다.

오답인 이유   매력적인 오답 ③ 11%

③ sharing reviews

두 회사가 웹사이트 내 온라인 광고 공간을 상호 교환함으로써 마케팅 활동을 한다는 내용으로, 이들의 회사나 제품의 평가에 관한 내용은 언급되지 않았다.

빈칸 08

1 All mammals need to leave their parents and set
need + to부정사: ~해야 한다, ~할 필요가 있다
up on their own at some point. **2** But human adults
on one's own: 스스로
generally provide a comfortable existence — enough
food arrives on the table, money is given at regular
intervals, the bills get paid and the electricity for the TV
doesn't usually run out. **3** [If teenagers didn't build up a
*다 떨어지다 * *~라면*
fairly major disrespect for and conflict with their parents
or carers], they'd never want to leave. **4** In fact, [falling
= would (가정법 과거)
out of love with the adults {who look after you}] is
*S (명사구) * *주격 관·대*
probably a necessary part of growing up. **5** Later, [when
*전치사 + 동명사 * *~하면, ~할 때*
you live independently, away from them], you can start
*~와 떨어져 * *S* *V*
to love them again [because you won't need to be
*~ 때문에 * *진행형 부사구*
fighting to get away from them]. **6** And you can come
부사적 용법(목적)
back sometimes for a home-cooked meal.

❶ set up ❷ leave ❸ 떼는

■ 직독 직해 ■
2~5행 일정한 간격으로 돈이 지급되며
5~6행 매우 심각한 무례함과 갈등을
8~10행 그들에게서 벗어나기 위해

■ 제대로 어휘력 올리기 ■
1 mammal   2 comfortable   3 existence
4 interval   5 electricity   6 fairly
7 disrespect   8 independently   9 get away from

■ 제대로 구문 이해하기 ■
would

정답인 이유   정답률 42%

⑤ falling out of love with the adults who look after you

부모를 떠나 자립하는 것에 대한 글로, 안락한 생활을 제공해 주는 어른들을 떠난다는 것이 쉽지는 않지만 성장의 필수적인 부분임을 강조하고 있다. 빈칸 뒤의 '그들을 떠나 독립적으로 생활하게 되면'이라는 내용으로 보아 빈칸에는 ⑤ '보살펴 주는 어른과의 정을 떼는 것'이 가장 적절하다.

오답인 이유   매력적인 오답 ② 17%

② learning from other people's experiences

인간이 어느 시점에는 보살펴 주는 어른을 떠나 자립하는 것이 성장의 필수적인 부분이라는 내용으로, ② '다른 사람의 경험에서 배우는 것'에 관한 내용은 언급되지 않았다.

▶ 문제편 156쪽

DAY 14 빈칸 05~08   어휘 테스트

1 principle   2 disrespect   3 generation   4 outlined   5 sales
6 existence   7 development   8 aggressive   9 particular
10 recognition   11 thrive   12 obtained   13 mammals
14 species   15 charges

지문 해석

1 모든 포유동물은 어느 시점에서는 부모를 떠나서 자립해야 한다. **2** 하지만 성인 인간은 보통 안락한 생활을 제공하는데, 충분한 음식이 식탁 위에 차려지고, 일정한 간격으로 돈이 지급되며, 청구서가 지불되고, TV 전기가 대개 끊기지 않는다. **3** 십 대 아이가 부모나 보호자들과 매우 심각한 무례함과 갈등을 키우지 않는다면, 그들은 결코 떠나고 싶어 하지 않을 것이다. **4** 사실, 보살펴 주는 어른과의 정을 떼는 것은 아마도 성장의 필수적인 부분일 것이다. **5** 나중에, 여러분이 그들과 떨어져서 독립적으로 생활하게 되면, 그들에게서 벗어나기 위해 싸울 필요가 없을 것이기 때문에 그들을 다시 사랑하기 시작할 수 있다. **6** 그리고 여러분은 가끔 집 밥을 먹기 위해 돌아올 수 있다.

① 재정 관리 기술을 발달시키는 것
② 다른 사람의 경험에서 배우는 것
③ 여러분의 강점과 흥미를 알아내는 것
④ 동료와의 인간관계 문제를 관리하는 것
⑤ 보살펴 주는 어른과의 정을 떼는 것

빈칸 **09**

선과 도형을 활용한 지문 분석

2022년 6월 고1 학력평가 34번

1 Researchers are working on a project [that asks coastal towns {how they are preparing for rising sea levels}].
선행사 〜주격 관대V   I.O.'
D.O.'(간접의문문)

2 Some towns have risk assessments; some towns even have a plan.
위험 평가

3 But it's a rare town that is actually carrying out a plan.
It is ~ that 강조 구문

4 One reason [we've failed to act on climate change] is the common belief [that it is far away in time and space].
S(선행사)(관계부사 why 생략)
V   = 동격   = climate change
멀리 떨어져 있는

5 For decades, climate change was a prediction about the future, so scientists talked about it in the future tense.
수십 년 동안   접 그래서(결과)

6 This became a habit — so that even today many scientists still use the future tense, [even though we know {that a climate crisis is ongoing}].
= climate change   그 결과, 그러므로
양보의 부사절   명사절 접속사(목적어)

7 Scientists also often focus on regions [most affected by the crisis], such as Bangladesh or the West Antarctic Ice Sheet, which (for most Americans) are physically remote.
선행사 〜과거분사구
~와 같은
계속적 용법(= and they) 삽입

[문법 돋보기]

• It is ~ that ... 강조 구문
It is와 that 사이에 주어, 목적어, 부사(구/절) 등 강조하고자 하는 말을 넣어 강조 구문을 만들 수 있다. '~한 것은 바로 …이다'의 의미이다.

3 But it's a rare town that is actually carrying out a plan.
주어 강조

cf. 강조하고자 하는 말이 사람이면 that 대신 who를 쓰기도 한다.

지문 해석

1 연구원들은 해안가 마을들이 해수면 상승에 어떻게 대비하고 있는지 묻는 프로젝트를 진행하고 있다. **2** 어떤 마을들은 위험 평가를 하고 어떤 마을들은 심지어 계획을 가지고 있다. **3** 하지만 실제로 계획을 실행하고 있는 마을은 드물다. **4** 우리가 기후 변화에 대처하지 못한 한 가지 이유는 그

것이 시간과 공간에서 멀리 떨어져 있다는 일반적인 믿음 때문이다. **5** 수십 년 동안, 기후 변화는 미래에 대한 예측이었기 때문에 과학자들은 미래 시제로 기후 변화에 대해 이야기했다. **6** 이것이 습관이 되어 우리는 기후 위기가 진행 중이라는 것을 알고 있음에도 불구하고, 많은 과학자들이 오늘날에도 여전히 미래 시제를 사용하고 있다. **7** 과학자들은 또한 방글라데시나 서남극 빙상처럼 위기에 가장 영향을 많이 받는 지역에 자주 초점을 맞추고 있으며, 그 지역은 대부분의 미국인들에게는 물리적으로 멀리 떨어져 있다.

① 그것은 과학과 관련이 없다
② 그것이 시간과 공간에서 멀리 떨어져 있다
③ 에너지 효율이 가장 중요하다
④ 신중한 계획이 문제를 해결할 수 있다
⑤ 그것이 일어나는 것을 막기에는 너무 늦었다

제대로 접근법 모범답안

❶ future ❷ remote ❸ 공간

제대로 독해법 모범답안

■ **직독 직해** ■
4~5행 그것이 멀리 떨어져 있다는
7~9행 기후 위기가 진행 중이라는 것을
9~11행 위기에 의해 가장 많이 영향을 받는

■ **제대로 어휘력 올리기** ■

1 assessment	2 rare	3 carry out
4 prediction	5 tense	6 crisis
7 ongoing	8 region	9 remote

■ **제대로 구문 이해하기** ■
develop

정답인 이유

정답률 48%

② it is far away in time and space

기후 변화가 현재 진행 중임에도, 과학자들은 예전 습관대로 여전히 미래 시제를 사용하여 기후 변화에 대해 이야기하고 있으며 물리적으로 멀리 떨어져 있는 지역에 초점을 맞추고 있다고 했으므로, 빈칸에는 ② '그것이 시간과 공간에서 멀리 떨어져 있다'가 가장 적절하다.

오답인 이유

매력적인 오답 ⑤ 19%

⑤ it is too late to prevent it from happening

우리가 기후 변화에 대처하는 데 실패했다는 언급만을 보고 ⑤를 선택해서는 안 된다. 기후 변화의 발생을 막기에 너무 늦었다고 생각하는 것이 아니라 오히려 기후 위기가 현재 진행 중임에도 미래의 일로 생각해서 실제로 기후 위기를 대비한 계획을 가지고 있음에도 실행하지 않는다는 내용이므로 ⑤는 정답이 될 수 없다.

빈칸 10

1 The good news is, [where you end up ten years from now] is up to you]. **2** You are free to choose what you want to make of your life. **3** It's called *free will* and it's your basic right. **4** What's more, you can turn it on instantly! **5** At any moment, you can choose to start showing more respect for yourself or stop hanging out with friends [who bring you down]. **6** After all, you choose to be happy or miserable. **7** The reality is [that although you are free to choose, you can't choose the consequences of your choices]. **8** It's a package deal. **9** As the old saying goes, "If you pick up one end of the stick, you pick up the other." **10** Choice and consequence go together like mashed potatoes and gravy.

제대로 접근법 모범답안

❶ consequences ❷ 결과

제대로 독해법 모범답안

■직독 직해■
2행 여러분은 자유롭게 선택할 수 있다
4~6행 여러분을 힘들게 하는
8~9행 여러분은 다른 쪽 끝도 집어 드는 것이다

■제대로 어휘력 올리기■

1 end up	2 be up to	3 free will
4 instantly	5 respect	6 after all
7 miserable	8 reality	9 mash

■제대로 구문 이해하기■
Although

정답인 이유   정답률 44%

④ If you pick up one end of the stick, you pick up the other

'자유 의지'로 선택은 자유롭게 할 수 있지만 그 선택에 따르는 결과는 선택할 수 없다는 내용의 글로, 빈칸에는 빈칸 앞의 두 문장 '현실에서 선택할 자유는 있지만, 그것에 따르는 결과는 선택할 수 없다. 선택과 결과는 세트로 판매되는 상품이다.'와 빈칸 뒤의 '으깬 감자와 소스처럼 선택과 결과는 함께 한다.'는 의미를 나타낼 수 있는 속담이 와야 한다. 따라서 빈칸에는 ④ '막대기의 한쪽 끝을 집으면 다른 쪽 끝도 집어 드는 것이다'가 가장 적절하다.

오답인 이유   매력적인 오답 ② 30%

② A good beginning makes a good ending

자신의 삶을 어떻게 만들어 갈지 자유롭게 선택할 '자유 의지'는 있지만 그 선택에 따른 결과를 선택할 수는 없으며, 자신의 '자유 의지'에 따른 선택의 결과도 함께 감수해야 한다는 내용이다. 그러므로 첫 문장의 '결국 지금으로부터 10년 후에 여러분이 어디에 있게 될 것인지는 여러분에게 달려 있다(where you end up ten years from now is up to you)'라는 내용만 보고 ② '시작이 좋으면 끝도 좋다'라고 섣불리 선택해서는 안 된다.

지문 해석

1 좋은 소식은, 결국 지금으로부터 10년 후에 여러분이 어디에 있게 될 것인지는 여러분에게 달려 있다는 것이다. **2** 여러분은 여러분의 삶을 어떻게 만들어 가고 싶은지 자유롭게 선택할 수 있다. **3** 그것은 '자유 의지'라고 불리고, 그것은 여러분의 기본적인 권리이다. **4** 게다가 여러분은 그것을 즉시 실행시킬 수도 있다! **5** 언제든지 여러분은 자신을 더 존중하기 시작하거나 혹은 여러분을 힘들게 하는 친구들과 어울리는 것을 멈추기로 선택할 수 있다. **6** 결국 여러분은 행복해지기로 선택하거나, 비참해지기로 선택한다. **7** 현실은, 여러분이 선택할 자유가 있지만, 여러분이 한 선택의 결과를 선택할 수는 없다는 것이다. **8** 그것은 세트로 판매되는 상품이다. **9** 속담이 말하듯이, "막대기의 한쪽 끝을 집으면 다른 쪽 끝도 집어 드는 것이다." **10** 으깬 감자와 소스처럼 선택과 결과는 함께 한다.

① 말에서 행동으로 가는 거리는 멀다
② 시작이 좋으면 끝도 좋다
③ 어떤 사람의 쓰레기는 다른 사람의 보물이다
④ 막대기의 한쪽 끝을 집으면 다른 쪽 끝도 집어 드는 것이다
⑤ 적을 멸망시키는 최선의 방법은 그를 친구로 만드는 것이다

빈칸 11

2020년 6월 고1 학력평가 34번

1 One of the main reasons [that students may think
{they know the material}, even when they don't], is [that
they mistake familiarity for understanding. **2** Here is
[how it works]: You read the chapter once, [perhaps
highlighting as you go]. **3** Then later, you read the
chapter again, [perhaps focusing on the highlighted
material]. **4** [As you read it over], the material is
familiar [because you remember it from before], and
this familiarity might lead you to think, "Okay, I know
that." **5** The problem is [that this feeling of familiarity is
not necessarily equivalent to knowing the material and
may be of no help {when you have to come up with an
answer on the exam}]. **6** In fact, familiarity can often lead
to errors on multiple-choice exams [because you might
pick a choice {that looks familiar}, only to find later [that
it was something {you had read}, but it wasn't really the
best answer to the question].

니며 시험에서 답을 생각해내야 할 때 전혀 도움이 되지 않을 수도 있다는 점이다. **6** 사실, 익숙해 보이는 선택지를 고를 수도 있기 때문에 친숙함은 종종 선다형 시험에서 실수로 이어질 수 있는데, 결국 나중에 그것은 당신이 읽었던 것이지만 실제로 그 문제에 대한 최선의 답은 아니었다는 것을 알게 될 뿐이다.

① 당신이 강조 표시했던 부분을 기억해 내지 못했다
② 실제로 그 문제에 대한 최선의 답은 아니었다
③ 그 친숙함은 당신의 이해에 근거한 것이었다
④ 반복은 당신이 맞는 답을 고르는 것을 가능하게 했다
⑤ 그것은 친숙함이 자연스럽게 형성된다는 것을 보여주었다

제대로 접근법 모범답안

❶ understanding ❷ familiarity

제대로 독해법 모범답안

■ 직독 직해 ■
1~3행 그들이 친숙함을 이해로 착각하기 때문이다
4~5행 아마 강조 표시된 자료들에 집중하면서
7~10행 반드시 같은 것은 아니다
10~13행 친숙함은 종종 실수로 이어질 수 있다

■ 제대로 어휘력 올리기 ■

1 material	2 familiarity	3 understanding
4 highlight	5 focus on	6 necessarily
7 come up with	8 multiple-choice	9 choice

■ 제대로 구문 이해하기 ■
of

정답인 이유

정답률 44%

② it wasn't really the best answer to the question

빈칸 앞에서 학생들이 익숙해 보이지만 정답이 아닌 선택지를 고르는 실수를 할 수 있다고 했으므로, 당신이 읽었던 내용이긴 하지만 문제의 정답은 아니라는 내용이 이어지는 것이 자연스럽다. 따라서 정답은 ② '실제로 그 문제에 대한 최선의 답은 아니었다'이다.

오답인 이유

매력적인 오답 ③ 20%

③ that familiarity was based on your understanding

학생들이 실제로는 잘 알지 못하는 내용임에도 불구하고 그것을 알고 있다고 생각하는 이유는 단지 여러 번 보아 익숙한 것을 자신이 이해한 내용이라고 착각하기 때문이며, 친숙함은 어떤 것을 정확히 알고 있는 것과는 다르다고 하였으므로 ③ '그 친숙함은 당신의 이해에 근거한 것이었다'는 정답이 될 수 없다.

지문 해석

1 자료의 내용을 모를 때조차도, 학생들이 알고 있다고 생각하는 주된 이유 중 하나는 그들이 친숙함을 이해로 착각하기 때문이다. **2** 그것이 작용하는 방식이 여기 있다: 당신은 읽을 때 아마 (중요한 내용에) 강조 표시를 하면서 그 장을 한 번 읽을 것이다. **3** 그리고 나서 나중에는, 아마 강조 표시된 자료들에 집중하면서 그 장을 다시 읽을 것이다. **4** 그것을 되풀이해서 읽을 때, 당신은 이전에 읽은 것으로부터 그것을 기억하기 때문에 소재가 친숙하고, 이러한 친숙함은 당신이 "좋아, 나는 그것을 알아."라고 생각하게 할지도 모른다. **5** 문제는 이런 친숙한 느낌이 반드시 자료를 아는 것과 같은 것은 아

빈칸 12

선과 도형을 활용한 지문 분석   2019년 11월 고1 학력평가 34번

1 There is a famous Spanish proverb [that says, {"The belly rules the mind."}] **2** This is a clinically proven fact. **3** Food is the original mind-controlling drug. **4** [Every time we eat], we bombard our brains with a feast of chemicals, [triggering an explosive hormonal chain reaction {that directly influences the way (we think)}]. **5** Countless studies have shown [that the positive emotional state {induced by a good meal} enhances our receptiveness to be persuaded]. **6** It triggers an instinctive desire to repay the provider. **7** This is [why executives regularly combine business meetings with meals], [why lobbyists invite politicians to attend receptions, lunches, and dinners], and [why major state occasions almost always involve an impressive banquet]. **8** Churchill called this "dining diplomacy," and sociologists have confirmed [that this principle is a strong motivator across all human cultures].

지문 해석

1 '배가 마음을 다스린다'라고 하는 유명한 스페인 속담이 있다. **2** 이것은 임상적으로 증명된 사실이다. **3** 음식은 원래 마음을 지배하는 약이다. **4** 우리가 먹을 때마다 우리는 두뇌에 화학 물질의 향연을 퍼부어 우리가 생각하는 방식에 직접적으로 영향을 미치는 폭발적인 호르몬의 연쇄 반응을 유발한다. **5** 수많은 연구는 좋은 식사에 의해 유발된 긍정적인 감정 상태가 우리의 설득되는 수용성을 높인다는 것을 보여주었다. **6** 그것은 그 제공자에게 보답하려는 본능적인 욕구를 유발한다. **7** 이것이 경영진이 정기적으로 업무 회의와 식사를 결합하는 이유이고, 로비스트들이 정치인들을 축하 연회, 점심 식사, 저녁 식사에 참석하도록 초대하는 이유이고, 주요 국가 행사가 거의 항상 인상적인 만찬을 포함하는 이유이다. **8** Churchill은 이것을 '식사 외교'라고 불렀고, 사회학자들은 이 원리가 모든 인류 문화에 걸쳐 강력한 동기 부여물이라는 것을 확인해 주었다.

① 우리가 공정한 판단을 하도록 이끈다
② 타인과의 협동을 방해한다
③ 중대한 외교 행사에 손해를 끼친다
④ 우리의 건강을 개선하는 데 중요한 역할을 한다
⑤ 우리의 설득되는 수용성을 높인다

제대로 접근법 모범답안

❶ Food ❷ think ❸ 설득되는 수용성

제대로 독해법 모범답안

■ 직독 직해 ■
3~5행 폭발적인 호르몬의 연쇄 반응을 유발한다
5~7행 좋은 식사에 의해 유발된
8~11행 거의 항상 인상적인 만찬을 포함하는

■ 제대로 어휘력 올리기 ■

1 clinically	2 bombard	3 trigger
4 explosive	5 enhance	6 combine
7 impressive	8 diplomacy	9 confirm

■ 제대로 구문 이해하기 ■
creating

정답인 이유   정답률 40%

⑤ enhances our receptiveness to be persuaded

훌륭한 식사는 식사를 제공한 사람에게 보답하고자 하는 본능적인 욕구를 유발하고, 이러한 긍정적인 감정 상태가 사람들로 하여금 경계를 풀고 상대에게 보다 너그럽고 관대해지게 만든다는 내용이다. 따라서 빈칸에는 ⑤ '우리의 설득되는 수용성을 높인다'가 가장 적절하다.

오답인 이유   매력적인 오답 ② 19%

② interferes with cooperation with others

'식사 외교'라는 표현에서 알 수 있듯이, 식사를 제공하는 행위는 상대방과 우호적인 관계를 조성하는 데 도움을 준다. 이는 타인의 협동을 방해하기보다 오히려 협동을 증가시킬 수 있는 방법이므로 ② '타인과의 협동을 방해한다'는 빈칸에 적절하지 않다.

▶ 문제편 166쪽

DAY 15   빈칸 09~12   어휘 테스트

1 coastal	2 right	3 highlighted	4 motivator	5 occasions
6 assessments	7 familiarity	8 crisis	9 proven	10 rare
11 hanging	12 mistake	13 induced	14 tense	15 miserable

순서 01

선과 도형을 활용한 지문 분석

2022년 11월 고1 학력평가 29번

1 Most people have a perfect time of day [when they
(명사절 접속사 that 생략)   선행사   (it is)   관계부사
feel {they are at their best}], whether in the morning,
                                whether A or B: A든지 B든지 간에
evening, or afternoon. (C) **2** Some of us are night owls,
some early birds, and others in between may feel most
         (are)   feel+형용사: ~하게 느끼다
active [during the afternoon hours]. **3** [If you are able
         전치사구   조건의 부사절   = can
to organize your day and divide your work], make it
         └──── 병렬구조 ────┘   V(명령문) 가목적어
a point to deal with tasks [that demand attention] at
     진목적어   주격 관대
your best time of the day. (B) **4** However, [if the task
                                              S(선행사)
{you face}] demands creativity and novel ideas, it's best
(목적격 관대 생략)   V   = new   가주어
to tackle it at your "worst" time of day! **5** So [if you are
진주어(to부정사구)   조건절
an early bird], make sure to attack your creative task in
                make sure to V: 반드시 ~하다
the evening, and vice versa for night owls. (A) **6** [When
                    반대로, 거꾸로   시간의 부사절
your mind and body are less alert than at your "peak"
                         └~보다 덜 …한┘
hours], the muse of creativity awakens and is allowed to
                                    └── 병렬구조 ──┘
roam more freely. **7** In other words, [when your mental
                        다시 말해서   시간의 부사절
machinery is loose rather than standing at attention],
                    ~보다는
the creativity flows.

[문법 돋보기]
• 가목적어·진목적어
make, consider, find 등의 동사가 쓰인 5형식 문장에서 to부정사구나
that절이 목적어로 쓰여 목적어가 길어지는 경우, 보통 목적어를 목적격 보
어 뒤로 보내고 목적어 자리에 가목적어 it을 쓴다.

3 ~, make it a point to deal with tasks that demand attention at
         가목적어   진목적어
your best time of the day.

지문 해석

1 대부분의 사람들은 아침이든 저녁이든 혹은 오후든 간에 하루 중 그들
이 자신의 최고의 상태에 있다고 느끼는 완벽한 시간을 갖는다. (C) **2** 우
리 중 몇몇은 야행성이고, 몇몇은 일찍 일어나는 사람이며, 그 사이에 있는
누군가는 오후의 시간 동안 가장 활력을 느낄지도 모른다. **3** 여러분이 하
루를 계획하고 업무를 분배할 수 있다면, 집중을 요구하는 과업을 하루 중
여러분의 최적의 시간에 처리하는 것에 중점을 두어라. (B) **4** 그러나, 만
약 여러분이 직면한 과업이 창의성과 새로운 아이디어를 요구한다면, 하루
중 여러분의 "최악의" 시간에 그것을 다루는 것이 최선이다! **5** 그래서 만
약 여러분이 일찍 일어나는 사람이라면 저녁에 창의적인 작업에 착수하고,
야행성이라면 반대로 할 것을 명심하라. (A) **6** 여러분의 정신과 신체가 여
러분의 "정점의" 시간보다 주의력이 덜할 때, 창의성의 영감이 깨어나 더
자유롭게 거니는 것이 허용된다. **7** 다시 말해서, 여러분의 정신 기제가 주
의력 있게 기립해 있을 때보다 느슨하게 풀려있을 때 창의성이 샘솟는다.

제대로 접근법 모범답안

❶ 집중 ❷ awakens

제대로 독해법 모범답안

■직독 직해
11~12행 가장 활동적이라고 느낄지도 모른다
7~8행 하루 중 여러분의 "최악의" 시간에
3~5행 창의성의 영감이 깨어난다

■제대로 어휘력 올리기■

1 organize	2 attention	3 creativity
4 novel	5 tackle	6 attack
7 vice versa	8 alert	9 awaken

■제대로 구문 이해하기■
Whether

정답인 이유

정답률 46%

⑤ (C) - (B) - (A)

(C) 주어진 글에서 언급한 하루 중 자신이 최고의 상태에 있다고 느끼는
완벽한 시간에 대해 추가적인 부연 설명을 하고 있으며, 바로 그 시간에
집중력을 요하는 일을 하라고 조언하고 있다.

(B) However로 시작하면서, (C)에서 언급한 조언과는 달리 창의적인
일은 최악의 시간에 하라고 조언하고 있다.

(A) 창의적인 일을 정점의 시간보다 최악의 시간에 해야 하는 이유에
대해 설명하고 있으므로 (B) 다음에 이어져야 한다.

오답인 이유

매력적인 오답 ④ 20%

④ (C) - (A) - (B)

(A)는 최악의 시간에 창의적인 일을 해야 하는 이유를 설명하고 있으므
로, 창의적인 일을 최악의 시간에 하라는 (B) 뒤에 오는 것이 적절하다.

순서 02

1 Interpersonal messages combine content and relationship dimensions. **2** That is, they refer to the real world, to something external to both speaker and listener; at the same time they also refer to the relationship between parties. (C) **3** For example, a supervisor may say to a trainee, "See me after the meeting." **4** This simple message has a content message [that tells the trainee to see the supervisor after the meeting]. (B) **5** It also contains a relationship message [that says something about the connection between the supervisor and the trainee]. **6** Even the use of the simple command shows [(that) there is a status difference {that allows the supervisor to command the trainee}]. (A) **7** You can appreciate this most clearly if you visualize the same command being made by the trainee to the supervisor. **8** It appears awkward and out of place, because it violates the normal relationship between supervisor and trainee.

지문 해석

1 대인 관계에서의 메시지에는 내용 차원과 관계 차원이 결합되어 있다. **2** 다시 말해, 그것들은 화자와 청자 모두에게 외부적인 어떤 것, 즉 실제 세계를 나타내며, 동시에 당사자들 사이의 관계 또한 나타낸다. (C) **3** 예를 들어, 한 관리자가 한 수습 직원에게 "회의 후에 저 좀 봅시다"라고 말할 수 있다. **4** 이 간단한 메시지는 수습 직원이 회의 후에 관리자를 만나야 한다는 것을 전달하는 내용 메시지를 담고 있다. (B) **5** 그것은 또한 관리자와 수습 직원 사이의 관계에 대해 무언가를 말해 주는 관계 메시지를 포함하고 있다. **6** 이 간단한 명령의 사용조차도 관리자가 그 수습 직원에게 명령할 수 있게 하는 지위의 차이가 존재한다는 것을 보여 준다. (A) **7** 만약 수습 직원이 관리자에게 같은 명령을 내린다고 상상해 본다면 당신은 이것을 매우 명확하게 이해할 수 있을 것이다. **8** 관리자와 수습 직원 사이의 일반적인 관계를 위반하기 때문에 그것은 어색하고 상황에 맞지 않아 보인다.

제대로 접근법 모범답안

❶ 내용 ❷ 관계

제대로 독해법 모범답안

■ 직독 직해 ■
2~4행 그것들은 관계 또한 나타낸다
14~15행 이 간단한 메시지는 내용 메시지를 담고 있다
9~10행 그것은 또한 관계 메시지를 포함하고 있다
6~8행 일반적인 관계를 위반하기 때문에

■ 제대로 어휘력 올리기 ■

1 content	2 dimension	3 refer to
4 supervisor	5 trainee	6 command
7 visualize	8 awkward	9 violate

■ 제대로 구문 이해하기 ■
to visit

[문법 돋보기]

• 연결사
연결사는 앞과 뒤에 나오는 문장을 연결해 주면서 부사 역할도 한다.

however, yet	그러나
therefore, thus	그러므로, 그래서
as a result, consequently	그 결과, 결과적으로
for example, for instance	예를 들면
in addition, besides, moreover	게다가, 더욱이
in other words, that is	즉, 다시 말해서
on the other hand, in contrast, on the contrary	반면에, 대조적으로

2 That is, they refer to the real world, ~.
다시 말해서

3 For example, a supervisor may say to trainee, ~.
예를 들어

정답인 이유   정답률 36%

⑤ (C) — (B) — (A)

(C) for example로 시작하여, 주어진 글에서 언급한 내용 메시지에 대한 예를 들고 있고 a supervisor, a trainee 등 새로운 명사가 등장했다.
(B) It also ~로 문장이 시작되고 있고, (C)에서 예로 든 내용 메시지가 아닌 관계 메시지에 대해 설명하고 있으며, the supervisor, the trainee 가 재등장했으므로 (C) 다음에 와야 한다.
(A) the same command가 언급되었으므로 command가 처음으로 언급된 (B) 다음에 와야 한다.

오답인 이유   매력적인 오답 ③ 25%

③ (B) — (C) — (A)

(A), (B), (C) 모두 주어진 글에 대한 예를 들어 설명하고 있으므로 (C) for example(예를 들어)이 주어진 글 바로 다음에 오는 것이 자연스럽다.

순서 03

선과 도형을 활용한 지문 분석　　　　2018년 3월 고1 학력평가 35번

➊ Suppose [that you are busy working on a project one day and you have no time to buy lunch]. ➋ All of a sudden your best friend shows up with your favorite sandwich. (B) ➌ He tells you [that he knows (you are busy) and he wants to help you out by buying you the sandwich]. ➍ In this case, you are very likely to appreciate your friend's help. (C) ➎ However, [if a stranger shows up with the same sandwich and offers it to you], you won't appreciate it. ➏ Instead, you would be confused. ➐ You would likely think "Who are you, and how do you know [what kind of sandwich I like to eat]?" (A) ➑ The key difference (between these two cases) is the level of trust. ➒ You trust your best friend so much that you won't worry about him knowing you too well, but you certainly would not give the same level of trust to a stranger.

[문법 돋보기]

• 「so ~ that + S + V」 vs. 「so that + S + V」

(1) 「so + 형용사/부사 + that + 주어 + 동사」: 매우 ~해서 …하다
⇨ 결과의 의미를 나타내는 접속사

(2) 「so that + 주어 + 동사」: ~하기 위해서, ~하도록
⇨ 목적의 의미를 나타내는 접속사

➒ You trust your best friend so much that you won't worry about
　　　　　　　　　　　　　　so+부사+that+주어+동사: 매우 ~해서 …하다
him knowing you too well, ~.

cf. Share your favorites with your friends and family so that everyone
　　　　　　　　　　　　　　　　　　　　　so + that + 주어 + 동사: ~하도록
can get a good laugh, too.

모든 사람들 역시 크게 웃을 수 있도록 당신이 좋아하는 것을 당신의 친구들 그리고 가족과 공유하라.

지문 해석

➊ 여러분이 어느 날 프로젝트를 하느라 바빠서 점심 식사를 살 시간이 없다고 가정해 보자. ➋ 갑자기 가장 친한 친구가 여러분이 가장 좋아하는 샌드위치를 들고 나타난다. (B) ➌ 그는 여러분이 바쁘다는 것을 알고 있으며, 샌드위치를 사줌으로써 도와주고 싶다고 말한다. ➍ 이런 경우에, 여러분은 친구의 도움에 고마워할 가능성이 높다. (C) ➎ 그러나 만약 낯선 사람이 같은 샌드위치를 들고 나타나 그것을 여러분에게 준다면, 여러분은 그것을 고마워하지 않을 것이다. ➏ 대신에, 여러분은 혼란스러울 것이다. ➐ 여러분은 "당신은 누군데, 제가 어떤 종류의 샌드위치를 먹고 싶어 하는지 어떻게 아세요?"라고 생각할 것이다. (A) ➑ 이 두 경우의 주요 차이점은 신뢰 수준이다. ➒ 여러분은 가장 친한 친구를 아주 많이 믿어서 그 친구가 여러분을 너무 잘 알고 있다는 것에 대해 걱정하지 않겠지만, 낯선 사람에게는 분명히 같은 수준의 신뢰를 주지 않을 것이다.

제대로 접근법 모범답안

❶ 고마움 ❷ 혼란스러움

제대로 독해법 모범답안

■ 직독 직해 ■
8~9행 여러분에게 샌드위치를 사줌으로써
11~12행 만약 낯선 사람이 나타나
5~7행 그가 여러분을 너무 잘 알고 있다는 것에 대해

■ 제대로 어휘력 올리기 ■

1 all of a sudden	2 show up	3 in this case
4 likely	5 appreciate	6 confused
7 difference	8 trust	9 certainly

■ 제대로 구문 이해하기 ■
나는 숙제를 하느라 매우 바빠서, 너와 파티에 갈 만큼 충분한 시간이 없다.

정답인 이유　　　　　　　　　　정답률 50%

③ (B) — (C) — (A)

(B) 주어진 글에서 언급된 your best friend를 He로 지칭하며, 그 친구에게 고마워할 가능성에 대해 언급하고 있다.

(C) 역접의 접속사 However와 새로운 등장인물 a stranger에 대해 언급하고 있다.

(A) these two cases는 앞의 (B), (C)에서 언급한 두 가지 경우를 가리킨다.

오답인 이유　　　　　　　매력적인 오답 ⑤ 17%

⑤ (C) — (B) — (A)

(C)의 a stranger는 주어진 글의 your best friend와 연결되지 않으므로 (C)가 주어진 글 다음에 오는 것은 적절하지 않다.

순서 04

1 Ideas about [how much disclosure is appropriate]
S　　　　　↳의문사절(의문사+주어+동사)

vary among cultures. (B) **2** Those born in the United
V　　　　　　　　　　　　　　　　　(who were)

States tend to be high disclosers, [even showing a
　　　tend to V: ~한 경향이 있다　　　　　↳분사구문

willingness to disclose information about themselves
　　↳형용사적 용법

(to) strangers]. **3** This may explain [why Americans seem
　　　　　　　　↗의문사절(의문사+주어+동사)　　　　S　　　　　V'1

particularly easy to meet and are good at cocktail-party
　　　　　　　　　　　　　　V'2(be good at: ~을 잘하다)

conversation]. (A) **4** On the other hand, Japanese tend
　　　　　　　　　　반면에

to do little disclosing about themselves to others except
　　　　　　　　　　　　　　　　　　　　　　　전 ~을 제외하고

(to) the few people [with whom they are very close].
　　선행사　　　　　　전치사+관계대명사

5 In general, Asians do not reach out to strangers. (C)
　　일반적으로　　　　　　　　~에게 관심을 보이다

6 They do, however, show great care for each other,
　　S　일반동사 강조　　　V

[since they view harmony as essential to relationship
이유의 부사절　view A as B: A를 B라고 여기다　　　　(whom)

improvement]. **7** They work hard to prevent those [they
　　　　　　　prevent A from -ing: A가 ~하는 것을 막다

view as outsiders] from getting information [they believe
　　　　　　　　　　　　　　　　　(목적격 관대 that 생략)

to be unfavorable].

[문법 돋보기]

• 의문사가 있는 간접의문문
간접의문문이란 의문문이 문장의 일부가 되어, 의문사가 이끄는 명사절이
문장에서 주어, 목적어, 보어 등의 역할을 하는 것을 말한다. 의문사가 있는
간접의문문의 어순은 「의문사 + 주어 + 동사」이다.

1 Ideas about [how much disclosure is appropriate] vary among
　　　　　　　　의문사　　주어　　　동사

cultures.

3 This may explain [why Americans seem particularly easy to meet
　　　　　　　　　의문사　주어　　동사1

and are good at cocktail-party conversation].
동사2

지문 해석

1 어느 정도의 정보 공개가 적절한지에 관한 생각은 문화마다 다르다. (B)
2 미국에서 태어난 사람들은 정보를 잘 공개하려는 경향이 있고, 심지어
자기 자신에 관한 정보를 낯선 이에게 기꺼이 공개하려는 의향을 보인다.
3 이것은 왜 미국인들을 만나는 것이 특히 수월해 보이는지와 왜 그들이
칵테일 파티에서의 대화에 능숙한지를 설명할 수 있다. (A) **4** 반면에, 일
본인들은 자신과 매우 친한 소수의 사람들을 제외하고는 타인에게 자신에

관해 거의 드러내지 않는 경향이 있다. **5** 일반적으로 아시아인들은 낯선
이에게 관심을 보이지 않는다. (C) **6** 그러나 그들은 화합이 관계 향상에
필수적이라고 여기기 때문에 서로를 매우 배려하는 모습을 보인다. **7** 그
들은 자신이 불리하다고 생각하는 정보를 외부인이라고 여기는 사람들이
얻지 못하게 하려고 애쓴다.

제대로 접근법 모범답안

❶ 공개　**❷** 드러내지

제대로 독해법 모범답안

■**직독 직해**■
5~7행 심지어 기꺼이 공개하려는 의향을 보인다
4행 아시아인들은 낯선 이에게 관심을 보이지 않는다
9~10행 관계 향상에 필수적이라고

■**제대로 어휘력 올리기**■

1 appropriate	2 reach out to	3 willingness
4 disclose	5 particularly	6 harmony
7 improvement	8 outsider	9 unfavorable

■**제대로 구문 이해하기**■
found

😀 정답인 이유　　　　　　　　　　　정답률 63%

② (B) － (A) － (C)

(B) 정보 공개의 범위는 문화마다 다르다는 내용의 주어진 문장에 이어,
정보 공개에 적극적인 미국인들의 사례를 언급하고 있다.
(A) On the other hand(반면에)로 문장을 시작하며, 미국인들과 달리
자신을 잘 드러내지 않는 일본인들과 아시아인들에 대해 설명한다.
(C) They는 (A)에서 언급한 아시아인들을 가리키며 외부인에게 자신의
불리한 정보를 공개하기 꺼려하는 그들의 특징을 설명하고 있으므로
(A) 다음에 오는 것이 문맥상 자연스럽다.

😵 오답인 이유　　　　　　　　　　매력적인 오답 ③ 15%

③ (B) － (C) － (A)

(B)에서 미국인들은 낯선 이에게도 자신의 정보를 기꺼이 공개한다고
했는데, 그 뒤로 외부인들이 자신의 정보를 얻지 못하게 한다는 모순된
내용의 (C)가 이어지는 것은 적절하지 않다.

▶ 문제편 176쪽

DAY 16　순서 01~04　　　　　　　　어휘 테스트

1 novel　2 sudden　3 external　4 disclosers　5 improvement
6 trust　7 status　8 muse　9 command　10 In this case
11 active　12 dimensions　13 unfavorable　14 attack
15 trainee

정답 | 위치 **01** ⑤　　위치 **02** ②　　위치 **03** ④　　위치 **04** ③

위치 **01**

선과 도형을 활용한 지문 분석　　　2022년 6월 고1 학력평가 39번

1 Humans [born without sight] are not able to collect
visual experiences, so they understand the world
entirely through their other senses. **2** As a result,
people [with blindness at birth] develop an amazing
ability to understand the world through the collection
of experiences and memories [that come from these
non-visual senses. **3** The dreams of a person [who has
been without sight since birth] can be just as vivid and
imaginative as those of someone with normal vision.
4 They are unique, however, [because their dreams
are constructed from the non-visual experiences and
memories {they have collected}]. **5** A person with
normal vision will dream about a familiar friend [using
visual memories of shape, lighting, and colour]. **6** But, a
blind person will associate the same friend with a unique
combination of experiences from their non-visual senses
[that act to represent that friend]. **7** In other words,
people [blind at birth] have similar overall dreaming
experiences [even though they do not dream in pictures].

1 선천적으로 시각 장애를 가진 사람은 시각적 경험을 수집할 수 없기 때문에 세상을 전적으로 다른 감각을 통해 이해한다. **2** 그 결과, 선천적으로 시각 장애를 가진 사람들은 이러한 비시각적 감각에서 나오는 경험과 기억의 수집을 통해 세상을 이해하는 놀라운 능력을 개발한다. **3** 선천적으로 시각 장애를 가진 사람이 꾸는 꿈은 정상 시력을 가진 사람의 꿈만큼 생생하고 상상력이 풍부할 수 있다. **4** 그러나, 그들의 꿈은 그들이 수집한 비시각적 경험과 기억으로 구성되기 때문에 독특하다. **5** 정상 시력을 가진 사람들은 형태, 빛 그리고 색의 시각적 기억을 사용하여 친숙한 친구에 대해 꿈을 꿀 것이다. **6** 하지만, 시각 장애인은 그 친구를 구현하는 데 작용하는 비시각적 감각에서 나온 독특한 조합의 경험으로 그 친구를 연상할 것이다. **7** 다시 말해, 선천적 시각 장애인들은 시각적인 꿈을 꾸지는 않지만, 전반적으로 비슷한 꿈을 경험한다.

제대로 접근법 모범답안

❶ But ❷ But ❸ the same friend ❹ In other words

제대로 독해법 모범답안

▧ 직독 직해 ▧
6~8행　이러한 비시각적 감각에서 나오는
8~10행　정상적인 시력을 가진 사람의 그것들만큼
11~12행　그들의 꿈이 구성되기 때문에
1~3행　그 친구를 구현하는 데 작용하는

▧ 제대로 어휘력 올리기 ▧

1 visual	2 sense	3 imaginative
4 normal	5 construct	6 familiar
7 associate	8 combination	9 represent

▧ 제대로 구문 이해하기 ▧
have used

😊 **정답인 이유**　　　　　　　　　　　정답률 49%

⑤

⑤ 앞에서는 정상 시력을 가진 사람은 시각적 기억을 사용하여 친구에 대한 꿈을 꾼다고 말하고 있다. 그러나 뒤에서는 in other words(다시 말해)로 시작하면서 선천적 시각 장애인의 꿈에 대해서 부연 설명하고 있으므로 흐름이 자연스럽지 않다. 따라서 역접의 연결어 But으로 시작하면서, 시각 장애인의 꿈에 대해 언급하는 주어진 문장이 ⑤에 들어가는 것이 가장 적절하다.

😈 **오답인 이유**　　　　　　　　　매력적인 오답 ③ 17%

③

주어진 문장의 the same friend가 가리키는 것이 ③ 앞에 나온 문장에 없다. 따라서 주어진 문장은 ③에 들어갈 수 없다.

위치 02

선과 도형을 활용한 지문 분석   2019년 3월 고1 학력평가 38번

1 Most of us have hired many people [based on
  S   V (현재완료)   과거분사구
human resources criteria along with some technical
                        ~와 더불어
and personal information {that (the boss thought) was
       선행사   주격 관·대   삽입절
important}]. **2** I have found [that most people like
              접속사 that절(목적어)   S'   V'
to hire people just like themselves]. **3** This may have
                                           may have p.p.:~했을지도 모른다
worked in the past, but today, [with interconnected
                                전치사구(원인·이유)
team processes], we don't want all people [who are
                                  선행사   주격 관·대
the same]. **4** In a team, some need to be leaders,
                            S1   V1
some need to be doers, some need to provide creative
S2   V2   S3   V3
strengths, some need to be inspirers, some need to
           S4   V4   S5   V5
provide imagination, and so on. **5** In other words, we
                                      다시 말하면
are looking for a diversified team [where members
V (look for: ~을 찾다)   선행사   관계부사 (= in which) S'
complement one another]. **6** [When putting together a
V'   접속사가 있는 분사구문
new team or hiring team members], we need to look at
                                   S   V
each individual and [how he or she fits into the whole of
              명사절(간접의문문)   (is)
our team objective]. **7** The bigger the team, the more
                                              the+비교급 ~, the+비교급 ...: 더 ~할수록 더 ~하다
possibilities exist for diversity.

1 우리 대부분은 사장이 중요하다고 생각하는 어떤 전문적이고 개인적인 정보와 더불어 인적 자원 기준을 근거로 하여 많은 사람을 고용해 왔다. **2** 나는 대부분의 사람들이 자신과 똑 닮은 사람을 고용하고 싶어 한다는 것을 알게 되었다. **3** 이것이 과거에는 효과가 있었을지도 모르지만, 오늘날에는 상호 연결된 팀의 (업무) 과정으로 인해 우리는 똑같은 모든 사람을 원하지 않는다. **4** 팀 내에서 어떤 사람은 지도자일 필요가 있고, 어떤 사람은 실행가일 필요가 있으며, 어떤 사람은 창의적인 능력을 제공할 필요가 있고, 어떤 사람은 사기를 불어넣는 사람일 필요가 있으며, 어떤 사람은 상상력을 제공할 필요가 있다는 것 등이다. **5** 다시 말하면, 우리는 구성원들이 서로를 보완해 주는 다양화된 팀을 찾고 있다. **6** 새로운 팀을 짜거나 팀 구성원을 고용할 때 우리는 각 개인을 보고 그 사람이 어떻게 우리의 팀 목적 전반에 어울리는지 살펴 볼 필요가 있다. **7** 팀이 크면 클수록 다양성에 대한 더 큰 가능성이 존재한다.

❶ This

■**직독 직해**■
3~5행 어떤 전문적이고 개인적인 정보와 더불어
1~2행 상호 연결된 팀의 (업무) 과정으로 인해
9~10행 구성원들이 서로를 보완해 주는
10~12행 우리의 팀 목적 전반에

■**제대로 어휘력 올리기**■
1 technical   2 interconnected   3 doer
4 strength   5 imagination   6 diversified
7 complement   8 objective   9 diversity

■**제대로 구문 이해하기**■
isn't

🙂 **정답인 이유**   정답률 36%

②

②의 앞 문장에서는 대부분의 사람들이 자신과 똑같은 사람을 고용하고 싶어 한다고 언급했다. 그러나 ② 이후의 내용에서는 팀 내에 서로를 보완해주는 다양한 구성원들이 필요하다고 말하고 있으므로 흐름이 자연스럽지 않다. 따라서 ②번 자리에 오늘날에는 상호 연결된 팀 업무 과정으로 인해 모든 사람이 똑같기를 원하지 않는다는 내용으로 글의 흐름을 전환하는 주어진 문장이 들어가야 한다.

😟 **오답인 이유**   매력적인 오답 ③ 30%

③

③ 앞에 팀 내에 다양한 역할의 구성원이 필요하다는 내용이 오고 바로 다음 문장에서 In other words로 연결하여 구성원들이 서로를 보완하는 다양화된 팀을 찾고 있다고 부연 설명한다. 글의 흐름이 자연스럽게 이어지고 있으므로 주어진 문장이 ③에 들어가는 것은 적절하지 않다.

위치 03

1 The continued survival of the human race can be
<small>과거분사 ↵   조동사 있는</small>
explained by our ability to adapt to our environment.
<small>수동태(조동사+be+p.p.)   형용사적 용법</small>
2 [While we may have lost some of our ancient
<small>접 ~이긴 하지만   may have p.p.: ~였을지도 모른다</small>
ancestors' survival skills], we have learned new skills as
<small>현재완료   접 ~하면서</small>
they have become necessary. **3** Today, the gap between
<small>S</small>
the skills [we once had] and the skills [we now have]
<small>(목적격 관·대 생략)   (목적격 관·대 생략)</small>
grows ever wider [as we rely more heavily on modern
<small>V   rely on: ~에 의존하다</small>
technology]. **4** Therefore, [when you head off into
<small>부 그러므로   시간의 부사절   떠나다</small>
the wilderness], it is important to fully prepare for the
<small>가주어   진주어</small>
environment. **5** Before a trip, research [how the native
<small>간접의문문(의문사+S+V)</small>
inhabitants dress, work, and eat]. **6** [How they have
<small>S(의문사절)</small>
adapted to their way of life] will help you to understand
<small>V1   O   O.C.</small>
the environment and allow you to select the best gear
<small>V2   O   O.C.1</small>
and learn the correct skills. **7** This is crucial [because
<small>O.C.2   이유의 부사절</small>
most survival situations arise as a result of a series of
<small>~의 결과로서   일련의</small>
events {that could have been avoided}].
<small>주격 관·대 could have p.p.: ~할 수도 있었다 / 현재완료수동태(have[has] been p.p.)</small>

현재 우리가 가진 기술 간의 차이가 그 어느 때보다 더 커진다. **4** 그러므로, 미지의 땅으로 향할 때 그 환경에 대해 충분히 준비하는 것이 중요하다. **5** 떠나기 전에, 토착 주민들이 어떻게 옷을 입고 일하고 먹는지를 조사하라. **6** 그들이 어떻게 자신들의 생활 방식에 적응했는가는 여러분이 그 환경을 이해하도록 도울 것이고, 여러분이 최선의 장비를 선별하고 적절한 기술을 배우도록 해 줄 것이다. **7** 대부분의 생존(을 위한) 상황은 피할 수도 있었던 일련의 사건들에 대한 결과로서 발생하기 때문에 이것은 중요하다.

제대로 접근법 모범답안

❶ Before ❷ Before ❸ they

제대로 독해법 모범답안

■ **직독 직해** ■
2~3행 환경에 적응하는 우리의 능력으로
3~5행 고대 조상들의 생존 기술 중 일부를
7~8행 그 환경에 대해 충분히 준비하는 것이
9~11행 여러분이 그 환경을 이해하도록 도울 것이다

■ **제대로 어휘력 올리기** ■

1 native	2 survival	3 adapt
4 ancestor	5 gap	6 heavily
7 wilderness	8 gear	9 crucial

■ **제대로 구문 이해하기** ■
to start

[문법 돋보기]

• 가주어·진주어
to부정사구나 that이 이끄는 명사절이 주어로 쓰인 경우, 주어 자리에 가주어 it을 쓰고 진주어인 to부정사구나 that절을 문장 뒤로 보낼 수 있다.

4 Therefore, when you head off into the wilderness, it is important
<small>가주어</small>
to fully prepare for the environment.
<small>진주어</small>

정답인 이유   정답률 55%

④

④ 앞에서 미지의 환경에 충분히 대비하는 것의 중요성을 언급했으므로, 흐름상 어딘가로 떠나기 전에 그 지역 토착 주민의 생활 방식을 조사해야 한다는 내용이 이어지는 것이 자연스럽다. 또한 ④ 뒤의 they가 가리키는 것이 주어진 문장의 the native inhabitants이므로 주어진 문장이 들어갈 위치로 적절한 곳은 ④이다.

오답인 이유   매력적인 오답 ③ 16%

③

③ 앞은 현대 기술에 대한 의존성이 증가하면서 이전의 생존 기술과의 간극이 더 커진다는 내용이고, 뒤의 문장은 이런 상황에서 낯선 곳을 갈 때 그 환경에 대해 충분히 파악해 두는 것이 중요하다는 내용이므로 글의 흐름이 자연스럽다. 주어진 문장은 환경을 조사하는 구체적인 방법을 언급하고 있으므로 ③에 들어가는 것은 적절하지 않다.

지문 해석

1 인류의 지속적인 생존은 환경에 적응하는 우리의 능력으로 설명될 수 있다. **2** 우리가 고대 조상들의 생존 기술 중 일부를 잃어버렸을지도 모르지만, 새로운 기술이 필요해지면서 우리는 새로운 기술을 배웠다. **3** 오늘날 우리가 현대 기술에 더 많이 의존하게 되면서 한때 우리가 가졌던 기술과

위치 04

선과 도형을 활용한 지문 분석　　　　　2019년 9월 고1 학력평가 39번

1 (After the technical rehearsal), the theater company
　　전치사구　　　　　　　　　　　　　　　　　S
will meet with the director, technical managers, and
　　V
stage manager to review the rehearsal. **2** Usually there
　　　　　부사적 용법(목적)
will be comments (about all the good things about the
　　　　comments　　　　전치사구
performance). **3** Individuals should make mental and
　　　　　　　　　　　　　make notes: 글로 적어두다
written notes on the positive comments about their
　　　　　　　　　　　　　　　　= the positive comments
own personal contributions as well as those [directed
　　　　　　　　　　B as well as A: A뿐만 아니라 B도　　과거분사구
toward the crew and the entire company]. **4** Building

on positive accomplishments can reduce nervousness.
　　S(동명사 주어)　　　　　　　V
5 (In addition to positive comments), the director
　　　젭 ~뿐만 아니라
and manager will undoubtedly have comments about
　　　　　　　　　의심의 여지없이
[what still needs work]. **6** Sometimes, these negative
　선행사 포함 관대
comments can seem overwhelming and stressful.

7 Time pressures to make these last-minute changes can
　　S　　　　형용사적 용법　　　　　　　　　　　S1
be a source of stress. **8** Take each suggestion with good
　　　　　　　　　　　　명령문1　　each+단수명사
humor and enthusiasm and tackle each task one by one.
　　　　　　　　　　명령문2　each+단수명사　하나씩

[문법 돋보기]

• 관계대명사 what
선행사를 포함하는 관계대명사 what은 '~하는 것'이라는 뜻으로 해석하며, the thing(s) which 또는 the thing(s) that으로 바꿔 쓸 수 있다. 관계대명사 what이 이끄는 명사절은 문장에서 주어, 목적어, 보어의 역할을 한다.

5 In addition to positive comments, the director and manager will undoubtedly have comments about what still needs work.
　　　　　　　　　　　　　　　　　　　　관계대명사(= the thing which/that)

지문 해석

1 테크니컬 리허설(기술 연습) 후에, 극단은 리허설을 검토하기 위해 총감독, 기술 감독들, 그리고 무대 감독을 만날 것이다. **2** 보통은 공연에 대한 온갖 좋은 것들에 관한 의견이 있을 것이다. **3** 개인은 단원들과 극단 전체를 향한 긍정적인 의견뿐만 아니라, 그들 자신의 개인적인 기여에 대한 긍정적인 의견도 마음에 새기고 글로 적어놓아야 한다. **4** 긍정적인 성과를 기반으로 하는 것은 긴장감을 줄일 수 있다. **5** 긍정적인 의견 이외에, 총감독과 부감독은 분명히 여전히 작업이 필요한 부분에 대한 의견도 가지고

있을 것이다. **6** 때로, 이러한 부정적인 의견은 압도적이고 스트레스를 주는 것처럼 보일 수 있다. **7** 이렇게 막판에 변경을 해야 하는 시간적 압박은 스트레스의 원인이 될 수 있다. **8** 각 제안을 기분 좋게 그리고 열정적으로 받아들이고 각각의 일을 하나씩 해결해 나가라.

제대로 접근법 모범답안

❶ In addition to ❷ In addition to ❸ these negative comments

제대로 독해법 모범답안

■ 직독 직해 ■
6~9행　그들 자신의 개인적인 기여에 대한
1~2행　분명히 의견도 가지고 있을 것이다
11~12행　이렇게 막판에 변경을 해야 하는
12~13행　그리고 각각의 일을 해결해 나가라

■ 제대로 어휘력 올리기 ■

1 technical	2 crew	3 accomplishment
4 undoubtedly	5 overwhelming	6 pressure
7 last-minute	8 enthusiasm	9 tackle

■ 제대로 구문 이해하기 ■
generated

정답인 이유　　　　　　　　　　정답률 47%

③

③ 앞에서는 공연 리허설을 검토할 때 언급되는 긍정적인 의견이 긴장감을 줄일 수 있다고 말하고 있다. 그러나 뒤에서는 부정적인 의견에 대해 설명하고 있으므로 흐름이 자연스럽지 않다. 따라서 '긍정적인 의견 이외에~'로 시작하면서 부정적인 의견에 대해서 언급하는 주어진 문장이 ③에 들어가는 것이 가장 적절하다.

오답인 이유　　　　　　　　매력적인 오답 ② 24%

②

② 앞에 긍정적인 의견(the positive comments)이라는 표현이 제시되어 있어서 동일한 표현이 쓰인 주어진 문장이 바로 뒤에 와야 한다고 생각하기 쉽지만, 주어진 문장은 공연에서 보완할 부분에 대한 의견, 즉 부정적인 의견도 존재할 것이라는 내용이므로 뒤에 또다시 긍정적인 성과를 언급하는 내용이 이어지는 것은 부자연스럽다.

▶ 문제편 186쪽

DAY 17 위치 01~04　　　　　　　**어휘 테스트**

1 accomplishments	2 inhabitants	3 continued	4 source
5 strengths	6 combination	7 technical	8 contributions
9 events	10 familiar	11 diversity	12 overwhelming
13 complement	14 prepare	15 ancient	

무관 01

선과 도형을 활용한 지문 분석

2021년 6월 고1 학력평가 35번

1 Health and the spread of disease are very closely
linked to [how we live] and [how our cities operate].
전치사 to의 목적어(병렬구조) / 수동태(be동사+p.p.) / 의문사절1 / 의문사절2

2 The good news is [that cities are incredibly resilient].
명사절 접속사(보어) / 회복력 있는

3 Many cities have experienced epidemics in the
현재완료(경험)
past and have not only survived, but advanced.
(have) / not only A but (also) B: A뿐만 아니라 B도

4 The nineteenth and early-twentieth centuries
saw destructive outbreaks of cholera, typhoid, and
influenza in European cities. **5** Doctors [such as Jon
S / ~와 같은(= like)
Snow, from England, and Rudolf Virchow, of Germany],
saw the connection between poor living conditions,
V / between A and B: A와 B 사이에
overcrowding, sanitation, and disease. **6** A recognition
of this connection led to the replanning and rebuilding
lead to: ~로 이어지다
of cities to stop the spread of epidemics. **7** (In spite of
부사적 용법(목적) / ~에도 불구하고
reconstruction efforts, cities declined in many areas and
쇠퇴하다
many people started to leave.) **8** In the mid-nineteenth
start+to부정사(= start+동명사)
century, London's pioneering sewer system, [which still
S(선행사) / 주격 관·대(계속적 용법)
serves it today], was built as a result of understanding
V(수동태) / 전치사+동명사
the importance of clean water in stopping the spread of
전치사+동명사
cholera.

[문법 돋보기]

• 상관접속사
둘 이상의 단어가 짝을 이룬 접속사로, 연결되는 단어들의 문법 요소가 일치해야 한다.

not only A but (also) B	A뿐만 아니라 B도 (= B as well as A)
both A and B	A와 B 둘 다
either A or B	A와 B 둘 중 하나
neither A nor B	A와 B 둘 다 아닌

3 Many cities have experienced epidemics in the past and have not only survived, but advanced.
not only A but (also) B: A뿐만 아니라 B도

지문 해석

1 건강과 질병의 확산은 우리가 어떻게 살고 우리의 도시가 어떻게 작동하는지와 매우 밀접하게 연관되어 있다. **2** 좋은 소식은 도시가 믿을 수 없을 정도로 회복력이 있다는 것이다. **3** 많은 도시는 과거에 전염병을 경험했고 살아남았을 뿐만 아니라 발전했다. **4** 19세기와 20세기 초에 유럽의 도시들에서 콜레라, 장티푸스, 독감의 파괴적인 발병이 있었다. **5** 영국 출신의 Jon Snow와 독일의 Rudolf Virchow와 같은 의사들은 열악한 주거 환경, 인구 과밀, 위생과 질병 사이의 연관성을 알게 되었다. **6** 이러한 연관성에 대한 인식은 전염병의 확산을 막기 위한 도시 재계획과 재건축으로 이어졌다. **7** (재건 노력에도 불구하고, 도시는 많은 지역에서 쇠퇴하였고 많은 사람들이 떠나기 시작했다.) **8** 19세기 중반에, 오늘날에도 여전히 사용되고 있는 런던의 선구적인 하수 처리 시스템은 콜레라의 확산을 막는 데 있어 깨끗한 물의 중요성을 이해한 결과로 만들어졌다.

제대로 접근법 모범답안

❶ epidemics ❷ advanced

제대로 독해법 모범답안

■직독 직해■
3~4행 그리고 살아남았을 뿐만 아니라 발전했다
6~8행 열악한 주거 환경, 인구 과밀, 위생과 질병 사이의
10~11행 재건 노력에도 불구하고
11~14행 콜레라의 확산을 막는 데 있어서

■제대로 어휘력 올리기■

1 spread	2 closely	3 operate
4 epidemic	5 destructive	6 outbreak
7 sanitation	8 reconstruction	9 decline

■제대로 구문 이해하기■
fitting

정답인 이유

정답률 63%

④

도시가 전염병을 경험하면서 열악한 주거 환경, 인구 과밀, 위생과 질병의 연관성을 인식하게 되고, 이후 전염병의 확산을 막기 위해 도시 재계획과 재건축을 하는 등 도시가 전염병을 극복하고 발전하게 되었다는 내용의 글이다. 그러므로 재건 노력에도 불구하고 도시가 쇠퇴하게 되었다는 내용의 ④는 글의 흐름에 맞지 않다.

오답인 이유

매력적인 오답 ② 12%

②

③의 this connection이 ②의 the connection between poor living conditions, overcrowding, sanitation, and disease를 지칭하면서 이어지고 있으므로 글의 흐름상 자연스럽다.

무관 02

1 Paying attention to some people and not others
　(S(동명사구))
↗ pay attention to: ~에 주의를 기울이다

doesn't mean [you're being dismissive or arrogant]. **2** It
　(V)　　(that)

just reflects a hard fact: there are limits on the number

of people [we can possibly pay attention to or develop a
（목적격 관·대 whom 생략）　　　　　　　(can)

relationship with]. **3** Some scientists even believe [that
　　　　　　　　　　　　　　　　　　　　　　　　명사절 접속사

the number of people {with whom we can continue
　　　(S')　　　　　　전치사+관계대명사

stable social relationships} might be limited naturally by
　　　　　　　　　　V'(조동사 있는 수동태: 조동사+be+p.p.)

our brains]. **4** (The more people you know of different
　　　　　　　　　　　　　　「the+비교급 ~, the+비교급 …」: 더 ~할수록 더 …하다

backgrounds, the more colorful your life becomes.)

5 Professor Robin Dunbar has explained [that our
　　　(S)　　　　　　　　　V(현재완료)　　↳명사절 접속사

minds are only really capable of forming meaningful
　　　　　　　　　　　be capable of -ing: ~할 수 있다

relationships with a maximum of about a hundred and
　　　　　　　　　　　　　　최대

fifty people]. **6** Whether that's true or not, it's safe to
　　　　　　　　　　whether ~ or not: ~이든 아니든　가주어　진주어

assume [that we can't be real friends with everyone].
　　　　명사절 접속사

[문법 돋보기]

• 비교급을 이용한 표현
'~하면 할수록 더욱 ~하다'는 뜻의 「the + 비교급 ~, the + 비교급 …」의 기본 어순은 「the + 비교급 + S + V, the + 비교급 + S + V」이다. 이때, 비교급에 more가 쓰인 경우에 수식을 받는 명사, 형용사, 부사는 반드시 문장 앞으로 옮겨 more 바로 뒤에 붙여서 쓴다.

4 The more people you know of different backgrounds, the more
　　　the+비교급　명사　　S　　V　　　　　　　　　　　　　　the+비교급
　colorful your life becomes.
　　명사　　S　　V

---

1 어떤 사람들에게 주의를 기울이고 다른 사람들에게 그렇게 하지 않는 것이 여러분이 남을 무시하고 있다거나 거만하게 굴고 있다는 것을 의미하

지는 않는다. **2** 그것은 단지 명백한 사실을 나타낼 뿐인데, 우리가 어떻게든지 관심을 갖거나 관계를 발전시켜 나갈 수 있는 사람의 수에는 한계가 있다는 것이다. **3** 일부 과학자는 심지어 우리가 안정된 사회적 관계를 지속할 수 있는 사람의 수가 우리의 뇌에 의해 자연스럽게 제한되는 것일 수도 있다고 믿는다. **4** (여러분이 다양한 배경의 사람들을 많이 알수록, 여러분의 삶은 더 다채로워진다.) **5** Robin Dunbar 교수는 우리의 마음은 정말로 최대 약 150명의 사람과 의미 있는 관계를 형성할 수 있을 뿐이라고 설명했다. **6** 그것이 사실이든 아니든, 우리가 모든 사람과 진정한 친구가 될 수는 없다고 가정하는 것이 안전하다.

제대로 접근법 모범답안

❶ limits　❷ relationships

제대로 독해법 모범답안

■ 직독 직해 ■
2~4행　그것은 단지 명백한 사실을 나타낼 뿐인데
4~6행　우리가 안정된 사회적 관계를 지속할 수 있는
6~8행　여러분의 삶은 더 다채로워진다

■ 제대로 어휘력 올리기 ■

1 reflect	2 possibly	3 stable
4 naturally	5 colorful	6 capable
7 meaningful	8 maximum	9 assume

■ 제대로 구문 이해하기 ■
whether

정답인 이유　　　　　　　　정답률 66%

③

우리가 관심을 갖고 안정된 사회적 관계를 지속할 수 있는 사람의 수에는 한계가 있다는 내용의 글이다. ③은 다양한 사람들을 많이 알수록 삶이 더 다채로워진다는 내용이므로 한정된 인간관계에 대해 설명하는 글의 흐름과 무관하다.

오답인 이유　　　　　　　매력적인 오답 ④ 10%

④

우리의 뇌가 사회적 관계 형성이 가능한 사람의 수를 제한한다는 과학자들의 의견 뒤에, 구체적인 수치를 제시하며 이러한 입장을 지지하는 전문가의 부연설명이 이어지는 것은 자연스럽다.

무관 03

1 In 2006, 81% of surveyed American shoppers
said [that they considered online customer ratings
and reviews important {when planning a purchase}].
2 [Though an online comment — positive or negative —
is not as powerful as a direct interpersonal exchange],
it can be very important for a business. **3** Many people
depend on online recommendations. **4** And young
people rely heavily on them and are very likely to be
influenced by the Internet [when deciding what movie
to see or what album to purchase]. **5** These individuals
often have wide-reaching social networks and
communicate regularly with dozens of others — with the
potential to reach thousands. **6** (Experts suggest [that
young people stop wasting their money on unnecessary
things and start saving it].) **7** It has been reported [that
young people aged six to 24 influence about 50% of all
spending in the US].

[문법 돋보기]

· 접속사+분사구문
부사절을 분사구문으로 전환할 때, 접속사의 의미를 명확하게 하기 위해 분사구문에 접속사를 남겨두기도 한다.

1 ~ that they considered online customer ratings and reviews
important **when** planning a purchase.
　　　접속사 when을 생략하지 않은 분사구문
　　　(= when they planned a purchase)

지문 해석

1 2006년에, 조사에 응한 미국 쇼핑객의 81%가 구매를 계획할 때 온라인 고객 평점과 후기를 중요하게 생각한다고 말했다. **2** 온라인 평가는 긍정적인 것이든 부정적인 것이든 사람 간의 직접적인 의견 교환만큼 강력하지는 않지만, 사업에 매우 중요할 수 있다. **3** 많은 사람이 온라인 추천에 의존한다. **4** 그리고 젊은 사람들은 그것에 크게 의존하고, 어떤 영화를 볼

지, 혹은 어떤 앨범을 살 것인지를 결정할 때 인터넷에 의해 영향을 받을 가능성이 크다. **5** 이 사람들은 흔히 광범위한 소셜 네트워크를 가지고 있으며, 수십 명의 다른 사람들과 정기적으로 소통하는데, 이는 수천명에 이를 가능성이 있다. **6** (전문가들은 젊은 사람들이 불필요한 것에 돈을 낭비하기를 그만두고 저축을 시작해야 한다고 권한다.) **7** 6세에서 24세의 젊은 사람들이 미국 전체 지출의 약 50%에 영향을 미치는 것으로 보고되었다.

제대로 접근법 모범답안

❶ ratings ❷ reviews

제대로 독해법 모범답안

■직독 직해■
1~3행 그들이 온라인 고객 평점과 후기를 중요하게 생각한다고
5~6행 온라인 추천에
6~8행 그리고 인터넷에 의해 영향을 받을 가능성이 크다
12~13행 6세에서 24세의 젊은 사람들이 영향을 미치는 것으로

■제대로 어휘력 올리기■

1 survey	2 customer	3 purchase
4 interpersonal	5 exchange	6 heavily
7 individual	8 potential	9 unnecessary

■제대로 구문 이해하기■
important

정답인 이유　　　　　　　　　　정답률 46%

④

많은 소비자들이 구매할 때 온라인 평가가 중요하다고 생각하는데, 특히 미국 전체 지출의 약 50%에 영향을 미치며 폭넓은 인간관계망을 가지고 있는 젊은이들이 이 평가에 매우 의존한다는 내용이다. 따라서 ④의 '젊은이들이 불필요한 소비를 멈추고 저축해야 한다'는 내용은 글의 흐름에 맞지 않다.

오답인 이유　　　　　　　　　　매력적인 오답 ③ 24%

③

온라인 추천에 크게 의존하는 젊은이들이 광범위한 소셜 네트워크를 통해 수많은 사람들과 소통한다는 부연 설명이므로 글의 흐름에 적절하다.

무관 04

선과 도형을 활용한 지문 분석　　　　2017년 11월 고1 학력평가 35번

1 (In countries such as Sweden, the Netherlands, and Kazakhstan), the media are owned by the public but operated by the government. **2** (Under this system of ownership), revenue [covering the operating costs of newspapers, television stations, and radio stations] is generated through public taxes. **3** (Because of this system of public financing), regulations and policies in many of these countries are designed to guarantee a diversity of sources of information. **4** For example, Swedish law requires [that at least two newspapers be published in every town]. **5** One newspaper is generally liberal, and the second is conservative. **6** (Typically, the Swedish prefer watching television to reading newspapers.) **7** In cases [in which one of the papers is unprofitable], Swedish law requires [that the town taxes and donations from the city go to support the struggling paper].

제대로 접근법 모범답안

❶ public　❷ guarantee

제대로 독해법 모범답안

■직독 직해■
1~2행 언론이 공공에 의해 소유된다
5~7행 다양성을 보장하도록
7~8행 발행되어야 한다
11~13행 스웨덴 법은 요구하고 있다

■제대로 어휘력 올리기■

1 operate	2 ownership	3 revenue
4 financing	5 regulation	6 guarantee
7 diversity	8 liberal	9 conservative

■제대로 구문 이해하기■
go

정답인 이유　　　　　정답률 56%

④

스웨덴 등의 나라에서는 언론이 공공에 의해 소유되지만 정부가 공공의 세금을 가지고 운영하기 때문에, 언론에 대한 규제나 정책들은 정보 원천의 다양성을 보장하도록 마련되어 있다. 예를 들면, 마을마다 최소 2개의 신문을 발행하도록 하고 세금 등으로 지원한다는 내용이다. 그러므로 스웨덴 사람들이 신문 읽기보다 TV 시청을 더 선호한다는 ④는 글의 흐름에서 어긋난다.

오답인 이유　　　　　매력적인 오답 ③ 18%

③

공적 자금으로 운영되는 언론의 다양성을 부연 설명하는 예시로, 진보적 신문과 보수적 신문이 둘 다 있다는 내용이므로 흐름상 자연스럽다.

▶ 문제편 196쪽

DAY 18 [무관 01~04]　　　　어휘 테스트

1 sources　2 regulations　3 spread　4 hard　5 customer
6 donations　7 backgrounds　8 spending　9 stable
10 resilient　11 advanced　12 arrogant　13 recommendations
14 assume　15 conservative

지문 해석

1 스웨덴, 네덜란드, 카자흐스탄과 같은 나라에서는 언론이 공공에 의해 소유되지만 정부에 의해 운영된다. **2** 이런 소유권의 체계 하에서는 신문사, TV 방송국, 그리고 라디오 방송국의 운영비를 충당하는 수익이 공적인 세금을 통해서 발생된다. **3** 이 공적 자금 조달의 체계 때문에, 이러한 나라들 중 많은 곳의 규제와 정책들은 정보 원천의 다양성을 보장하도록 고안된다. **4** 예를 들면, 스웨덴 법은 모든 마을마다 적어도 두 개의 신문들이 발행되어야 한다고 요구하고 있다. **5** 한 신문은 일반적으로 진보적이고 두 번째 신문은 보수적이다. **6** (전형적으로, 스웨덴 사람들은 신문 읽기보다 TV 시청을 더 선호한다.) **7** 그 신문 중 하나가 이익을 못 낼 경우에 스웨덴 법은 시민 세금과 시로부터의 기부금이 힘겨워하는 신문사를 돕기 위해 투입되어야 한다고 요구하고 있다.

요약 01

선과 도형을 활용한 지문 분석

2022년 9월 고1 학력평가 40번

1 My colleagues and I ran an experiment [testing two different messages {meant to convince thousands of resistant alumni to make a donation}]. **2** One message emphasized the opportunity to do good: donating would benefit students, faculty, and staff. **3** The other emphasized the opportunity to feel good: donors would enjoy the warm glow of giving. **4** The two messages were equally effective: in both cases, 6.5 percent of the unwilling alumni ended up donating. **5** Then we combined them, [because two reasons are better than one. **6** Except they weren't. **7** [When we put the two reasons together], the giving rate dropped below 3 percent. **8** Each reason alone was more than twice as effective as the two combined. **9** The audience was already skeptical. **10** [When we gave them different kinds of reasons to donate], we triggered their awareness [that someone was trying to persuade them] — and they shielded themselves against it.

➡ **11** In the experiment mentioned above, [when the two different reasons to donate were given **simultaneously**], the audience was less likely to be **convinced** [because they could recognize the intention to persuade them].

지문 해석

1 나의 동료들과 나는 수천 명의 저항하는 졸업생이 기부를 하도록 납득시키는 것을 의도한 두 개의 다른 메시지들을 실험하는 한 연구를 진행했다. **2** 하나의 메시지는 좋은 일을 할 기회를 강조했다. 기부하는 것은 학생들, 교직원, 그리고 직원들에게 이익을 줄 것이다. **3** 나머지 하나는 좋은 기분을 느끼는 기회를 강조했다. 기부자들은 기부의 따뜻한 온기를 즐길 것이다. **4** 그 두 개의 메시지들은 똑같이 효과적이었다. 두 경우 모두에서, 6.5퍼센트의 마음이 내키지 않은 졸업생이 결국 기부를 하게 되었다. **5** 그러고 나서 우리는 그것들을 결합했는데, 왜냐하면 두 개의 이유가 한 개보다 더 낫기 때문이다. **6** 그러나 그렇지 않았다. **7** 우리가 그 두 개의 이유들을 합쳤을 때, 기부율은 3퍼센트 아래로 떨어졌다. **8** 각각의 이유가 단독으로는 그 두 개가 합쳐진 것보다 두 배 이상 효과적이었다. **9** 청중은 이미 회의적이었다. **10** 우리가 그들에게 기부해야 할 서로 다른 종류의 이유를 제시했을 때, 우리는 누군가가 그들을 설득하려고 한다는 그들의 인식을 유발했고 그들은 그것에 맞서 스스로를 보호했다.

➡ **11** 위에서 언급된 실험에서, 서로 다른 두 가지의 기부 이유가 (A) 동시에 주어졌을 때, 청중은 자신을 설득하려는 의도를 알아차릴 수 있었기 때문에 (B) 납득될 가능성이 더 적었다.

① 동시에 — 납득될　　② 별도로 — 혼란스러울　　③ 자주 — 짜증날

④ 별도로 — 만족스러울　　⑤ 동시에 — 기분이 상할

제대로 접근법 모범답안

❶ 동시에　❷ 납득될　❸ simultaneously　❹ convinced

제대로 독해법 모범답안

■ 직독 직해 ■
1~2행　수천 명의 저항하는 졸업생을 납득시키도록 의도된
6~7행　결국에는 기부하게 되었다
11~14행　누군가가 그들을 설득하려고 노력하는 중이라는

■ 제대로 어휘력 올리기 ■

1 convince	2 resistant	3 emphasize
4 benefit	5 faculty	6 glow
7 trigger	8 awareness	9 shield

■ 제대로 구문 이해하기 ■
themselves

😀 정답인 이유

정답률 45%

① (A) simultaneously (B) convinced

기부를 꺼리는 졸업생들을 대상으로 기부를 설득하는 두 개의 메시지를 주었을 때 어떻게 행동하는지를 실험한 내용이다. 기부해야 할 이유를 각각 하나씩 제시했을 때의 기부 비율보다 두 가지 이유를 합쳐서 제시했을 때의 기부 비율이 낮아졌다고 했으므로 (A)에는 simultaneously(동시에)가, (B)에는 convinced(납득될)가 들어가는 것이 가장 적절하다.

😕 오답인 이유

매력적인 오답 ② 18%

② (A) separately (B) confused

기부해야 할 이유를 각각 하나씩(separately) 제시했을 때는 기부 비율이 높아졌다고 했으므로, confused(혼란스러울)는 적절하지 않다.

요약 02

1 In one study, researchers asked pairs of strangers to
sit down in a room and chat. **2** In half of the rooms, a
cell phone was placed on a nearby table; in the other
half, no phone was present. **3** [After the conversations
had ended], the researchers asked the participants
[what they thought of each other]. **4** Here's what they
learned: [when a cell phone was present in the room],
the participants reported [the quality of their relationship
was worse than those {who'd talked in a cell phone-free
room}]. **5** The pairs [who talked in the rooms with cell
phones] thought [their partners showed less empathy].
6 Think of all the times [you've sat down to have lunch
with a friend and set your phone on the table]. **7** You
might have felt good about yourself [because you didn't
pick it up to check your messages], but your unchecked
messages were still hurting your connection with the
person [sitting across from you].
➡ **8** The presence of a cell phone **weakens** the
connection between people involved in conversations,
[even when the phone is being **ignored**].

했다. **5** 휴대폰이 있는 방에서 대화한 짝들은 자신의 상대가 공감을 덜 보여주었다고 생각했다. **6** 친구와 점심을 먹기 위해 자리에 앉아서 탁자 위에 휴대폰을 놓았던 모든 순간을 생각해 보라. **7** 메시지를 확인하려고 휴대폰을 집어 들지 않았기 때문에 스스로 잘했다고 느꼈을지 모르지만, 당신의 확인되지 않은 메시지는 여전히 맞은편에 앉아 있는 사람과의 관계를 상하게 하고 있었다.
➡ **8** 휴대폰의 존재는 휴대폰이 (B) 무시되고 있을 때조차도 대화에 참여하는 사람들 간의 관계를 (A) 약화시킨다.

① 약화시킨다 — 응답되고
② 약화시킨다 — 무시되고
③ 새롭게 한다 — 응답되고
④ 유지한다 — 무시되고
⑤ 유지한다 — 갱신되고

제대로 접근법 모범답안

❶ 무시되고 ❷ 약화시킨다 ❸ weakens ❹ ignored

제대로 독해법 모범답안

■직독 직해■
3~5행 서로에 대해 어떻게 생각하는지
5~8행 자신들의 관계의 질이 더 나빴다고
10~13행 하지만 당신의 확인되지 않은 메시지는 여전히 상하게 하고 있었다

■제대로 어휘력 올리기■

1 stranger	2 chat	3 nearby
4 present	5 participant	6 report
7 unchecked	8 presence	9 ignore

■제대로 구문 이해하기■
may

정답인 이유   정답률 55%

② (A) weakens (B) ignored

휴대폰을 가까이에 두고 낯선 사람끼리 대화를 하게 했을 때, 대화 당사자들이 상대방과의 관계를 나쁘게 평가했다는 연구에 대해 설명하는 글이다. 마지막 문장에 따르면, 휴대폰을 확인하지 않고 그저 테이블에 올려두는 것만으로도 마주 앉아 있는 사람과의 관계가 손상될 수 있다고 했으므로 (A)에는 'weaken(약화시킨다)'이, (B)에는 'ignored(무시되고)'가 들어가는 것이 가장 적절하다.

오답인 이유   매력적인 오답 ① 19%

① (A) weakens (B) answered

요약문의 even when 뒤에는 '휴대폰을 확인하지 않을 때조차도'라는 의외의 상황이 이어져야 하므로 'answered(응답되고)'는 적절하지 않다.

지문 해석

1 한 연구에서, 연구자들은 모르는 사람들끼리 짝을 지어 한 방에 앉아서 이야기하게 했다. **2** 절반의 방에는 근처 탁자 위에 휴대폰이 놓여 있었고, 나머지 절반의 방에는 휴대폰이 없었다. **3** 대화가 끝난 후, 연구자들은 참가자들에게 서로에 대해 어떻게 생각하는지 물었다. **4** 여기에 그들이 알게 된 것이 있다. 휴대폰이 없는 방에서 이야기했던 참가자들에 비해, 방에 휴대폰이 있었을 때 참가자들은 자신들의 관계의 질이 더 나빴다고 말

요약 03

1 [At the Leipzig Zoo in Germany], 34 zoo chimpanzees
부사구   S

and orangutans [participating in a study] were each
현재분사구   V(수동태)

individually tested in a room, [where they were put
선행사   관계부사

in front of two boxes]. **2** An experimenter would
~앞에   S   V1

place an object inside one box and leave the room.
둘 중 하나   V2

3 Another experimenter would enter the room, move
S   V1   V2

the object into the other box and exit. **4** [When the
둘 중 나머지 하나   V3   ~할 때

first experimenter returned and tried retrieving the
S'   V'1   V'2

object from the first box], the great ape would help the
S   V → = the great ape

experimenter open the second box, [which it knew the
help(준사역동사)+O+O.C.(동사원형/to부정사)   선행사   목적격 관·대   (that)

object had been transferred to]. **5** However, most apes
과거완료 (knew보다 먼저 일어난 일)   S

(in the study) did not help the first experimenter open
V   O   O.C.

the second box [if the first experimenter was still in the
조건절   S'   V'

room to see the second experimenter move the item].
see(지각동사)+O+O.C.(동사원형/현재분사)

6 The findings show [the great apes understood {when
S   V (that)   S'   V'   명사절

the first experimenter still thought (the item was where
S''   V'' (that)   장소 부사절

he or she last left it)}].

➡ **7** According to the study, great apes can distinguish
~에 따르면   S   V1

[whether or not people have a **false** belief about reality]
~인지 아닌지

and use this understanding to **help** people.
(can) V2

지문 해석

1 독일의 Leipzig 동물원에서, 한 연구에 참여하는 동물원의 34마리의 침팬지와 오랑우탄이 각각 한 마리씩 방에서 실험을 받게 되었는데, 그 방에 그들 앞에 두 개의 상자가 놓여 있었다. **2** 한 실험자가 하나의 상자 안에 물건을 놓고 방을 떠났다. **3** 또 다른 실험자는 방에 들어와서 그 물건을 다른 상자에 옮기고 떠났다. **4** 첫 번째 실험자가 돌아와 첫 번째 상자에서 그 물건을 다시 꺼내려고 했을 때, 그 유인원은 실험자가 두 번째 상자, 즉 물건이 옮겨져 있다고 자신이 알고 있던 상자를 열도록 도와주었다. **5** 하지만 이 실험에서 대부분의 유인원들은 첫 번째 실험자가 계속 방에 있어서 두 번째 실험자가 물건을 옮기는 것을 본 경우에는 첫 번째 실험자가 두 번째 상자를 열도록 돕지 않았다. **6** 이 연구 결과는 유인원들이 언제 첫 번째 실험자가 물건이 자신이 마지막으로 둔 장소에 있다고 여전히 생각하는지 이해했다는 것을 보여준다.

➡ **7** 이 연구에 따르면, 유인원들은 사람들이 현실에 대해 (A) 잘못된 생각을 가지고 있는지 아닌지를 구분할 수 있고 이러한 지식을 사람들을 (B) 돕는 데 사용할 수 있다.

① 잘못된 ― 돕는
② 윤리적인 ― 복종하는
③ 과학적인 ― 모방하는
④ 비이성적인 ― 기만하는
⑤ 폭넓은 ― 바로잡는

제대로 접근법 모범답안

❶ 잘못된 ❷ 돕는 ❸ false ❹ help

제대로 독해법 모범답안

■ 직독 직해 ■
1~3행 한 연구에 참여하는
8~11행 두 번째 실험자가 물건을 옮기는 것을 본
11~13행 언제 첫 번째 실험자가 여전히 생각하는지

■ 제대로 어휘력 올리기 ■

1 participate	2 experimenter	3 retrieve
4 transfer	5 ape	6 distinguish
7 false	8 belief	9 understanding

■ 제대로 구문 이해하기 ■
whether

🏆 정답인 이유   정답률 50%

① **(A) false (B) help**

동물원의 유인원들을 대상으로 방에 놓인 두 개의 상자에 실험자들이 물건을 넣고 위치를 바꾸는 것을 보여주었을 때 그들이 어떻게 상황을 이해하고 행동하는지를 관찰한 실험 내용이다. 물건의 위치가 바뀐 것을 모르는 실험자가 잘못된 상자를 열려고 했을 때 유인원들은 맞는 상자를 열도록 도와주었다고 했으므로 빈칸 (A)에는 false(잘못된)가, (B)에는 help(돕는)가 들어가는 것이 가장 적절하다.

❌ 오답인 이유   매력적인 오답 ④ 14%

④ **(A) irrational (B) deceive**

사람들이 물건이 옮겨진 것을 알지 못해 잘못된 상자를 열려고 했던 것이 비이성적인(irrational) 생각이라고는 볼 수 없다. 또한 유인원들은 자신이 이해한 지식을 가지고 사람들을 도와주었으므로 deceive(기만하는)는 적절하지 않다.

요약 04

1 [If you want to modify people's behavior], is it better
to highlight the benefits of changing or the costs of not
changing? **2** According to Peter Salovey, one of the
originators of the concept of emotional intelligence,
it depends on whether they perceive the new behavior
as safe or risky. **3** [If they think the behavior is safe], we
should emphasize all the good things [that will happen
{if they do it}] — they'll want to act immediately to obtain
those certain gains. **4** But [when people believe a
behavior is risky], that approach doesn't work. **5** They're
already comfortable with the status quo, so the benefits
of change aren't attractive, and the stop system kicks
in. **6** Instead, we need to destabilize the status quo and
emphasize the bad things [that will happen {if they don't
change}]. **7** Taking a risk is more appealing [when they're
faced with a guaranteed loss {if they don't}]. **8** The
prospect of a certain loss brings the go system online.

➡ **9** The way to modify people's behavior depends on
their **perception**: [if the new behavior is regarded as safe],
emphasizing the rewards works, but if regarded as risky,
highlighting the loss of staying **unchanged** works.

지문 해석

1 만약 여러분이 사람들의 행동을 수정하기를 원한다면, 변할 때의 이익을 강조하는 것과 변하지 않을 때의 손실을 강조하는 것 중 어느 것이 더 좋을까? **2** 감정 지능 개념의 창시자 중 한 명인 Peter Salovey에 따르면, 이는 그들이 새로운 행동을 안전하다고 인지하는지, 아니면 위험하다고 인지하는지에 달려있다. **3** 만약 그들이 그 행동이 안전하다고 생각한다면, 우리는 그들이 그것을 하면 일어날 수 있는 모든 좋은 점을 강조해야 한다. 그들은 그 확실한 이익을 얻기 위해 즉각적으로 행동하기를 원할 것이다. **4** 하지만 사람들이 어떤 행동이 위험하다고 믿을 때에는, 그러한 접근법은 효과가 없다. **5** 그들은 이미 현재 상태를 편안하게 느껴서 변화의 혜택이 매력적이지 않고, 정지 시스템이 시작된다. **6** 대신, 우리는 그 현재 상태를 불안정하게 만들고, 만약 그들이 변하지 않으면 발생할 나쁜 점들을 강조할 필요가 있다. **7** 만약 그들이 변하지 않는다면 발생하는 보장된 손실에

직면해 있을 때에는, 위험을 감수하는 것이 더 매력적이다. **8** 특정 손실에 대한 예상은 작동 시스템의 접속을 불러온다.
➡ **9** 사람들의 행동을 수정하는 방식은 그들의 (A) 인식에 달려 있다. 만약 그 새로운 행동이 안전하다고 여겨지면, 보상을 강조하는 것이 효과적이지만, 만약에 위험하다고 간주되면, (B) 변하지 않고 머무르는 것의 손실을 강조하는 것이 효과적이다.

① 인식 — 변해서   ② 인식 — 변하지 않고
③ 인정 — 변해서   ④ 일관성 — 변하지 않고
⑤ 일관성 — 집중해서

제대로 접근법 모범답안

❶ 인식 ❷ 변하지 ❸ perception ❹ unchanged

제대로 독해법 모범답안

■ **직독 직해** ■
5~7행 만약 그들이 그 행동이 안전하다고 생각한다면
7~8행 하지만 사람들이 어떤 행동이 위험하다고 믿을 때에는
10~11행 만약 그들이 변하지 않으면

■ **제대로 어휘력 올리기** ■
1 modify	2 originator	3 intelligence
4 perceive	5 immediately	6 approach
7 destabilize	8 appealing	9 prospect

■ **제대로 구문 이해하기** ■
that

정답인 이유   정답률 44%

② (A) perception (B) unchanged

사람들의 행동을 수정하는 방법은 사람들의 인식에 따라 다르므로, 사람들이 그 행동이 안전하다고 생각하면 좋은 점을 강조하고, 위험하다고 믿으면 그들이 변하지 않을 경우 발생할 수 있는 손실에 대해 강조해야 한다는 내용이다. 따라서 요약문의 (A)에는 perception(인식)이, (B)에는 unchanged(변하지 않고)가 들어가는 것이 가장 적절하다.

오답인 이유   매력적인 오답 ① 23%

① (A) perception (B) changed

빈칸 (B) 앞이나 뒤에 부정의 표현이 없으므로 본문에서 언급된 don't change와 같은 의미인 unchanged가 들어가는 것이 가장 적절하다.

▶ 문제편 206쪽

DAY 19   요약 01~04   어휘 테스트

1 glow	2 certain	3 unchecked	4 belief	5 quality
6 benefits	7 presence	8 perception	9 intention	
10 empathy	11 faculty	12 participants	13 prospect	
14 triggered	15 experimenter			

정답	장문 **01** 41 ① 42 ⑤	장문 **02** 41 ③ 42 ⑤
	장문 **03** 43 ② 44 ④ 45 ⑤	장문 **04** 43 ④ 44 ③ 45 ④

장문 01

선과 도형을 활용한 지문 분석　　　　　2021년 3월 고1 학력평가 41~42번

1 (As kids), we worked hard (at) learning to ride a
　전치사구　　　　　　　　　　전치사+동명사
bike; [when we fell off], we got back on again, until
　　　　시간의 부사절　　　　　　　　　　　　　접 ~할 때까지
it became second nature to us. **2** But [when we try
　　　　　　　　　　　　　　　　　　　　시간의 부사절
something new in our adult lives] we'll usually make
just one attempt [before judging {whether it's worked}].
　　　　　　　　　↳분사구문　　　　접 ~인지 아닌지
3 [If we don't succeed the first time], or [if it feels a little
　　조건절1　　　　　　　　　　　　조건절 2
awkward], we'll tell ourselves [it wasn't a success] rather
　　　　　　　V　　I.O.　(that)　　D.O.　　　　~하기 보다는
than giving it another shot.
　　　give it another shot: 다시 시도해 보다
4 That's a shame, because repetition is central (to) the
　안타까운 일이다　　　　　　　　be central to: ~에 (가장) 중요하다
process (of) rewiring our brains. **5** Consider the idea
　　　전치사 + 동명사　　　　　　명령문　　└= 동격
[that your brain has a network of neurons]. **6** They
will connect with each other [whenever you remember
　　~와 연결되다　　　　　　　접 ~할 때마다
to use a brain-friendly feedback technique]. **7** Those
remember + to V: ~할 것을 기억하다
connections aren't very reliable at first, which may
　　　　　　　　　　　　　　　　관계대명사 계속적 용법
make your first efforts a little hit-and-miss. **8** You
　V'　　O'　　　　　　O.C'
might remember one of the steps involved, and not the
　　　　　　하나　　　　└후치수식
others. **9** But scientists have a saying: "neurons [that fire
나머지들　　　　　　　　　　　　　　　주격 관·대
together], wire together." **10** In other words, repetition
　　　　　　　　　다시 말하자면　　　　　　S
of an action strengthens the connections between the
　　　　　　　V　　　　　O
neurons [involved in that action]. **11** That means the more
　　↳과거분사구　　　the+비교급 ~, the+비교급 …: ~하면 할수록 더 …하다
times you try using that new feedback technique, the
　　　　try + -ing: (시험 삼아) ~해보다
more easily it will come to you [when you need it].
　　　　　　　　　　　　　　　　시간의 부사절

지문 해석

1 아이였을 때 우리는 자전거 타는 것을 열심히 배웠고, 넘어지면 다시 올라탔
는데, 그것이 우리에게 제2의 천성이 될 때까지(우리 몸에 밸 때까지) 그렇게 했

다. **2** 그러나 성인의 삶에서 우리가 어떤 새로운 것을 시도할 때 우리는 그것이
잘되었는지 안되었는지 판단을 내리기 전에 보통 단 한 번만 시도해 본다. **3** 만
약 우리가 처음에 성공하지 못하거나 혹은 약간 어색한 느낌이 들면, 다시 시도
해 보기보다는 그것이 성공이 아니었다고 스스로에게 말할 것이다.
4 그것은 안타까운 일인데, 우리 뇌를 재연결하는 과정에 있어서 반복이 가장
중요하기 때문이다. **5** 여러분의 뇌가 뉴런의 연결망을 가지고 있다는 개념을
생각해 보라. **6** 여러분이 두뇌 친화적인 피드백 기술을 기억해서 사용할 때마
다 그것들은 서로 연결될 것이다. **7** 그 연결은 처음에는 그리 믿을 만하지 않
아서, 여러분의 첫 번째 시도를 다소 예측하기 어렵게 할 수도 있다. **8** 여러분
은 연관된 단계 중 하나를 기억하고, 다른 것들을 기억하지 못할 수도 있다. **9**
그러나 과학자들은 "함께 활성화되는 뉴런들은 함께 연결된다."라고 말한다. **10**
다시 말하자면, 어떤 행동의 반복은 그 행동에 관련된 뉴런들 사이의 연결을 강
화한다. **11** 그것은 여러분이 그 새로운 피드백 기술을 더 여러 번 사용해 볼수
록, 여러분이 그것을 필요로 할 때 그것이 더 쉽게 여러분에게 다가올 것임을 의
미한다.

제대로 접근법 모범답안

❶ repetition ❷ repetition ❸ blocks ❹ strengthens

제대로 독해법 모범답안

■ 직독 직해 ■
2~4행　우리는 보통 단 한 번만 시도해 본다
7~8행　우리 뇌를 재연결하는 과정에 있어서
10~12행　여러분의 첫 번째 시도를 다소 예측하기 어렵게 할 수도 있다
14~15행　어떤 행동의 반복은 강화한다

■ 제대로 어휘력 올리기 ■

1 nature	2 attempt	3 succeed
4 awkward	5 shame	6 repetition
7 central	8 rewire	9 hit-and-miss

■ 제대로 구문 이해하기 ■
to find

정답인 이유　　　　　　　　　정답률 41 67% 42 55%

41 ① 반복하면 성공할 것이다

무언가를 배우거나 어떤 새로운 것에 도전할 때, 될 때까지 여러 번 시도했
던 어린 시절과 달리 성인이 되고 난 후에는 단 한 번의 시도로 성공과 실패
를 판가름하는 것을 안타까운 일이라고 지적하며 뇌의 뉴런 연결을 근거로
'반복(repetition)'의 중요성을 강조하고 있다. 따라서 글의 제목으로 가장
적절한 것은 ①이다.

42 ⑤ (e)

문장이 In other words로 시작하므로 함께 활성화되는 뉴런들이 서로 연결
된다는 앞 문장과 같은 의미의 내용이 이어져야 한다. 따라서 특정 행동의
반복이 그 행동과 관련된 뉴런 사이의 연결을 차단하는(blocks) 것이 아니
라 강화한다(strengthens)는 내용이 되어야 하므로 정답은 ⑤이다.

장문 02

1 A quick look at history shows [that humans have
not always had the abundance of food {that is enjoyed
throughout most of the developed world today}]. **2** In
fact, there have been numerous times in history [when
food has been rather scarce]. **3** As a result, people
used to eat more [when food was available] [since
the availability of the next meal was questionable].

4 Overeating in those times was essential to ensure
survival, and humans received satisfaction from eating
more than was needed for immediate purposes.

5 On top of that, the highest pleasure was derived
from eating the most calorie-dense foods, [resulting
in a longer lasting energy reserve]. **6** [Even though
there are parts of the world {where, unfortunately,
food is still scarce}], most of the world's population
today has plenty of food available to survive and thrive.
7 However, this abundance is new, and your body has
not caught up, [still naturally rewarding you (for eating
more than you need) and (for eating the most calorie-
dense foods)]. **8** These are innate habits and not simple
addictions. **9** They are self-preserving mechanisms
initiated by your body, [ensuring your future survival],
but they are irrelevant now. **10** Therefore, it is your
responsibility to communicate with your body regarding
the new environment of food abundance and the need
[to change the inborn habit of overeating].

지문 해석

1 역사를 빠르게 살펴보면 인간은 오늘날 대부분의 선진국에서 누리는 음식의 풍부함을 항상 가졌던 것은 아님을 보여준다. **2** 사실, 역사적으로 음식이 꽤 부족했던 수많은 시기가 있었다. **3** 그 결과, 사람들은 다음번 식사의 가능성이 확

실치 않았기 때문에 음식이 있을 때 더 많이 먹곤 했다. **4** 그 시기의 과식은 생존을 보장하는 데 필수적이었고, 인간은 당장의 목적에 필요한 것보다 더 많이 먹는 것에서 만족을 얻었다. **5** 더욱이, 가장 큰 기쁨은 가장 칼로리가 높은 음식을 먹는 것으로부터 나왔고, 이는 더 오래 지속되는 에너지 비축을 초래했다. **6** 비록 불행하게도 음식이 여전히 부족한 세계의 일부 지역들이 있지만, 오늘날 세계 인구의 대부분은 생존하고 번성하기 위해 이용 가능한 많은 음식을 가지고 있다. **7** 그러나 이러한 풍요로움은 새로운 것이고, 당신의 몸은 따라잡지 못했으며, 당신이 필요한 것보다 더 많이 먹고 가장 칼로리가 높은 음식을 먹는 것에 대해 (몸이) 당신에게 여전히 자연스럽게 보상한다. **8** 이것들은 타고난 습관이지 단순한 중독은 아니다. **9** 그것들은 당신의 몸에서 시작된 자기 보호 기제이고, 당신의 미래 생존을 보장해 주지만, 그것들은 이제 관련이 없다. **10** 그러므로, 음식이 풍부한 새로운 환경과 타고난 과식 습관을 변화시킬 필요성과 관련하여 당신의 몸과 대화하는 것은 당신의 책임이다.

제대로 접근법 모범답안

❶ overeating ❷ strengthen ❸ change

제대로 독해법 모범답안

■ **직독 직해** ■
3~4행 음식이 꽤 부족했던
11~13행 생존하고 번성하기 위해 이용 가능한
16~18행 당신의 미래 생존을 보장해 준다
18~21행 음식이 풍부한 새로운 환경과 관련하여

■ **제대로 어휘력 올리기** ■

1 abundance	2 scarce	3 availability
4 questionable	5 immediate	6 thrive
7 initiate	8 irrelevant	9 inborn[innate]

■ **제대로 구문 이해하기** ■
where

정답인 이유

정답률 41 54%   42 42%

41 ③ 과식: 그것은 우리의 유전자에 뿌리박혀 있다

식량이 부족했던 시기가 빈번했고 다음번 식사의 가능성이 불확실했던 과거와는 달리, 오늘날 세계 인구 대부분은 풍족한 식량을 갖고 있어 필요 이상의 많은 음식을 먹을 필요가 없음에도 불구하고 여전히 습관처럼 과식을 한다는 내용이다. 따라서 글의 제목으로 가장 적절한 것은 ③이다.

42 ⑤ (e)

식량이 부족했던 시기에 과식은 생존을 보장하는 자기 보호 기제의 역할을 했지만, 풍부한 식량을 보유한 오늘날의 환경과는 동떨어진 과거의 습관이다. 그러므로 흐름상 새로운 환경에 적응하여 타고난 과식 습관을 강화하는 (strengthen) 것이 아니라 변화시킬(change) 필요가 있다는 내용이 되어야 하므로 ⑤는 적절하지 않다.

장문 03

(A) **1** One day a young man was walking along a road
어느 날   과거진행형   젠~을 따라
on his journey from one village to another. **2** [As he
        └─ from A to B: A에서 B로 ─┘   젭~하면서
walked] he noticed a monk working in the fields. **3** The
      S   V   O   O.C.(현재분사)
young man turned to the monk and said, "Excuse me.
         V   병렬 구조
Do you mind [if I ask you a question]?" **4** "Not at all,"
Do you mind if ~?: ~해도 될까요?   I.O.'   D.O.'
replied the monk. (C) **5** "I am traveling from the village
in the mountains to the village in the valley and I was
wondering [if you knew {what it is like in the village in
         젭 ~인지 아닌지   간접의문문(의문사+주어+동사)
the valley}]." **6** "Tell me," said the monk, "what was your
experience of the village in the mountains?" **7** "Terrible,"
replied the young man. **8** "I am glad to be away from
                         부사적 용법(감정의 원인)
there. I found the people most unwelcoming. So tell
      S   V   O   O.C.(형용사)
me, what can I expect in the village in the valley?" **9** "I
am sorry to tell you," said the monk, "but I think your
     부사적 용법(감정의 원인)   (접속사 that 생략)
experience will be much the same there." **10** The young
                거의 같은
man lowered his head helplessly and walked on. (B)
                   힘없이
11 A while later a middle-aged man journeyed down
     잠시 후
the same road and came upon the monk. **12** "I am going
             병렬 구조
to the village in the valley," said the man. "Do you know
[what it is like]?" **13** "I do," replied the monk, "but first tell
간접의문문(의문사+주어+동사)   대동사(= know)
me about the village [where you came from]." **14** "I've
        선행사   관계부사(장소)
come from the village in the mountains," said the man.
"It was a wonderful experience. I felt [as though I was a
                       마치 ~인 것처럼(= as if)
member of the family in the village]." (D) **15** "Why did you
feel like that?" asked the monk. **16** "The elders gave me
    젠 ~처럼   S   V   I.O.
much advice, and people were kind and generous. I am
    D.O.   ↱ 부사적 용법(감정의 원인)
sad to have left there. And what is the village in the valley
완료부정사(to have p.p.)
like?" he asked again. **17** "I think you will find it much the
                (접속사 that 생략)
same," replied the monk. **18** "I'm glad to hear that," the
                        부사적 용법(감정의 원인)
middle-aged man said smiling and journeyed on.

지문 해석

1 (A) 어느 날 한 젊은이가 한 마을로부터 다른 마을로 여행 중에 길을 따라 걷고 있었다. **2** 그는 걷다가, 들판에서 일하고 있는 한 수도승을 보게 되었다. **3** 그 젊은이는 그 수도승을 향해 돌아보며 "실례합니다. 제가 스님께 질문을 하나 드려도 되겠습니까?"라고 말했다. **4** "물론입니다."라고 그 수도승은 대답했다. (C) **5** "저는 산속의 마을에서 골짜기의 마을로 가고 있는데 스님께서 골짜기의 마을은 어떤지 아시는지 궁금합니다." **6** 수도승은 "저에게 말해 보십시오. 산속의 마을에서의 경험은 어땠습니까?"라고 말했다. **7** 그 젊은이는 "끔찍했습니다."라고 대답했다. **8** "그곳을 벗어나게 되어 기쁩니다. 그곳 사람들이 정말로 불친절하다고 생각했습니다. 그러니 저에게 말씀해 주십시오, 제가 골짜기의 마을에서 무엇을 기대할 수 있을까요?" **9** "말씀드리기에 유감이지만, 선생님의 경험은 그곳에서도 거의 같을 것 같습니다." 수도승이 말했다. **10** 그 젊은이는 힘없이 고개를 숙이고 계속 걸어갔다. (B) **11** 잠시 후 한 중년 남자가 같은 길을 가다가 그 수도승을 만났다. **12** 그 남자는 "저는 골짜기의 마을로 가고 있습니다. 그곳이 어떤지 아십니까?"라고 말했다. **13** "알고 있습니다만, 먼저 저에게 선생님께서 떠나오신 마을에 대해 말해 주십시오."라고 그 수도승은 대답했다. **14** 그 남자는 "저는 산속의 마을에서 왔습니다. 그것은 멋진 경험이었습니다. 저는 마치 제가 그 마을의 가족의 일원인 것처럼 느꼈습니다."라고 말했다. (D) **15** 그 수도승은 "왜 그렇게 느끼셨습니까?"라고 물었다. **16** "어르신들은 저에게 많은 조언을 해 주셨고, 사람들은 친절하고 너그러웠습니다. 그곳을 떠나서 슬픕니다. 그런데 골짜기의 마을은 어떻습니까?"라고 그는 다시 물었다. **17** "저는 선생님은 그곳이 (산속 마을과) 거의 같다고 생각하실 것 같습니다."라고 수도승은 대답했다. **18** "그 말씀을 들으니 기쁩니다."라고 그 중년 남자는 미소를 지으며 말하고서 여행을 계속했다.

제대로 접근법 모범답안

❶ a monk   **❷** a monk   **❸** a monk   **❹** a young man   **❺** a monk

제대로 독해법 모범답안

■ 주요 문장 직독 직해 ■
14~16행   저는 그 사람들이 정말로 불친절하다고 생각했습니다
16~18행   당신의 경험이 그곳에서도 거의 같을 것이라고
9~10행   마치 제가 가족의 일원인 것처럼

■ 제대로 어휘력 올리기 ■

1 village	2 field	3 wonder
4 valley	5 unwelcoming	6 helplessly
7 middle-aged	8 come upon	9 generous

■ 제대로 구문 이해하기 ■   what

정답인 이유

정답률 43 68%   44 66%   45 73%

43 ② (C) — (B) — (D)

(A)에서 젊은이와 수도승이 등장하고 (C)에서 젊은이와 수도승의 대화가 이어지고 있으므로 (A) 다음에 (C)가 와야 한다. (B)에서 시간의 경과를 나타내는 연결사 a while later가 나온 후 중년 남자가 처음 등장하였고 (D)에서 다시 중년 남자와 수도승의 대화가 이어지므로 (B) 다음에 (D)가 와야 한다.

44 ④ (d)

(a), (b), (c), (e)는 수도승을 가리키고 (d)는 젊은이를 가리킨다.

45 ⑤ 중년 남자는 산속에 있는 마을을 떠나서 기쁘다고 말했다.

(D)에서 중년 남자는 산속에 있는 마을 사람들이 친절하고 너그러워서, 그곳을 떠나는 것이 슬프다고 말했다.

장문 04

선과 도형을 활용한 지문 분석　　　　　2017년 11월 고1 학력평가 43~45번

(A) **1** Anna, a 9-year-old girl, finished attending elementary
school till 4th grade at a small village. **2** For the 5th grade,
she transferred to a school in a city. **3** It was the first day
of her school and she went to her new school by bus.
4 All students started going to their classes. **5** She also
made it to her classroom [after asking fellow students for
directions]. (D) **6** Upon seeing Anna's simple clothing and
knowing she was from a small village, some students (in the
classroom) started making fun of her. **7** Ms. Taylor, Anna's
new homeroom teacher, soon arrived and introduced her to
the class and said [that she would be studying with them].
8 Then the teacher told the students to be ready for the
surprise test now! **9** She told everyone to write down the
Seven Wonders of the world. **10** Everyone started writing
the answer to the unexpected test quickly. (B) **11** [When
everyone except Anna had submitted their answer papers],
Ms. Taylor told her, "Dear, write down [what you know]. It's
fine." **12** Anna said, "I was thinking [that there are so many
things]. I don't know [which seven I can pick to write]."
13 Eventually, she handed her answer paper to Ms. Taylor.
14 The teacher started reading her students' answers aloud
and the majority had answered them correctly such as The
Great Wall of China, Colosseum, Stonehenge, etc. (C) **15** At
last Ms. Taylor picked up Anna's answer paper and started
reading. **16** "The Seven Wonders are — To be able to See,
To be able to Hear, To be able to Feel, To Laugh, To Think,
To be Kind, To Love!" **17** [After reading Anna's answer], she
was touched and all her students were also deeply moved.
18 Today, a girl (from a small village) reminded them about
the precious gifts, truly a wonder, which they already knew
but easily forgot.

지문 해석

(A) **1** 9살 소녀인 Anna는 4학년까지 작은 마을에서 초등학교를 다니는 것을 마쳤
다. **2** 5학년을 위해, 그녀는 도시의 학교로 전학을 갔다. **3** 그녀의 학교에서의 첫

날이었고, 그녀(Anna)는 버스로 그녀의 새로운 학교에 갔다. **4** 모든 학생들이 그들
의 교실로 가기 시작했다. **5** 그녀 또한 동료 학생들에게 방향을 물어본 후 그녀의 교
실로 갔다. (D) **6** Anna의 소박한 옷차림을 보고, 그녀(Anna)가 작은 마을 출신이
라는 것을 알자마자, 교실의 어떤 학생들은 그녀를 놀리기 시작했다. **7** Anna의 새
로운 담임 교사인, Taylor 선생님이 곧 도착했고, 그녀(Anna)를 학급에 소개하며 그
녀가 그들과 함께 공부할 것이라고 말했다. **8** 그리고 선생님은 학생들에게 이제 깜
짝 시험을 준비하라고 말했다. **9** 그녀는 모든 학생들에게 세계의 7대 불가사의를 쓰
라고 말했다. **10** 예상하지 못했던 시험에 모든 학생들은 빠르게 답을 쓰기 시작했다.
(B) **11** Anna를 제외한 모든 학생들이 그들의 답안지를 제출하였을 때, Taylor 선생
님은 그녀(Anna)에게 "얘야, 네가 아는 것을 쓰렴. 괜찮단다."라고 말했다. **12** Anna
는 "저는 너무 많은 것들이 있다고 생각하고 있었어요. 어떤 일곱 가지를 선택해서 써
야 할지 모르겠어요."라고 말했다. **13** 마침내, 그녀는 Taylor 선생님께 그녀의 답안지
를 제출했다. **14** 선생님은 그녀의 학생들의 답안지를 크게 읽기 시작했고, 대부분은
만리장성, 콜로세움, 스톤헨지 등과 같이 올바르게 그것들을 답했다. (C) **15** 마침내,
Taylor 선생님은 Anna의 답안지를 집어 들었고 읽기 시작했다. **16** "7대 불가사의는
볼 수 있다는 것, 들을 수 있다는 것, 느낄 수 있다는 것, 웃는 것, 생각하는 것, 친절한
것, 사랑하는 것입니다!" **17** Anna의 답안지를 읽은 후에, 그녀(Ms. Taylor)는 감동받
았고 그녀의 모든 학생들도 매우 감동받았다. **18** 오늘, 작은 마을 출신의 한 소녀가
그들에게 진실로 불가사의인, 그들이 이미 알고 있었지만 쉽게 잊어버렸던 귀중한
선물에 대해 상기시켜 주었다.

제대로 접근법 모범답안

❶ Anna ❷ Anna ❸ Ms. Taylor ❹ Anna ❺ Anna

제대로 독해법 모범답안

■ 주요 문장 직독 직해 ■
3~4행 그녀의 학교에서의 첫날이었다
22~23행 이제 깜짝 시험을 준비하라고
15~17행 Anna의 답안지를 읽은 후에

■ 제대로 어휘력 올리기 ■

1 attend	2 fellow	3 direction
4 make fun of	5 be ready for	6 unexpected
7 submit	8 aloud	9 majority

■ 제대로 구문 이해하기 ■
arriving

정답인 이유
정답률 43 65% 44 64% 45 69%

43 ④ (D) ― (B) ― (C)
시간의 흐름에 따라 내용을 파악하며 순서를 배열할 수 있다. (A) 작은 마을
출신의 Anna가 도시로 전학을 간 첫날 → (D) 담임 선생님이 반 친구들에게
Anna를 소개하고 깜짝 시험을 봄 → (B) 반 친구들의 답안지를 읽어줌 →
(C) 마지막으로 Anna의 답안지를 읽자 모두 감동 받음

44 ③ (c)
(a),(b),(d),(e)는 Anna를 가리키고, (c)는 Ms. Taylor를 가리킨다.

45 ④ 모든 학생들은 Anna가 쓴 답을 듣고 실망했다.
all her students were also deeply moved에서 모든 학생들이 깊이 감동했
다는 것을 알 수 있다.

▶ 문제편 216쪽

DAY 20 　장문 01~04　　　　　어휘 테스트

1 rewiring　2 homeroom　3 inborn　4 availability　5 precious
6 repetition　7 abundance　8 middle-aged　9 technique
10 initiated　11 helplessly　12 Eventually　13 fellow
14 reliable　15 awkward

수능 영어 절대평가로 더욱 중요해진 **내신 성적,**
고등 영어 내신의 복병, **서술형 문제**
단순 암기로는 대처할 수 없다!

고1, 고2, 고3, 학평·모평·수능 기출 지문을 활용한
고등 영어 내신 서술형 훈련북 〈**1등급 서술형**〉으로
내신 1등급에 도전하자!

고1·고2·고3 전 학년 서술형 대비용